COPIC

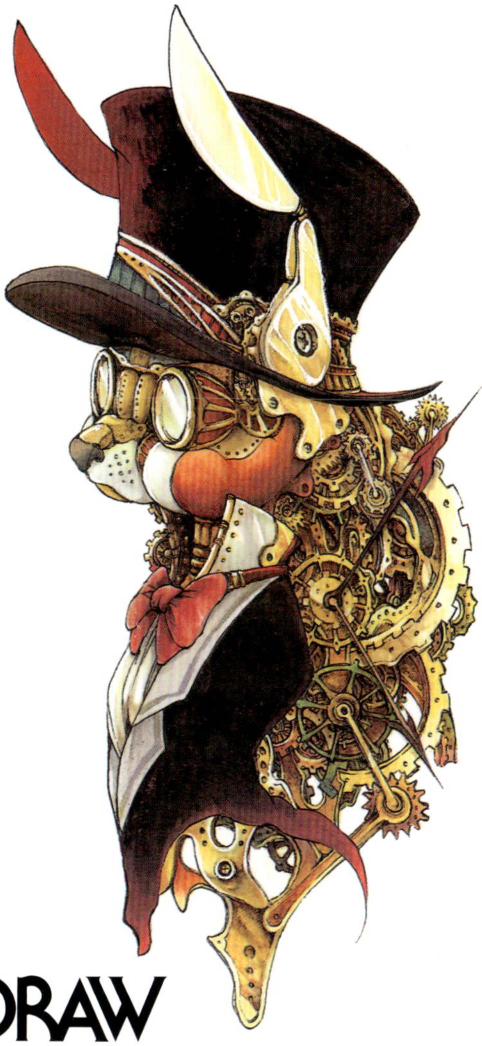

HOW TO DRAW MANGA

Kolorieren mit Copic-Stiften

CARLSEN MANGA!

Galerie

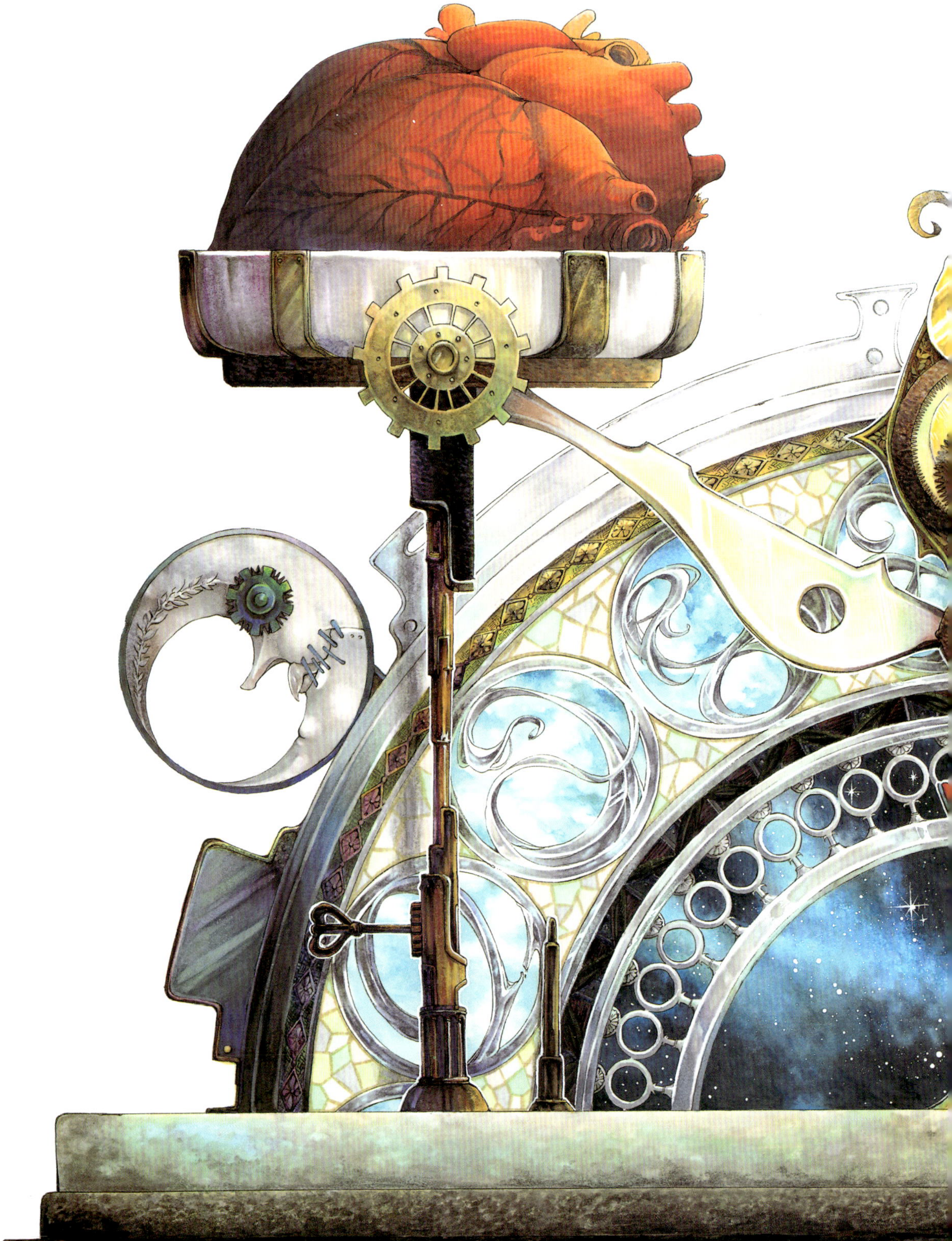

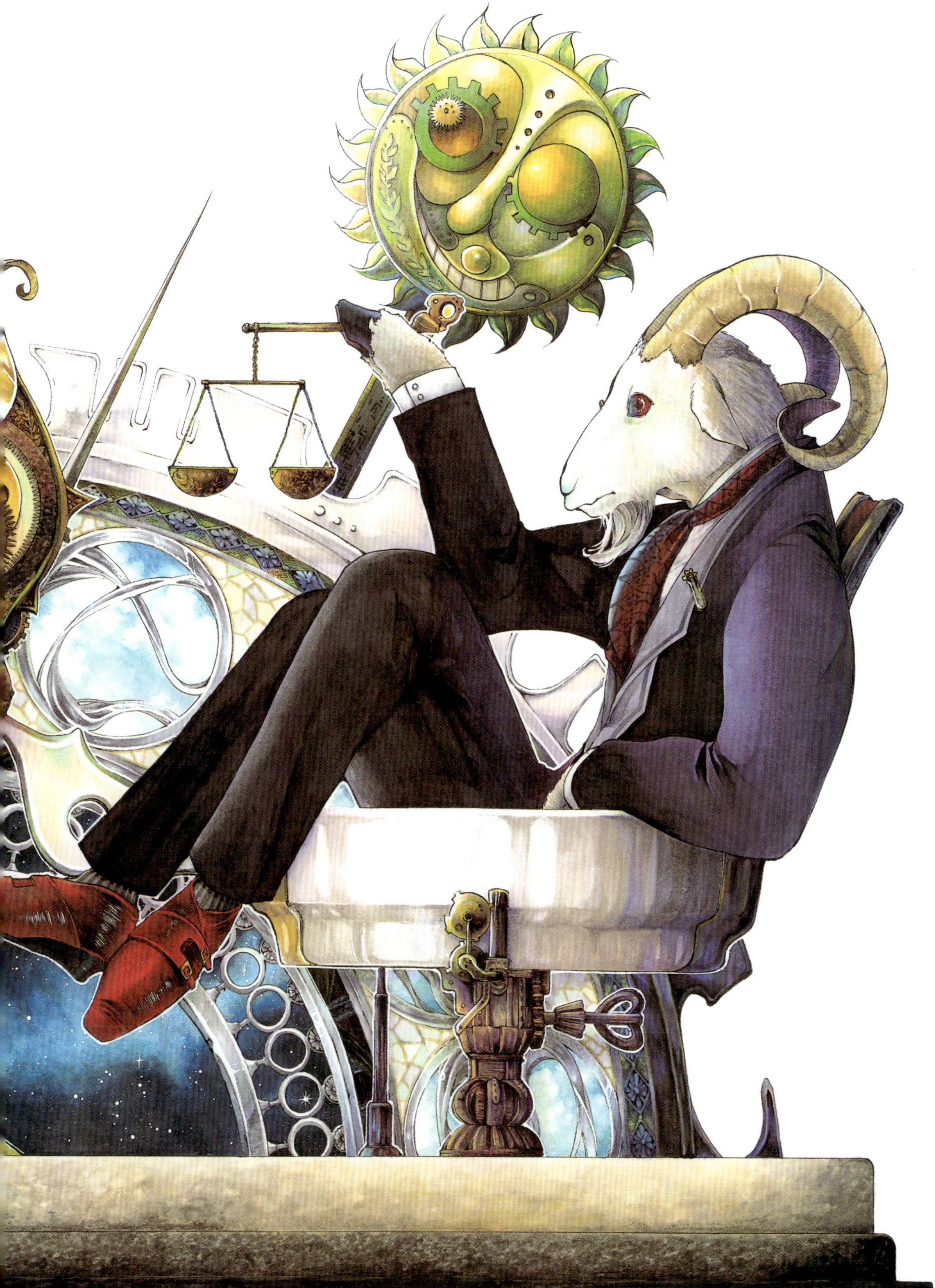

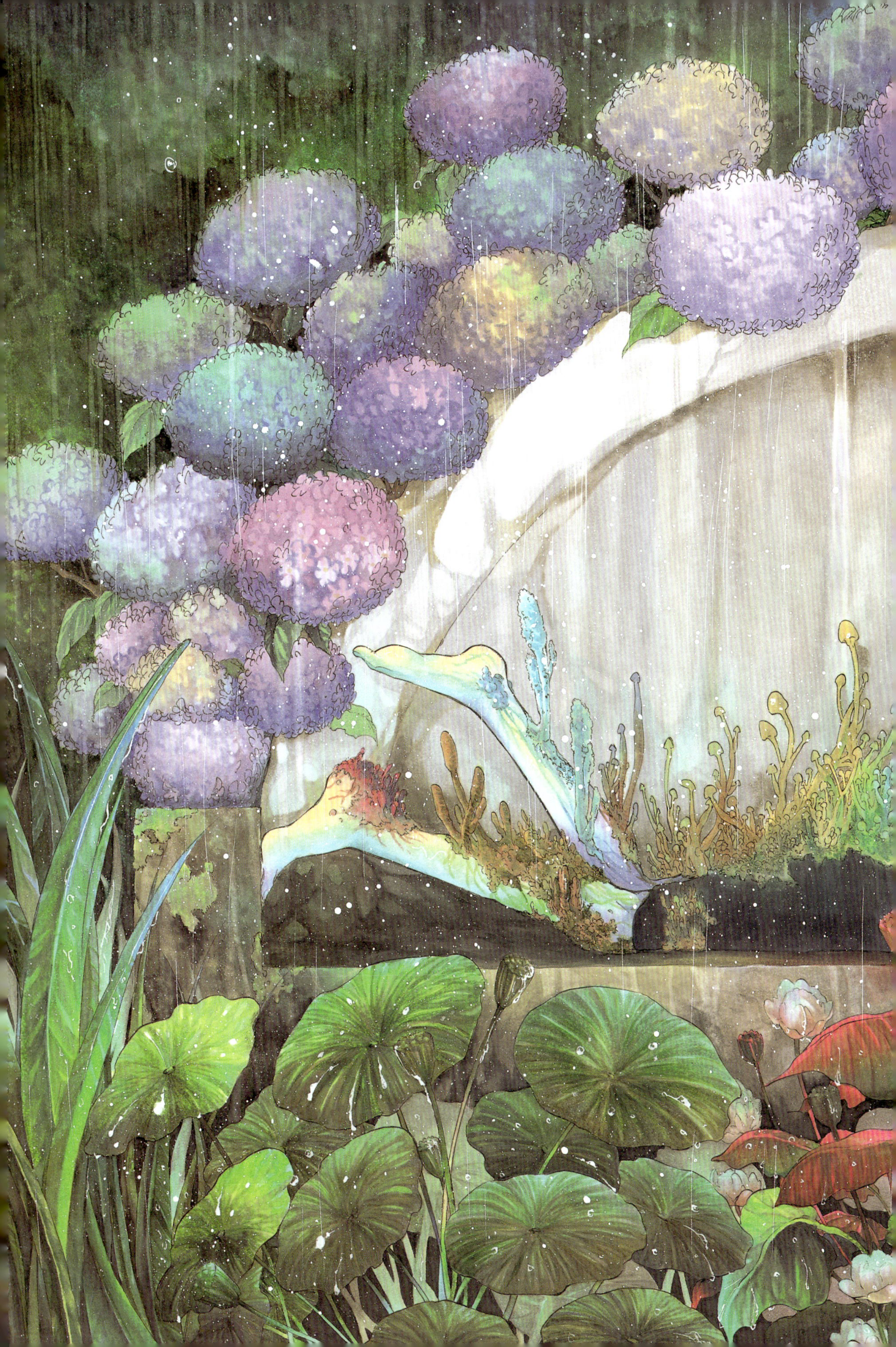

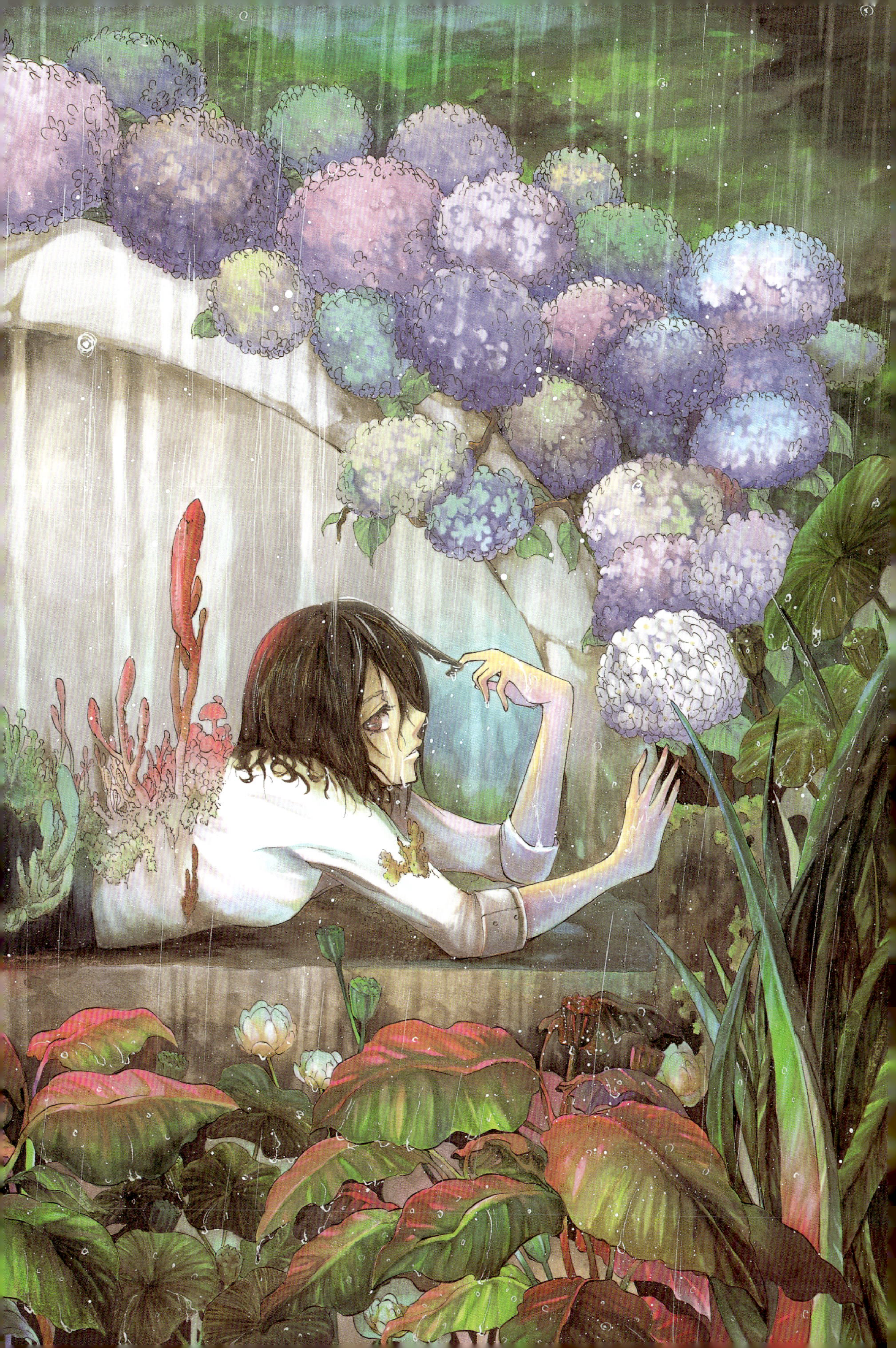

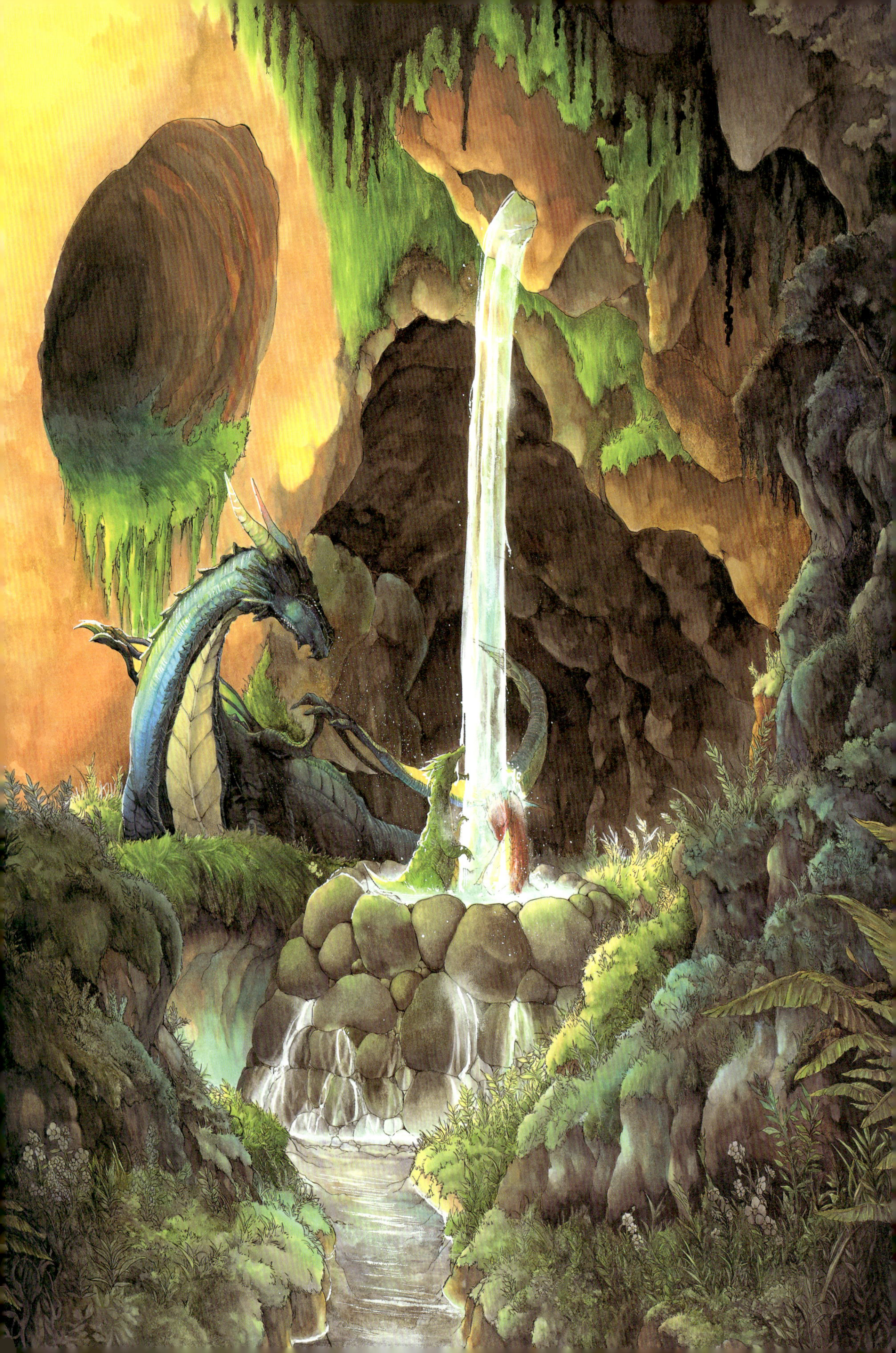

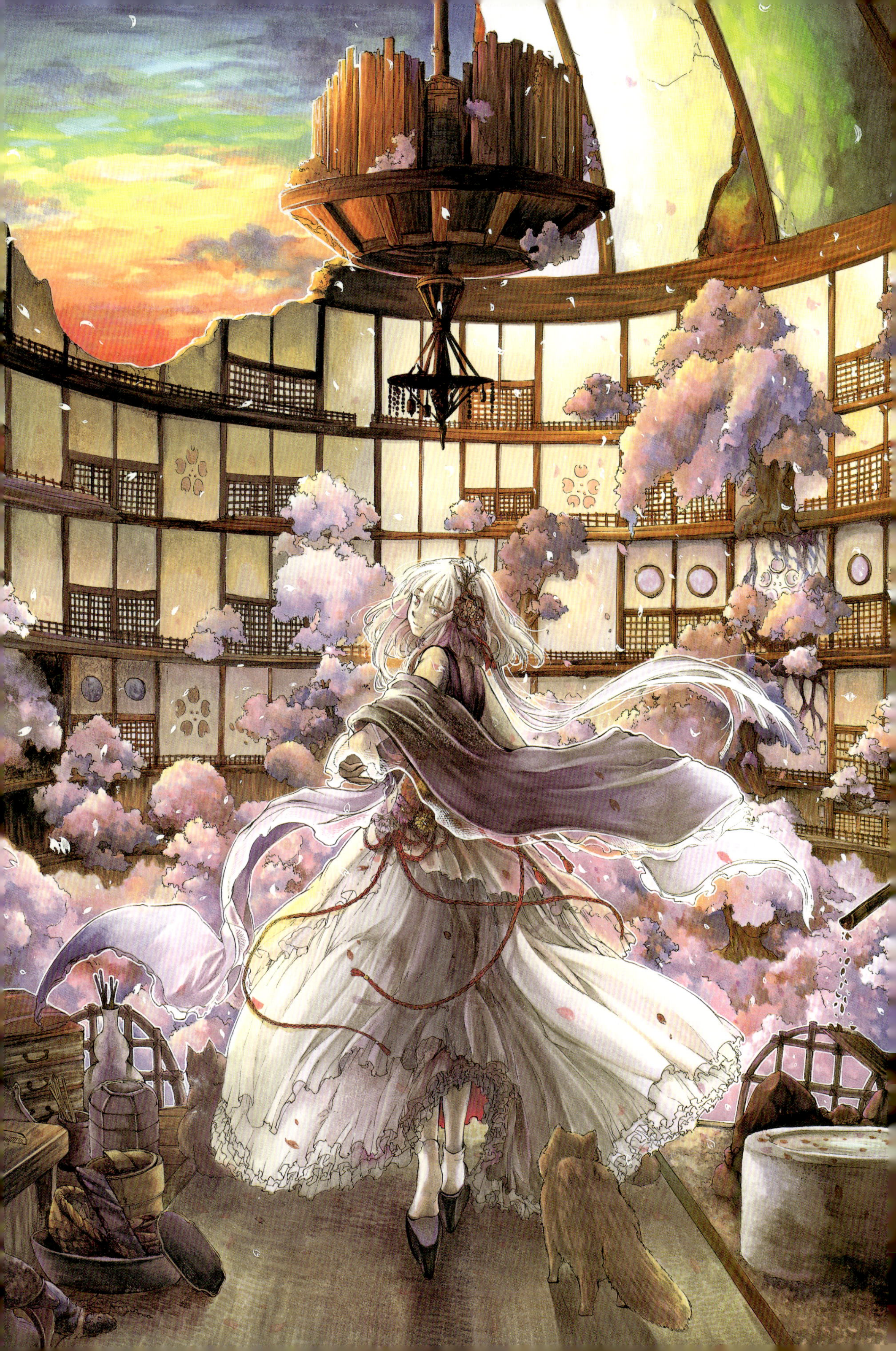

Inhalt

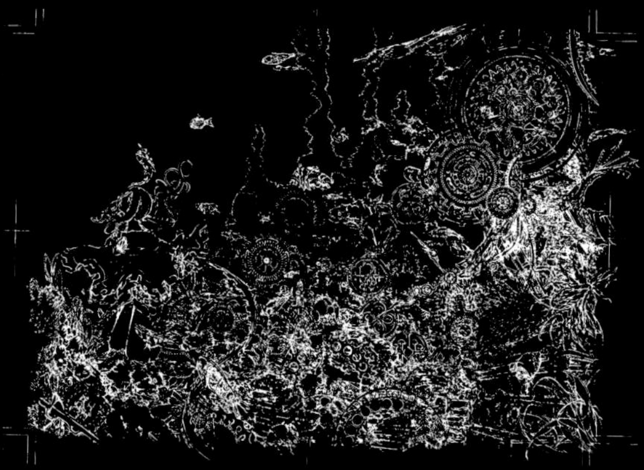

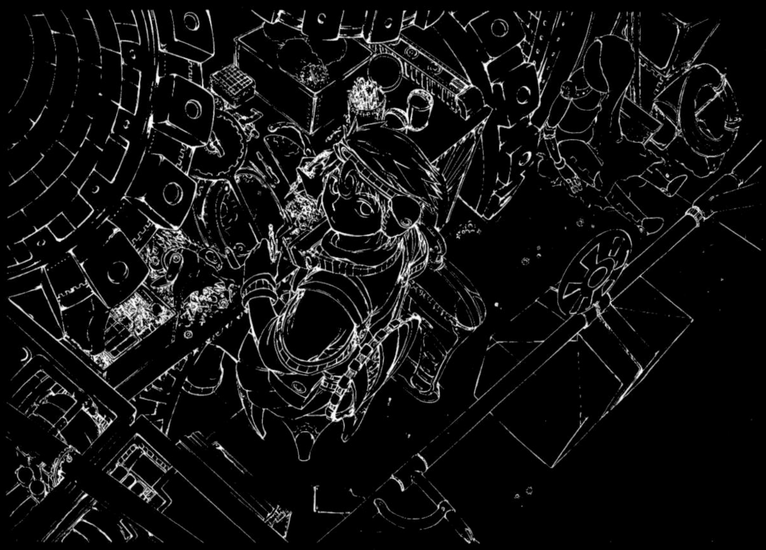

A R T W O R K S

Yasaiko Midorihana

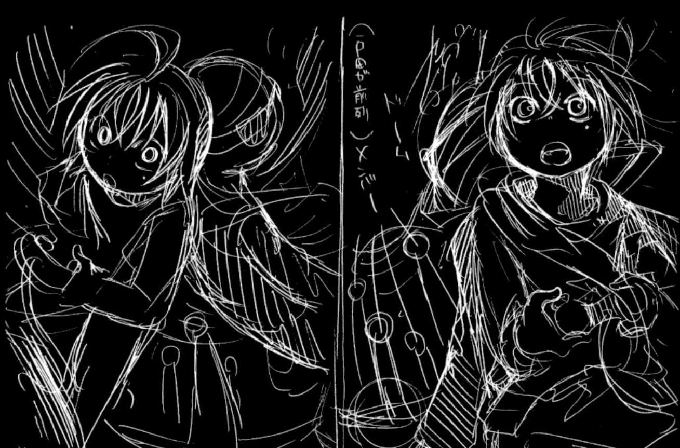

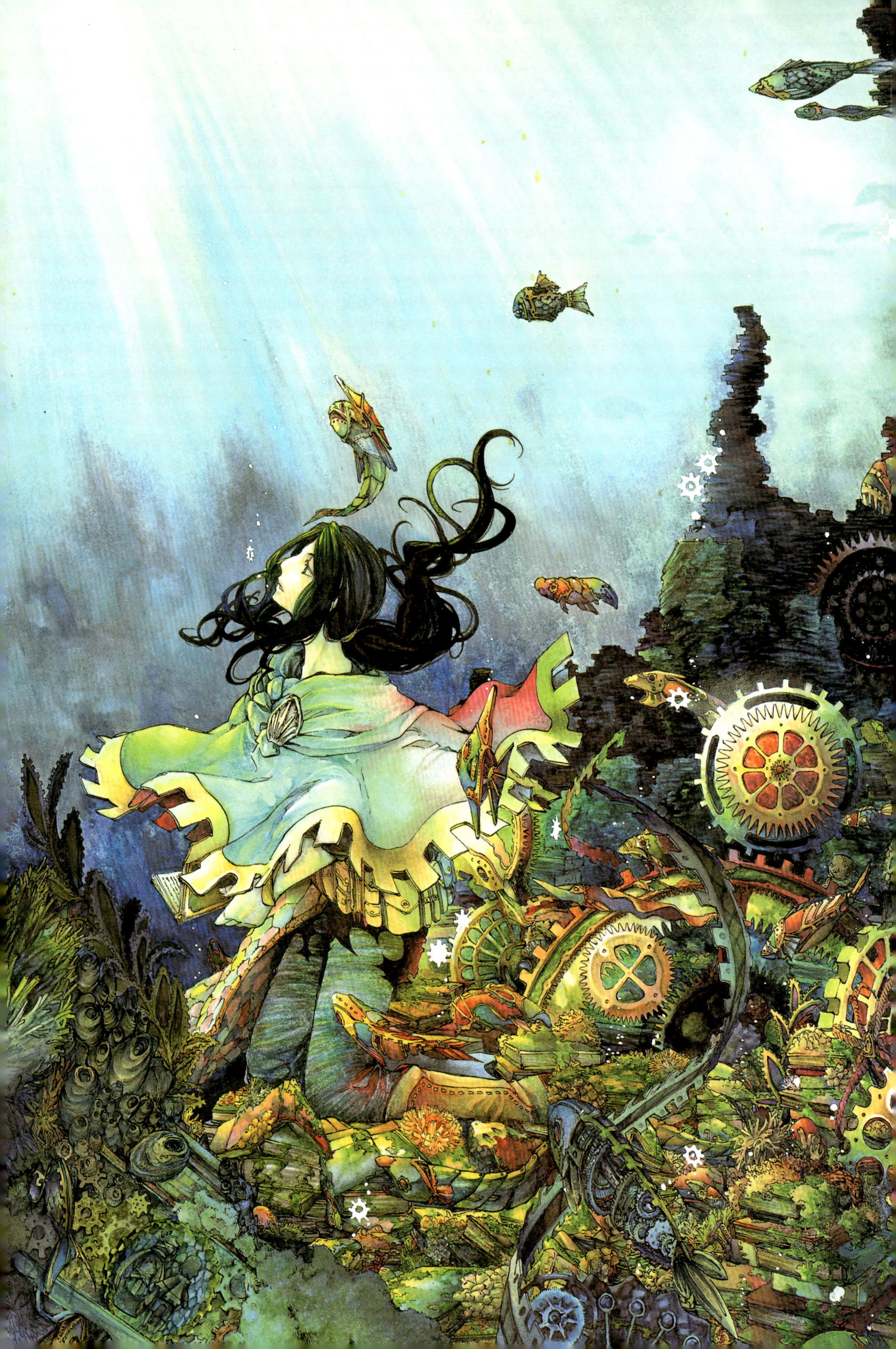

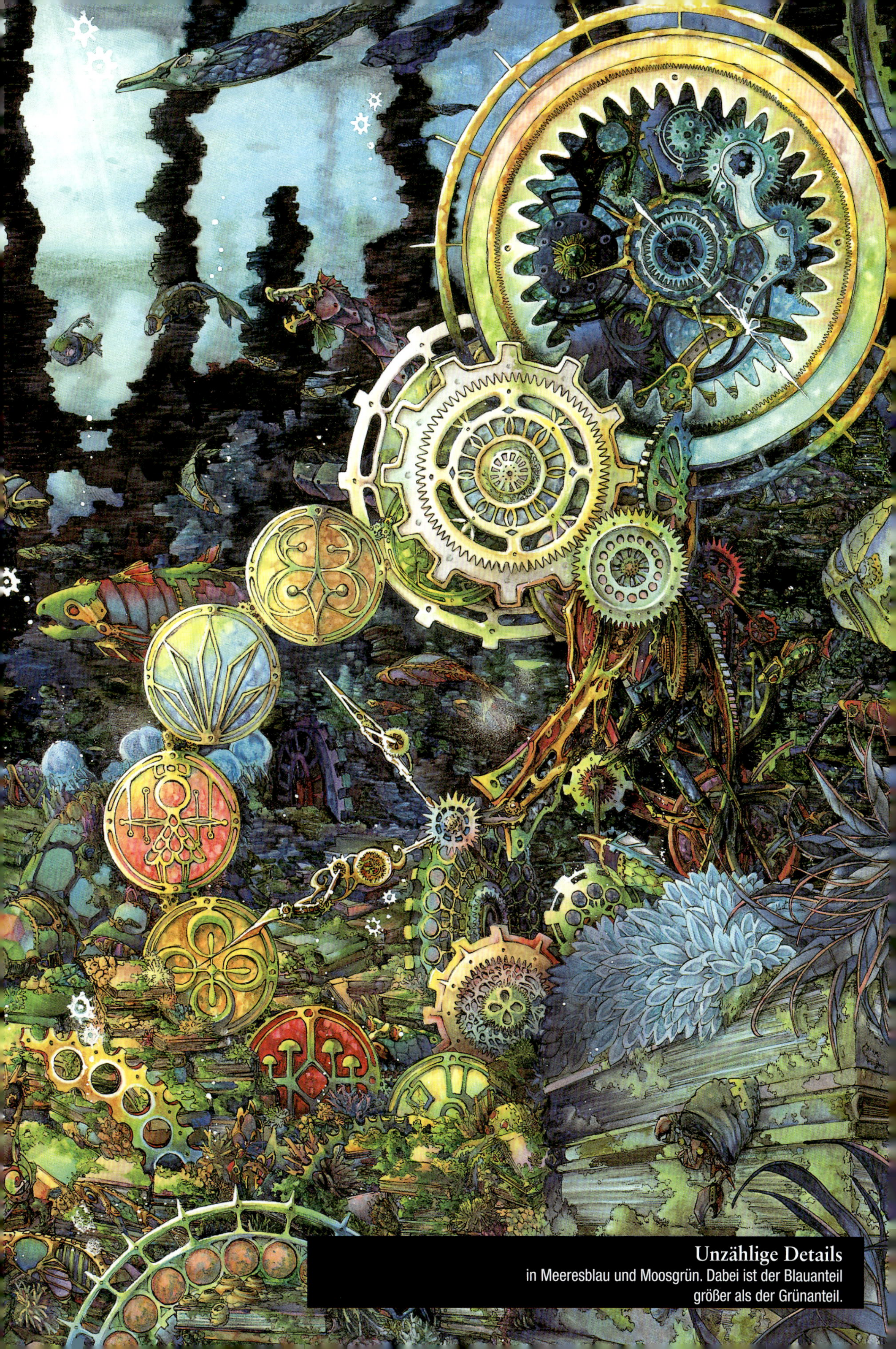

Unzählige Details
in Meeresblau und Moosgrün. Dabei ist der Blauanteil größer als der Grünanteil.

Hacchi
Ein Versuch, möglichst viele grüne Schattierungen einzusetzen.
Sogar bei den Ledereinsätzen.

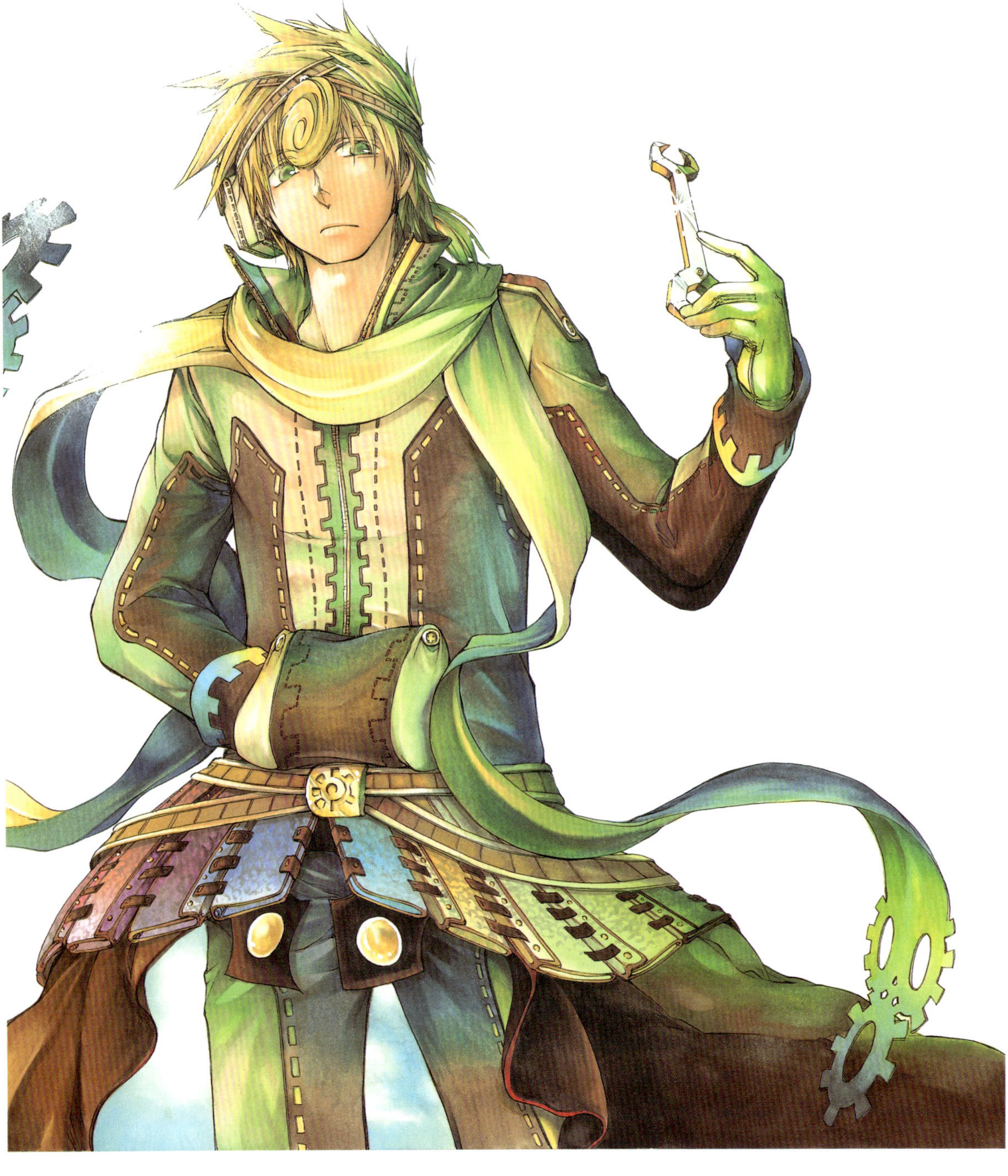

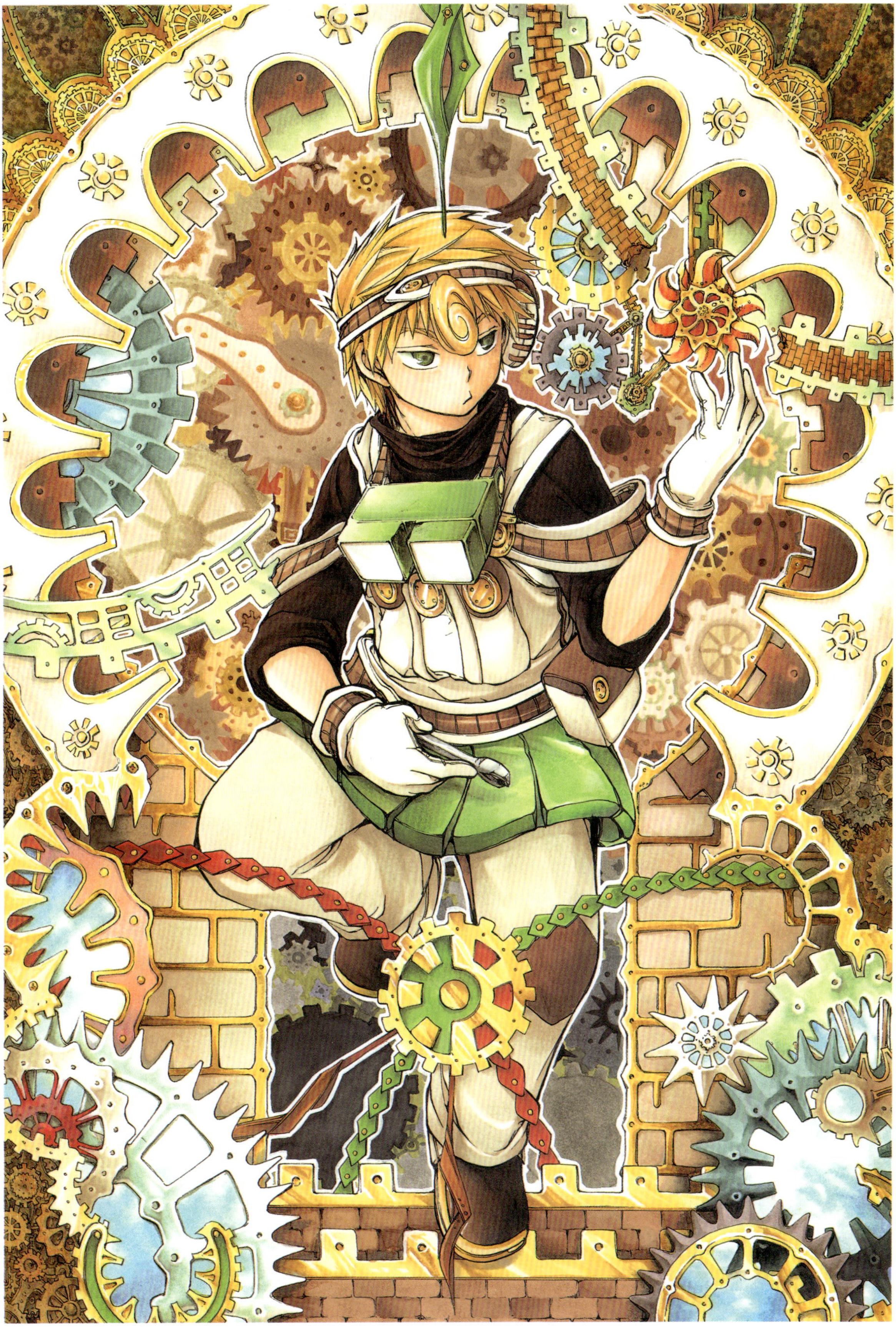

»Lock«-Postkarte, Beilage des ersten Bands
Das Bild ist insgesamt hell, da ich keine dunklen Farben einsetzen wollte. Um eine Unordnung wie in einem Spielzeugladen darzustellen, habe ich die Hintergründe ohne Inking koloriert.

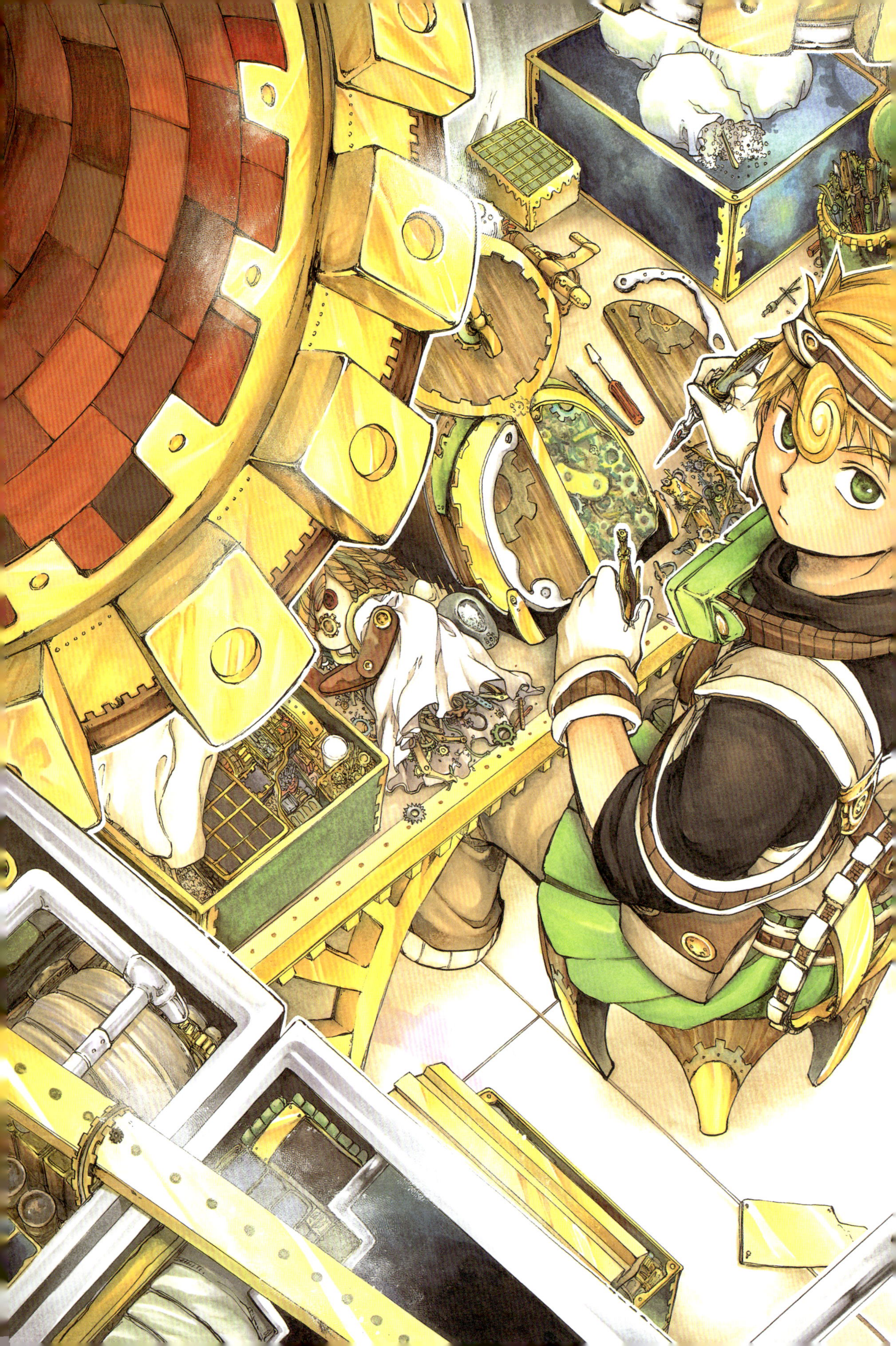

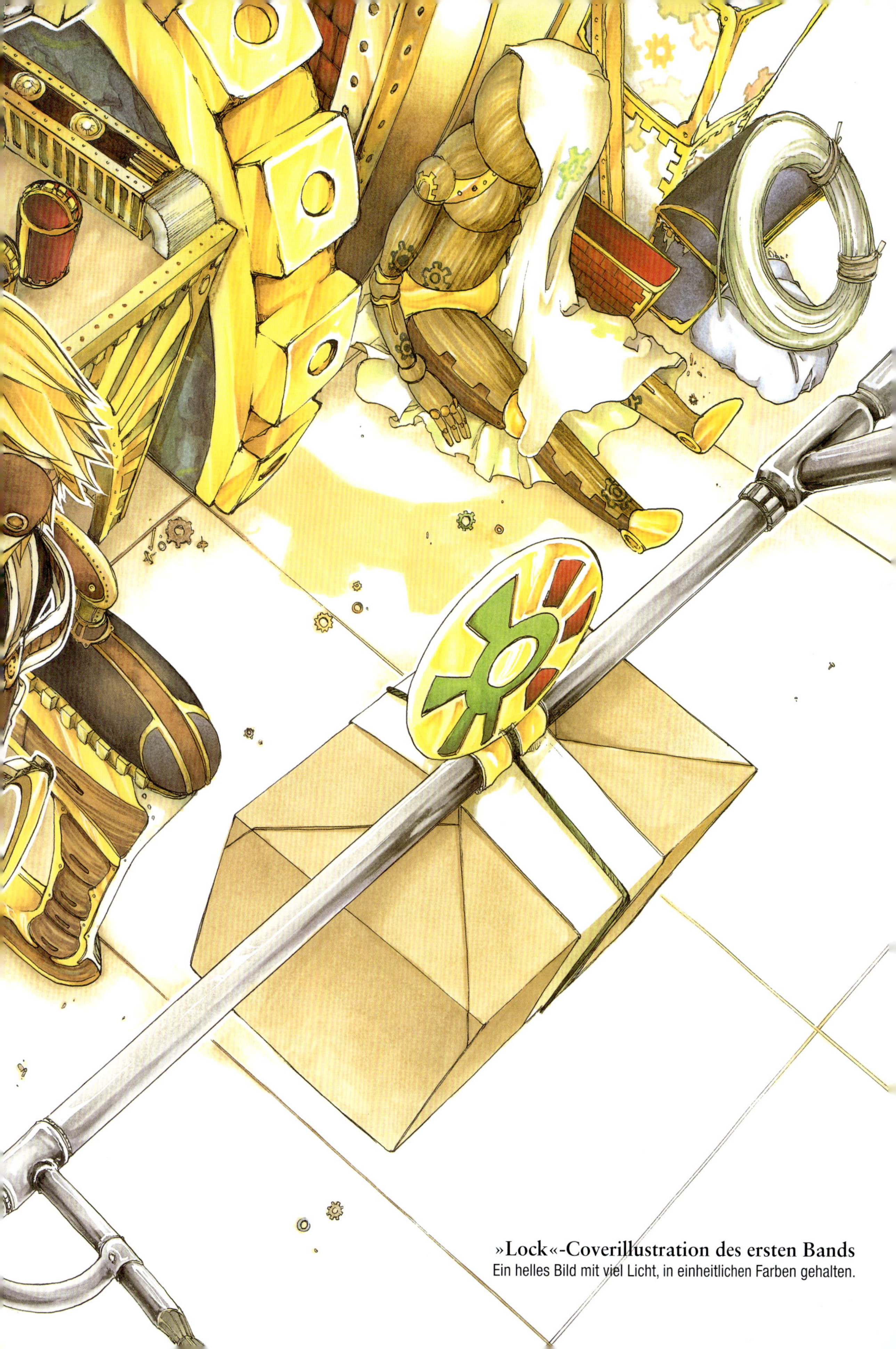

»Lock«-Coverillustration des ersten Bands
Ein helles Bild mit viel Licht, in einheitlichen Farben gehalten.

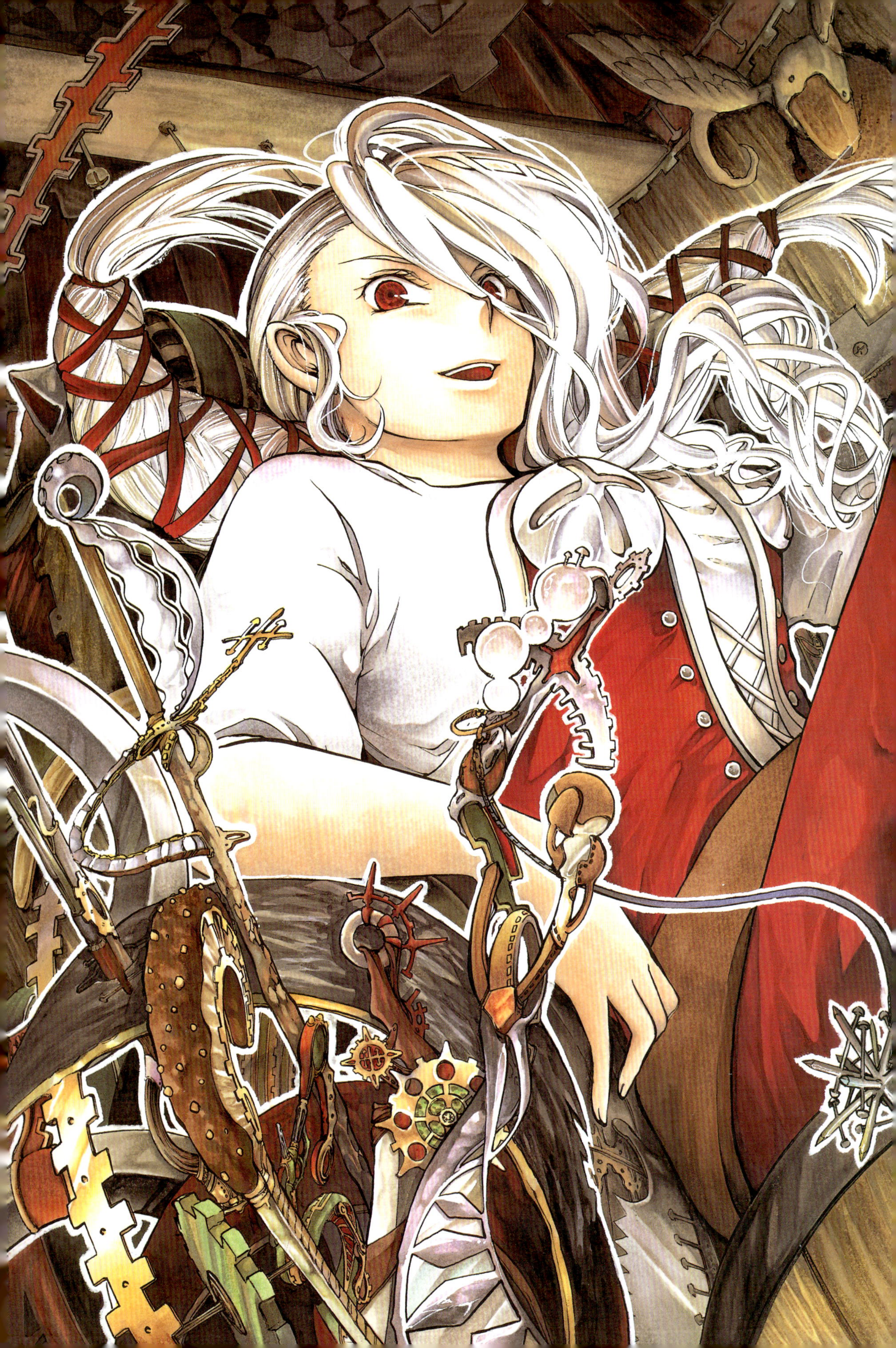

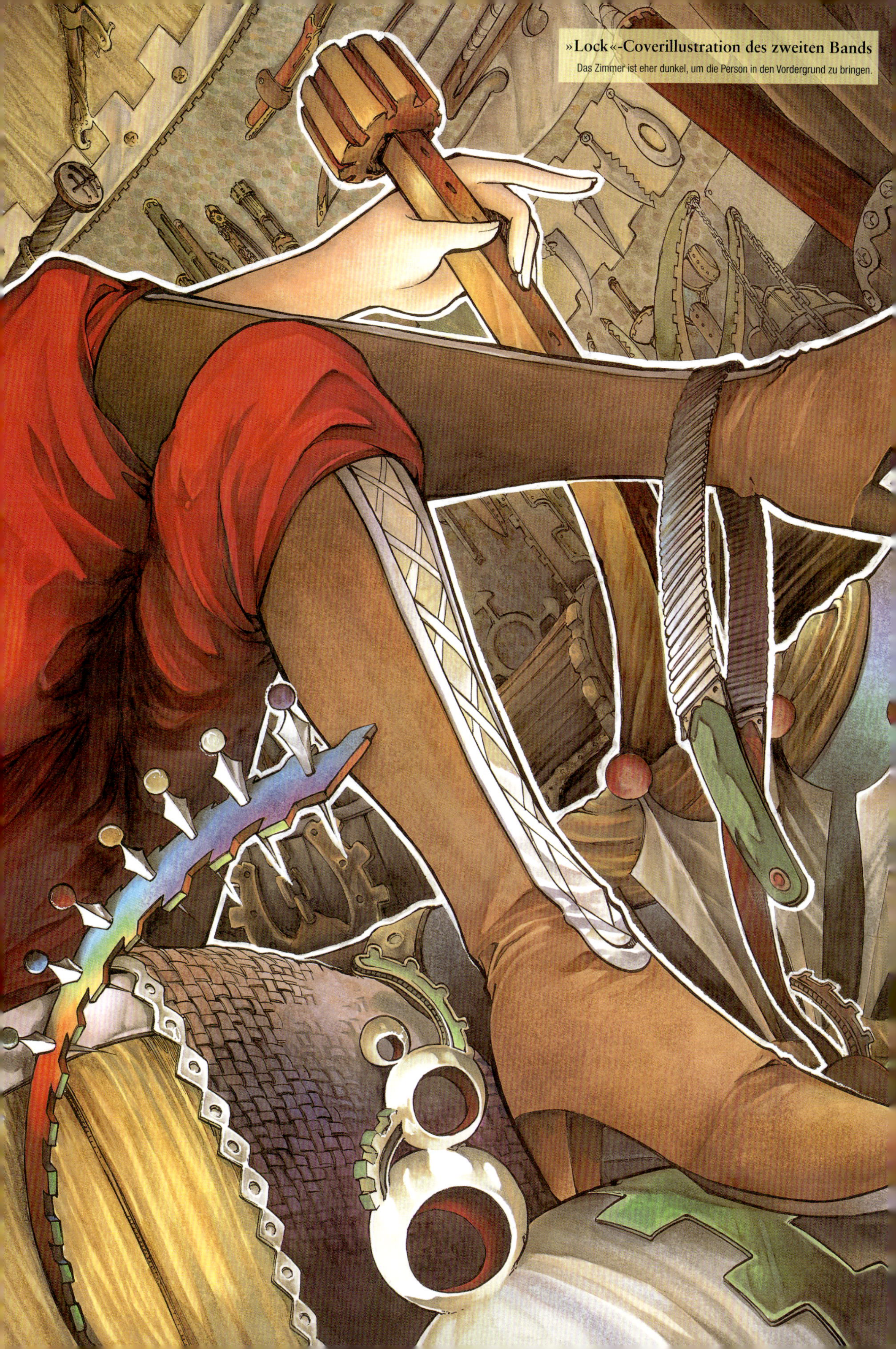

»Lock«-Coverillustration des zweiten Bands

Das Zimmer ist eher dunkel, um die Person in den Vordergrund zu bringen.

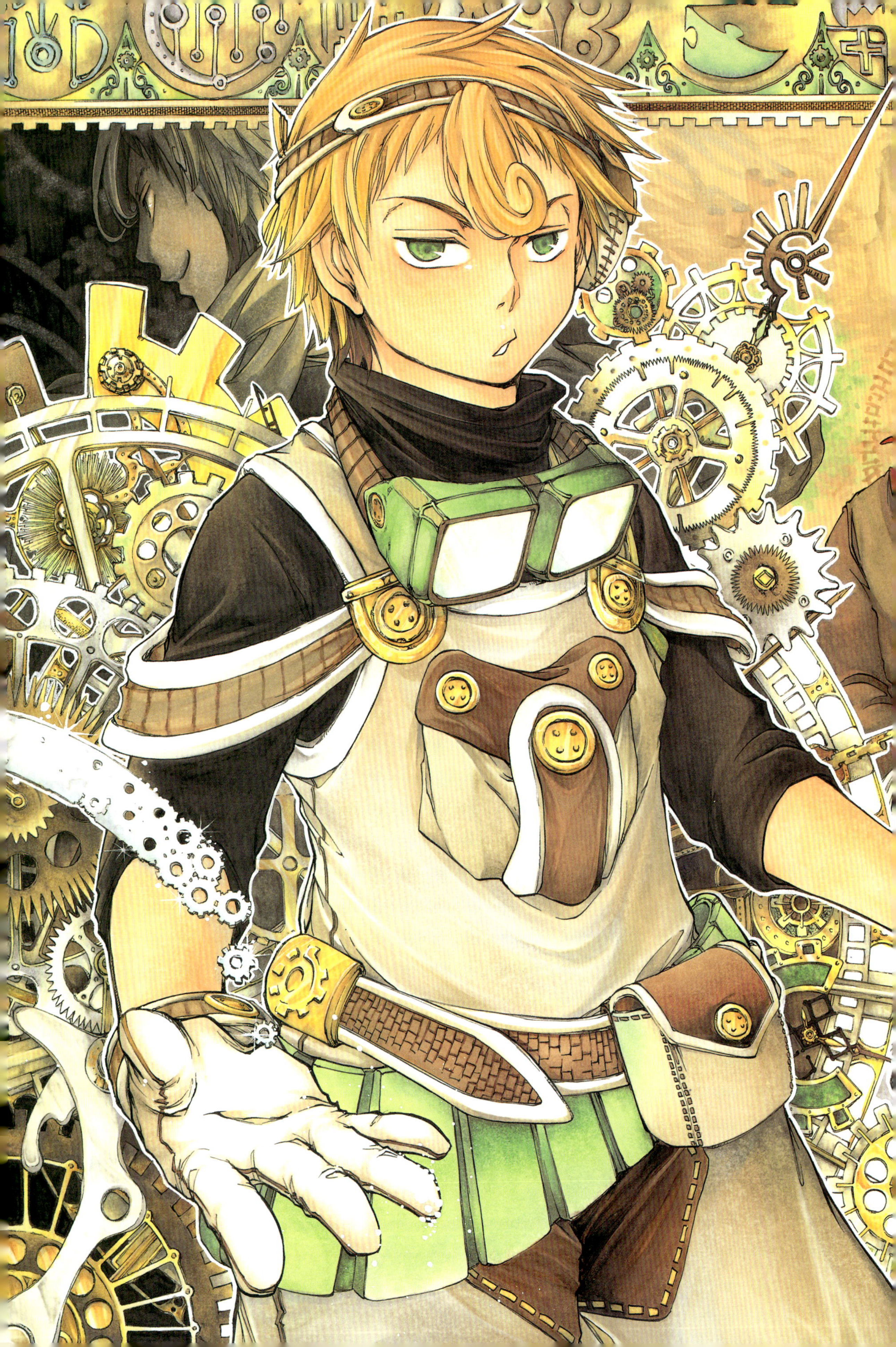

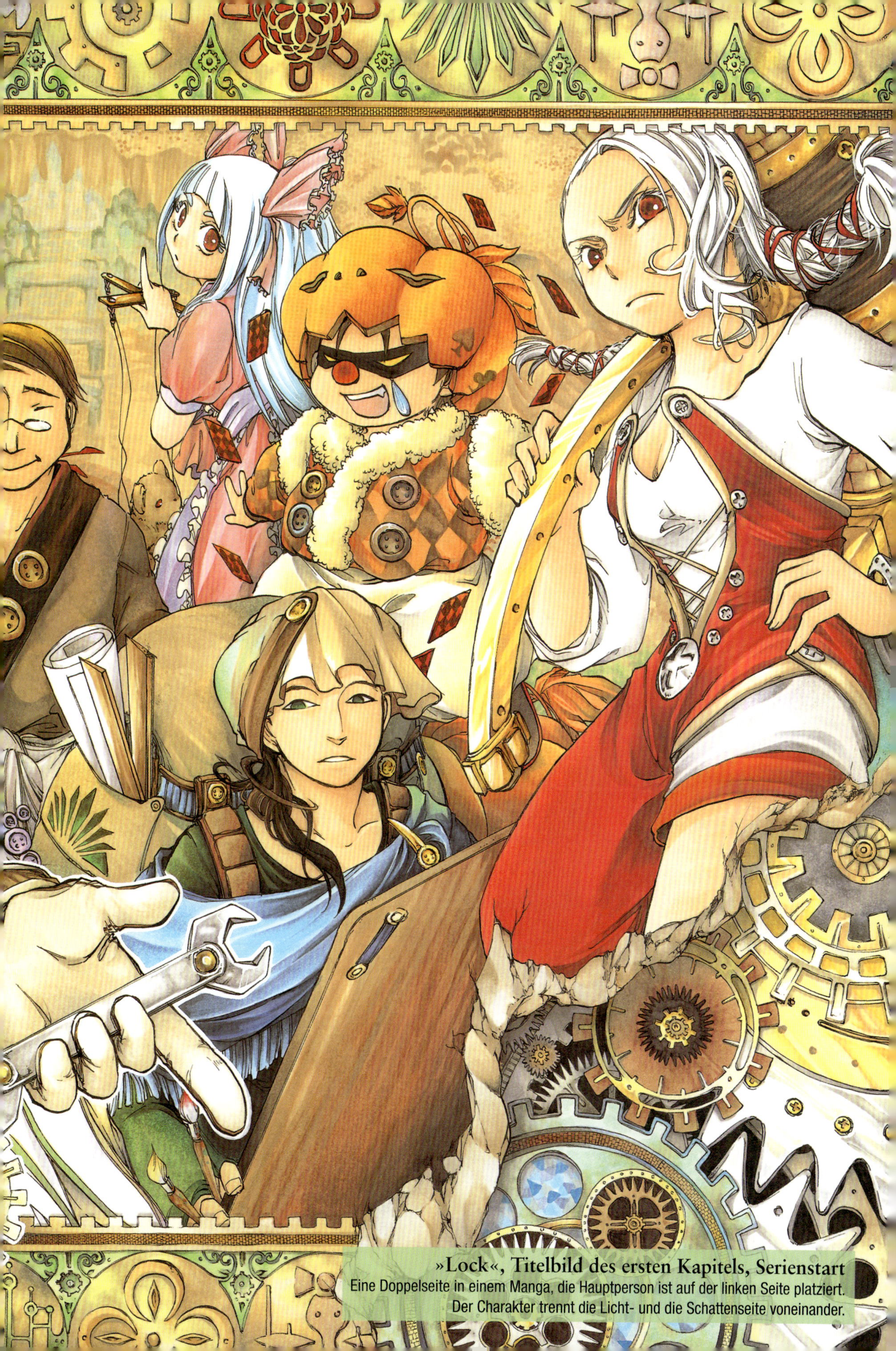

»Lock«, Titelbild des ersten Kapitels, Serienstart

Eine Doppelseite in einem Manga, die Hauptperson ist auf der linken Seite platziert. Der Charakter trennt die Licht- und die Schattenseite voneinander.

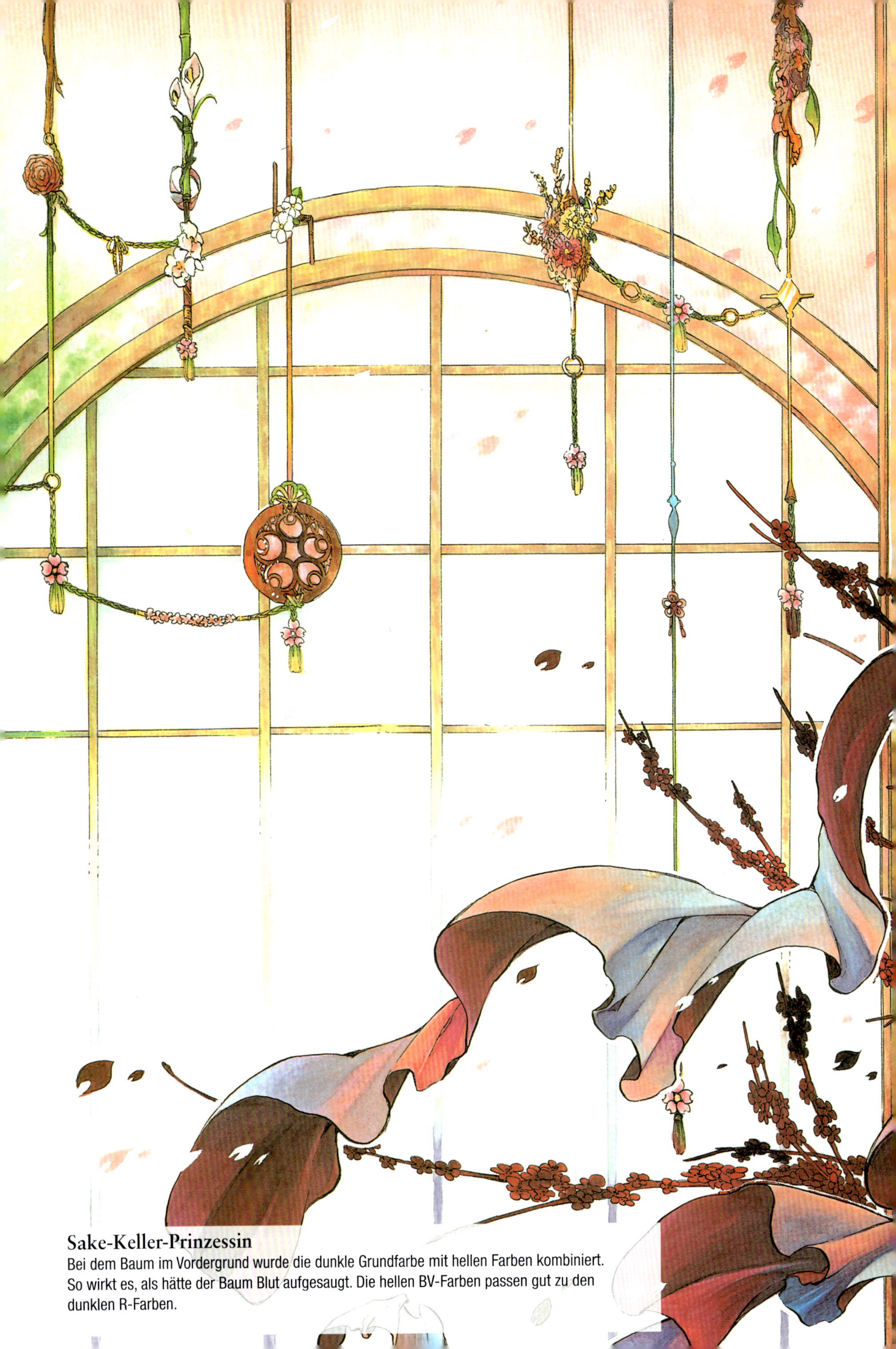

Sake-Keller-Prinzessin

Bei dem Baum im Vordergrund wurde die dunkle Grundfarbe mit hellen Farben kombiniert. So wirkt es, als hätte der Baum Blut aufgesaugt. Die hellen BV-Farben passen gut zu den dunklen R-Farben.

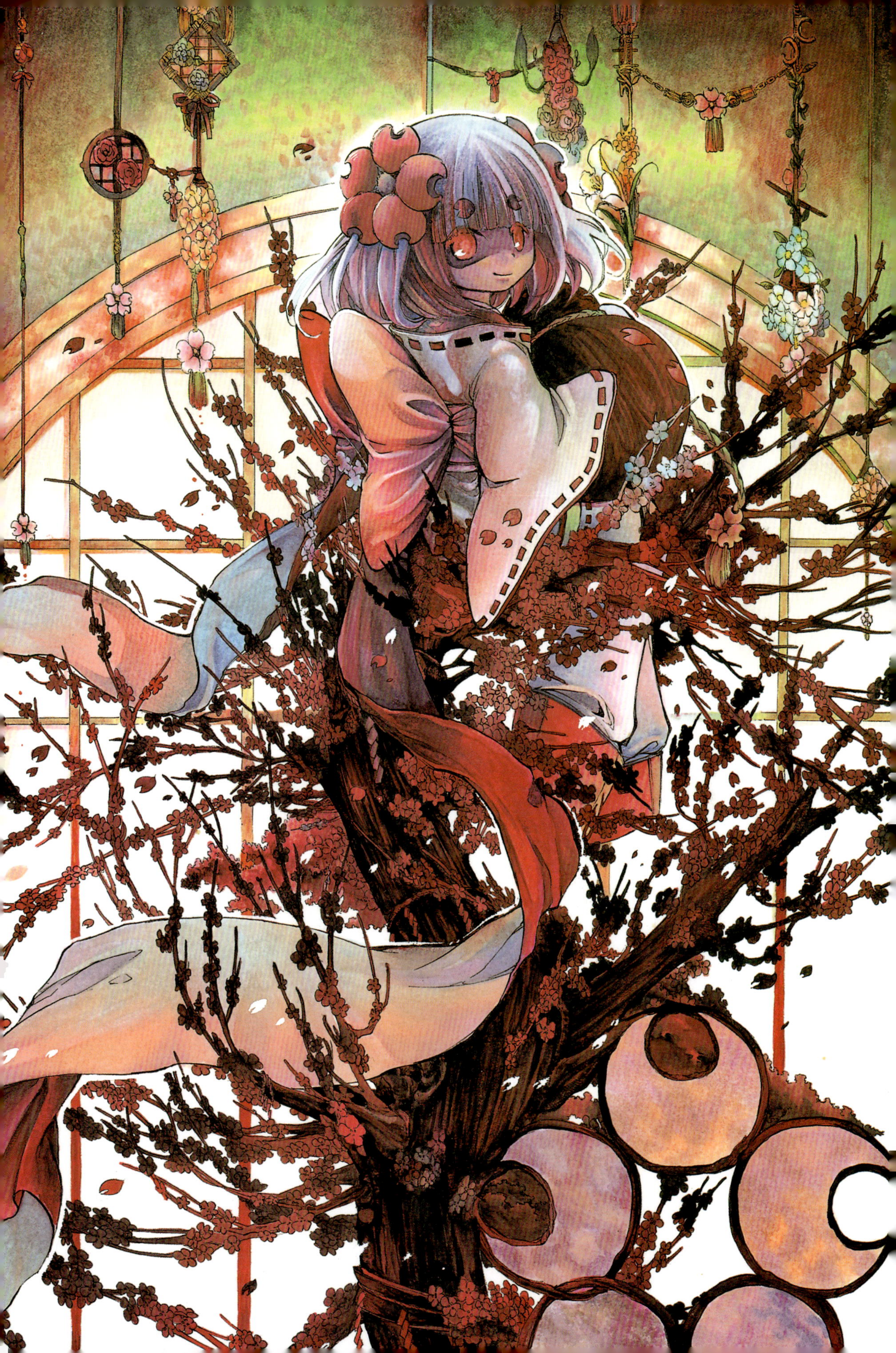

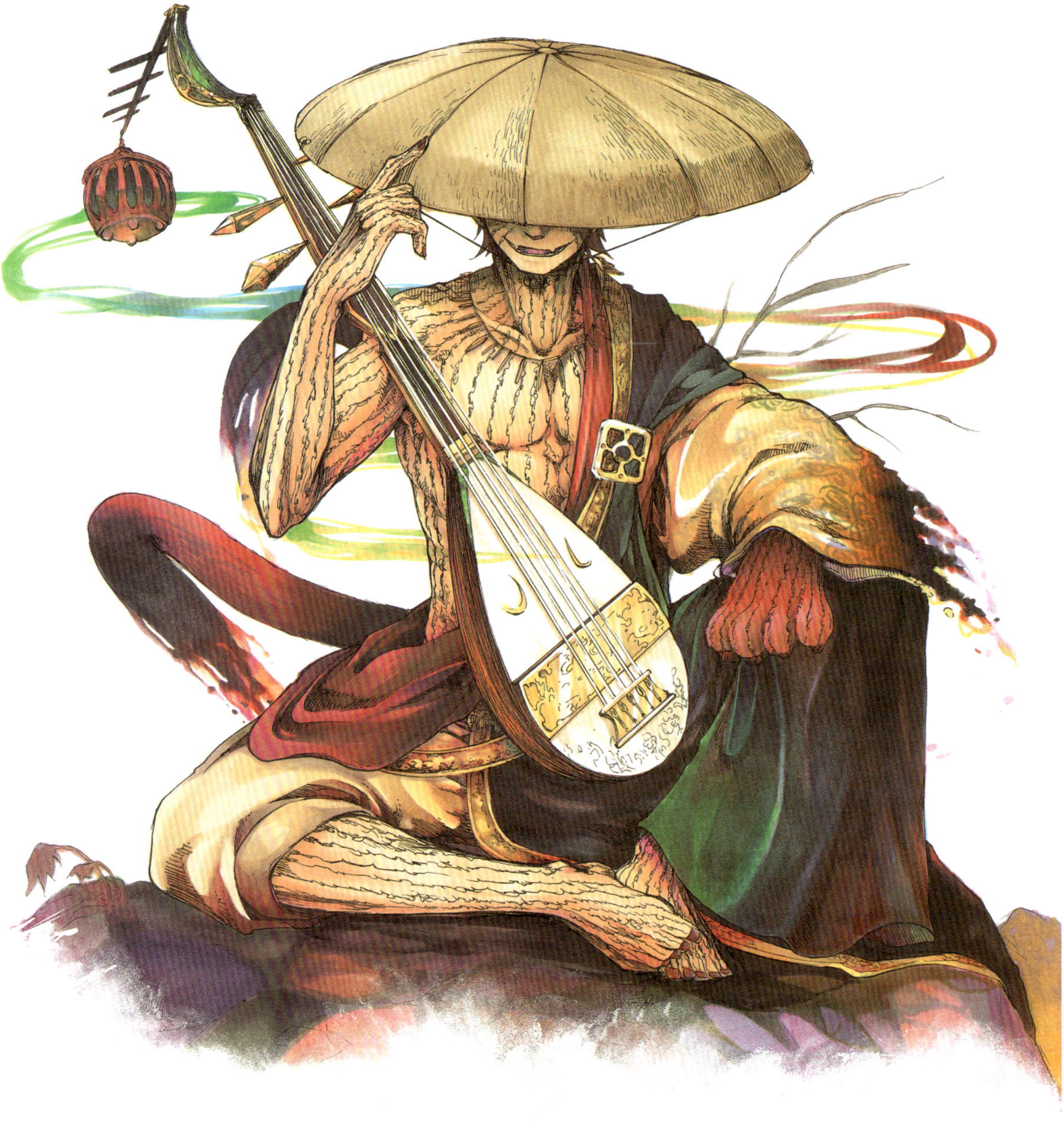

Bakeneko
Ein Katzendämon. Giftiger Farbton. Im Kern ein Rot, das mit Magenta und Gelbgrün noch giftiger wird. Unten geht die Farbe in das Weiß des Hintergrunds über.

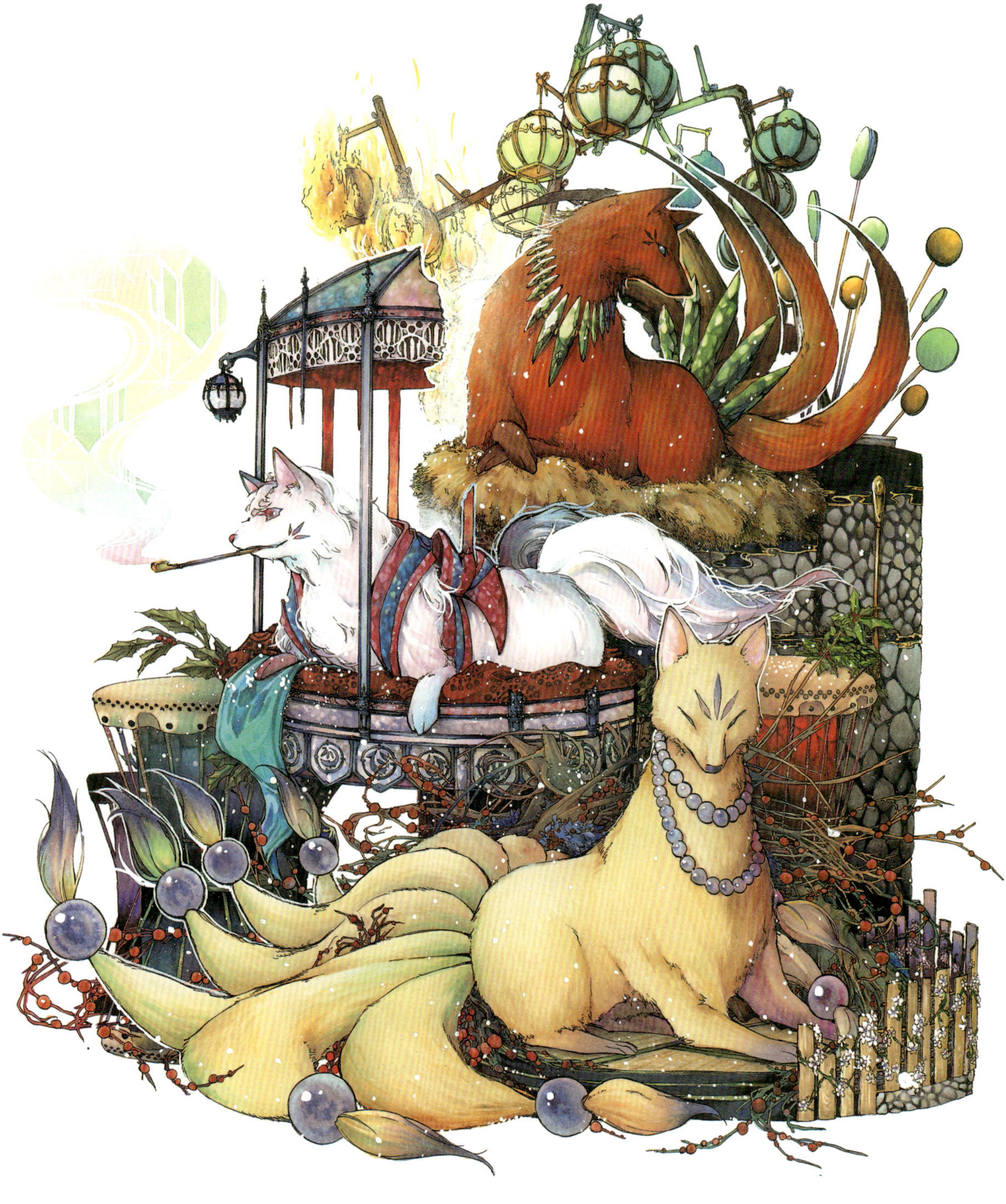

Winterberg

Die Fellstruktur der drei Tiere wurde unterschiedlich dargestellt. Von oben nach unten: hart, weich, normal. Die Linien im Fell sind dabei entscheidend.

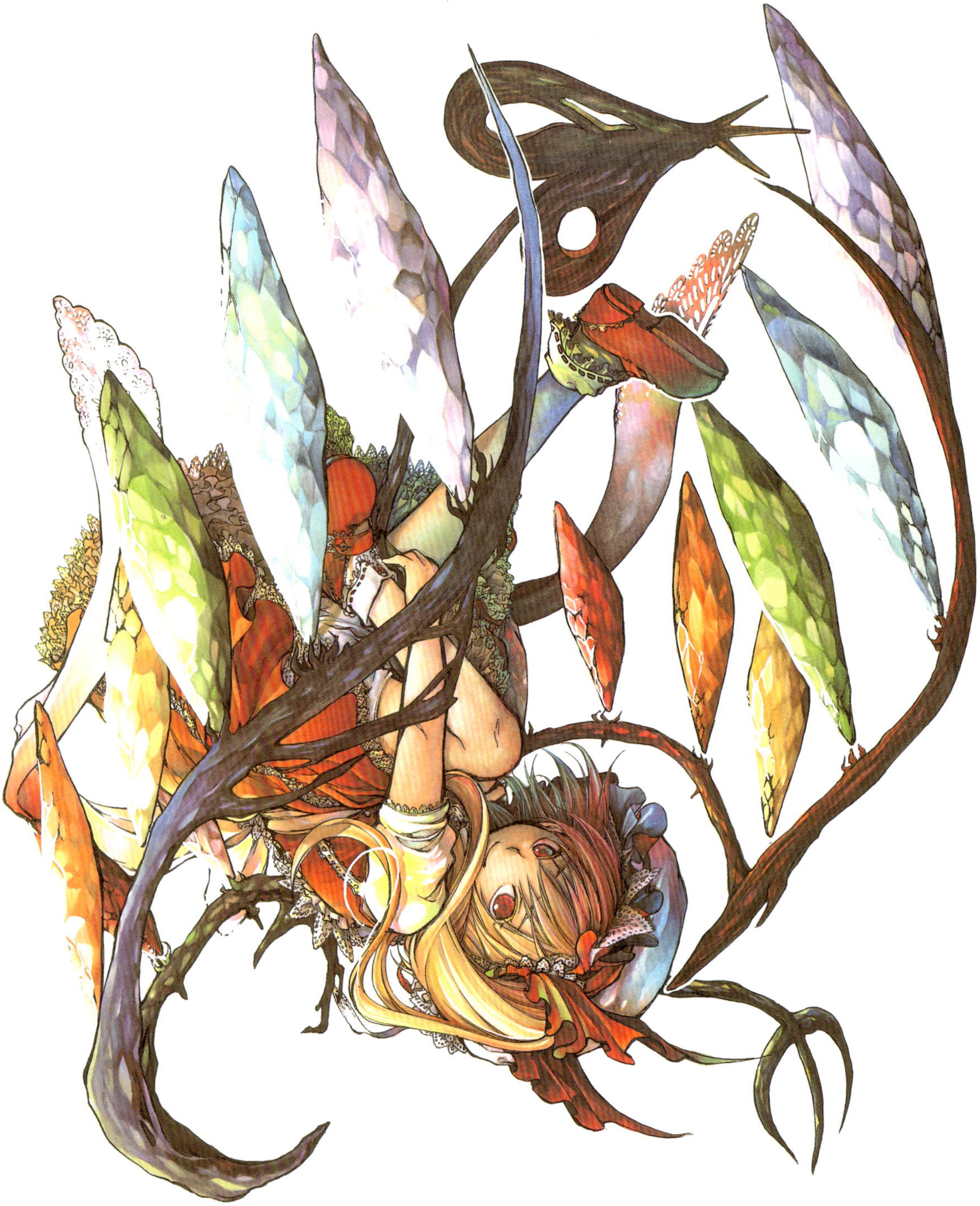

Willst du mit mir spielen? ©Shanghai Alice Gengakudan
Um die Verrücktheit dieses Charakters darzustellen, habe ich bei allen Schattierungen unterschiedliche Helligkeitsstufen eingesetzt. Als Kontrast sind die Steine heller angemalt.

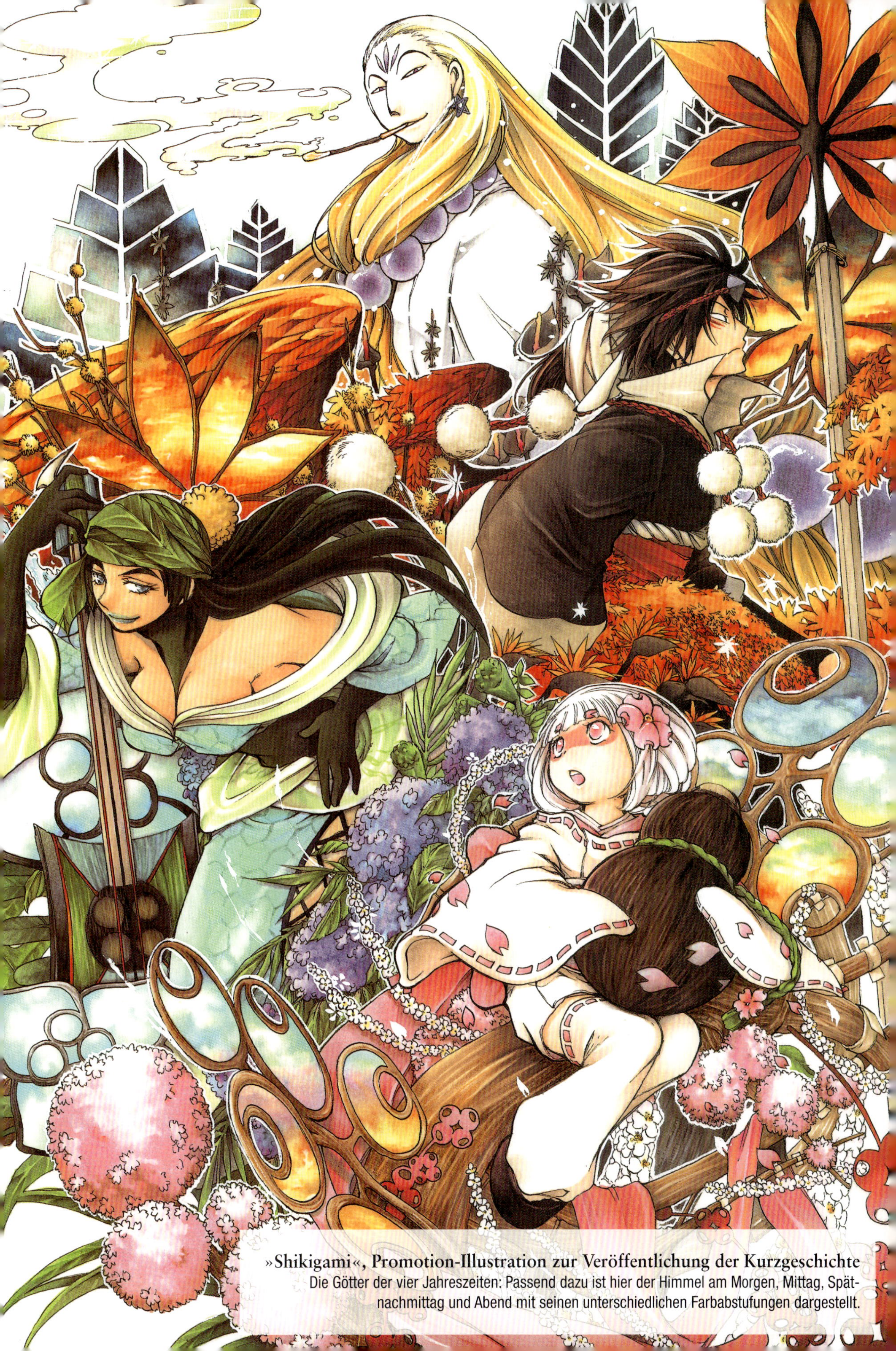

»Shikigami«, Promotion-Illustration zur Veröffentlichung der Kurzgeschichte
Die Götter der vier Jahreszeiten: Passend dazu ist hier der Himmel am Morgen, Mittag, Spätnachmittag und Abend mit seinen unterschiedlichen Farbabstufungen dargestellt.

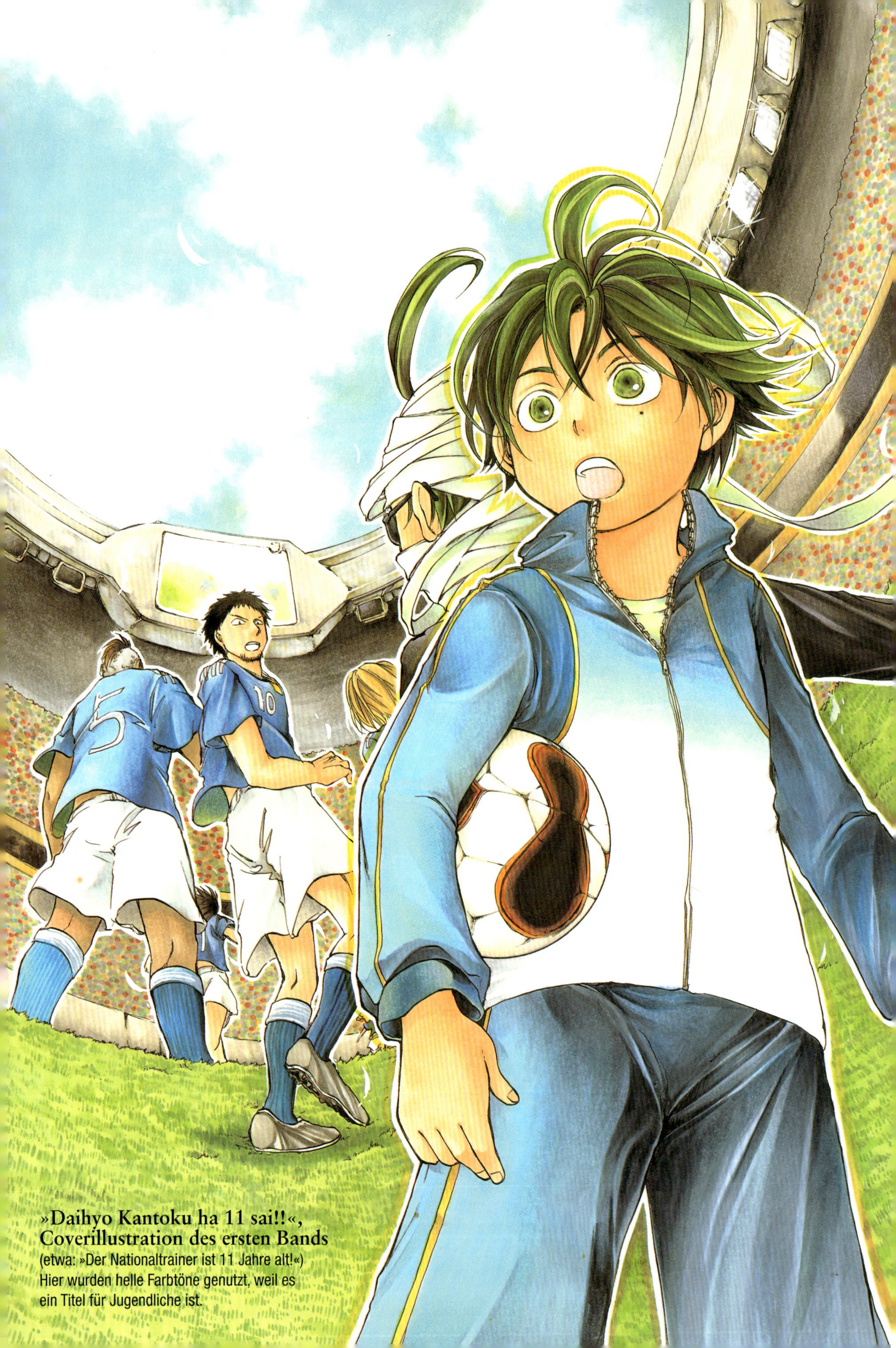

»Daihyo Kantoku ha 11 sai!!«, Coverillustration des ersten Bands

(etwa: »Der Nationaltrainer ist 11 Jahre alt!«) Hier wurden helle Farbtöne genutzt, weil es ein Titel für Jugendliche ist.

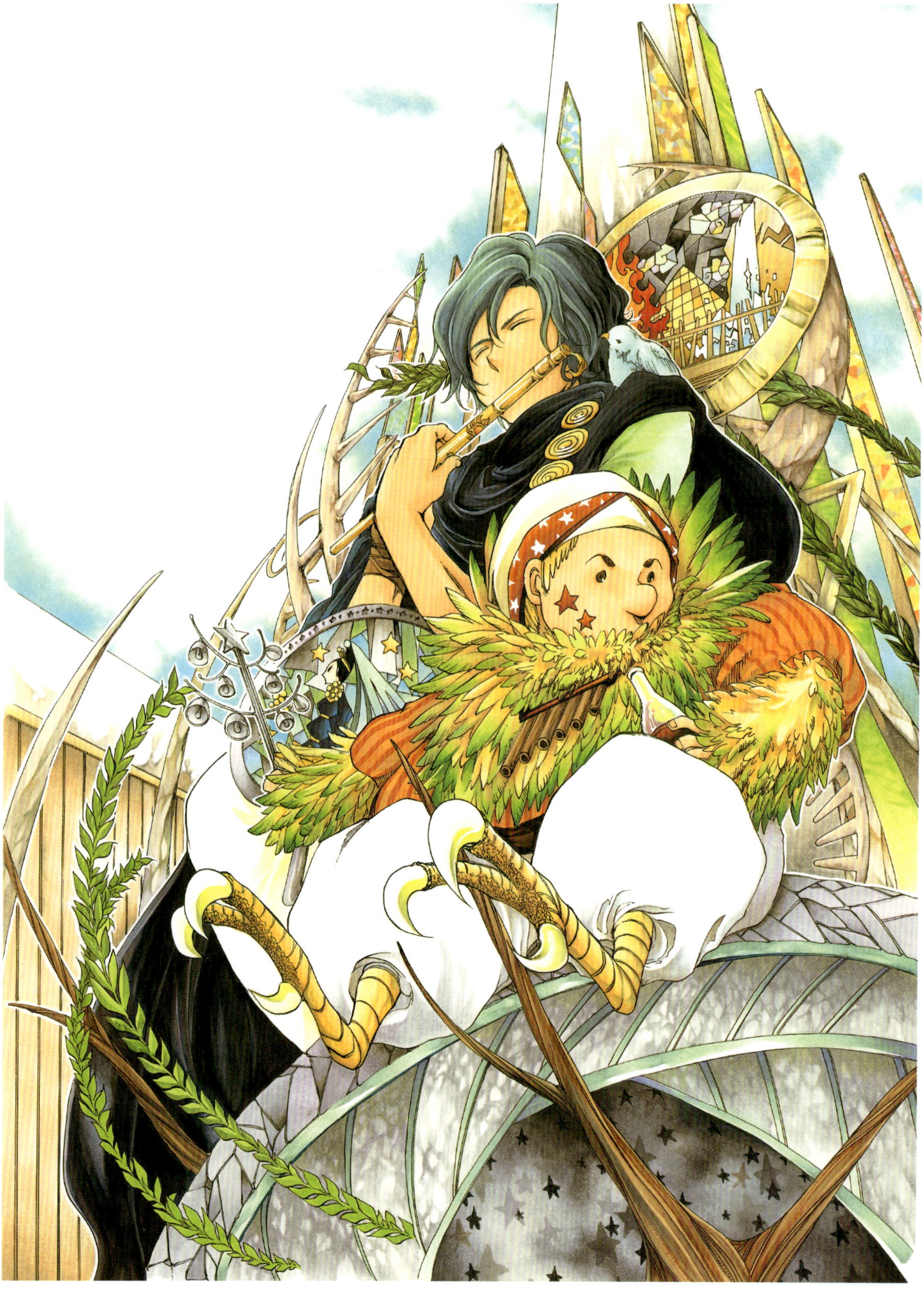

»Die Zauberflöte«, Coverillustration
Weiche Farben ohne exzentrische Töne. Insgesamt wirkt das Bild dadurch solide.

Quellen

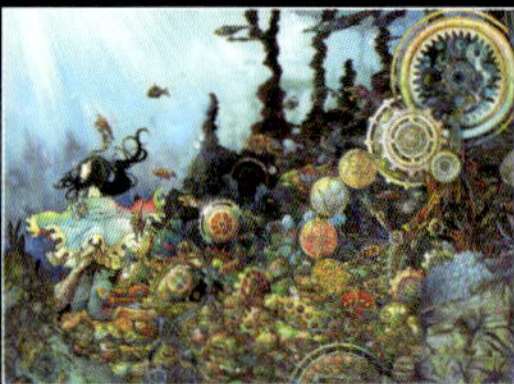

Originalzeichnung
2014

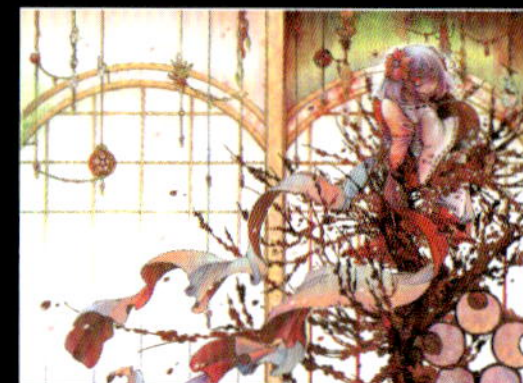

Originalzeichnung
2015

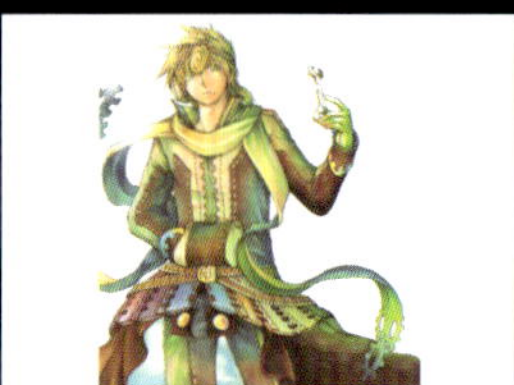

Originalzeichnung
2014

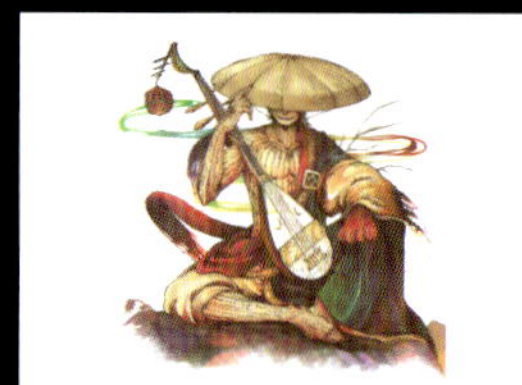

Originalzeichnung
2014

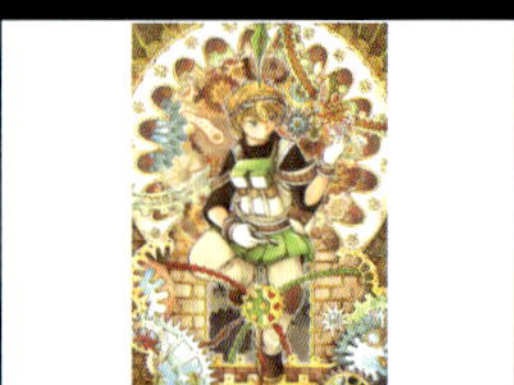

Promotion-Postkarte
für Buchhändler
2012

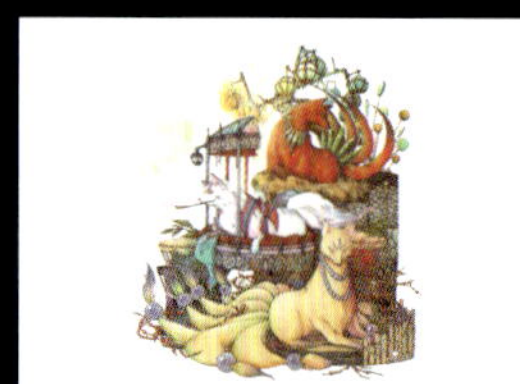

Originalzeichnung
2014

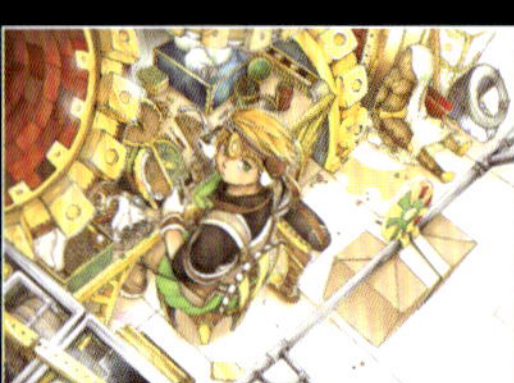

»Lock« 1
(Shonen Sunday Comics)
2012
Veröffentlicht unter dem
Autorenamen Hidekazu Gomi

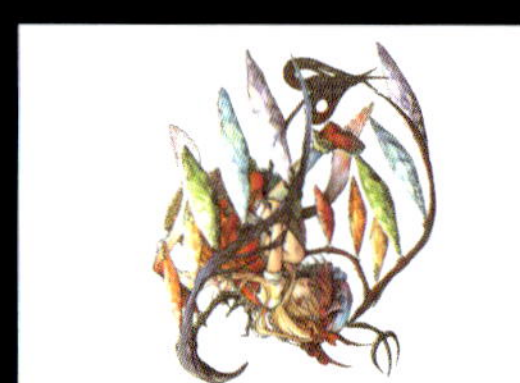

Fanart
2013

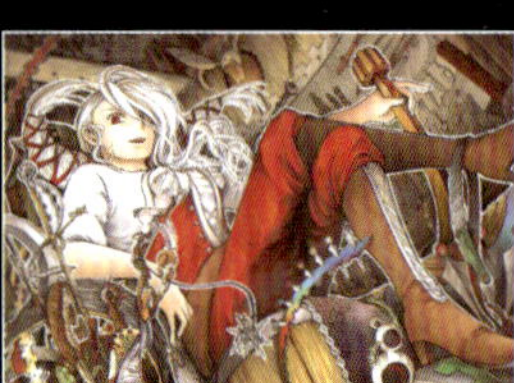

»Lock« 2
(Shonen Sunday Comics)
2013
Veröffentlicht unter dem
Namen Hidekazu Gomi

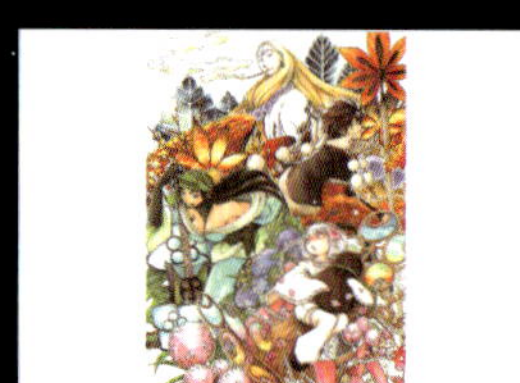

Originalzeichnung
2011

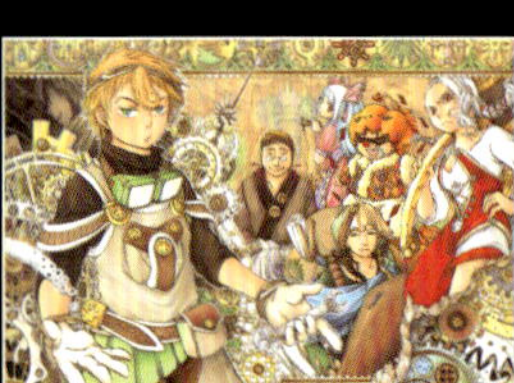

»Shukan Shonen Sunday S«
Ausgabe Juni 2012
(Shogakukan)
2012
Veröffentlicht unter dem
Namen Hidekazu Gomi

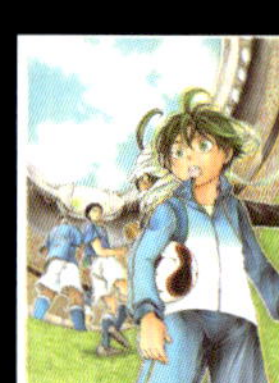

»Daihyo Kantoku ha 11 sai!!
Doushite Boku ga Kantoku ni?«*
(Shueisha Mirai Bunko)
Autor: Giguru Akiguchi, Illustration: Broccoli-ko
2011
Veröffentlicht unter dem Namen Broccoli-ko

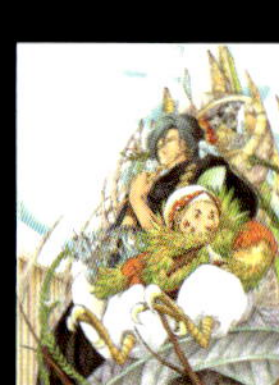

»Die Zauberflöte«
(Yamaha Music Media)
Manga: Broccoli-ko
Supervisor: Kyoko Nakano
2011
Veröffentlicht unter dem Namen Broccoli-ko

Über Yasaiko Midorihana

Als Broccoli-ko oder Yasaiko Midorihana arbeitet sie als Manga-Zeichnerin und Illustratorin. Für Shonen-Manga-Magazine nutzt sie auch ihr Pseudonym Hidekazu Gomi.

* etwa: »Der Nationaltrainer ist 11 Jahre alt!! Warum bin ich der Trainer?«

Grundkurs

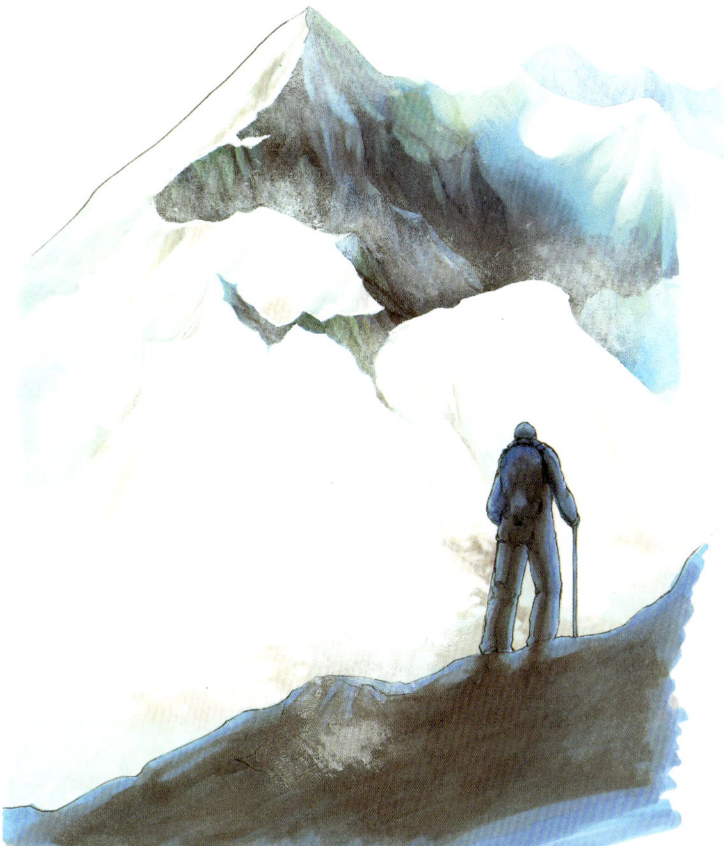

Das sind Copic-Stifte!

Copic ist ein eingetragenes Warenzeichen der Firma Too Marker Products Inc.

»Medium Broad«
Harte Spitze, fest wie ein Filzstift. Geeignet, um breite Flächen grob auszumalen.

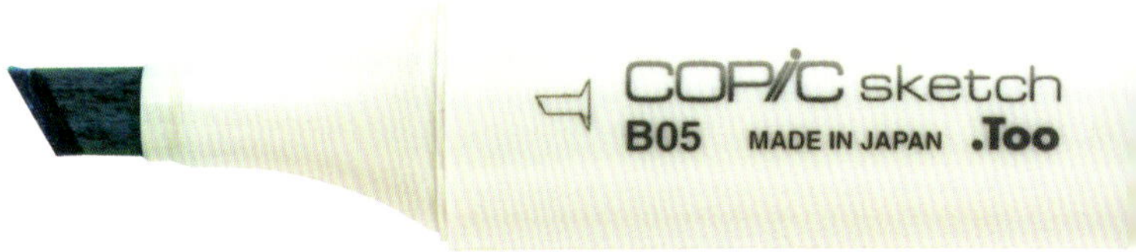

Was sind Copics?

Copics sind alkoholbasierte Marker der Firma »Too Marker Products Inc.«. Sie trocknen so schnell wie Filzstifte und haben sehr klare Farben. Mit ihnen könnt ihr zügig und sauber kolorieren.
Die Serie »Copic sketch«, die in diesem Buch verwendet wird, umfasst 358 verschiedene Farben. Noch mehr Farbtöne und Oberflächenstrukturen sind möglich, wenn die Farben ineinander vermalt oder aufgehellt werden. Die Stifte sind bei Illustratoren und Manga-Zeichnern sehr beliebt.

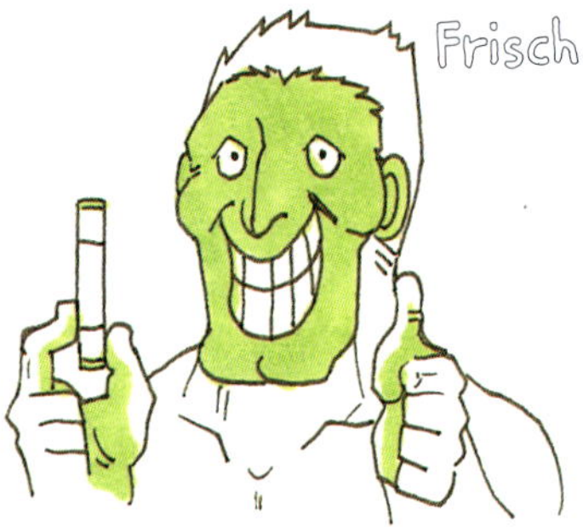

Klare Farben

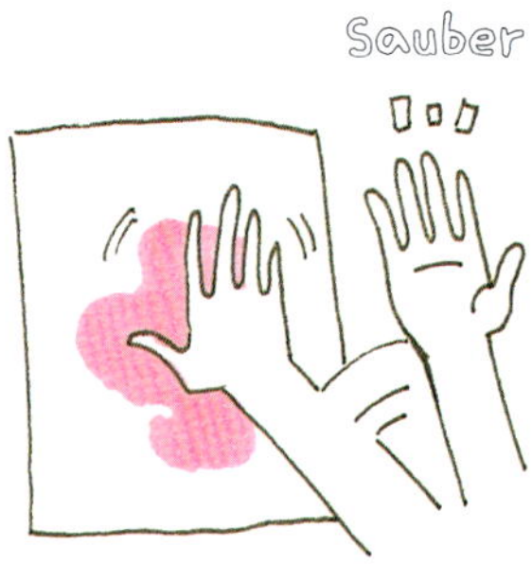

Schnell trocknend

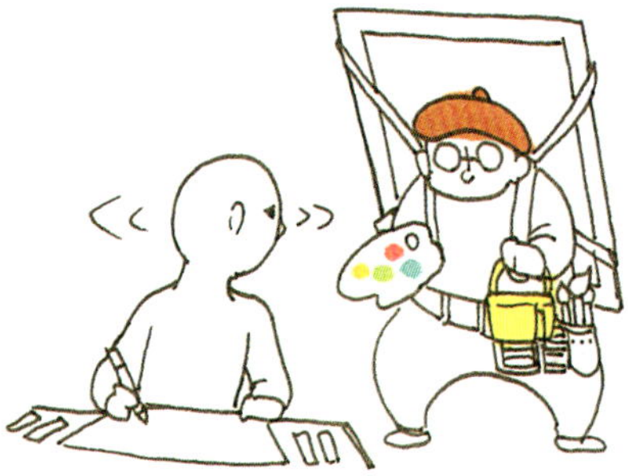

Mit Copics kann man super kolorieren.

Warnhinweis

Die Stifte sind alkoholbasiert, das heißt, sie trocknen aus, wenn man sie ohne Kappe liegen lässt. Auch auf warmen Untergründen trocknen sie schneller aus. Passt also gut auf.

Achtet auch darauf, dass die Farbe nicht auf eure Kleidung kommt, um Flecken zu vermeiden. Besonders vorsichtig solltet ihr beim Abmachen der Kappe sein, weil manchmal etwas Farbe verspritzt.

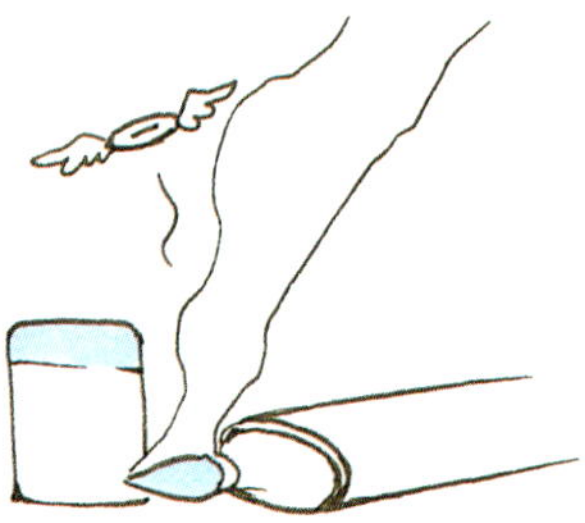

Nicht offen liegen lassen.

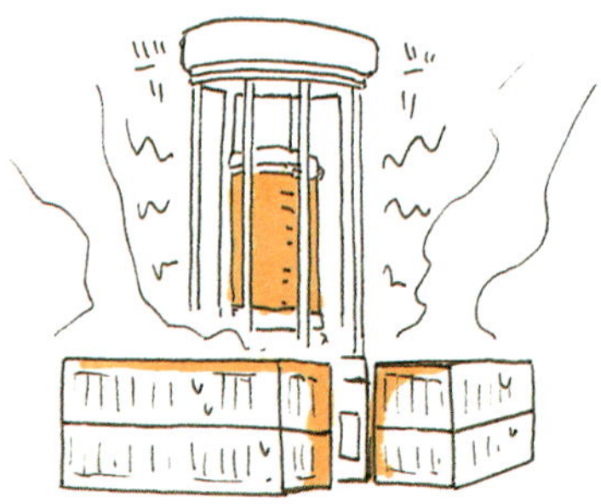

Wegen hoher Flüchtigkeit heiße Stellen meiden.

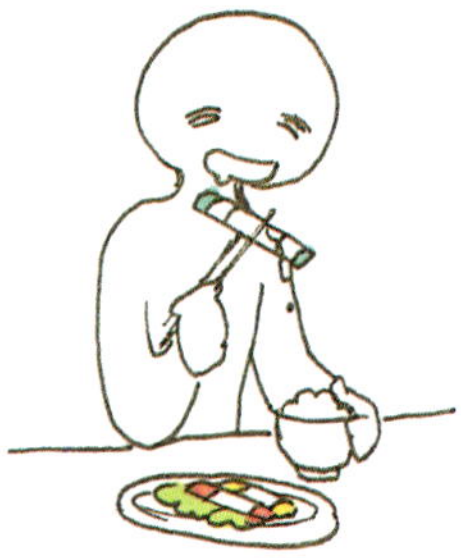

Nicht in den Mund nehmen.

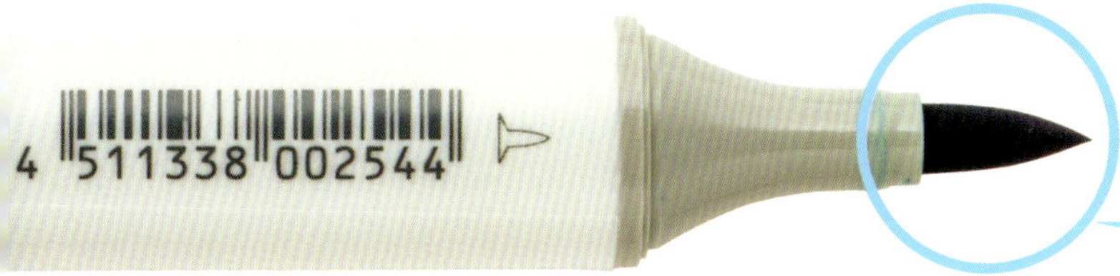

»Super Brush«
Eine weiche Spitze, elastisch wie ein Pinsel. So können verschiedene Strichstärken umgesetzt werden. In diesem Buch werden viele Techniken mit dem Super Brush erklärt.

Was ist Copic sketch?

Die Serie Copic sketch hat die größte Farbauswahl in der Copic-Familie. Deshalb gilt sie als am besten geeignet für Illustrationen. Ihre Stifte haben zwei Spitzen, die »Nibs«* genannt werden, und können für viele verschiedene Anwendungsbereiche eingesetzt werden. Ein Stift kostet ca. 7 Euro.

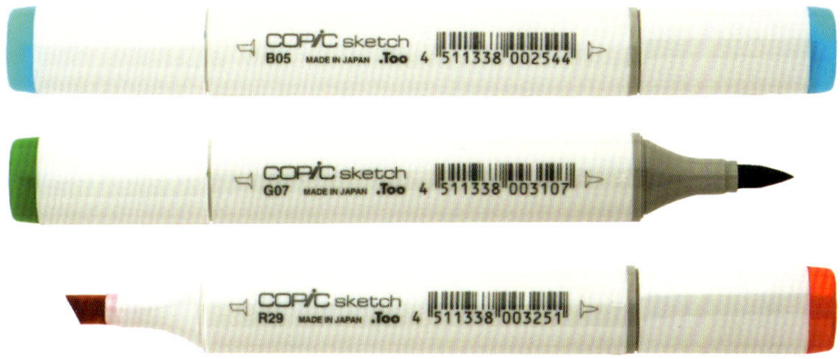

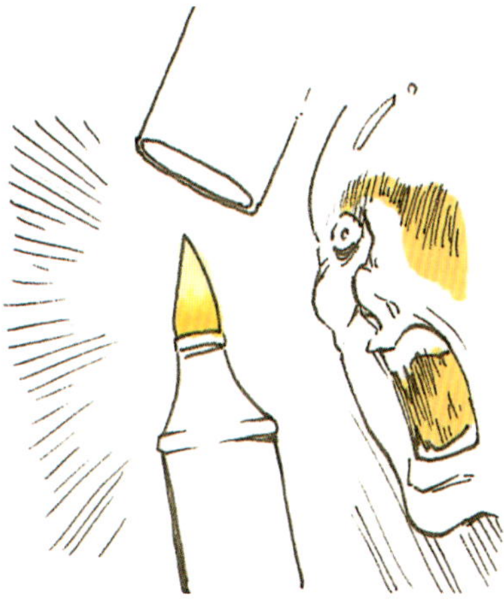

Ist die Spitze fast weiß, muss der Stift bald nachgefüllt werden.

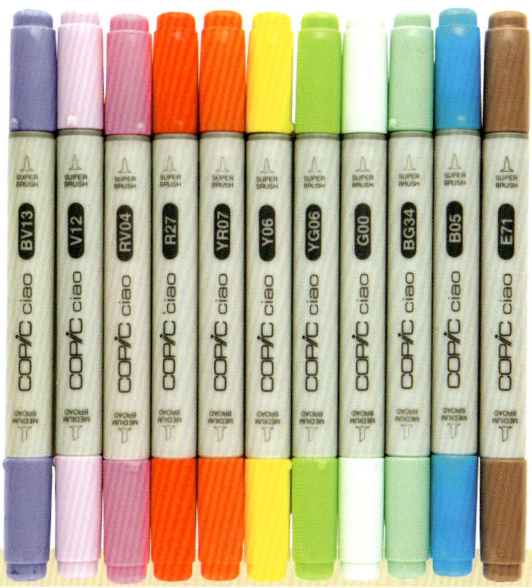

Wer gehört noch zur Copic-Familie?

Neben Copic sketch gibt es noch zwei weitere Marker-Reihen.
»Copic ciao«: Für Copic-Einsteiger, erhältlich einzeln und in Sets. Der Einzelstift ist mit ca. 4,50 Euro günstiger als der Copic sketch.
»Copic classic«: Der Klassiker, erhältlich einzeln und in Sets, der Preis liegt wie beim Copic sketch bei ca. 7 Euro.

Copics heißen so, weil ihre Farbe Toner nicht anlöst und sie deshalb auch zum Kolorieren von Fotokopien geeignet sind. Dies trifft auf viele andere Stifte nicht zu.

* Nib: engl.: Schreibfeder, Spitze

So zeichnet ihr mit dem Super Brush

Mit Copics könnt ihr nicht nur kolorieren, sondern auch richtig zeichnen. Dafür ist der Super Brush besonders geeignet, denn er macht verschiedene Strichbreiten möglich, von schmalen bis hin zu breiten Linien.

Die Spitze für schmale Linien

Für fließende Dinge wie Haare, einzelne Linien oder Texturen, die mit Punkten dargestellt werden, haltet ihr den Stift aufrecht und zeichnet nur mit der Spitze. In diesem Buch wird der Stift meistens so benutzt, außer wenn eine größere Fläche ausgefüllt wird.

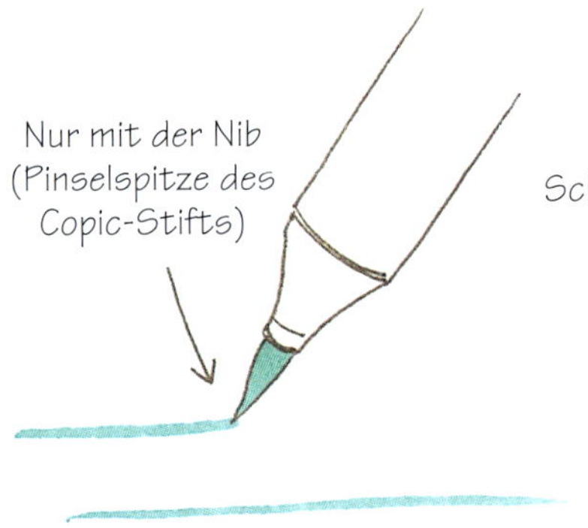

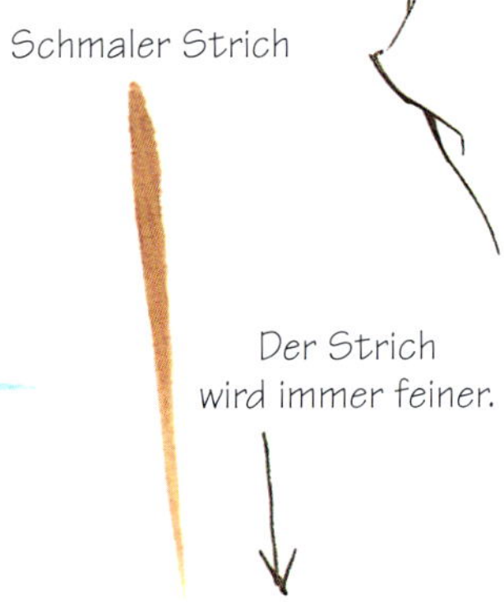

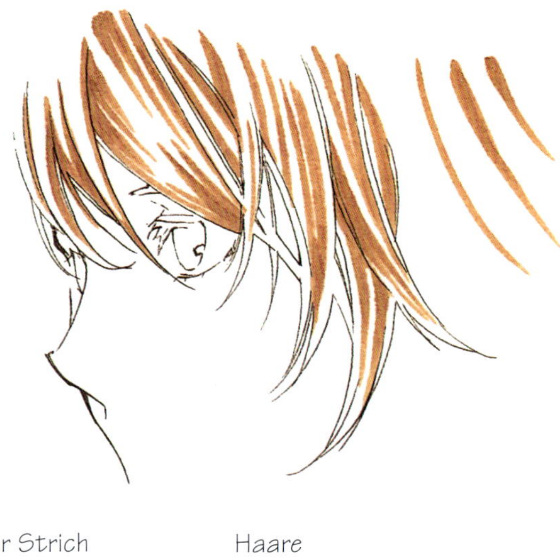

Mehr Druck für mittlere Breite

So können schmale bis mittelbreite Linien gezeichnet werden, zum Beispiel um große Flächen gleichmäßig zu kolorieren.

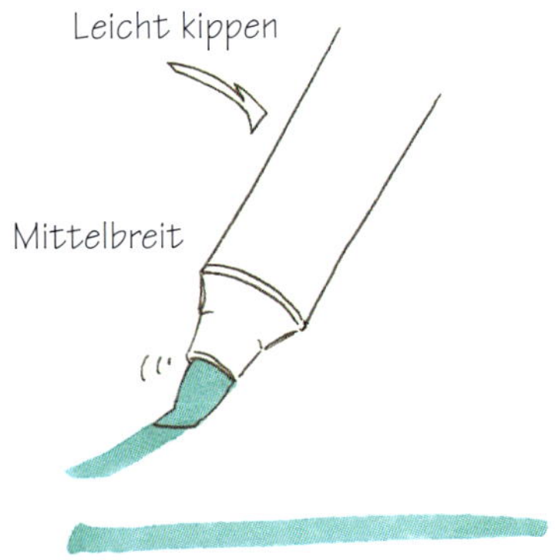

Den Stift flach halten und mit der Seitenfläche zeichnen

Das kommt in diesem Buch kaum zum Einsatz, aber so könnt ihr dicke Linien zeichnen.

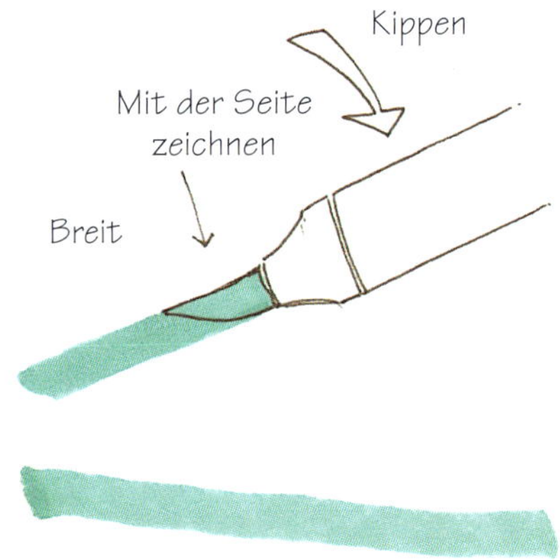

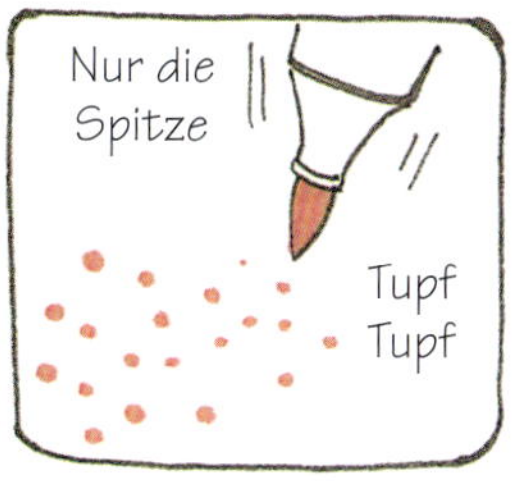

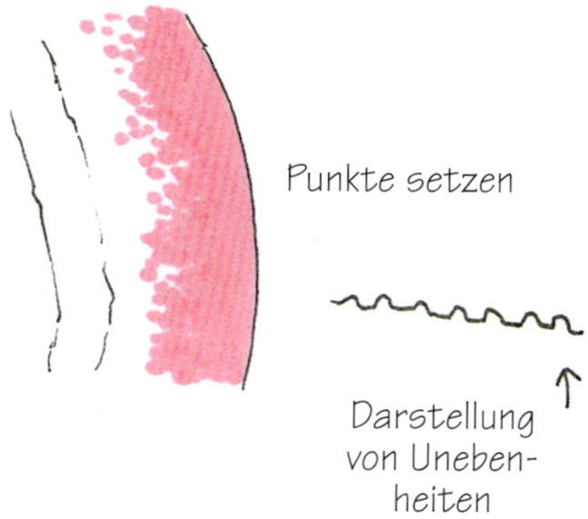

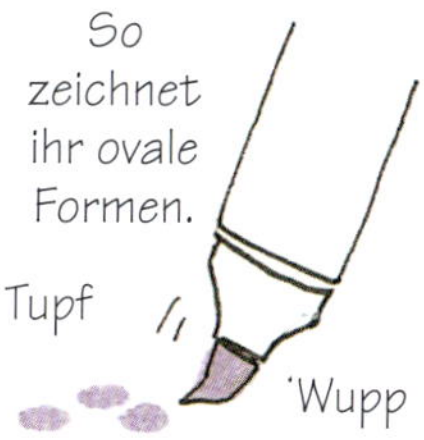

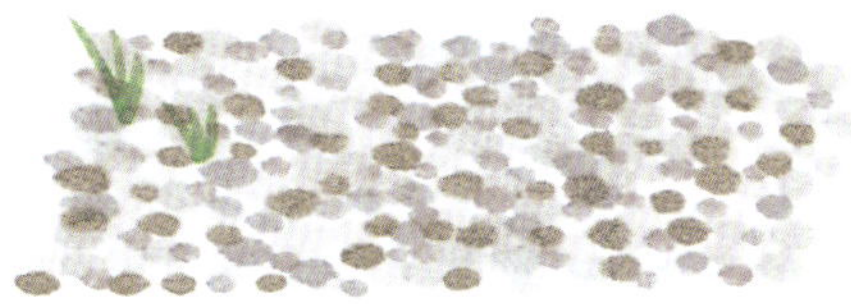

Ovale Formen können z. B. für
ein Kiesufer genutzt werden.
Oder ein Aquarium.

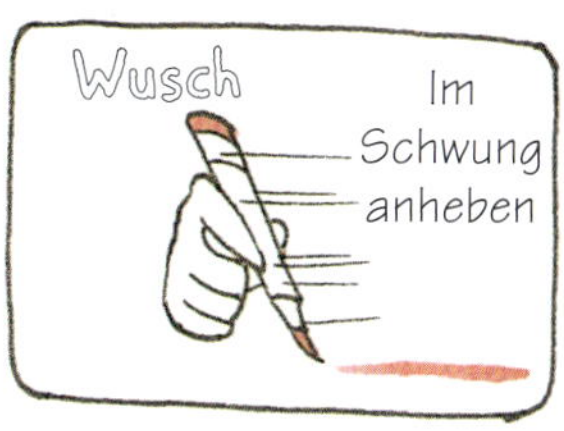

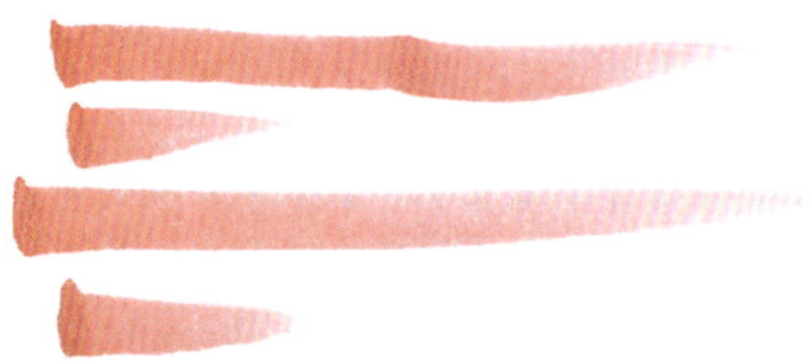

Wie wird der Copic-Stift gehalten?

Es gibt keine goldene Regel, probiert aus, wie ihr die Druckstärke am besten regulieren könnt. Wenn ihr bei der normalen Stifthaltung zu viel Kraft einsetzt oder ihr Schwierigkeiten bei schmalen Linien habt, empfehle ich euch den Faust-Stil.

Stift-Stil

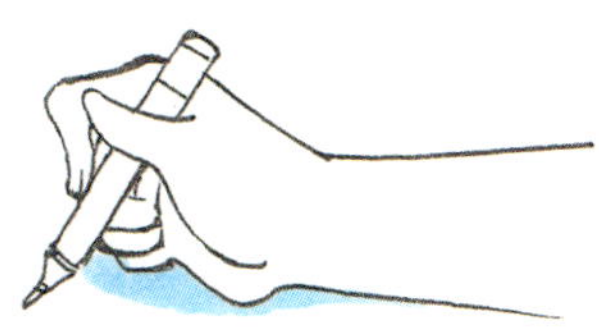

Faust-Stil

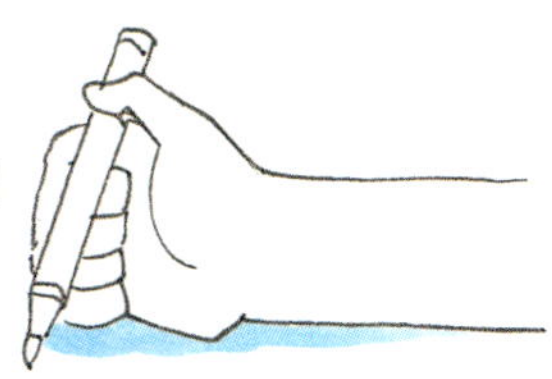

Schloss-im-
Himmel-Stil

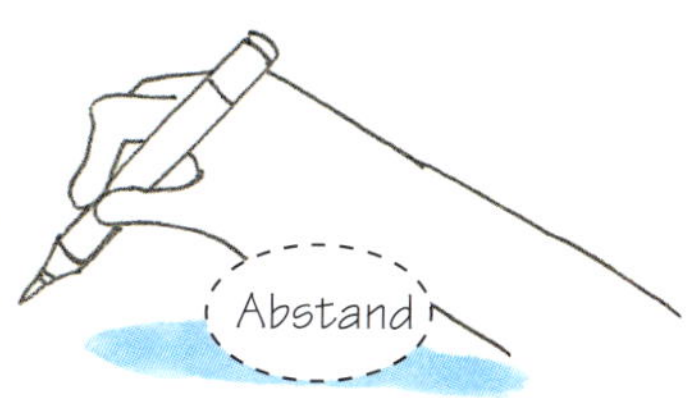

Welche Farben gibt es?

Farbgruppe

Die Buchstaben stehen für eine Farbgruppe. Es gibt 16 Farbgruppen.

Helligkeit

12 Helligkeitsstufen

Farbtyp

Jede Gruppe wird in 10 Typen aufgeteilt, von 0 bis 9.

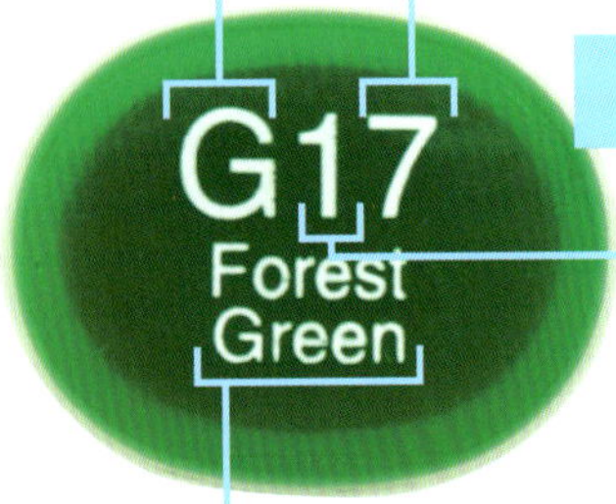

Farbname

Die Farbbezeichnung

Der Farbcode ist an beiden Enden zu sehen.

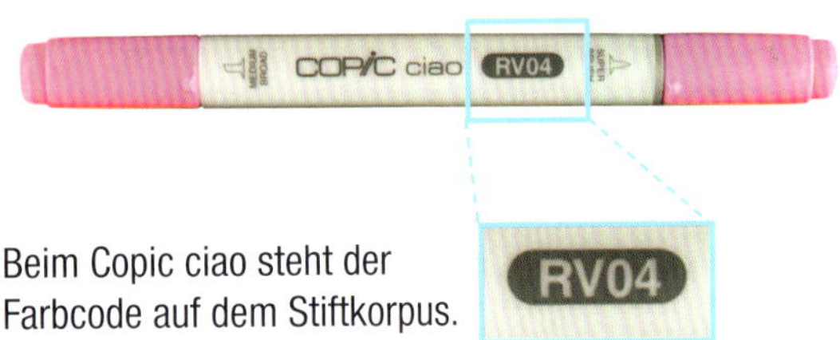

Beim Copic ciao steht der Farbcode auf dem Stiftkorpus.

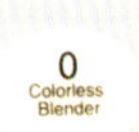

Nr. 0 ist ein Stift ohne Farbe, sprich, ein farbloser Marker auf Alkoholbasis. Er wird auch als »Colorless Blender« bezeichnet und dient zum Verwaschen oder Entfernen von Farben.

BV Blue Violet — Blauviolett

	000	00	0	1	2	3	4	5	6	7	8	9
0	BV0000	BV000	BV00	BV01	BV02		BV04				BV08	
1				BV11		BV13				BV17		
2			BV20			BV23		BV25				BV29
3				BV31			BV34					

V Violett — Violett

	000	00	0	1	2	3	4	5	6	7	8	9
0	V0000	V000		V01			V04	V05	V06			V09
1					V12			V15		V17		
2	V20				V22			V25			V28	
9				V91		V93		V95				V99

RV Red Violet — Rotviolett

	000	00	0	1	2	3	4	5	6	7	8	9
0	RV0000	RV000	RV00		RV02		RV04		RV06			RV09
1			RV10	RV11		RV13	RV14			R17		RV19
2				RV21		RV23		RV25				RV29
3					RV32		RV34					
4					RV42							
5					RV52			RV55				
6						RV63			RV66			RV69
9				RV91		RV93		RV95				RV99

R Red — Rot

	000	00	0	1	2	3	4	5	6	7	8	9
0	R0000	R000	R00	R01	R02			R05			R08	
1				R11	R12		R14			R17		
2			R20	R21	R22		R24			R27		R29
3			R30		R32			R35		R37		R39
4						R43			R46			
5									R56			R59
8				R81		R83		R85				R89

YR Yellow Red — Gelbrot

	000	00	0	1	2	3	4	5	6	7	8	9
0	YR0000	YR000	YR00	YR01	YR02		YR04			YR07		YR09
1					YR12		YR14	YR15	YR16		YR18	
2			YR20	YR21		YR23	YR24			YR27		
3			YR30	YR31								
6				YR61				YR65			YR68	
8					YR82							

Copics gibt es in insgesamt 358 Farbtönen, aufgeteilt in 16 Farbgruppen. Der Code setzt sich zusammen aus Farbgruppe + Farbtyp + Helligkeit, so könnt ihr schnell die gewünschte Farbe finden. Die Auflistung zeigt alle 358 Farben zusammen mit den Farbcodes von Copic sketch.

Y Yellow — Gelb

	000	00	0	1	2	3	4	5	6	7	8	9
0	Y0000	Y000	Y00		Y02		Y04		Y06		Y08	
1				Y11		Y13		Y15		Y17	Y18	Y19
2				Y21		Y23			Y26		Y28	
3					Y32			Y35			Y38	

YG Yellow Green — Gelbgrün

	000	00	0	1	2	3	4	5	6	7	8	9
0	YG0000		YG00	YG01		YG03		YG05	YG06	YG07		YG09
1				YG11		YG13				YG17		
2				YG21		YG23		YG25				
4				YG41				YG45				
6				YG61		YG63				YG67		
9				YG91		YG93		YG95		YG97		YG99

G Green — Grün

	000	00	0	1	2	3	4	5	6	7	8	9
0	G0000	G000	G00		G02	G03		G05		G07		G09
1					G12		G14		G16	G17		G19
2			G20	G21			G24				G28	G29
4			G40			G43			G46			
8					G82			G85				
9							G94					G99

BG Blue Green — Blaugrün

	000	00	0	1	2	3	4	5	6	7	8	9
0	BG0000	BG000		BG01	BG02			BG05		BG07		BG09
1			BG10	BG11		BG13		BG15			BG18	
2						BG23						
3					BG32		BG34					
4								BG45				BG49
5						BG53				BG57		
7			BG70		BG72			BG75			BG78	
9			BG90			BG93			BG96			BG99

F Fluorescent — Leuchtfarben

FRV1 · FYR1 · FY1 · FYG1 · FV2 · FYG2 · FBG2 · FB2

Die Endziffer 1 steht für pigmentierte Leuchttinte, Endziffer 2 für nichtpigmentierte Leuchttinte.

B Blue — Blau

	000	00	0	1	2	3	4	5	6	7	8	9
0	B0000	B000	B00	B01	B02		B04	B05	B06			
1					B12		B14		B16		B18	
2				B21		B23	B24		B26		B28	B29
3					B32		B34			B37		B39
4				B41				B45				
5					B52							
6			B60			B63			B66			B69
7												B79
9				B91		B93		B95		B97		B99

E Earth Color — Erdtöne

	000	00	0	1	2	3	4	5	6	7	8	9
0	E0000	E000	E00	E01	E02		E04			E07	E08	E09
1				E11		E13		E15		E17	E18	E19
2				E21		E23		E25		E27		E29
3			E30	E31		E33	E34	E35		E37		E39
4			E40	E41	E42	E43	E44			E47		E49
5			E50	E51		E53		E55		E57		E59
7			E70	E71			E74			E77		E79
8				E81			E84			E87		E89
9						E93		E95		E97		E99

C Cool Gray — Kühles Grau

00	0	1	2	3	4	5	6	7	8	9	10
C00	C0	C1	C2	C3	C4	C5	C6	C7	C8	C9	C10

N Neutral Grey — Neutrales Grau

N0 · N1 · N2 · N3 · N4 · N5 · N6 · N7 · N8 · N9 · N10

T Toner-Grey — Toner-Grau

T0 · T1 · T2 · T3 · T4 · T5 · T6 · T7 · T8 · T9 · T10

W Warm Grey — Warmes Grau

W00 · W0 · W1 · W2 · W3 · W4 · W5 · W6 · W7 · W8 · W9 · W10

A Achromatic — Unbunt

0 · 100 · 110

Die Farbe der Kappe kann von der tatsächlichen Stiftfarbe abweichen.

Grundlagen der Kolorierung

Dank ihrer Eigenschaften sind Copics deutlich leichter zu handhaben als viele andere Stifte. Doch es gibt auch für sie kleine Tricks, um sauber zu kolorieren und verschiedene Darstellungen zu ermöglichen. Im Folgenden erkläre ich euch die Grundlagen.

✕ Ungleichmäßige Fläche

Die Farbe wird schnell ungleichmäßig, wenn ihr die Spitze zu stark aufdrückt.

Gleichmäßiges Kolorieren

Wenn ihr nicht geübt seid, kann es passieren, dass eine größere Fläche ungleichmäßig wird. Aber wenn ihr den Dreh raushabt, wird es ganz einfach! Es gibt mehrere Möglichkeiten, also probiert aus, mit welcher ihr am besten zurechtkommt bzw. welche am besten zu der zu kolorierenden Fläche passt.

1 Langsam und mit mittlerer Breite kolorieren

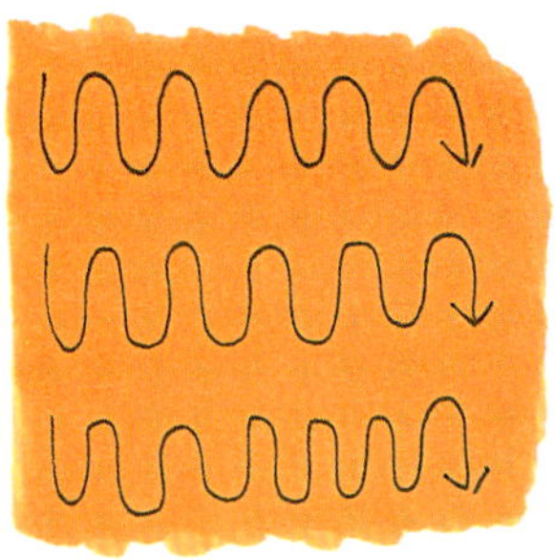

Den Stift wellenförmig bewegen, um die Fläche lückenlos zu kolorieren. Das macht die Fläche allerdings recht dunkel.

2 Kolorieren durch Kreisen

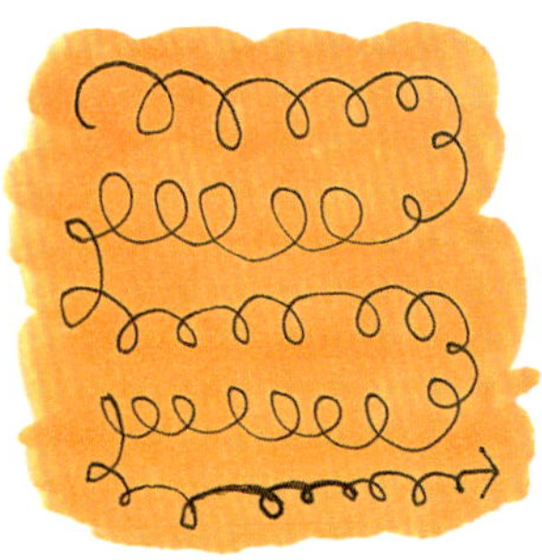

Die Pinselspitze wird beim Ausmalen kreisend bewegt. Ihr könnt damit schnell kolorieren, aber passt auf, dass die Farbe nicht ausläuft.

3 Doppelt kolorieren

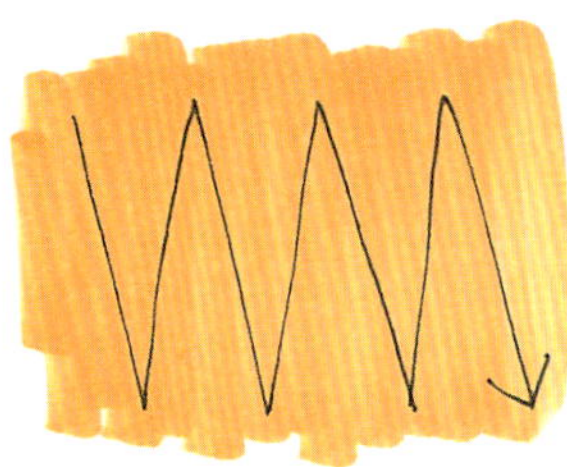

Den Pinsel schräg legen und grob zickzackförmig malen. Noch sieht man Ungleichmäßigkeiten.

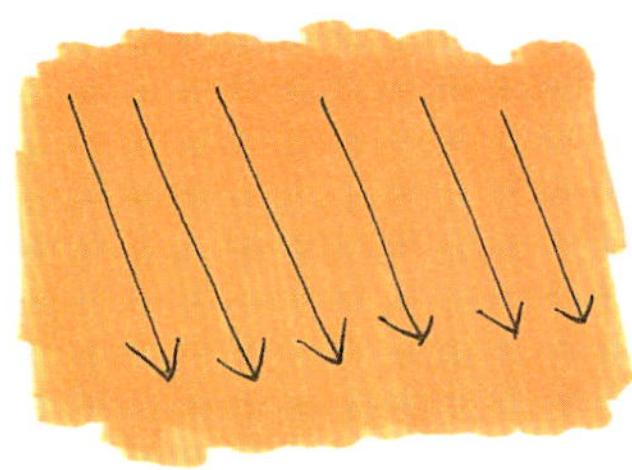

Danach erneut kolorieren, wobei ihr den Stift immer in die gleiche Richtung bewegt. Die doppelte Kolorierung macht die Fläche etwas dunkler.

4 Nr. 0 benutzen

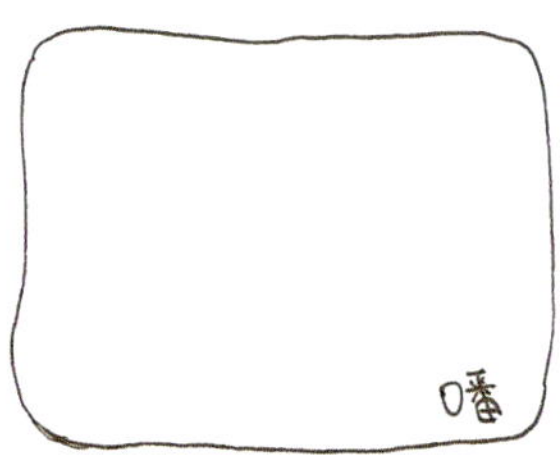

Als Grundlage tragt ihr Copic Nr. 0 (Colorless Blender) auf.

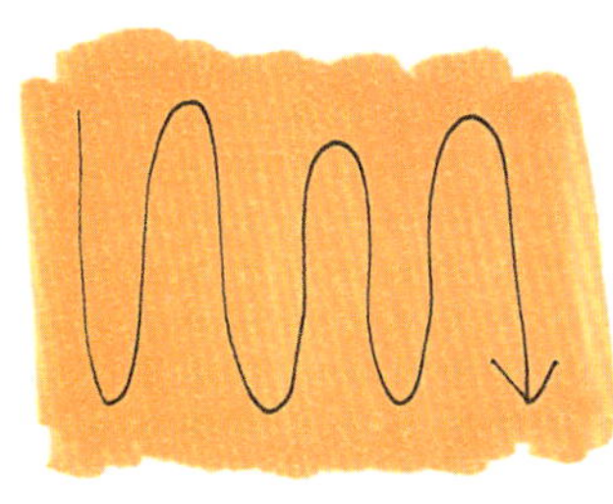

Auf die noch feuchte Grundlage tragt ihr die Farbe auf. So lässt sich die Fläche leicht und gleichmäßig kolorieren, jedoch wird sie etwas heller.

Die richtige Farbwahl

Wenn ihr etwas kolorieren wollt, stellt sich zunächst die Frage: »Und welche Farbe?« Selbst wenn ihr die Farbrichtung oder die Farben der einzelnen Details wisst, kann die Farbauswahl schwierig sein. In diesem Fall könnt ihr zunächst grob kolorieren und danach über die Details entscheiden. So geht es am einfachsten.

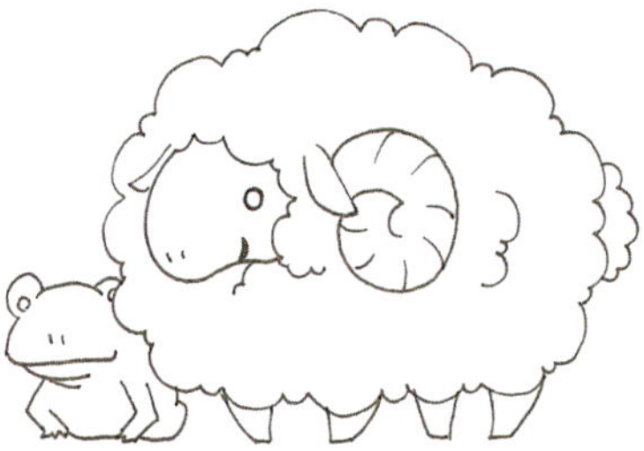

Nach dem Inken schaut ihr euch das Bild an und entscheidet, »wo ungefähr welche Farbe hinkommt«. Für diesen Schritt reichen wenige Farben.

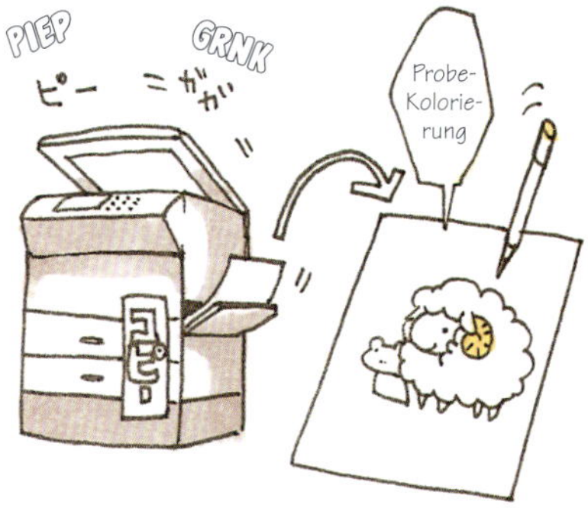

Wenn ihr Schwierigkeiten bei der Farbauswahl habt, könnt ihr eure Zeichnung kopieren und testweise kolorieren. Grobes Kolorieren reicht dabei völlig aus.

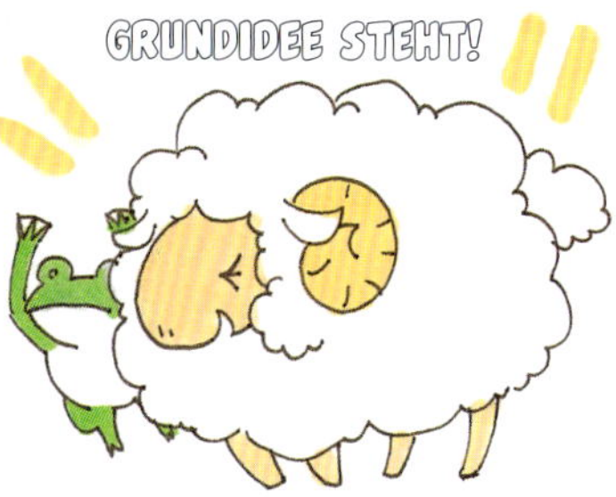

So legt ihr die Grundfarben fest. Wenn ihr den Grundfarbton habt, kann es weitergehen.

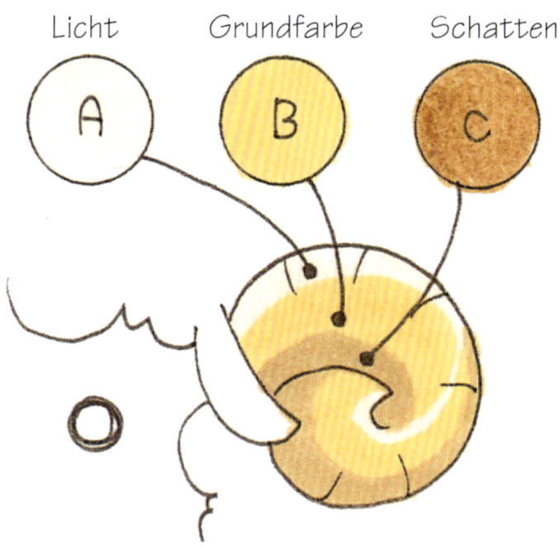

Danach wählt ihr die weiteren, feineren Farbtöne für die einzelnen Bereiche. Denkt dabei an Licht und Schatten. Im Licht heller als die Grundfarbe, im Schatten dunkler. B ist also die Grundlage für die Farben A und C.

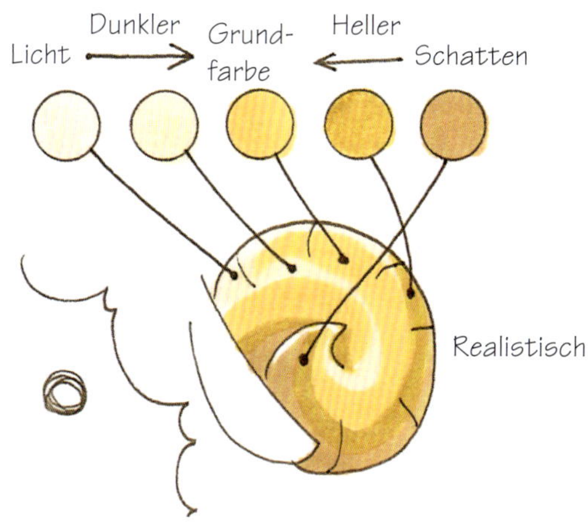

Allein mit diesen drei Farben könnt ihr sauber kolorieren, aber mit weiteren Zwischenfarben wird alles noch plastischer und realistischer. Ihr könnt neben den Zwischenfarben auch noch weitere Farben hinzufügen, die zum Motiv passen. Dadurch wirkt das gesamte Bild harmonisch.

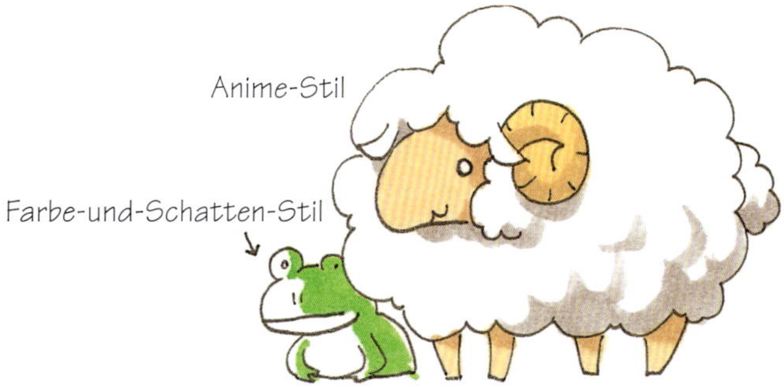

Es gibt auch weitere interessante Tricks. Der Anime-Stil basiert auf zwei Farben: Grundfarbe + Schattierung, oder ihr nehmt die Schattierung als Grundfarbe und lasst die Lichtseite weiß.

Licht und Schatten

Auch wenn es schlicht »Licht und Schatten« heißt, gibt es viele Varianten, abhängig vom Lichteinfall und der Stärke des Lichts. Das lernt ihr mit der Zeit, wenn ihr die Theorie begriffen habt und genau beobachtet. Allerdings dauert es eine Weile, das richtige Gefühl dafür zu bekommen.

Auf dieser Seite zeige ich euch einige Beispiele.

Frontales Licht

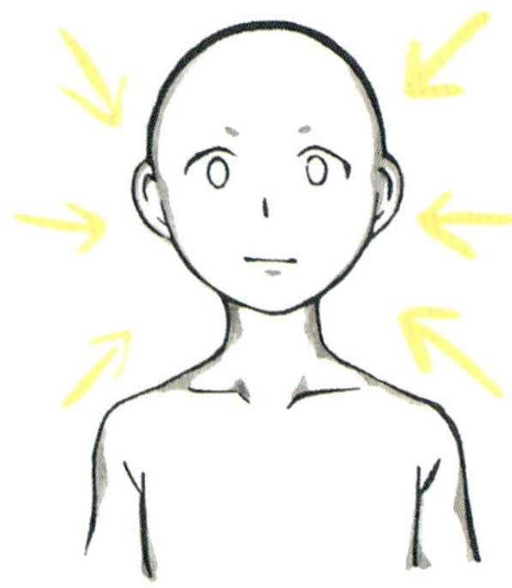

Gegenlicht

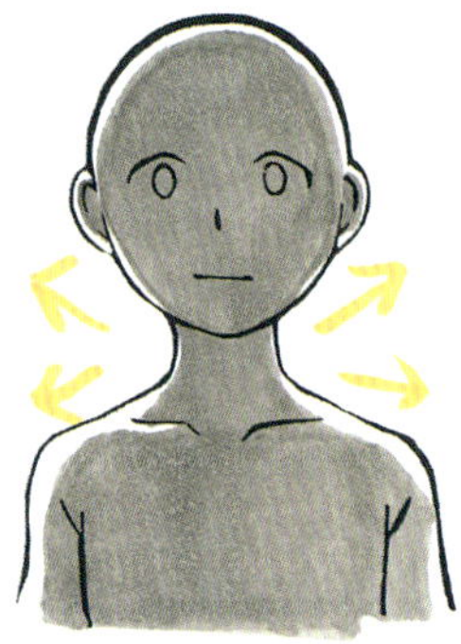

Von links oben

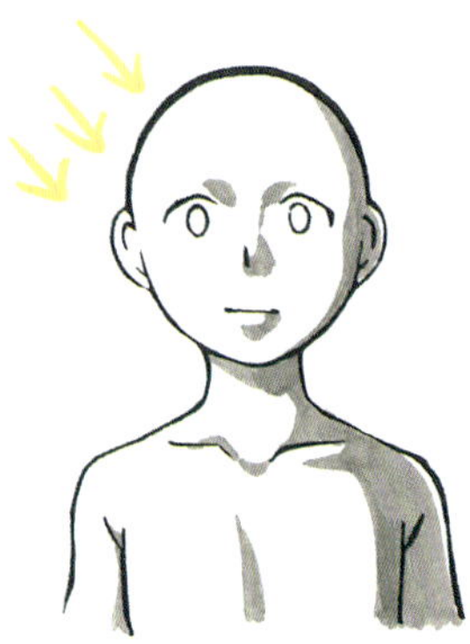

Von oben

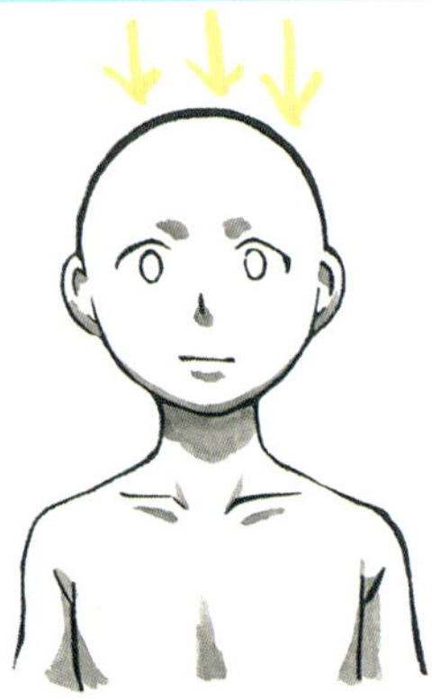

Von rechts oben

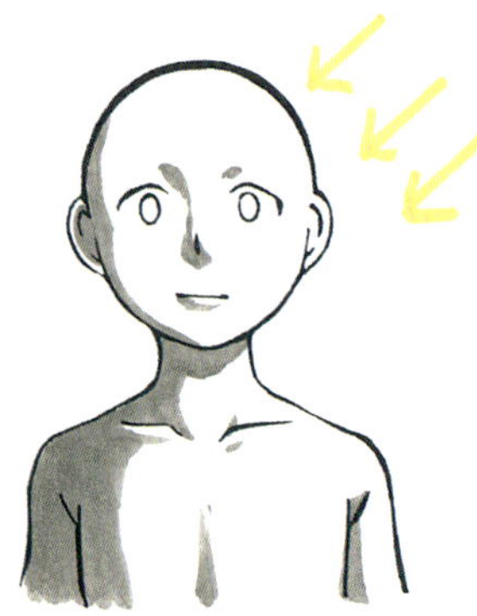

Von links

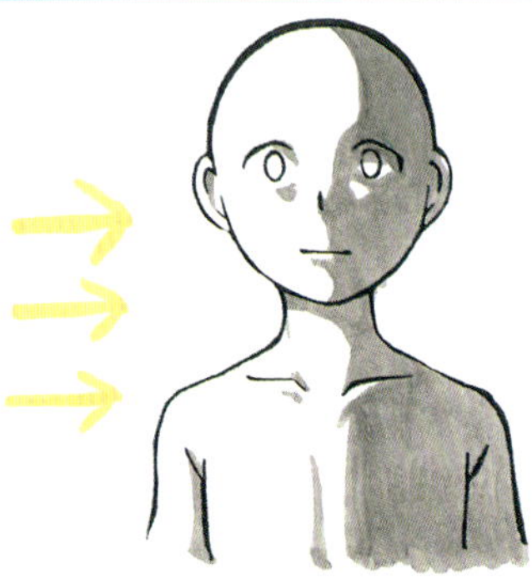

Von beiden Seiten

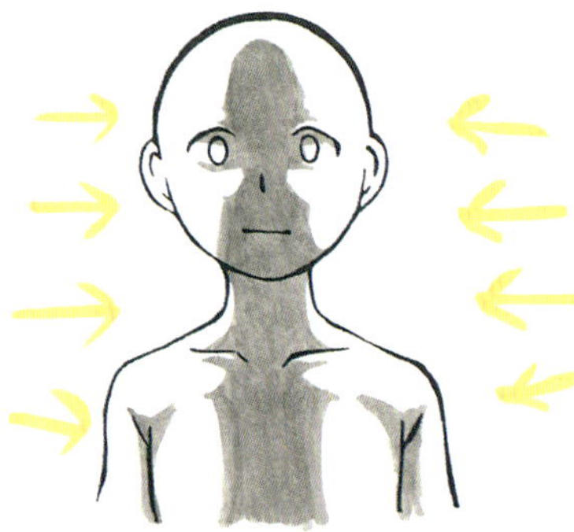

Von rechts

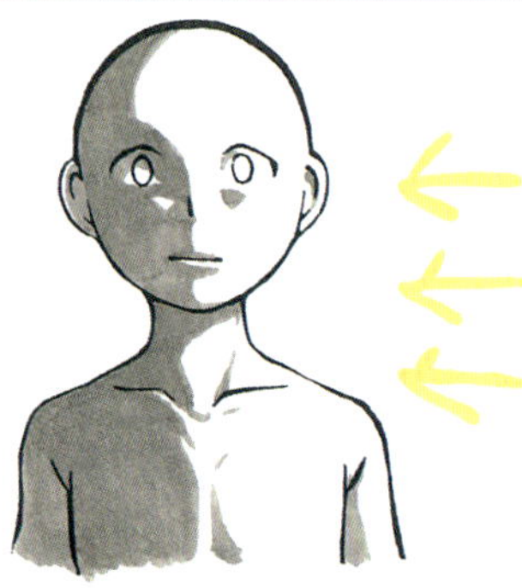

Von links unten

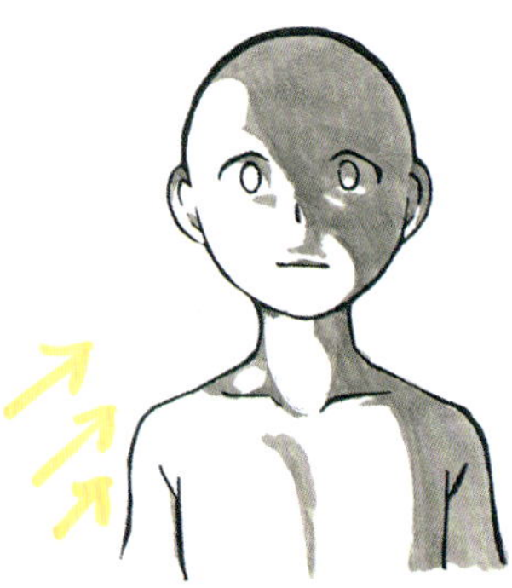

Von unten

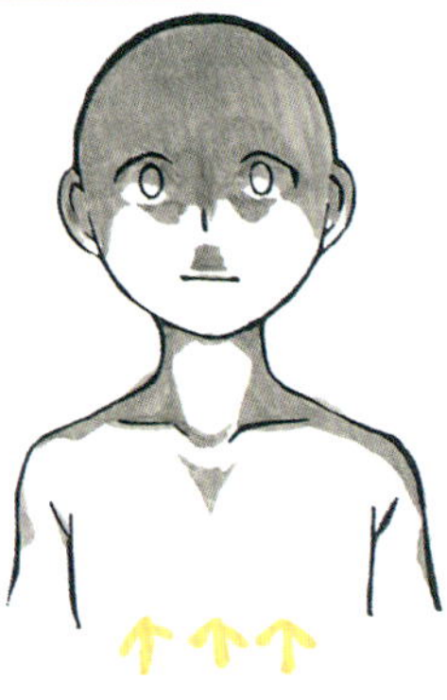

Von rechts unten

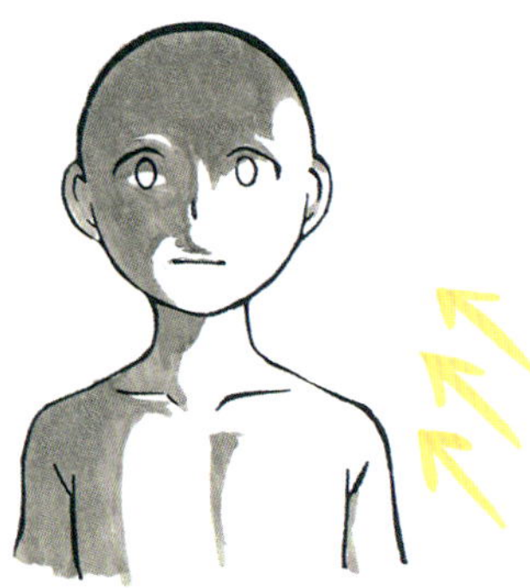

Hautfarben

Besonders wichtig bei Charakterzeichnungen sind die Farbtöne für die Haut. Hier zeige ich euch vier verschiedene Farbbeispiele. Bei den Männern ist die Farbe leicht gelblich, bei den Frauen leicht rötlich.

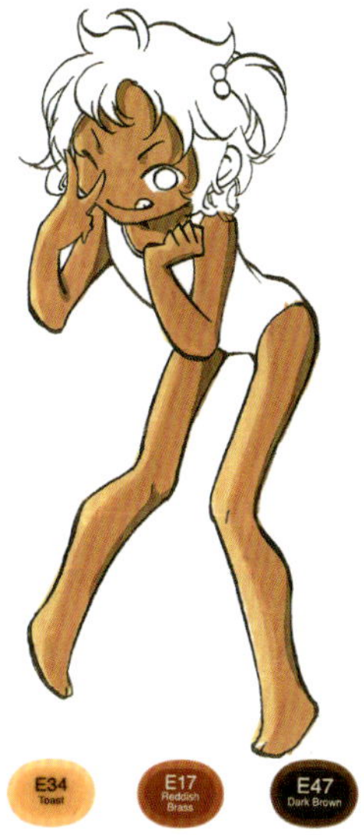

Dunkle Hautfarbe. Die Farbe wirkt rötlich.

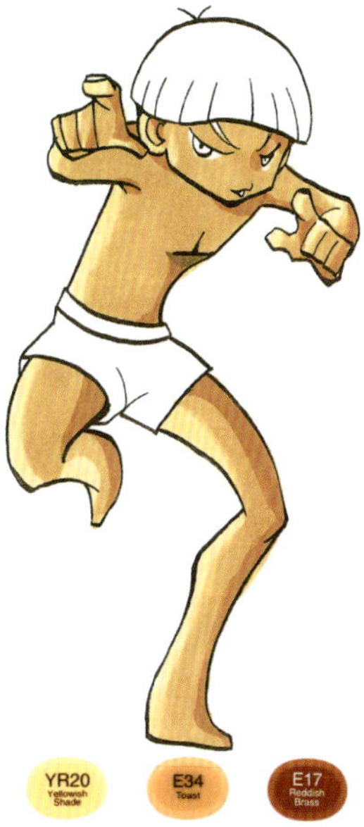

Gebräunte Haut. Das gelbe Element dominiert.

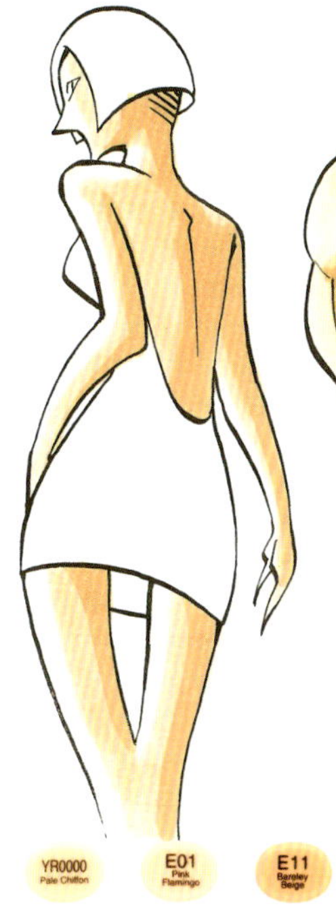

Hellere Haut einer Frau. Wirkt leicht rötlich.

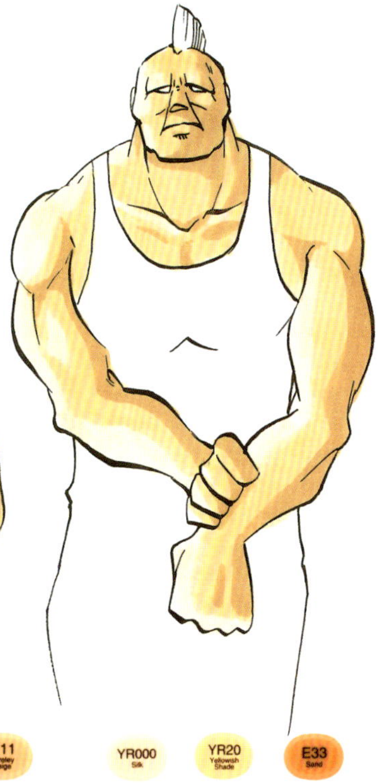

Häufig gewählte Hautfarbe für Männer. Das gelbe Element dominiert.

Verwischen und auslaufen lassen

Verwischen oder auslaufen lassen ist hilfreich, um Zwischenfarben zu erstellen. Die Beispiele sind mit den Stiften BV11 und V09 entstanden.

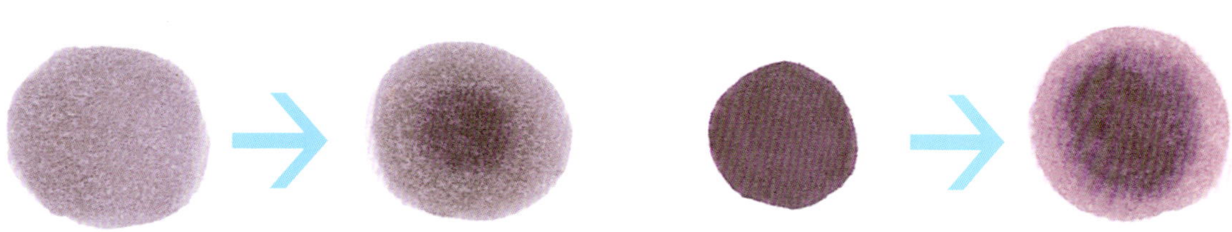

Beim Auslaufenlassen nehmt ihr erst die hellere Farbe. Bevor sie trocken ist…

… setzt ihr die kräftige Farbe darauf. So läuft die kräftige Farbe langsam hinein.

Beim Verwischen nehmt ihr erst die kräftige Farbe…

… danach weitet ihr die Umgebung mit der hellen Farbe aus, so entsteht die Farbabstufung.

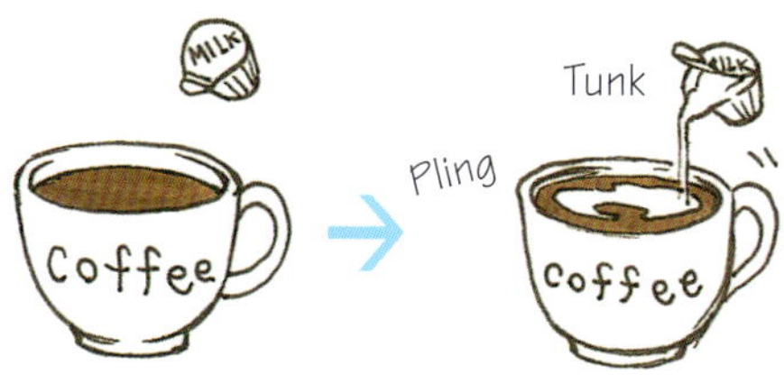

Das ist wie Milch in den Kaffee zu tun.

Das ist so, als ob ihr etwas einweicht. Hier wird die Copic-Eigenschaft genutzt, die Farben »verschmelzen« zu lassen.

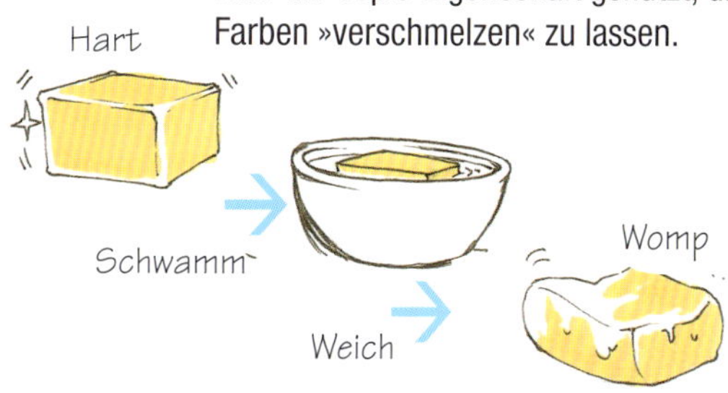

Wie entstehen Farbabstufungen?

Bei vielen Motiven sind Farbabstufungen und -übergänge besonders wichtig. Wer sie meistert, kann Wolken, Stoffe, Leder, Wasser, Metall u. v. m. zeichnen.
Ich zeige euch zwei Techniken. Beide haben Stärken und Schwächen, setzt sie also überlegt ein. In diesem Buch wird hauptsächlich die vertikale Abstufung verwendet.
Bei den Beispielen benutze ich immer dieselben fünf Farbtöne (G46/YGI7/YG25/G43/YG11), das Prinzip funktioniert aber auch bei allen anderen Farben.

Horizontale Abstufung

Die Farben werden stufenweise verwendet. Dabei werden die Grenzen verwischt, um feine Übergänge entstehen zu lassen.

Vorteile Einfache Technik. Praktisch, um Licht- und Schattenbereiche darzustellen.

Nachteile Die Stufen bleiben ganz fein sichtbar. Die Übergänge sind schwer, wenn die Farbtöne sich zu sehr unterscheiden. Außerdem kann es leicht ungleichmäßig werden.

Kolorieren in der Reihenfolge ① bis ④, von oben nach unten. Nur bei ⑤ wird für einen sauberen Abschluss von unten nach oben koloriert.

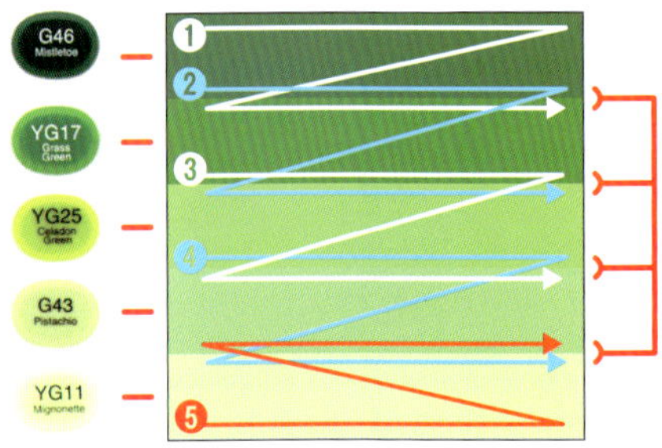

Diese Bereiche werden übermalt, um Abstufungen zu erzeugen.

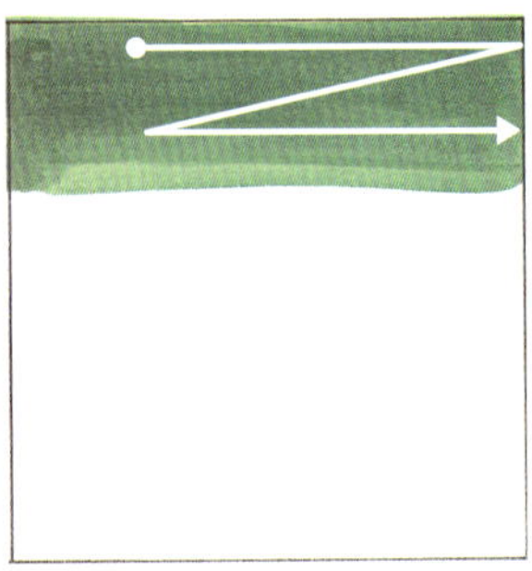
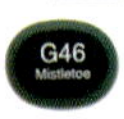

Die erste Farbe wird vom oberen Rand aus aufgetragen.

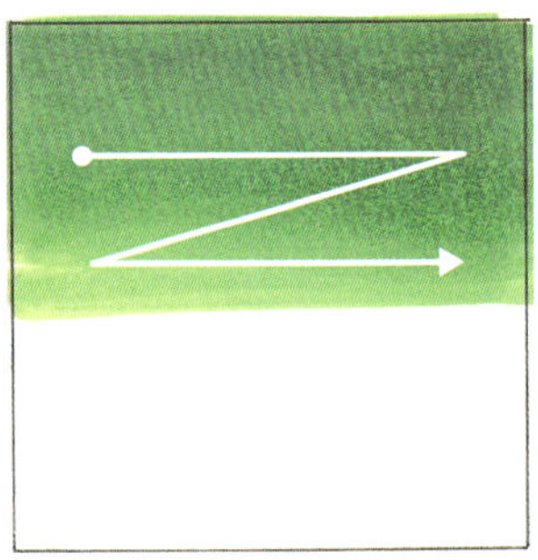
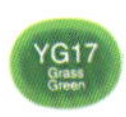

Die zweite Farbe überlappt einen kleinen Bereich der ersten Farbe.

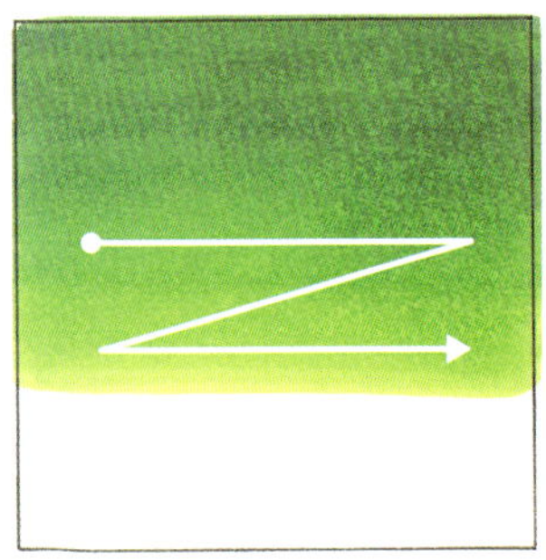
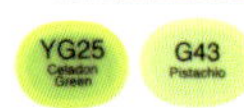

Auf dieselbe Art werden die weiteren Farben aufgebracht.

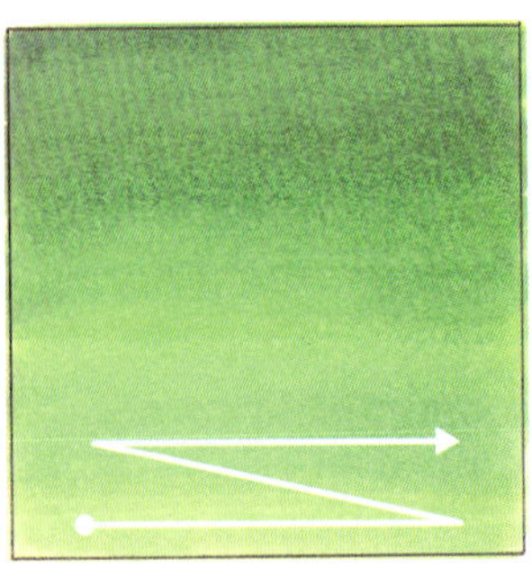
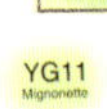

Bei der letzten Farbe beginnt ihr wieder am Rand, wie bei der ersten Farbe. Auch hier wird ein Teil der vorherigen Farbe übermalt.

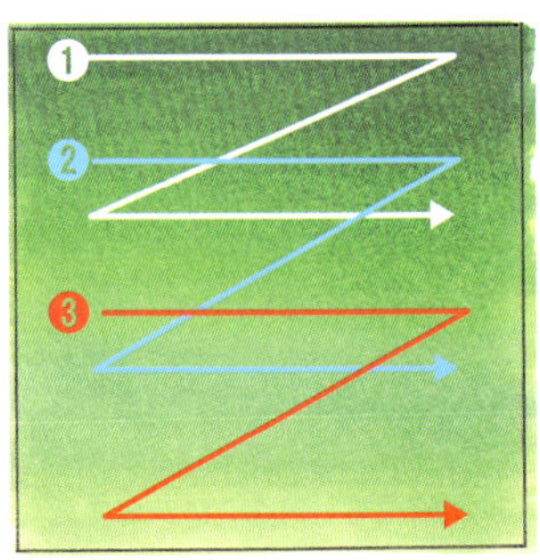

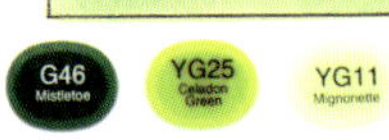

Zum Schluss noch einmal übermalen, um das Ganze zu verfeinern.

Vertikale Abstufung

Ausgehend von der dunkelsten Farbe werden nach und nach hellere Farben eingesetzt.

Vorteile Ermöglicht auch Abstufungen mit größeren Farbunterschieden.

Nachteile Anspruchsvoller als die vertikale Abstufung. Es ist außerdem schwieriger, Fehler auszubessern.

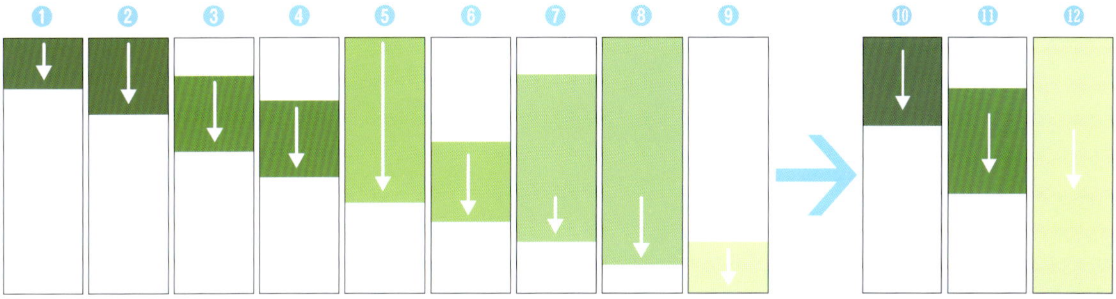

Ihr beginnt am oberen Rand, dann wird die Farbe überdeckt und gestreckt. Bei ⑤ verändert sich die Helligkeit sehr stark, daher wird die Farbe komplett vom oberen Rand aus aufgetragen. Bei ⑥ wird die gestreckte Farbe verfeinert.

Zum Abschluss wird alles erneut mit den beiden Randfarben und der mittleren Farbe verfeinert.

G46 Mistletoe – Vom oberen Rand aus wird die erste Farbe vertikal aufgetragen.

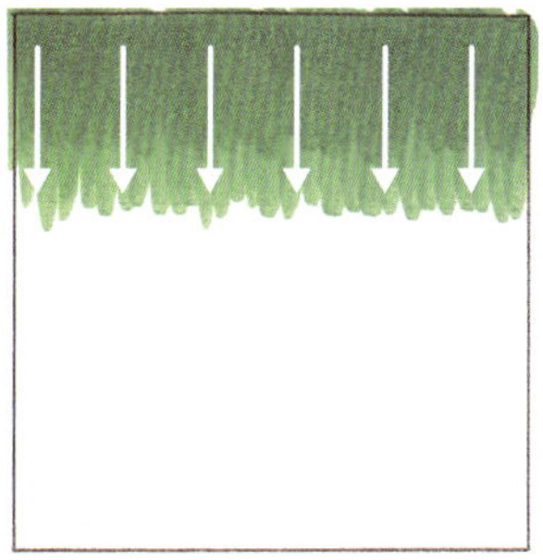

G46 Mistletoe – Danach wird sie mit derselben Farbe übermalt und ausgeweitet.

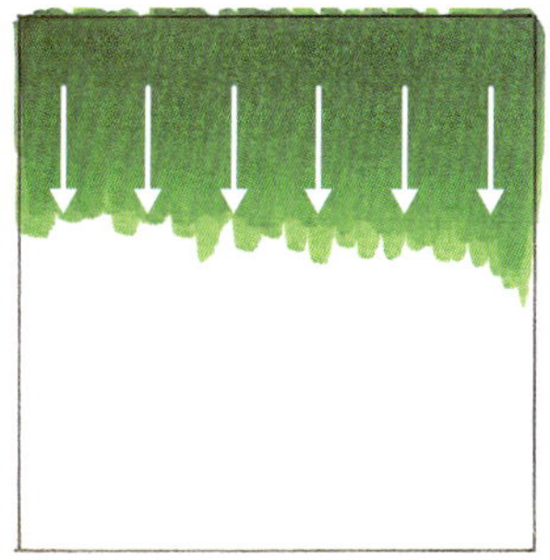

YG17 Grass Green – Die folgende Farbe wird auf die ausgeweitete Fläche und darüber hinaus aufgetragen.

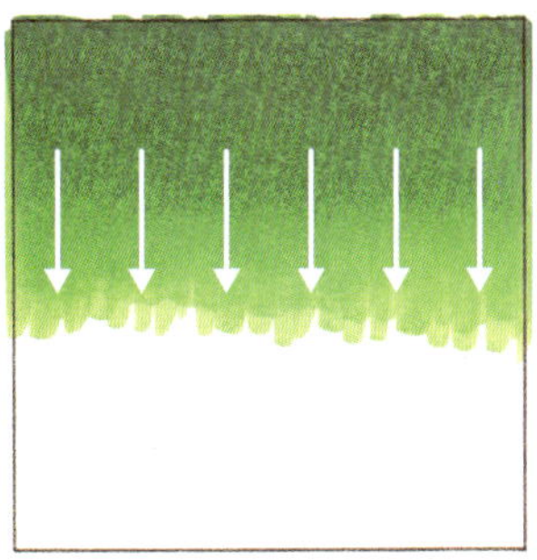

YG17 Grass Green – Die nächste Farbe wird zwischen dem zweiten und dritten Schritt angesetzt, um so die Übergänge zu verwaschen.

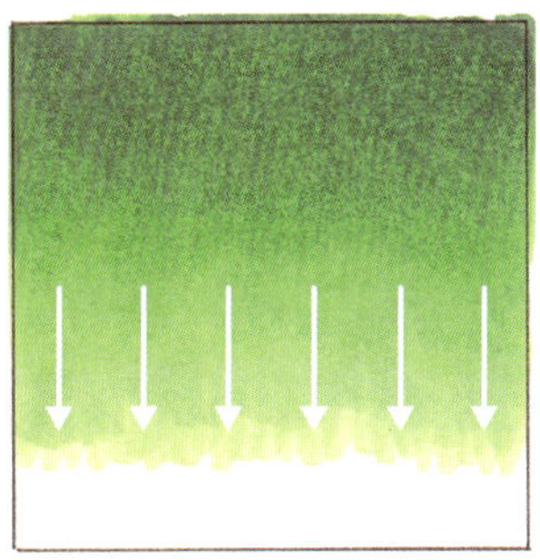

YG25 Celadon Green, G43 Pistachio – Der Vorgang wird wiederholt.

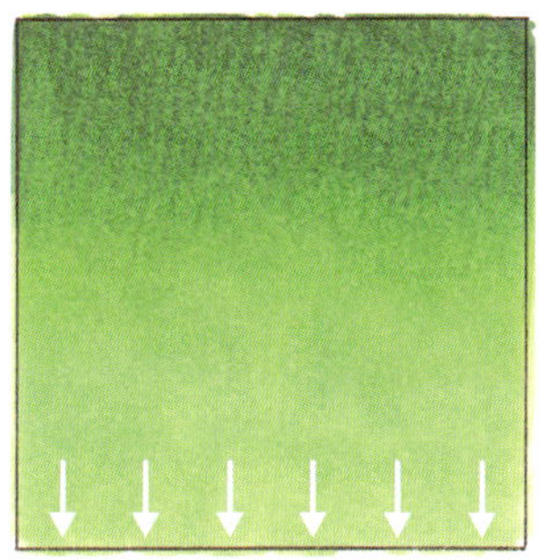

YG11 Mignonette – Mit der letzten Farbe wird die restliche Fläche koloriert.

G46 Mistletoe – Zum Schluss nehmt ihr die erste Farbe und übermalt das obere Drittel der Fläche.

YG25 Celadon Green – Mit der mittleren Farbe übermalt ihr den mittleren Bereich.

YG11 Mignonette – Mit der letzten Farbe übermalt ihr die gesamte Fläche, um alles noch weiter zu verfeinern.

Abstufungen bei unterschiedlichen Farben

Zur richtigen Darstellung von Materialien sind Übergänge unumgänglich. Abstufungen zwischen ähnlichen Farbtönen sind eine Sache, doch bei unterschiedlichen Farben kann es leicht passieren, dass die Übergänge »schmutzig« werden. Hier zeige ich euch, wie ihr Abstufungen zwischen unterschiedlichen Farben sauber zeichnet.

Zwischenfarbe einsetzen

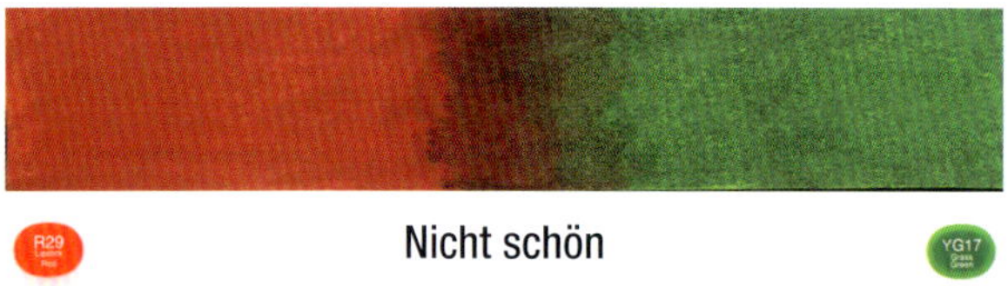

Nicht schön

Angenommen, ihr möchtet einen Übergang von Rot zu Grün. Das wirkt schnell schmutzig und zu dunkel. Denn Rot und Grün sind gegensätzliche Farben, die sich »streiten«.

Für den Übergang zwischen solchen Farben solltet ihr eine Farbe einsetzen, die »zwischen beiden Farben vermittelt«. So entsteht eine schöne Abstufung. In diesem Fall ist Gelb die Farbe, die gut zu beiden Farben passt.

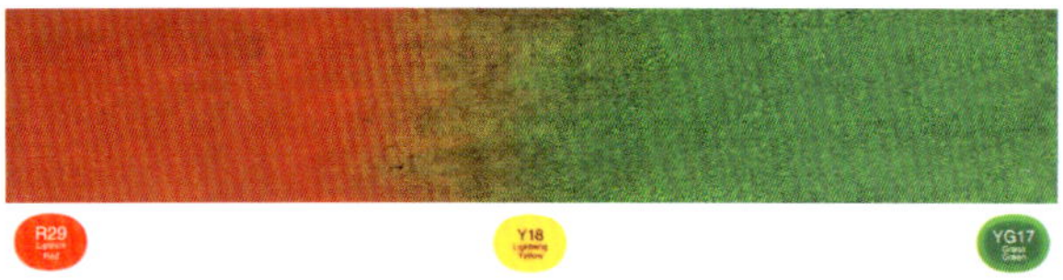

Die Abstufung ist sauber.

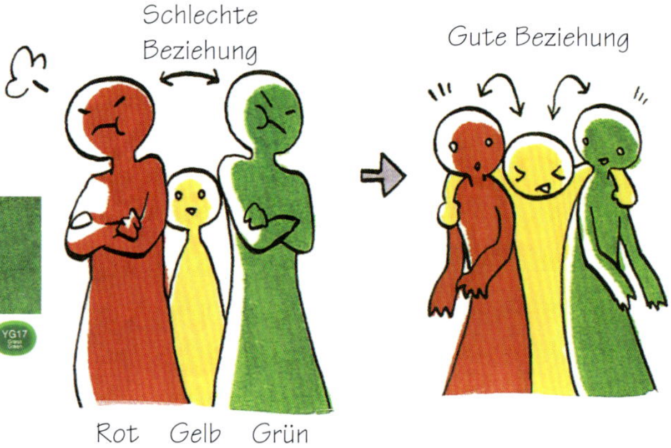

Auswahl der Zwischenfarbe

Für die Wahl der Zwischenfarbe gibt es ein paar Tricks. Nehmen wir einen Übergang von Violett zu Gelb als Beispiel.

Zunächst müsst ihr die drei Grundfarben kennen, um zu wissen, wie Farben kombiniert werden können.

1: Cyan
2: Magenta
3: Gelb
4: Blau
5: Rot
6: Grün
7: Schwarz

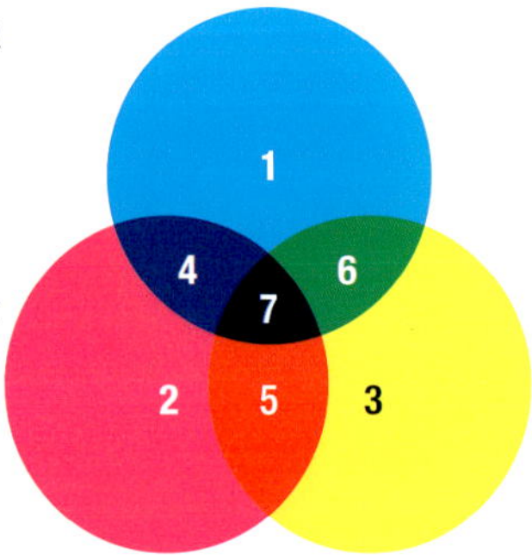

1 Drei Grundfarben

Es gibt verschiedene Faktoren, die eine Farbe ausmachen, aber es gilt die Grundregel, dass Kombinationen der drei Grundfarben alle weiteren Farben erzeugen können. Die von einer selbstleuchtenden Lichtquelle abgestrahlte Farbe heißt Lichtfarbe, das vom beleuchteten Körper reflektierte Licht heißt Körperfarbe.
Die drei Grundfarben sind Cyan (Blau), Magenta (Rot) und Gelb. Die Kombination dieser drei Farben lässt alle Farben außer unbunte Farben wie Weiß entstehen.

2 Bausteine der Farbe Violett

Fangen wir mit Violett an. Überlegt, aus welchen der drei Grundfarben die Farbe entsteht. Manche Menschen haben ein Gefühl dafür; die richtige Antwort lautet: Rot und Blau. Dabei entscheiden die Anteile von Rot und Blau, ob das Violett rötlich oder bläulich wirkt, hier nehmen wir ein bläuliches Violett.

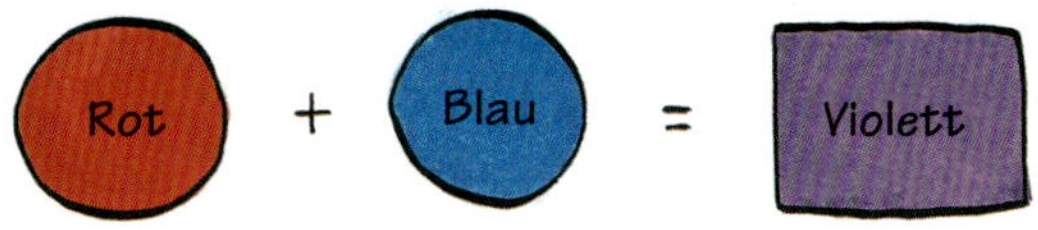

3 Bausteine einer Farbe

Gelb gehört zu den Grundfarben, daher gibt es keine Kombination mit Gelb als Ergebnis. Denkt einmal darüber nach, welche Farben in der Kombination mit Gelb entstehen.

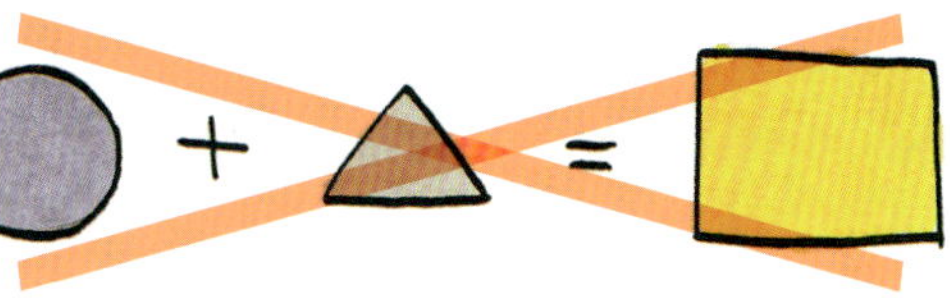

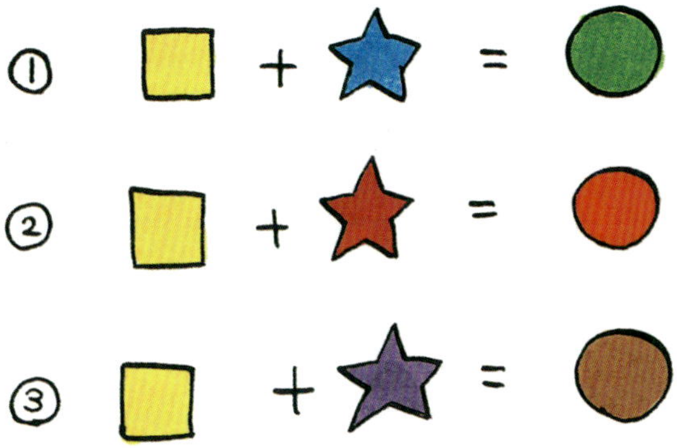

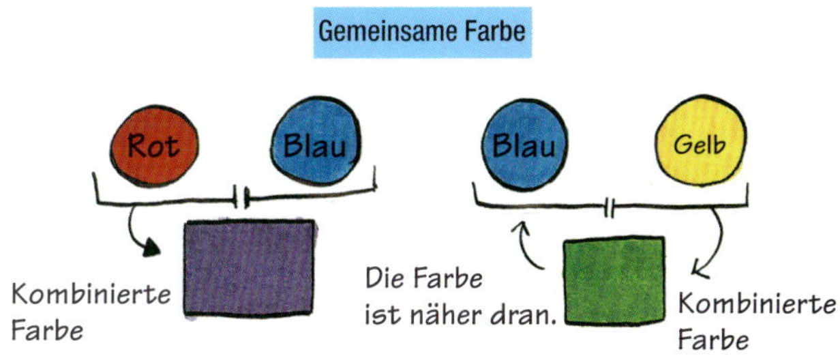

Wie ihr seht, entstehen verschiedene Farben. Wichtig ist die gemeinsame Farbe, die auch für Violett genommen wurde.

Bei einem bläulichen Violett ist Blau die gemeinsame Farbe. Jetzt haben wir die Basis für die Abstufung.

4 Basis weiterentwickeln

Nachdem ihr das herausgefunden habt, probiert ihr die Abstufungen aus. Der Grundgedanke ist wie folgt:

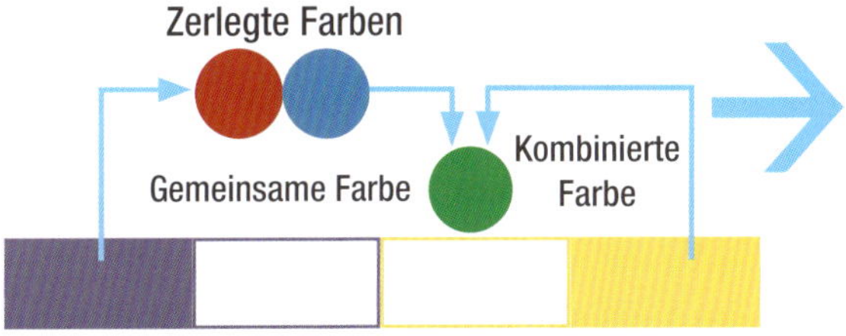

① Die Farbe Blau, die sowohl in Violett als auch in der mit Gelb kombinierten Farbe enthalten ist, wird neben das Violett gesetzt.

② Zwischen die gemeinsame Farbe und Gelb kommt die kombinierte Farbe.

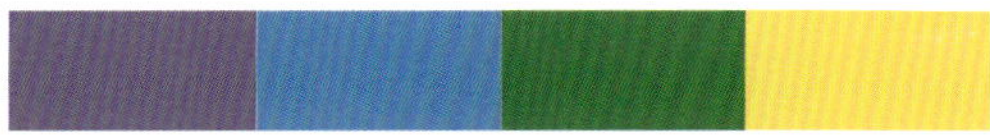

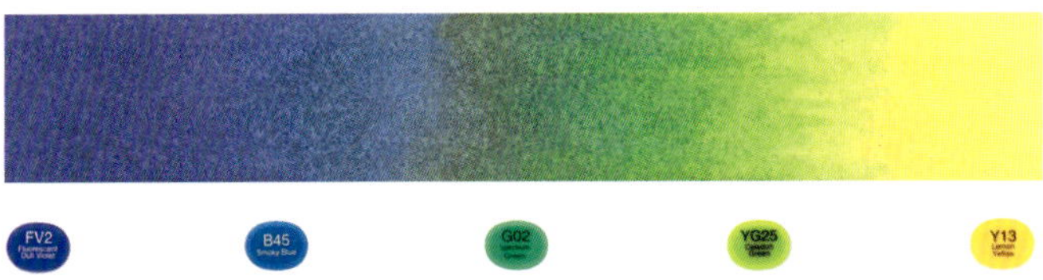

Das ist eine Abstufung von FV2 nach Y13. Blau ist B45 und Grün ist G02. Mithilfe von YG25 entsteht eine fünffarbige sanfte Abstufung.

Abstufungsbeispiele

Von dunkel zu hell

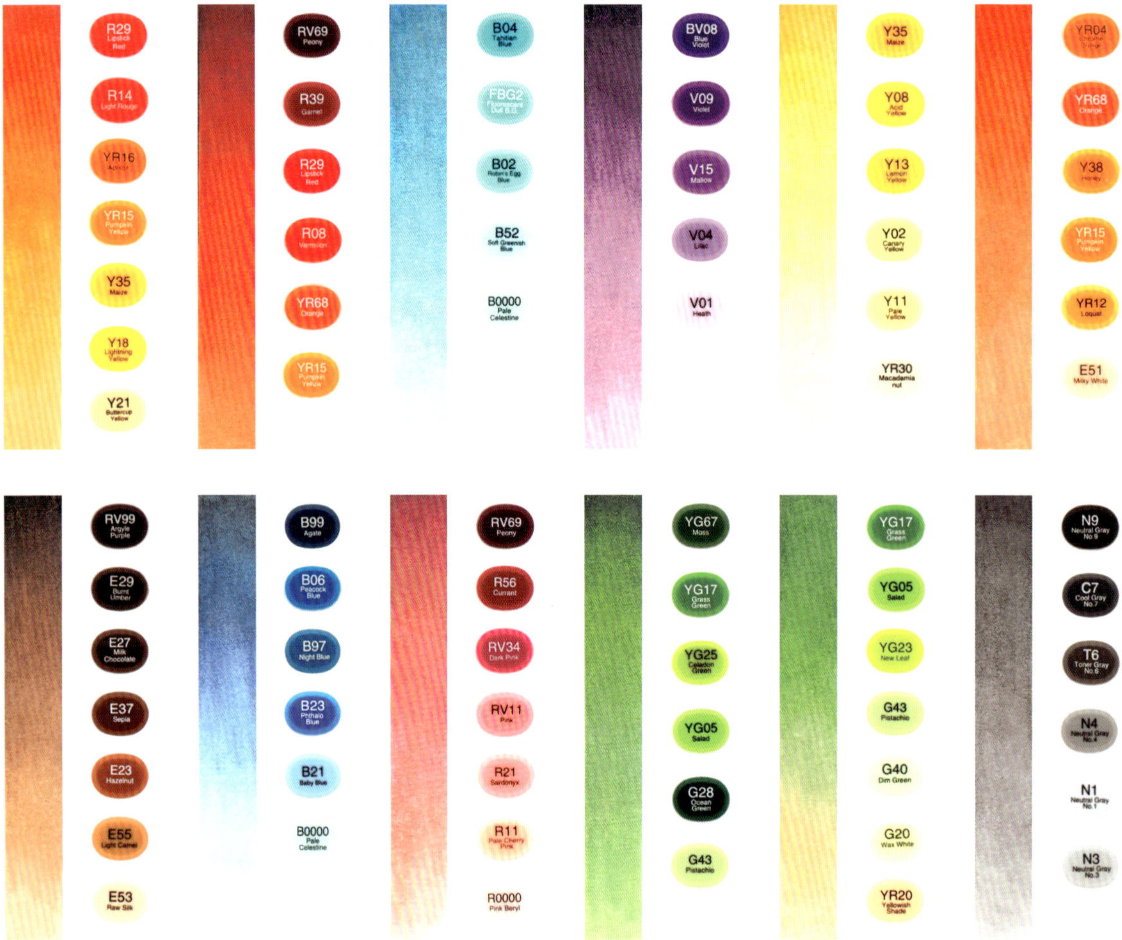

Unterschiedliche Farben

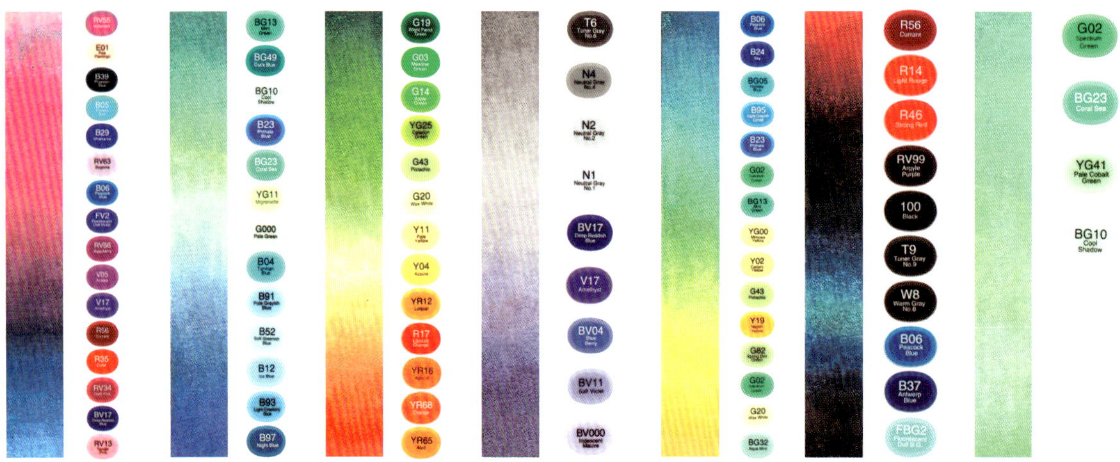

Hier findet ihr verschiedene weitere Übergänge. Von dunklen zu helleren Farben, mit sich verändernden Farbtönen und auch zur Darstellung von Strukturen. Meistert ihr die Technik, wird das alles möglich!

Verschiedene Strukturen

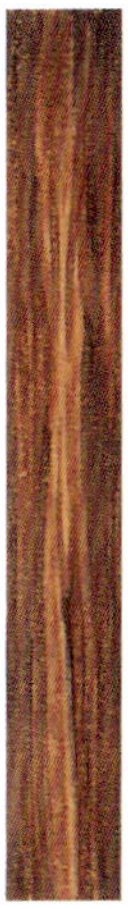

E55 Light Camel, E99 Baked Clay, E35 Chamois, E57 Light Walnut, E77 Maroon, YR23 Yellow Ochre

Baum (Baumstamm)

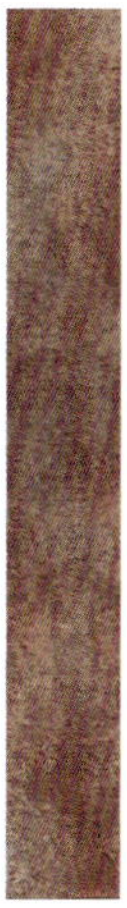

E27 Milk Chocolate, N4 Neutral Gray No.4, YG91 Putty, E71 Champagne, E55 Light Camel, N3 Neutral Gray No.3, E31 Brick Beige

Pferdefell

E55 Light Camel, Y32 Cashmere, Y26 Mustard

Weicher Stoff/Pergament

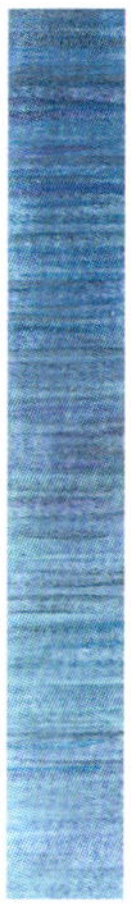

B91 Pale Grayish Blue, B05 Process Blue, V04 Lilac, B00 Frost Blue, B66 Clematis, BV01 Viola, B06 Peacock Blue, B91 Pale Grayish Blue, B14 Light Blue, B23 Phthalo Blue, BG53 Ice Mint, B97 Night Blue

Jeans

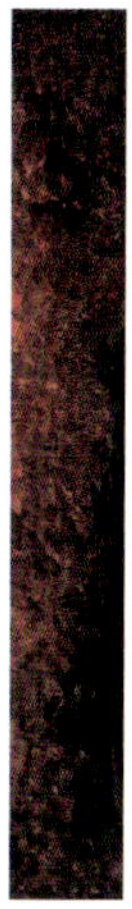

100 Black, RV99 Argyle Purple, R56 Currant, E27 Milk Chocolate, E77 Maroon, R08 Vermilion, E35 Chamois

Rost

0 Colorless Blender, N1 Neutral Gray No.1, G00 Jade Green, B91 Pale Grayish Blue, B95 Light Grayish Cobalt, B000 Pale Porcelain Blue, C3 Cool Gray No.3, G000 Pale Green

\+ Weiß

Wasser

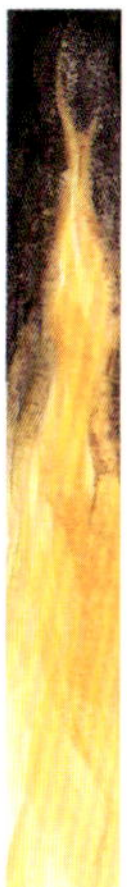

V99 Aubergine, 110 Special Black, Y19 Napoli Yellow, Y11 Pale Yellow, YR18 Sanguine, Y000 Pale Lemon, YR65 Atoll, E25 Caribe Cocoa

Feuer

B00 Frost Blue, B41 Powder Blue, B91 Pale Grayish Blue, B12 Ice Blue, BG02 New Blue, BG0000 Snow Green, BG10 Cool Shadow, RV11 Pink, E93 Tea Rose, RV00 Water Lily, R21 Sardonyx, E000 Pale Fruit Pink

Pastell

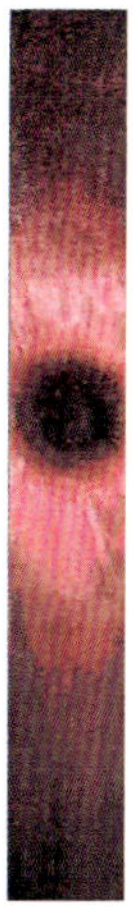

BV17 Deep Reddish Blue, R39 Garnet, RV99 Argyle Purple, RV63 Begonia, R85 Rose Red, RV23 Pure Pink, E04 Lipstick Natural, RV00 Water Lily, RV11 Pink, R000 Cherry White

Auge

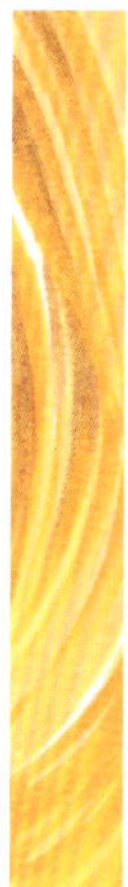

E55 Light Camel, YR23 Yellow Ochre, Y19 Napoli Yellow, Y21 Buttercup Yellow, Y02 Canary Yellow

Haare

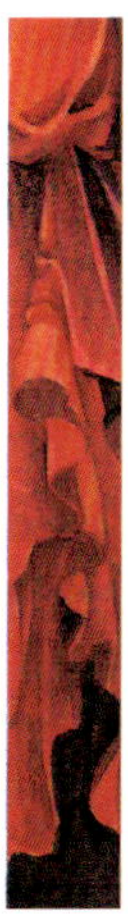

RV99 Argyle Purple, R59 Cardinal, R29 Lipstick Red, R05 Salmon Red

Stoff

R000 Cherry White, V01 Heath, BG10 Cool Shadow, 0 Colorless Blender, Y0000 Yellow Fluorite, G40 Dim Green, N1 Neutral Gray No.1

Seifenblasen

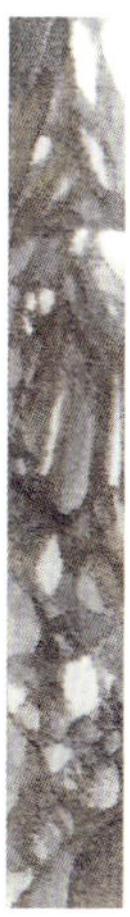

C7 Cool Gray No.7, T5 Toner Gray No.5, C4 Cool Gray No.4, C2 Cool Gray No.2, YG91 Putty

Gestein

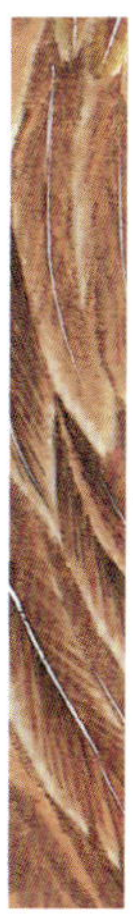

E57 Light Walnut, E53 Raw Silk, T2 Toner Gray No.2, E55 Light Camel, E87 Fig, Y26 Mustard, E23 Hazelnut

\+ Weiß

Federn

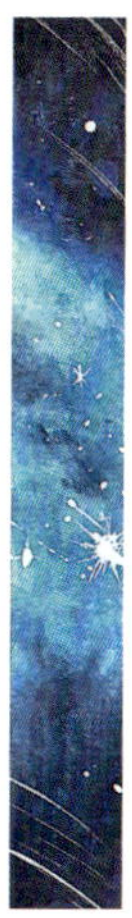

B39 Prussian Blue, B37 Antwerp Blue, B18 Lapis Lazuli, B16 Cyanine Blue, BG05 Holiday Blue, B02 Robin's Egg Blue, B52 Soft Greenish Blue, BG0000 Snow Green, BG10 Cool Shadow, YG00 Mimosa Yellow, Y000 Pale Lemon, W8 Warm Gray No.8

\+ Weiß

Nachthimmel

Strukturen mit fünf Farben und Tipps

Ihr wisst jetzt also, dass durch Abstufungen die Beschaffenheit von etwas dargestellt werden kann. Hier seht ihr weitere Beispiele. Dafür benötigt ihr noch nicht einmal besonders viele Farben.

Ich zeige euch acht Beispiele, die recht häufig in Zeichnungen vorkommen und mit je fünf Farben umgesetzt werden können. Dazu habe ich Tipps als zusätzliche Hilfsmittel aufgeführt.

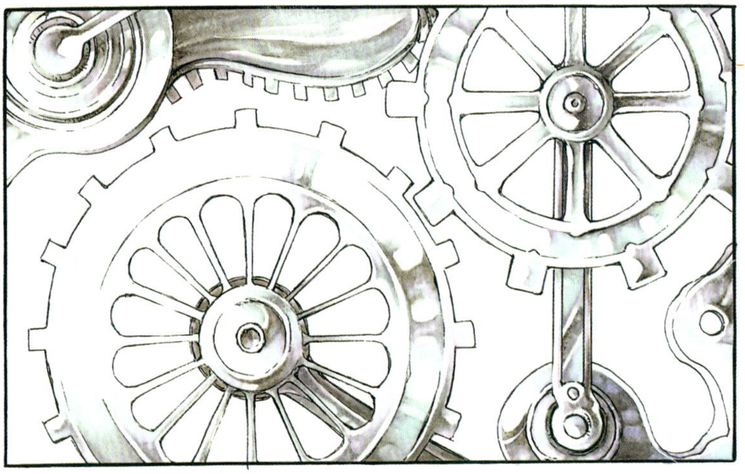

Silberne Zahnräder

- **BG0000** Snow Green – Farbe für die hellen Stellen. Sie stellt Lichtschein auf der Fläche dar.
- **BV00** Mauve Shadow – Um das Silbermetallene darzustellen, kommt das Mauve auf die Schattierungen.
- **C3** Cool Gray No.3 – Die Grund-Schattenfarbe
- **W5** Warm Gray No.5 – Diese Farbe wird für die dunkelsten Schatten benutzt.

\+ Weiß

Ein Trick für die Darstellung von Metall ist die »I-Form«. Wenn ihr I-förmig koloriert, wirkt das Objekt metallischer. Dabei ist es wichtig, den Übergang zwischen dem I und der angrenzenden Fläche zu verwischen. Das Ergebnis wird noch besser, wenn der mittlere Bereich manchmal verschwommen ist.

Wenn ihr die Farben setzt, denkt an die Lichtrichtung und beginnt mit der hellsten Schattenfarbe (in diesem Beispiel C3), gefolgt von der Metallfarbe (BV00), der Grundfarbe (BG0000) und zum Schluss der dunkelsten Schattenfarbe (W5). Das führt zu einem schönen Ergebnis.

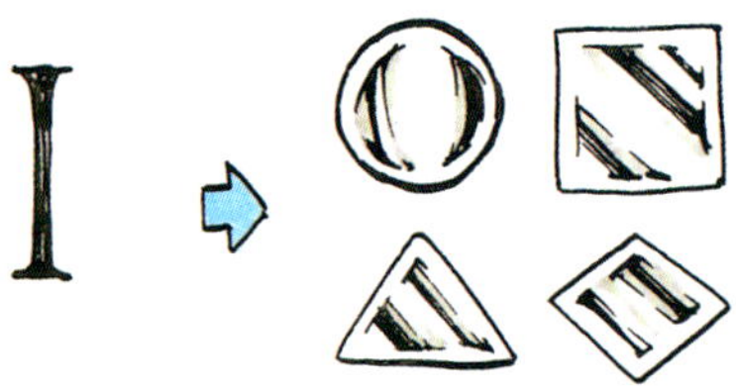

Das »I«...

... wird in verschiedene Formen eingefügt und vervielfacht.

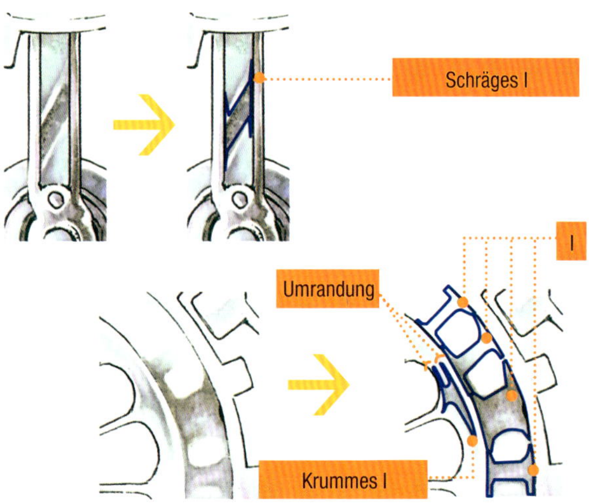

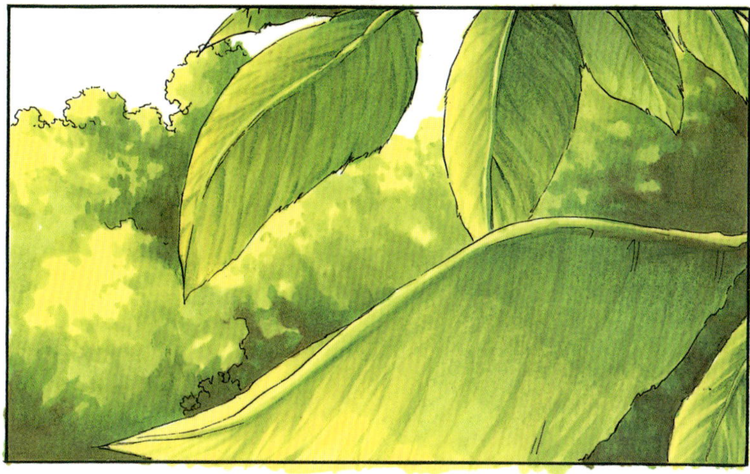

Grüne Blätter

- **Y02** Canary Yellow – Die hellste Farbe
- **YG23** New Leaf – Grundfarbe der beleuchteten Stelle
- **G24** Willow – Grundfarbe der nicht beleuchteten Stelle
- **YG17** Grass Green – Grundfarbe der Schattierungen
- **YG97** Spanish Olive – Dunkelste Schattenfarbe

Bei den Blättern steht die breiteste Blattader im Mittelpunkt, weil diese Stelle am stärksten angestrahlt wird.

Von dort aus arbeitet ihr euch zur Blattspitze vor und im Anschluss zeichnet ihr die Schattierungen der anderen Blattadern ein. So werden die Blätter sauber koloriert.

Setzt weitere Farben ein, aber achtet darauf, auf welche Stellen Licht fällt und auf welche nicht.

Die Reihenfolge ist: Grundfarbe ⇨ Schattierungen ⇨ Übergänge

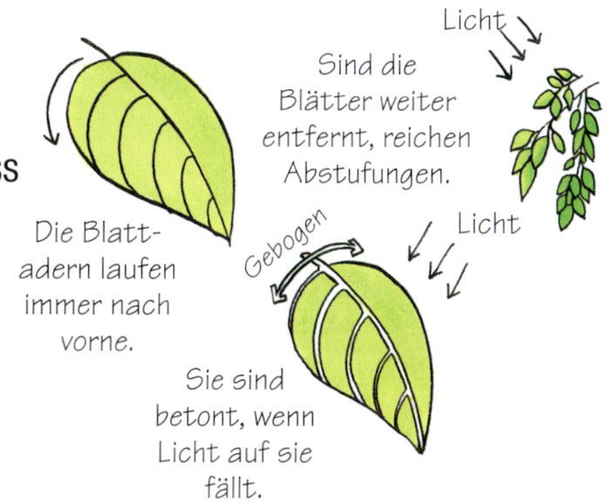

Ziegelsteinmauer

- **E13** Light Suntan – Farbe für die hellsten Stellen der Ziegelsteine und die Fugen
- **YR18** Sanguine – Farbe für helle Stellen
- **E08** Brown – Grundfarbe der Ziegelsteine
- **V95** Light Grape – Farbe für helle Stellen in den Fugen und auf den Ziegelsteinen
- **N4** Neutral Gray No.4 – Farbe für dunkle Stellen in den Fugen und auf den Ziegelsteinen

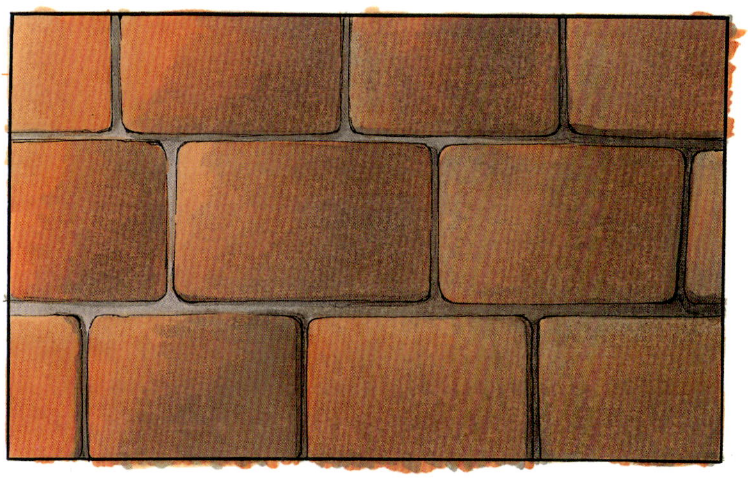

Zunächst bestimmt ihr die Position der Lichtquelle und stellt euch Licht und Schatten vor. Darauf basierend erstellt ihr dunkler werdende Abstufungen mit zunehmender Entfernung zur Lichtquelle. So wirken die Ziegelsteine realistisch.
Dabei müsst ihr auf die Form der Ziegelsteine achten. Je nach Beschaffenheit verändern sich auch die Abstufungen.

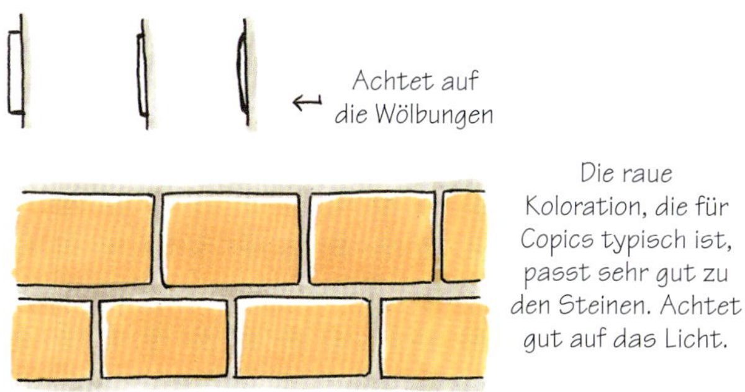

Lichtdurchlässige Felsen

- **Y00** (Barium Yellow) Flächenfarbe für die hellsten Stellen
- **YG41** (Pale Cobalt Green) Grundfarbe
- **G02** (Spectrum Green) Farbe für helle Schattierungen
- **BG15** (Aqua) Farbe für mittlere Schattierungen
- **BG57** (Jasper) Farbe für die dunkelsten Schattierungen

\+ Weiß

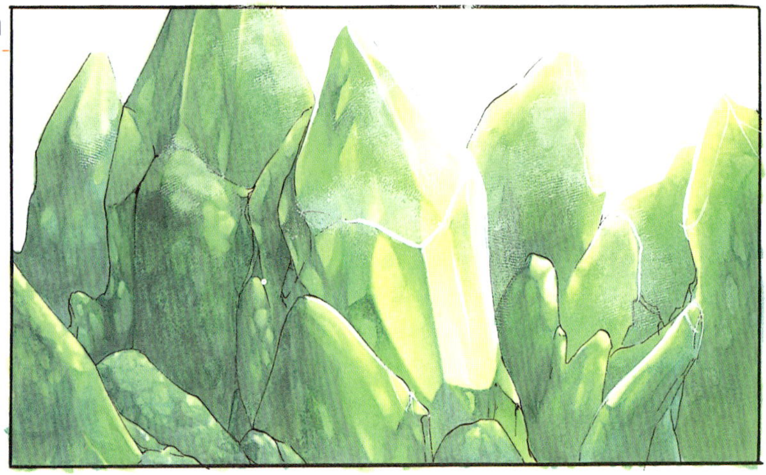

Hier geht es um smaragdgrüne Felsen, die wie Kristalle Licht durchlassen.
Zunächst überlegt ihr euch die grobe Form, danach stellt ihr euch folgende Fragen: Welche Stellen werden am stärksten beleuchtet? Wie ist die Felsfarbe? Wo fällt ein leichter Schatten? Wo ist der Schatten am dunkelsten?
Danach zeichnet ihr so, als würdet ihr rautenförmige Objekte auf die Felsen kleben.

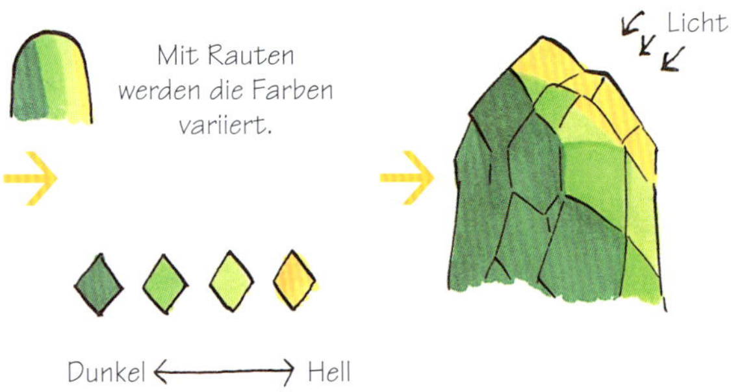

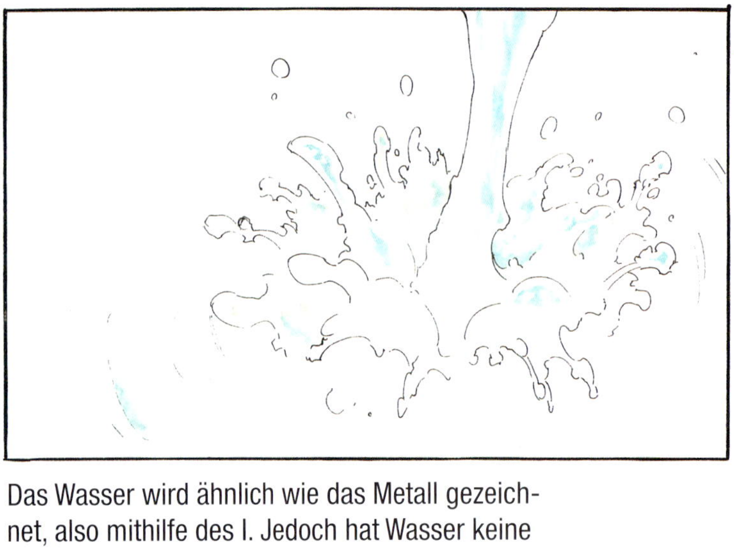

Fließendes Wasser

- **BG0000** (Snow Green) Grundfarbe
- **B01** (Mint Blue) Farbe für helle Schattierungen
- **B21** (Baby Blue) Grundfarbe für die Schattierungen
- **T2** (Toner Gray No.2) Zusätzliche Farbe, um den Schattierungen mehr Akzente zu geben
- **0** (Colorless Blender) Farbe zum Verwaschen

Das Wasser wird ähnlich wie das Metall gezeichnet, also mithilfe des I. Jedoch hat Wasser keine konkrete Form wie das Metall, deshalb ist es etwas anspruchsvoller:
Ihr stellt euch vor, dass das Wasser eine Ansammlung von verschiedenen Kreisen ist, und auf jeden dieser Kreise zeichnet ihr I-Schattierungen ein… Das ist der Trick.

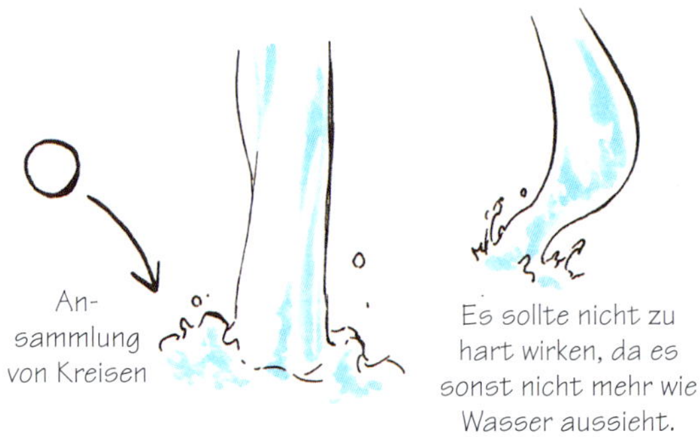

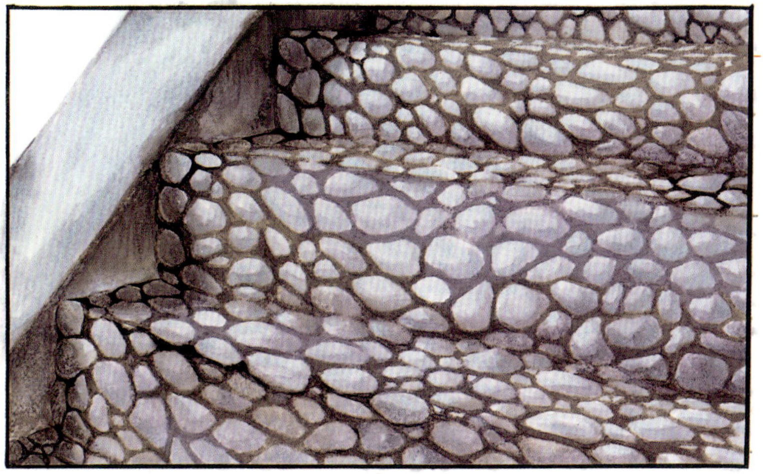

Steintreppe

- BV20 Dull Lavender — Farbe für die hellen Stellen der Steine
- V20 Wisteria — Grundfarbe der Steine
- BV23 Grayish Lavender — Farbe für die Schattierungen der Steine
- W5 Warm Gray No.5 — Farbe für die hellen Fugen
- N7 Neutral Gray No.7 — Farbe für die dunklen Fugen

Sie wird ähnlich wie die Ziegelsteine gezeichnet, jedoch dürfen die einzelnen Steine nicht mit Linien umrandet werden, weil sie dann nicht mehr natürlich wirken. Ihr zeichnet erst die Steine, danach kommen die Fugen dran. Dadurch wirkt das Bild ruhiger.
Wichtig ist, wie ihr die Steine zeichnet. Die Schattierungen entscheiden, wie stark die Steine herausragen.

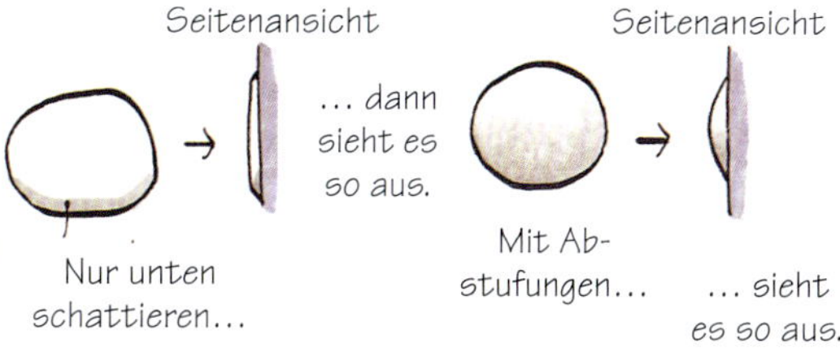

Wehender Stoff

- RV21 Light Pink — Helle Farbe für den Stoff mit Rüschen
- RV34 Dark Pink — Grundfarbe für den Stoff mit Rüschen
- RV19 Red Violet — Farbe für die dunklen Flächen mit Rüschen und Grundfarbe für den Stoff ohne Rüschen
- V09 Violet — Schattenfarbe für die dunklen Stellen
- B79 Iris — Dunkelste Schattenfarbe

+ Weiß

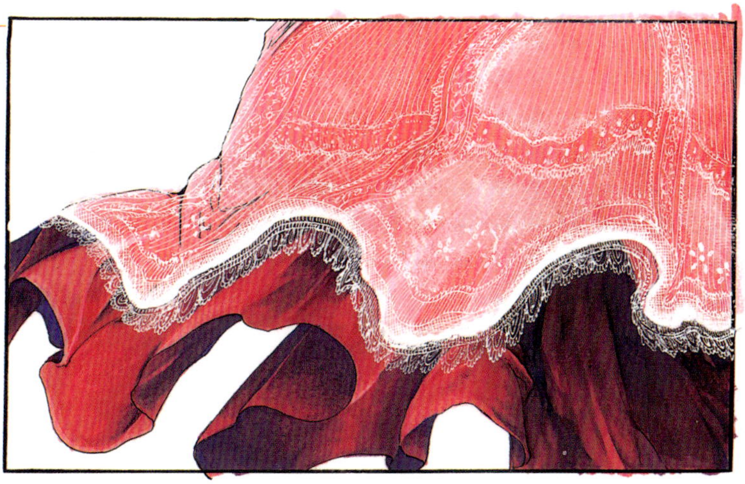

Ihr nutzt im Prinzip die normalen Abstufungstechniken. Doch beim Zeichnen von Stoffen ist es nicht ganz einfach, die Schattierungen entsprechend den Formen richtig einzufügen.
Da hilft leider nur eines: Ihr müsst euch verschiedene Stoffe genau anschauen und immer wieder üben, damit ihr lernt, wie die Schattierungen gut aussehen.
Habt ihr die Schattierungen, wird auch klar, wie die Falten aussehen. Das Muster der Rüschen wird mit Weiß eingezeichnet.

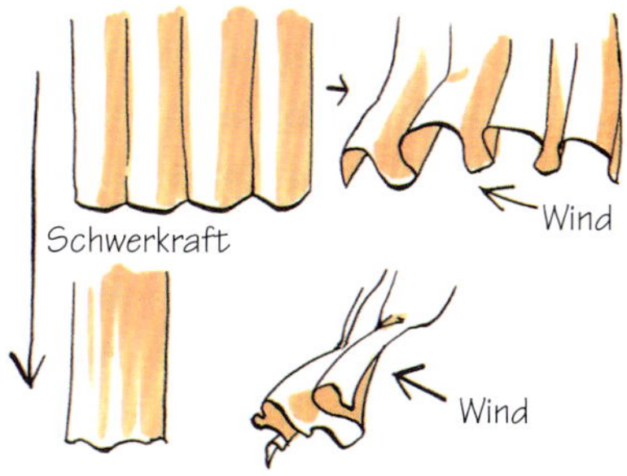

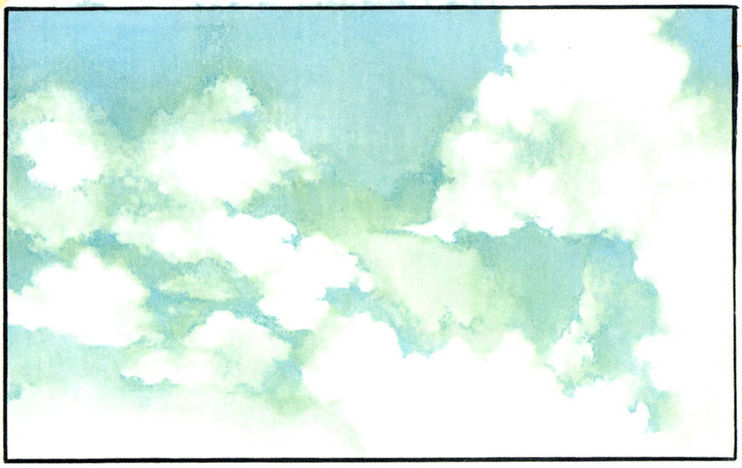

Frühlingshimmel mit Wolken

- **G000** Pale Green – Farbe der hellen Schattierungen der Wolken
- **B01** Mint Blue – Grundfarbe der Wolkenschattierungen
- **B12** Ice Blue – Grundfarbe des Himmels
- **B91** Pale Grayish Blue – Farbe für die dunklen Schattierungen
- **0** Colorless Blender – Farbe zum Verwaschen

Beim Zeichnen eines Himmels sind die Wolkenformen besonders wichtig. Beachtet, dass die Formen je nach Jahreszeit anders sind.
Dann sucht ihr euch die Hintergrundfarbe aus. Je größer die Entfernung vom Boden, desto dunkler der Himmel. Wählt ihr einen klaren Farbton, wirkt der Himmel sommerlich.
Als Nächstes koloriert ihr den Himmel mit der Grundfarbe, mit 0 verwischt ihr die Wolkenränder. Am Ende setzt ihr die Schattenfarben der Wolken ein.

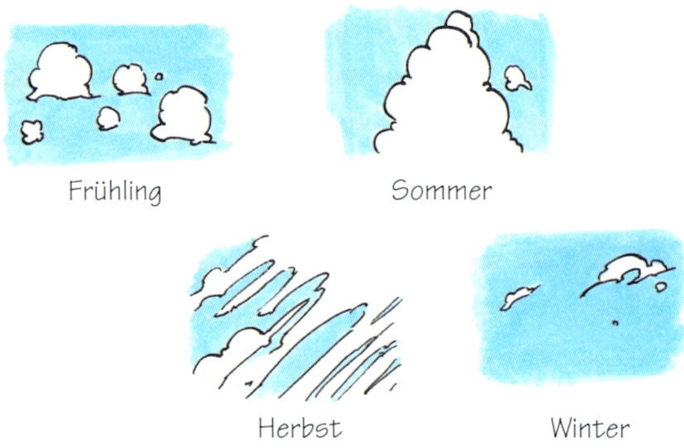

Zahnräder kolorieren

Selbst wenn die Form gleich bleibt, könnt ihr mithilfe der Koloration verschiedene Beschaffenheiten darstellen. Hier habe ich als Grundmotiv ein Zahnrad genommen. Gold oder Holz kann man sich als Material für Zahnränder gut vorstellen. Durch andere Arten der Koloration könnt ihr auch Materialien wie Stein, Eis, Leder usw. entstehen lassen.

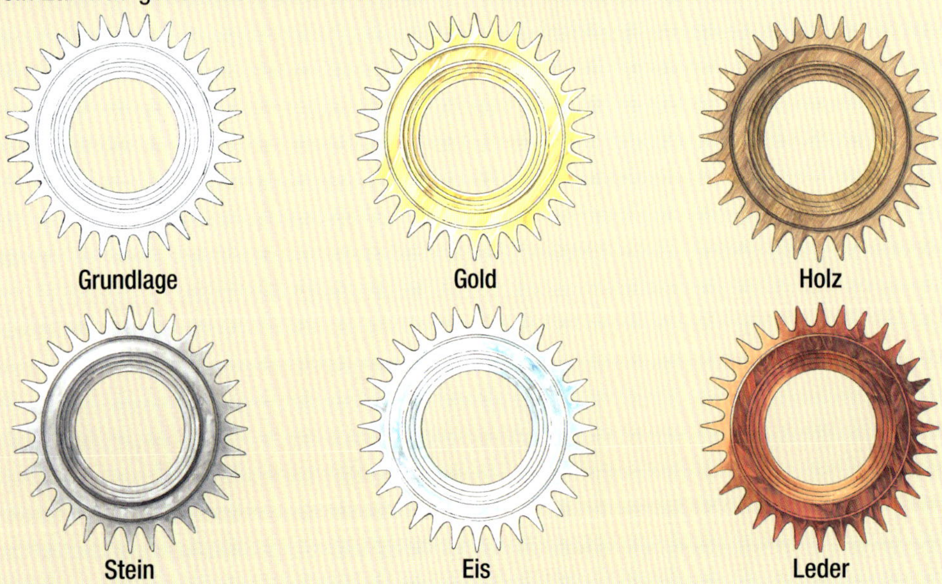

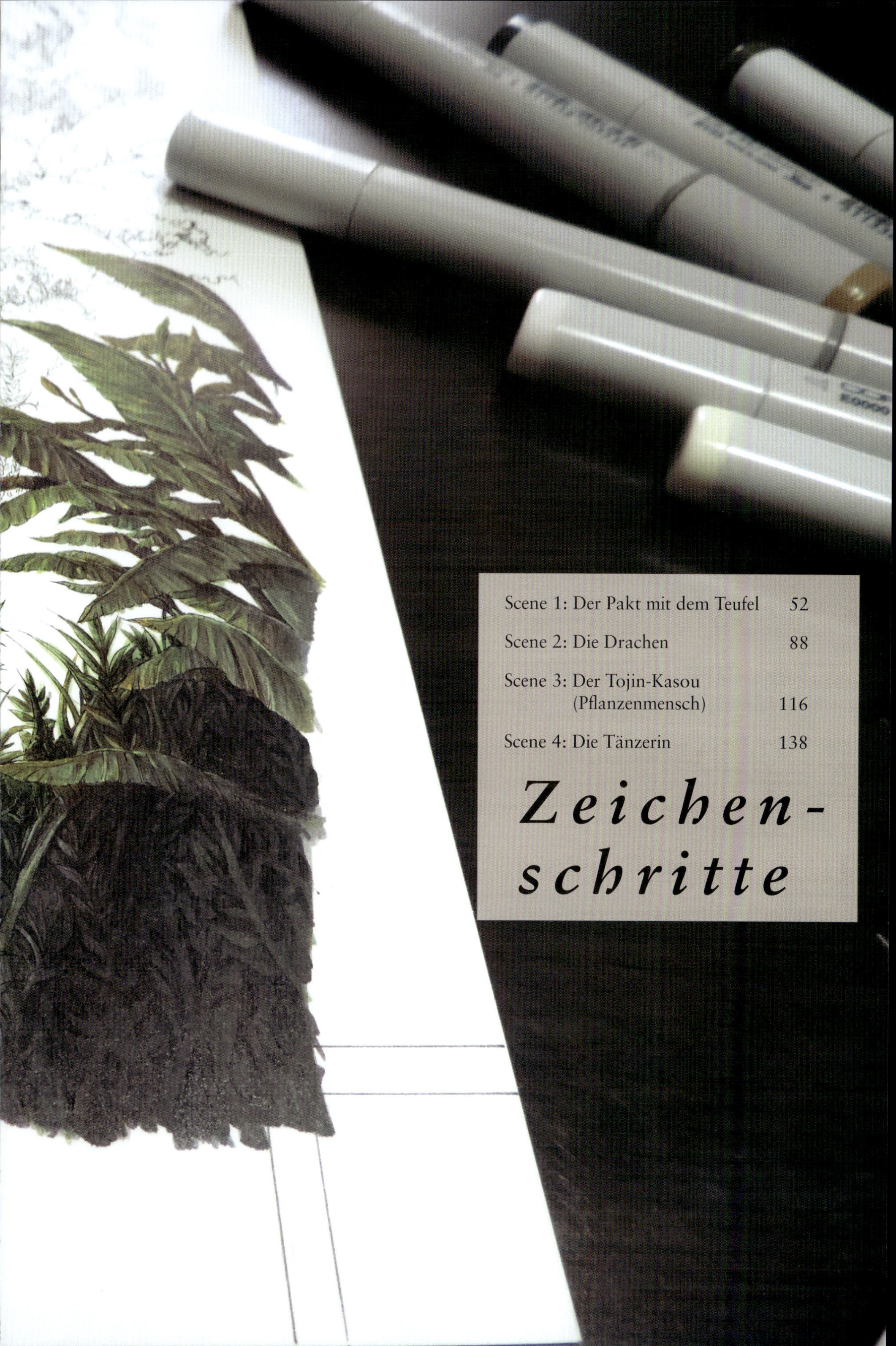

Zeichen-schritte

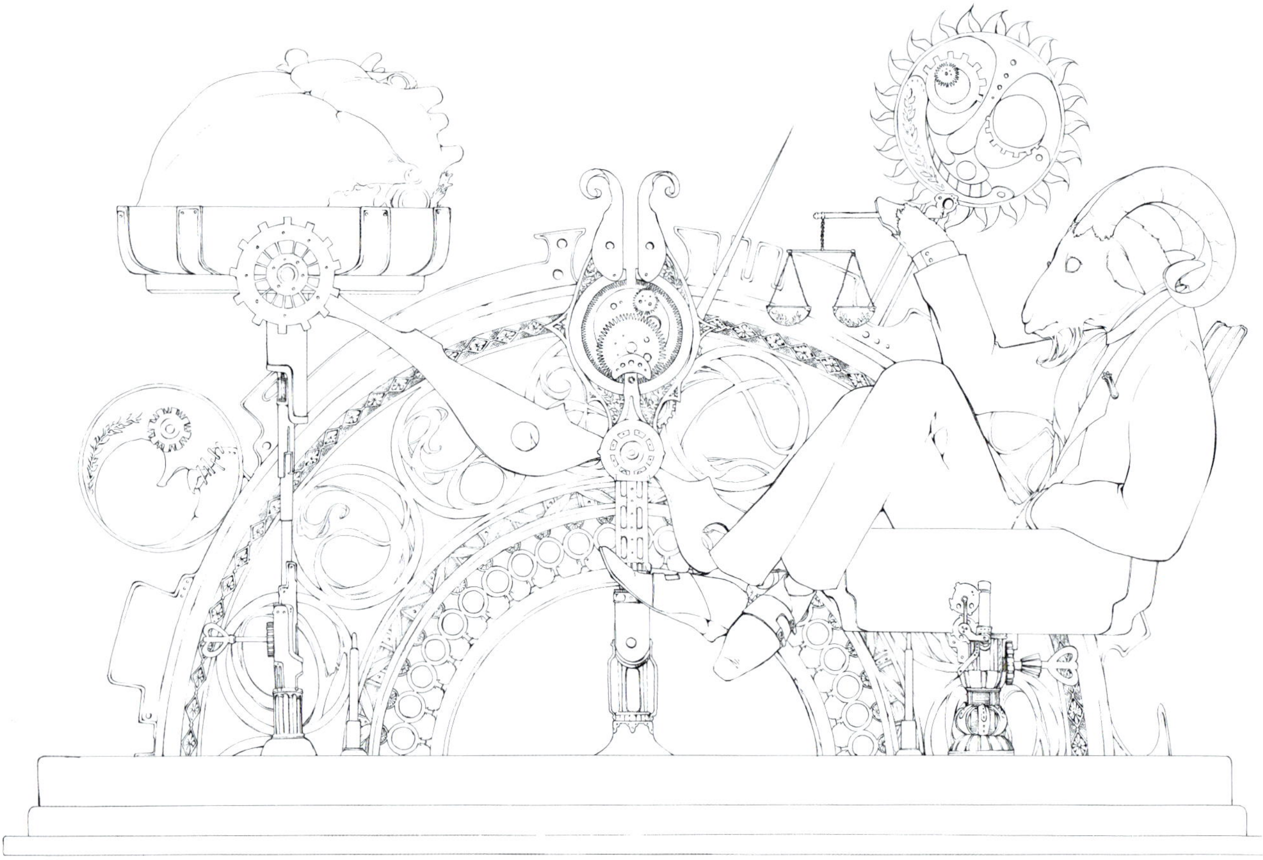

Scene 1
Der Deal

Der Pakt mit dem Teufel

Eine Illustration über einen Pakt mit dem Teufel im Austausch gegen das eigene Leben. In einem mysteriösen Raum steht eine mystische Waage, hinter ihr befindet sich ein Himmelsmotiv. Mit dieser Waage werden das Herz und der Teufel gewogen. Schwerpunkte sind die Darstellung von Metall und Himmel sowie die Beschaffenheit der Ziegenhörner und -haare.

Idee

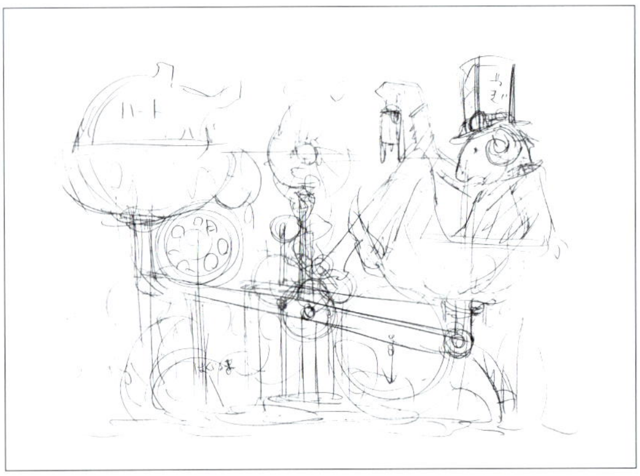

Ich habe ein Tier mit Fell und eine Maschine kombiniert, damit das Bild verschiedene Oberflächen vereint. Die Ziegenklaue wird wie eine Menschenhand benutzt.

Feinskizze

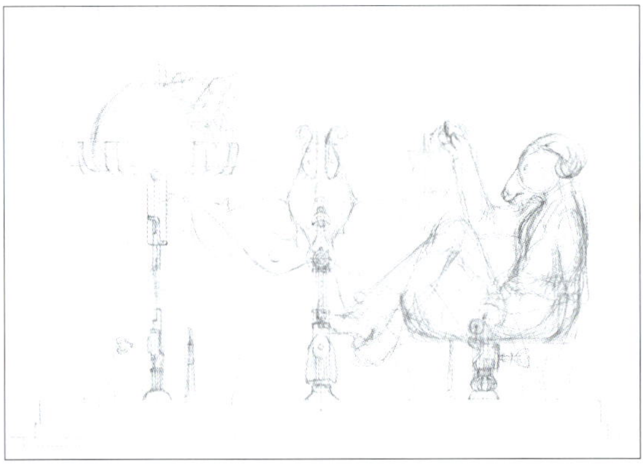

Ich mag es nicht, reglose Maschinen zu zeichnen, daher baue ich viele feine Linien ein, um die Struktur richtig zu begreifen, und überlege mir die Mechanik.

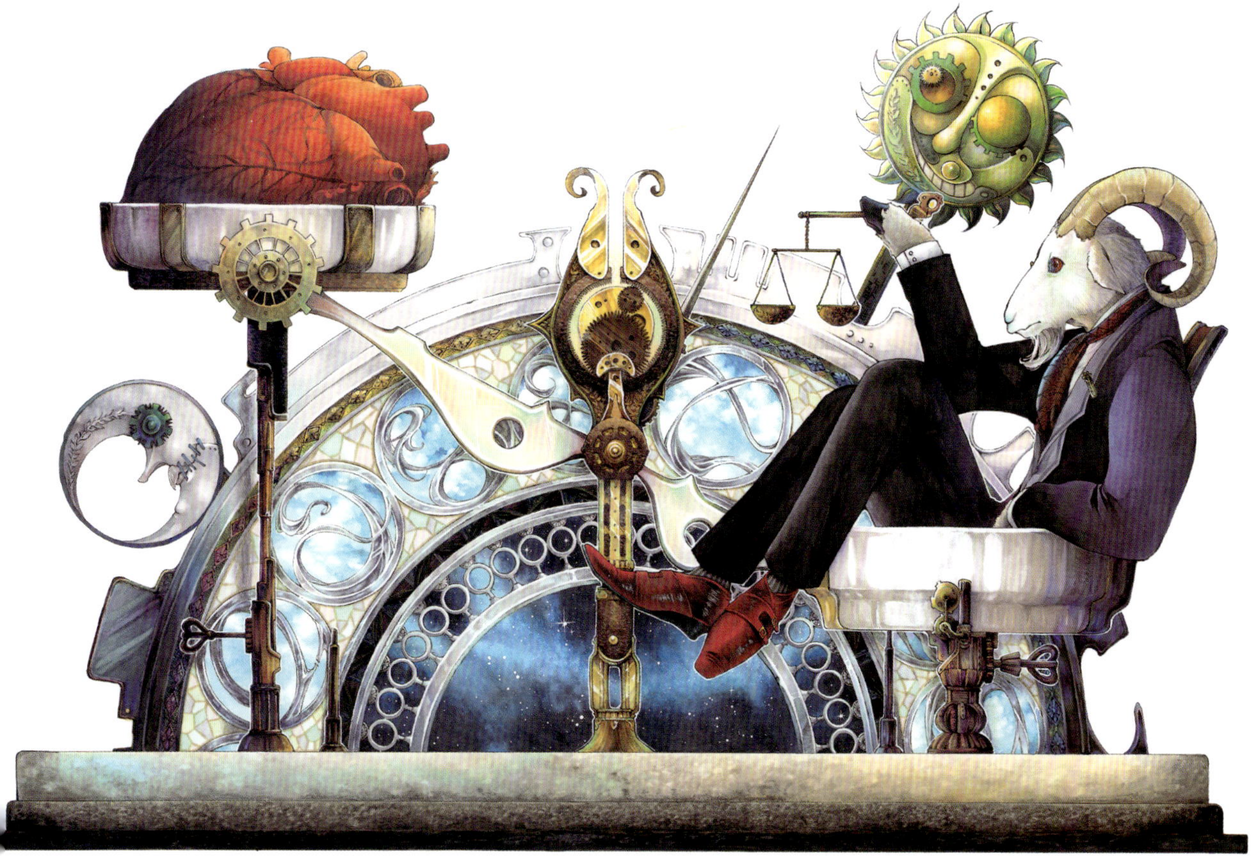

Bestandteile

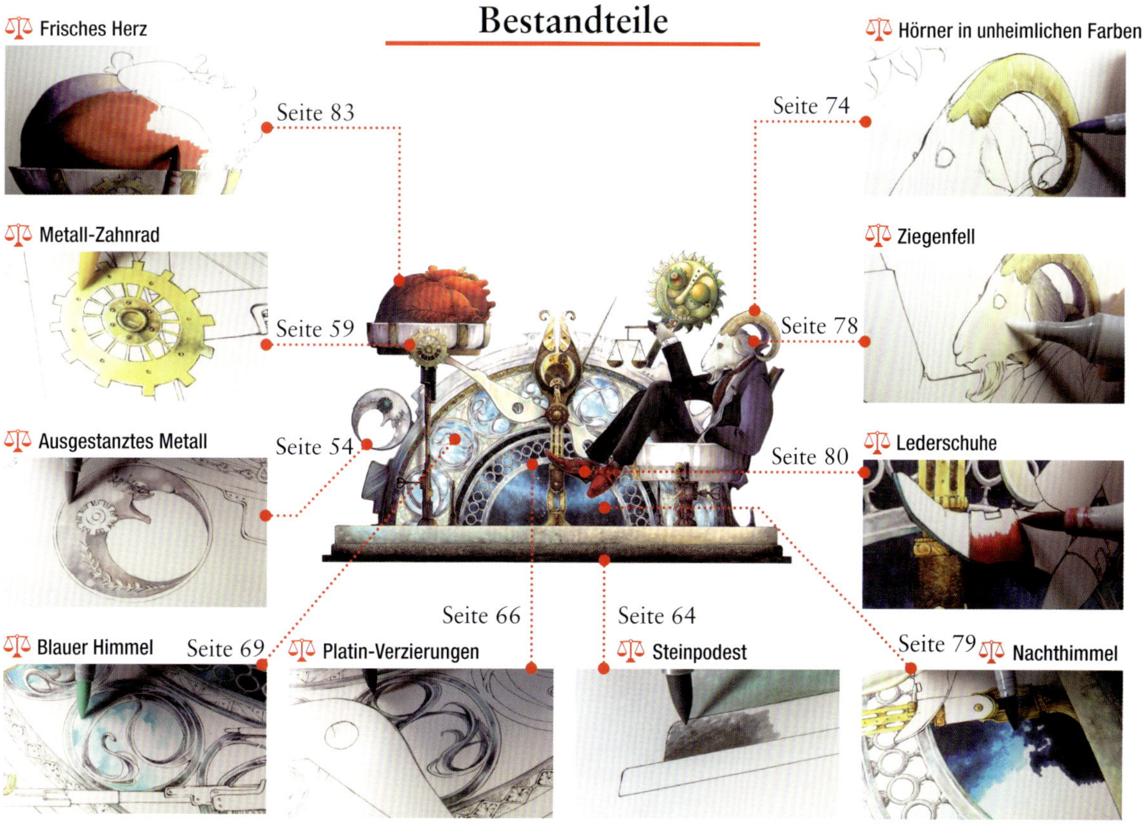

Lichteinfall

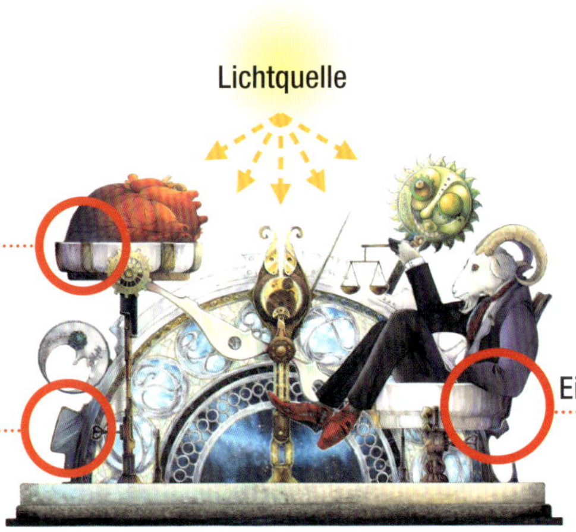

Ausgestanztes Metall

Eine Verzierung aus ausgestanztem Silber. Die Darstellung wird von der Lichtquelle und den Umgebungsfarben beeinflusst.

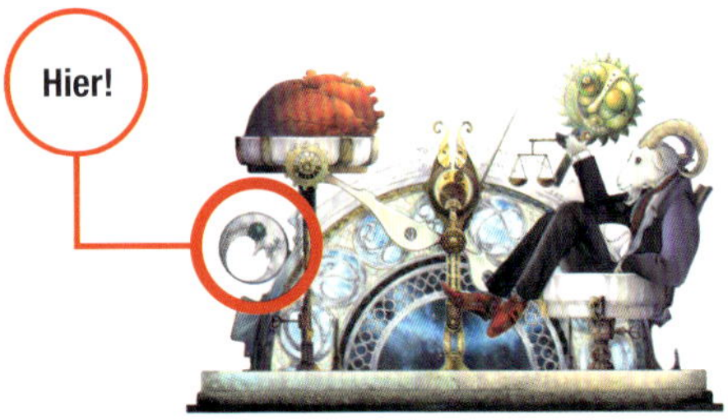

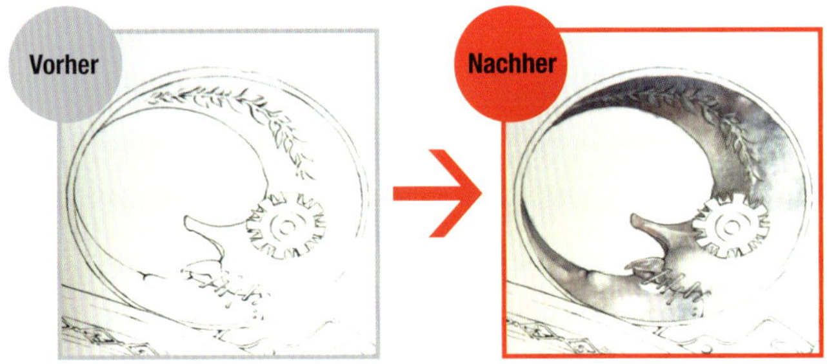

Beginn der Koloration

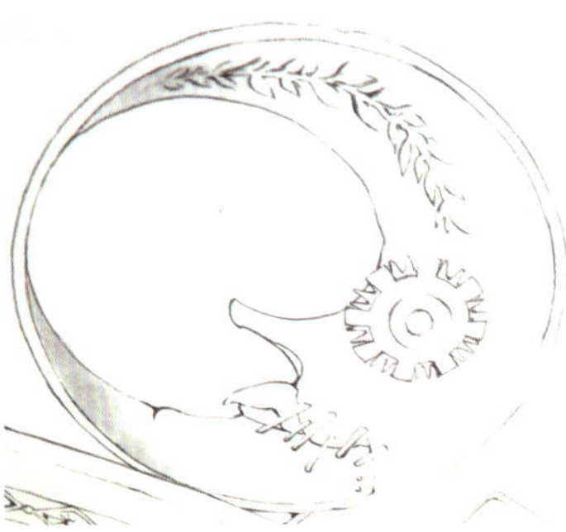

W4 Warm Gray No.4 – Ich beginne an der Spitze mit einer Schattierung.

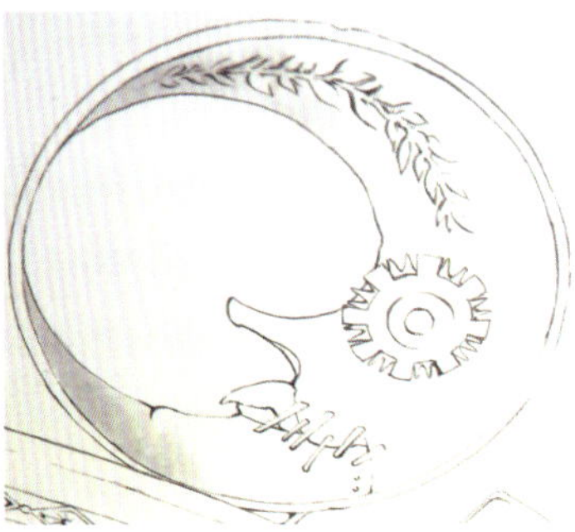

W1 Warm Gray No.1 – Dann folgt übergangslos die Grundfarbe.

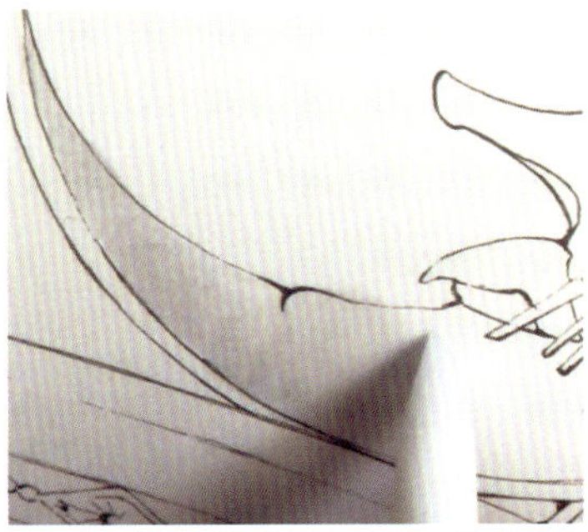

0 Colorless Blender – Nummer 0 kommt zum Einsatz, um den Übergang weiter zu verwischen.

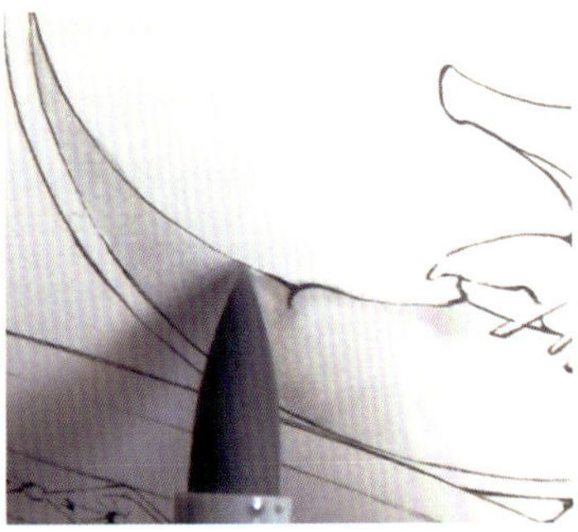

W4 Warm Gray No.4 – Jetzt sind die Schattierungen der Unebenheiten dran.

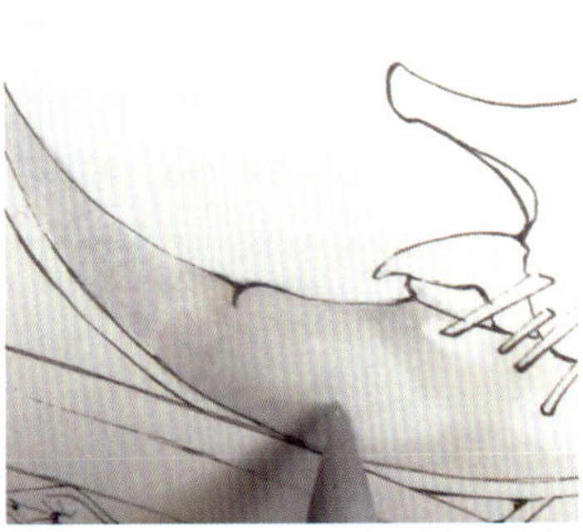

W1 Warm Gray No.1 – Mit der Grundfarbe werden die Schattierungen bearbeitet.

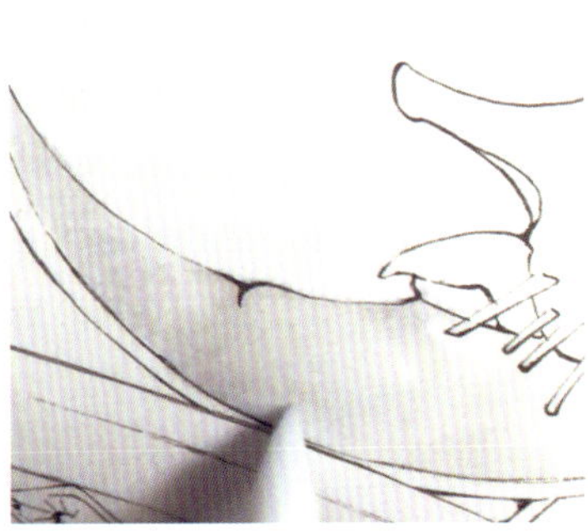

0 Colorless Blender – Erneut die Nummer 0, um die gesamte Fläche anzupassen.

Plastizität durch Schattierungen

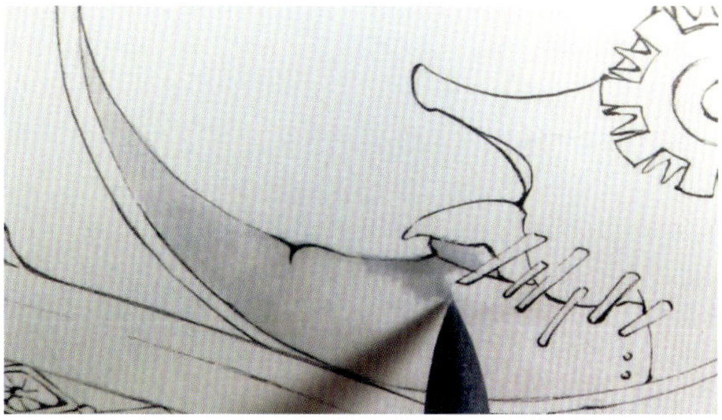

T2 Toner Gray No.2 · W1 Warm Gray No.1 — Diese Koloration schafft plastische Vertiefungen.

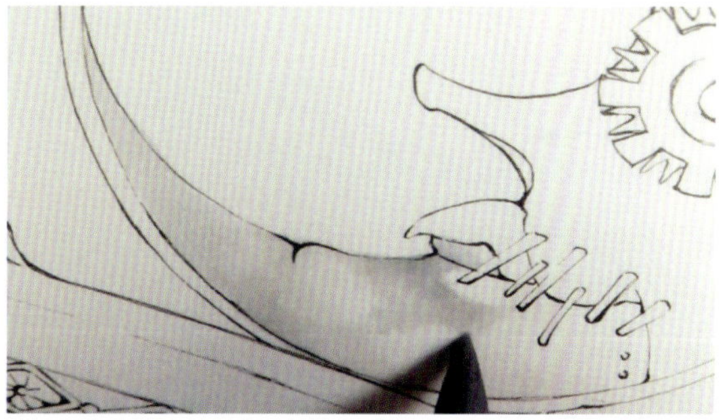

W1 Warm Gray No.1 — Diese Stellen mit der Grundfarbe verfeinern

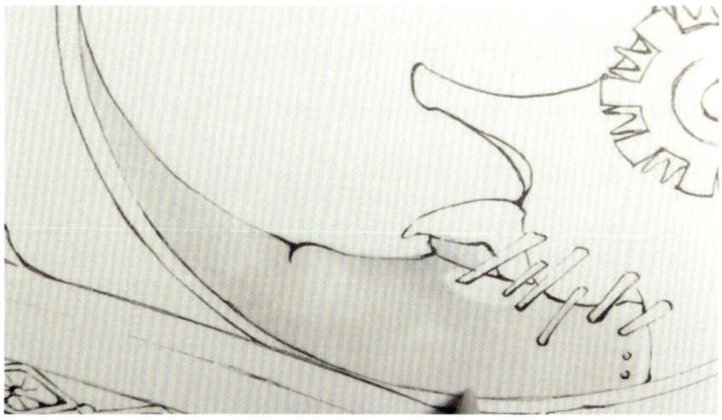

0 Colorless Blender — Das Ganze wird vereinheitlicht.

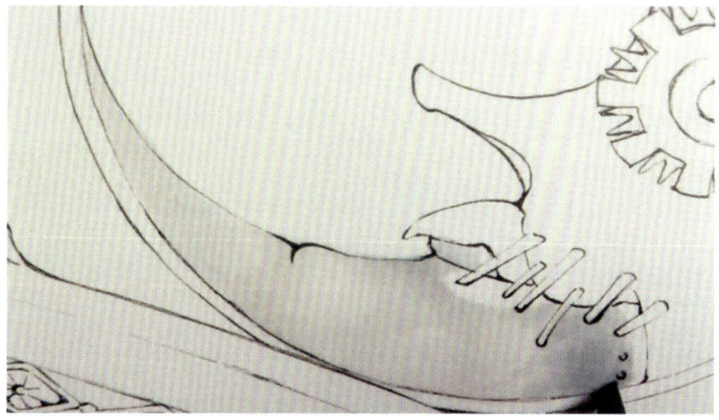

BV02 Prune — Darauf werden Schattierungen gesetzt, um die Plastizität zu verstärken.

Nase

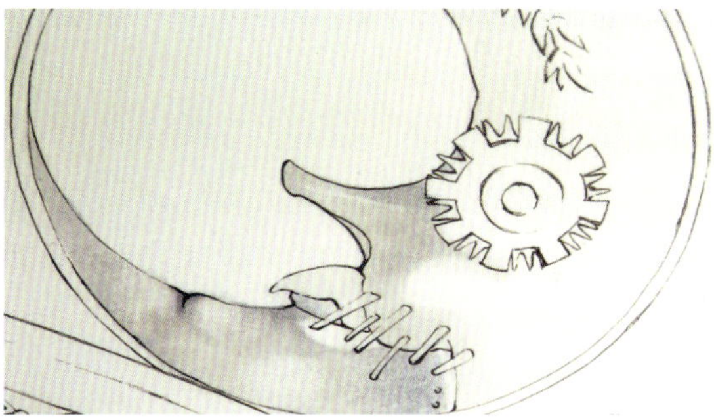

W4 Warm Gray No.4 — Die dunkelsten Schattierungen werden aufgetragen, um die Nasenform hervorzubringen.

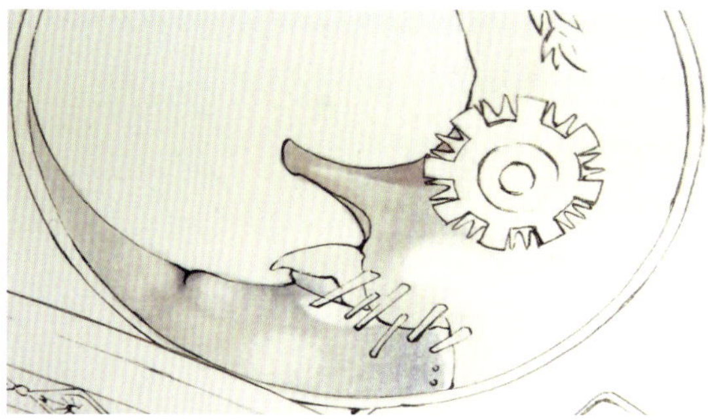

V09 Violet — Sie werden vom Farbton des metallischen Ständers beeinflusst, daher bekommen sie etwas Röte.

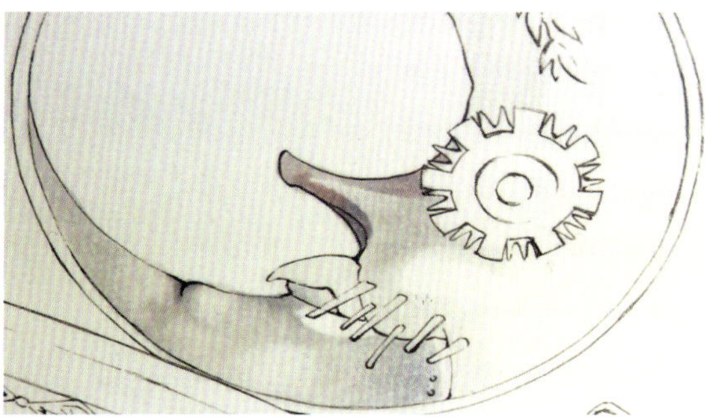

V91 Pale Grape — Das gilt auch für die andere Seite.

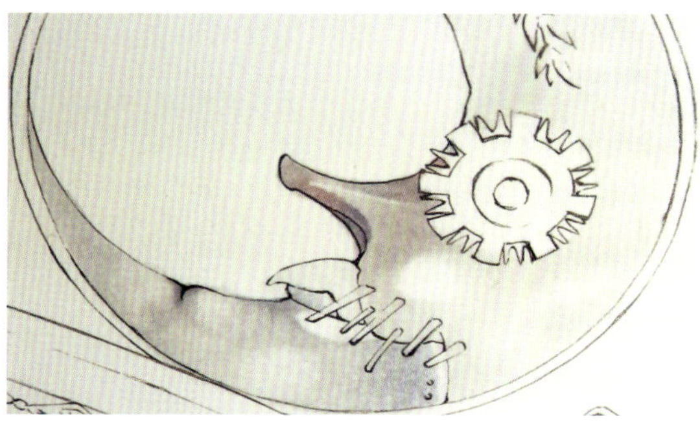

W1 Warm Gray No.1 — Mit der Grundfarbe wird die Nase verfeinert und der restliche Mond wird koloriert.

Koloration des Gesichts

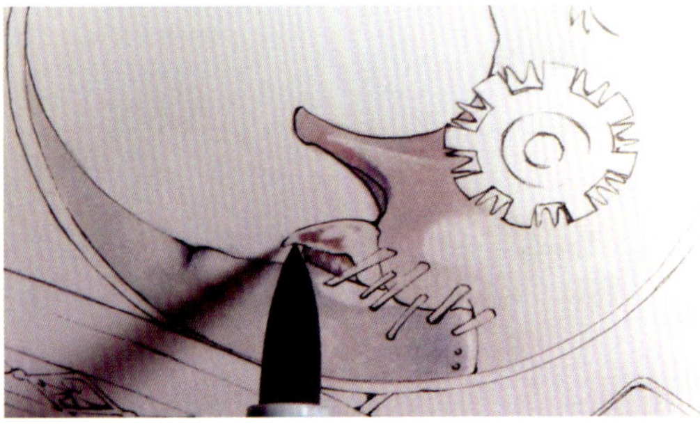

BV20 Dull Lavender — Der charakteristische Mund wird ausgemalt. Benutzt dunkle Schattierungen in I-Form.

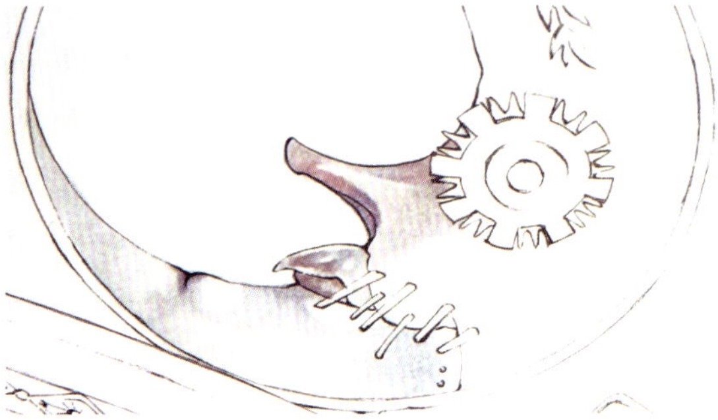

W1 Warm Gray No.1 — Die Grundfarbe verwischt die Schattierungen und verfeinert sie.

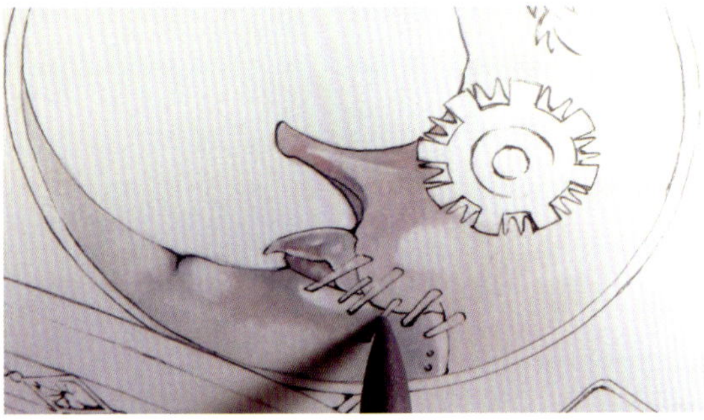

BV20 Dull Lavender — Weitere Schattierungen an den Nähten und Vertiefungen des Kinns.

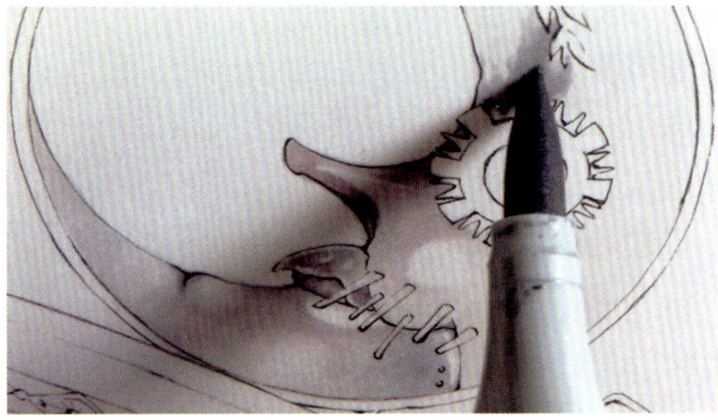

V01 Heath — Wieder werden die Schattierungen angepasst. Für die Röte des Silbers wird V-Typ-Farbe eingesetzt.

Details an der Innenseite

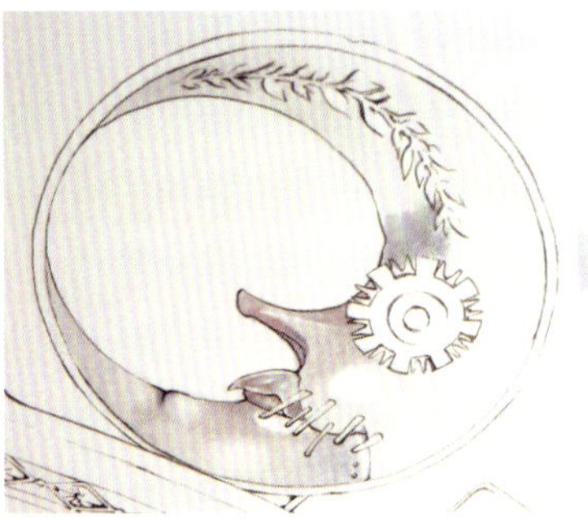

BV20 Dull Lavender — Die Schattierungen der Innenseite werden koloriert.

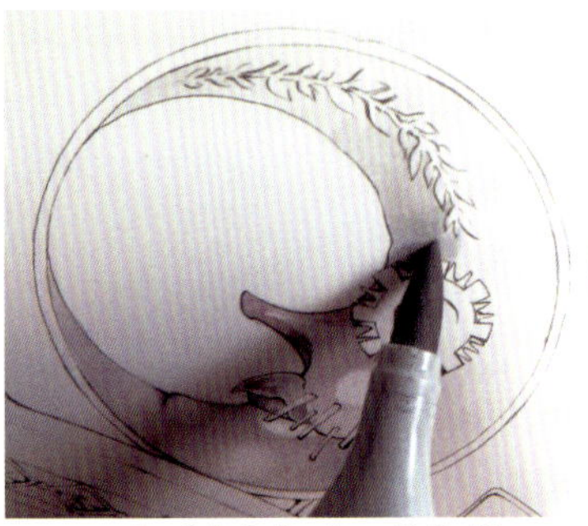

T2 Toner Gray No.2 — Zunächst die obere Seite bis zur Spitze mit T2 für einen schönen Übergang.

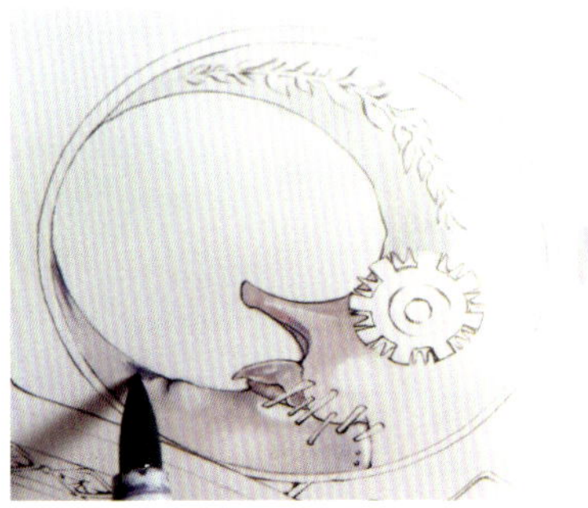

BV20 Dull Lavender — Wieder kommen wir zu den Schattierungen unter dem Mund. Auch die Spitzen erhalten kräftige Schatten.

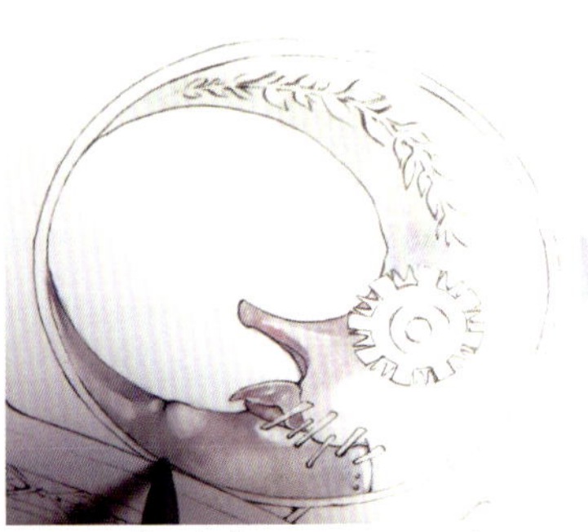

T2 Toner Gray No.2 — Verwischen, anpassen und die Schattierungen abdunkeln, damit das ausgestanzte Material hervortritt.

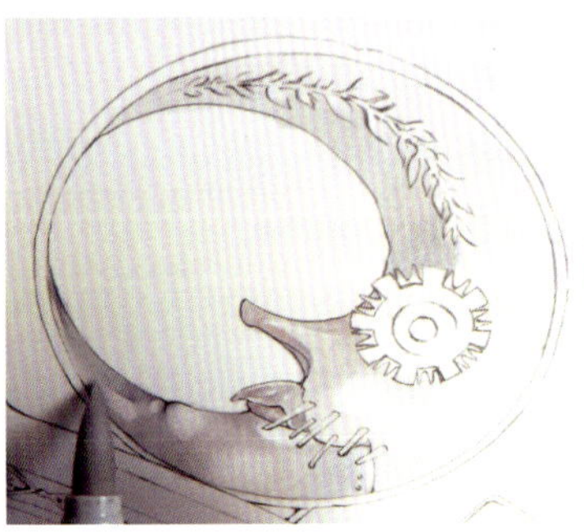

W1 Warm Gray No.1 — Die Kanten werden verwischt und angepasst.

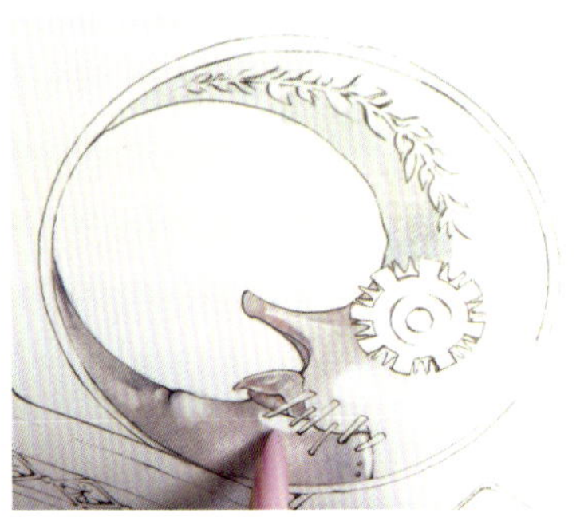

V01 Heath — Die Ränder des Highlights werden mit V01 verfeinert.

Schattierungen des Reliefs

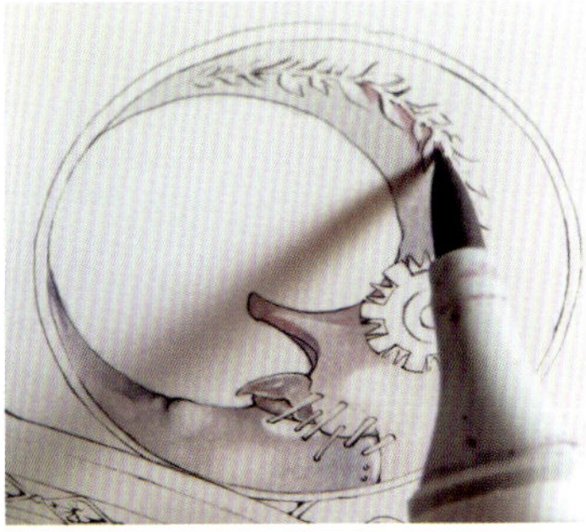

V95 Light Grape

Für die Schattierungen des Blattreliefs wird eine rötliche Farbe genommen.

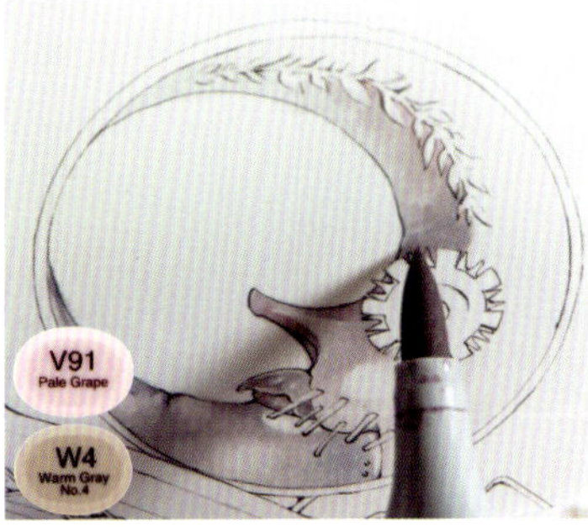

Die Blattschattierungen werden mit V91 verwischt. Über dem Auge kommt W4 zum Einsatz, um die Schattierungen zu intensivieren.

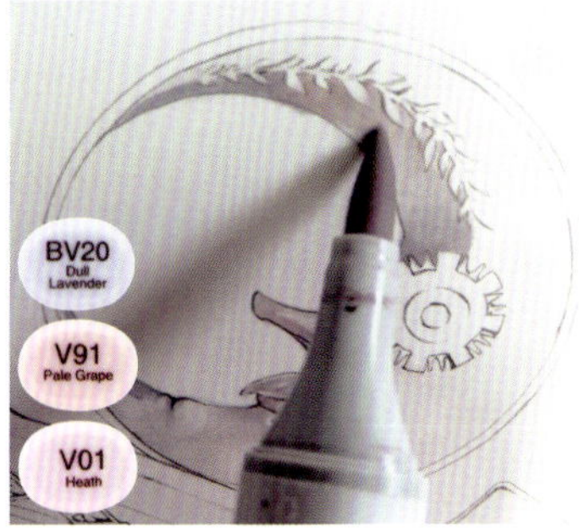

Von der Spitze aus mit BV20, dann mit V91 anpassen und im Anschluss mit V01 verwaschen.

Koloration der Außenseite

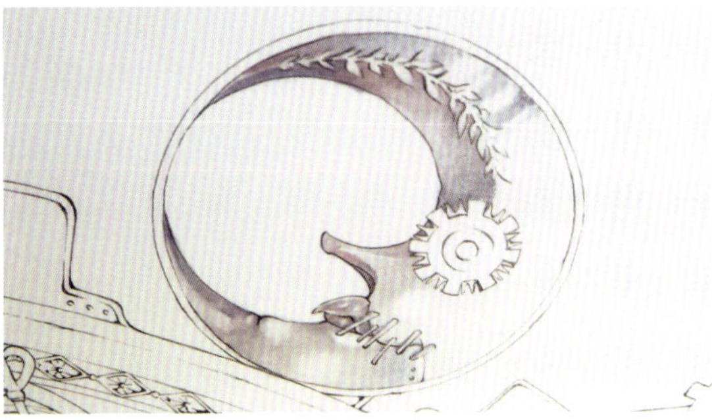

T2 Toner Gray No.2

Nun kommen wir zur Außenseite des Reliefs. Nutzt wieder die I-Form.

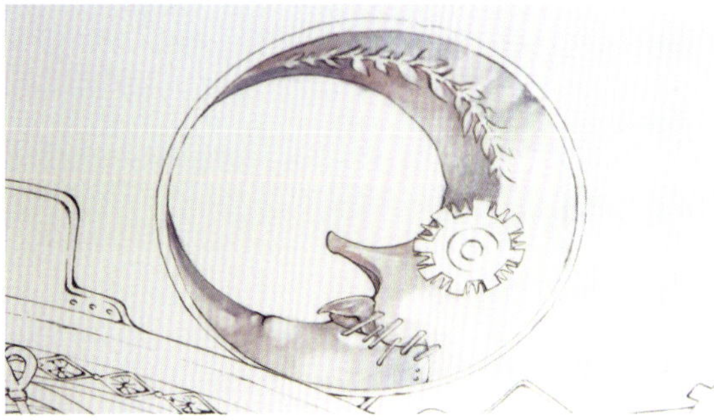

W1 Warm Gray No.1

Jetzt verwaschen.

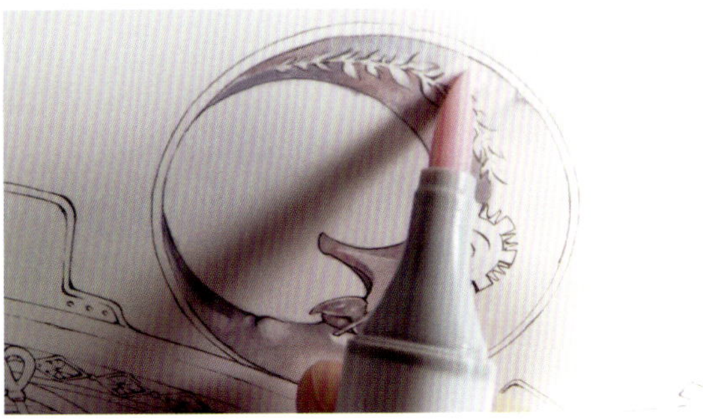

V01 Heath

Denkt an die Lichtstellen und verwischt diese mit V01.

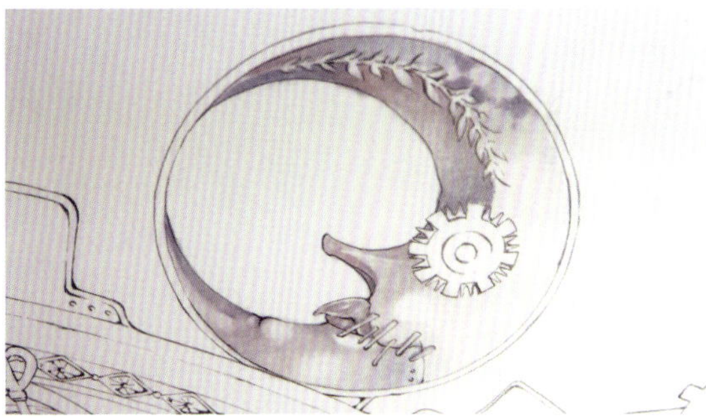

V20 Wisteria

Schattierungen werden gesetzt, um Unebenheiten zu zeigen.

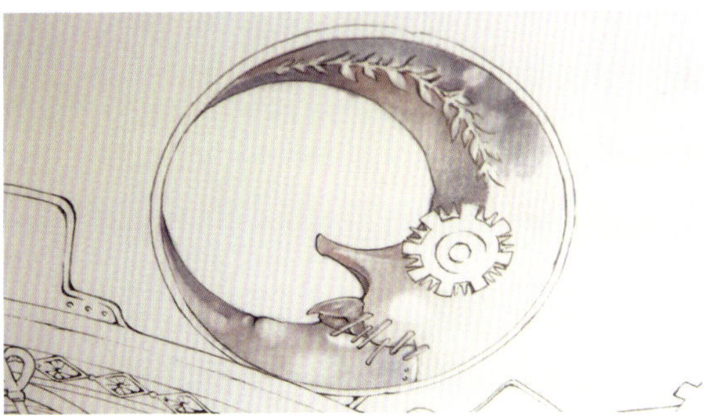

T2 Toner Gray No.2

Verwischt die Schattierungen, denkt dabei an die Unebenheiten.

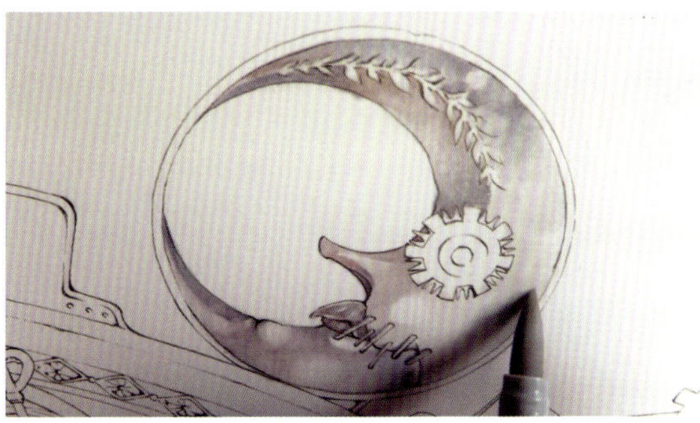

V01 Heath

W1 Warm Gray No.1

Mit V01 werden die Farben bis zur Spitze angepasst. Danach koloriert ihr mit W1 bis zum Rücken.

Abschluss

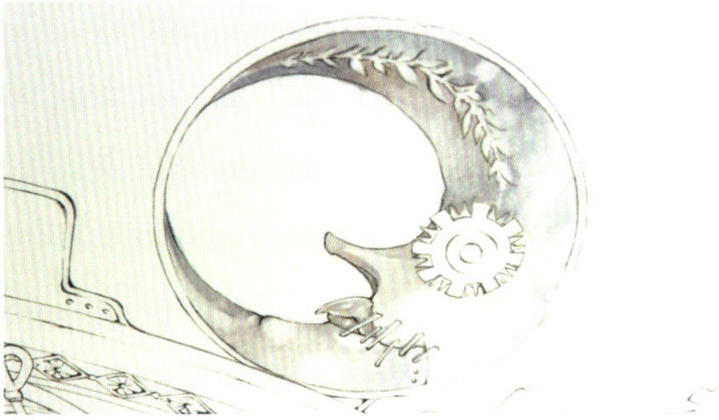

W4 Warm Gray No.4 · T2 Toner Gray No.2

Die Schattierungen des Reliefs über dem Auge werden mit W4 gesetzt, gefolgt von Umgebungsschattierungen mit T2.

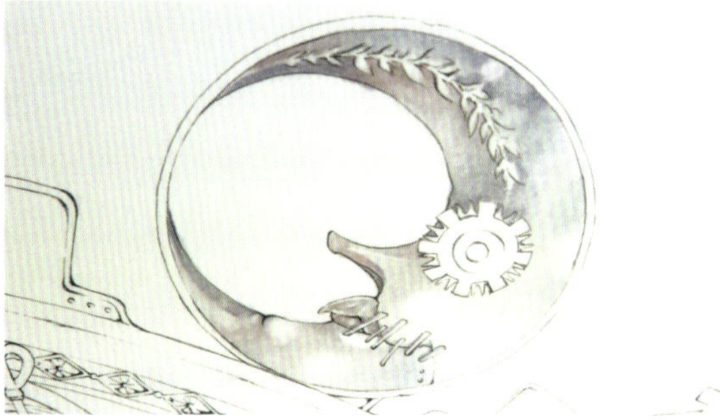

W1 Warm Gray No.1

Die Schattierungen werden mit W1 verwaschen.

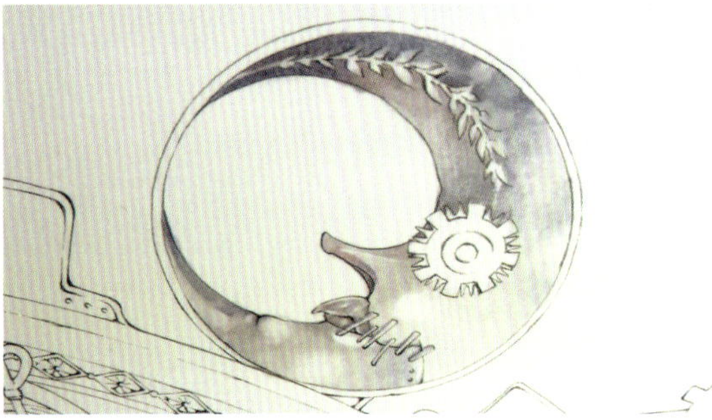

T2 Toner Gray No.2

Die Schattierungen an der äußeren Spitze werden abgedunkelt.

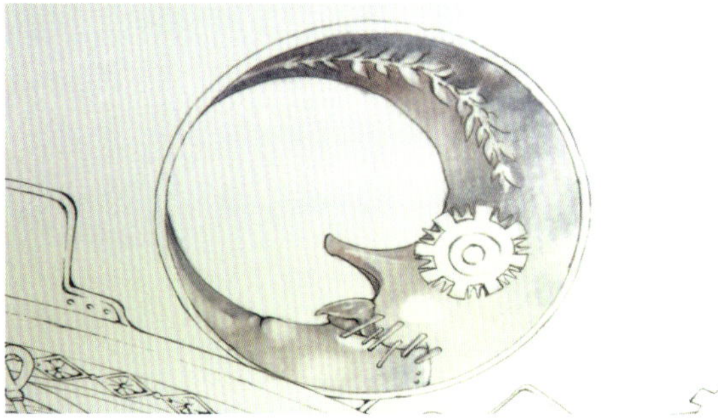

T2 Toner Gray No.2 · BV20 Dull Lavender

T2 und BV20 wiederholt an die äußere Seite, um die Farbtöne kräftiger zu gestalten.

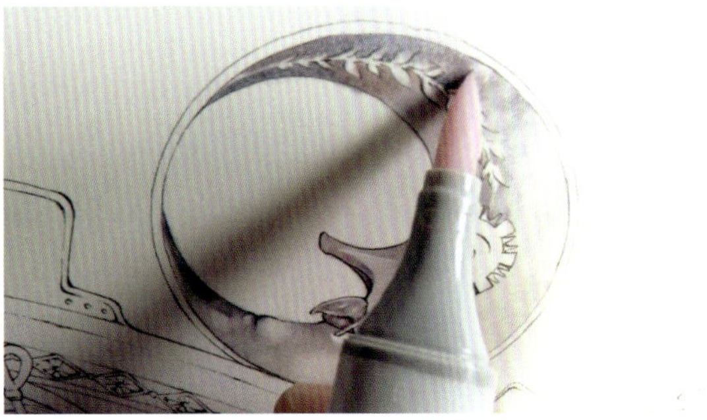

V01 Heath

Auch die inneren Kanten werden kräftiger, aber die Schattierungen werden nicht so oft wie an den Spitzen gesetzt.

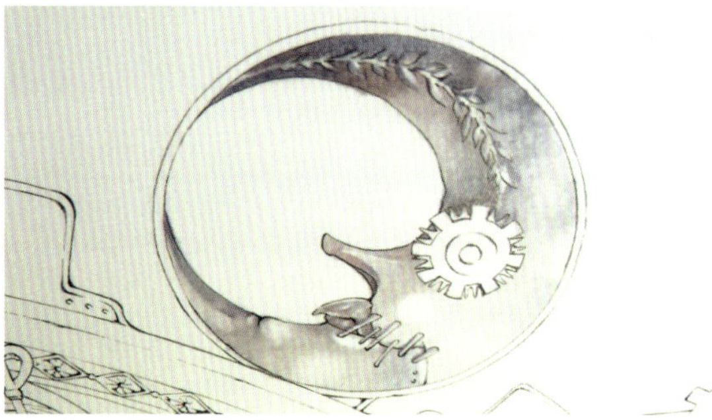

V95 Light Grape · V91 Pale Grape

Dazu kommt V95, im Anschluss mit V91 verwaschen.

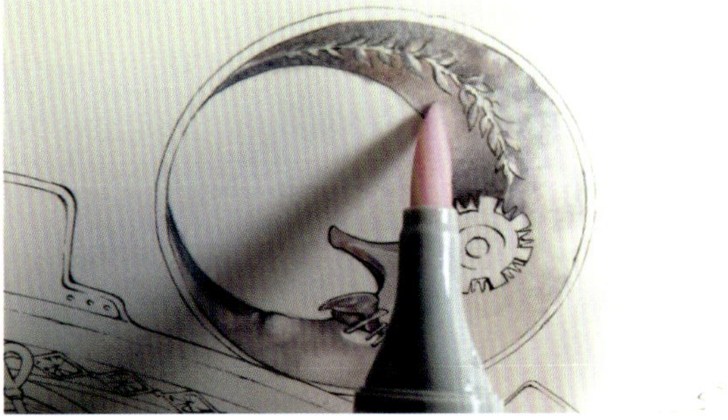

V01 Heath

Die Details überprüfen.

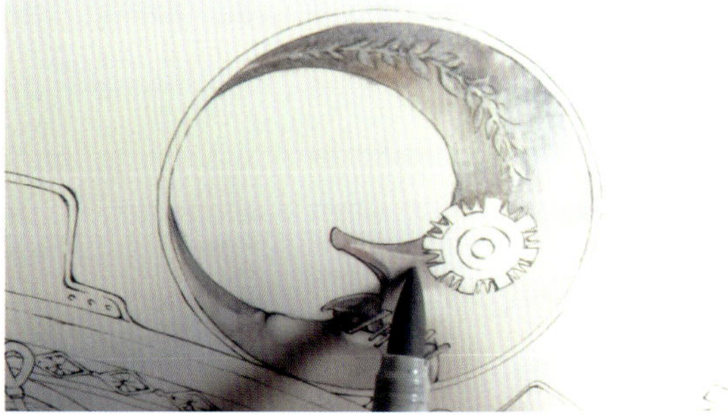

T2 Toner Gray No.2 · W1 Warm Gray No.1

Dann mit T2 kolorieren und mit W1 verwaschen. Diesen Vorgang wiederholen, und der Mond ist fertig.

Metall-Zahnrad

Beachtet, dass das glänzende Metall von den Farben der Umgebungsobjekte (Lichtreflexion) beeinflusst wird.

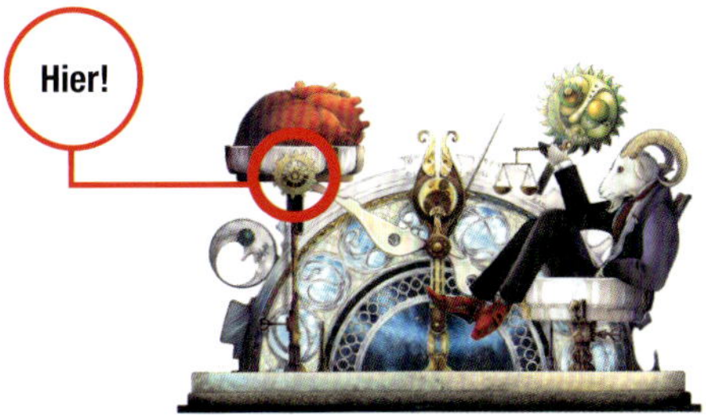

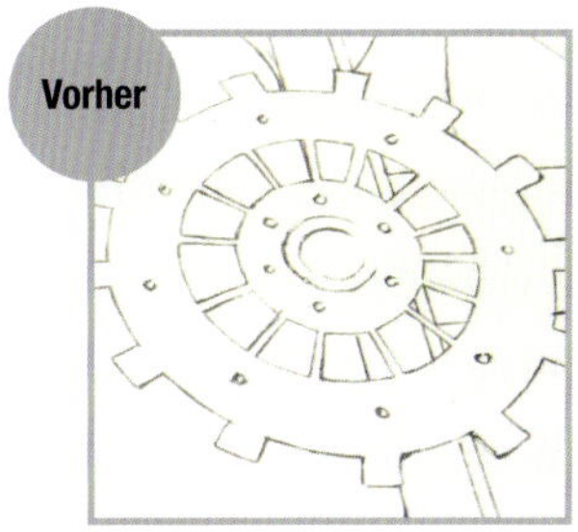

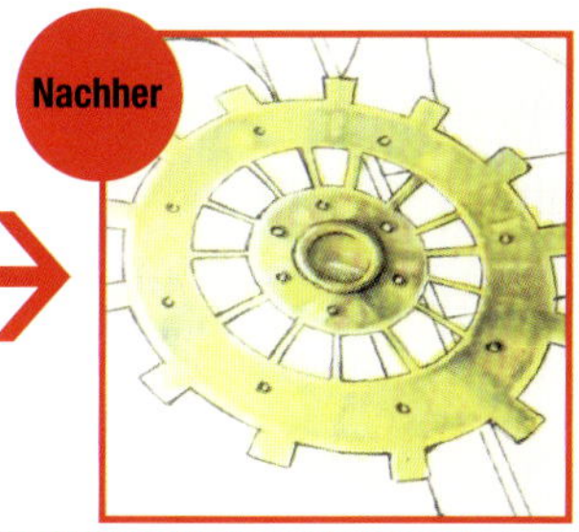

Beginn der Koloration

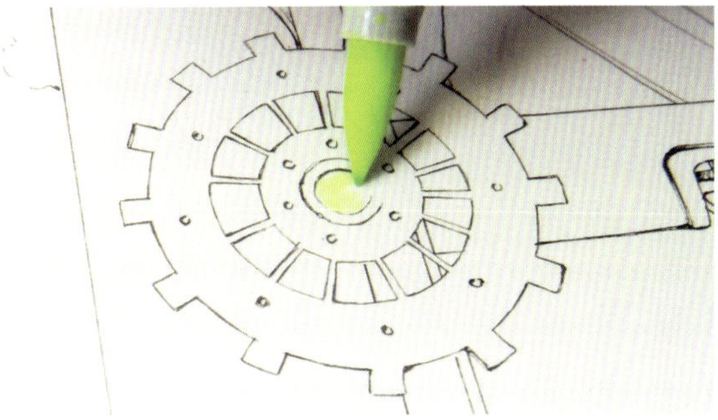

YG21 Anise – Zunächst nur die mittlere Achse anmalen.

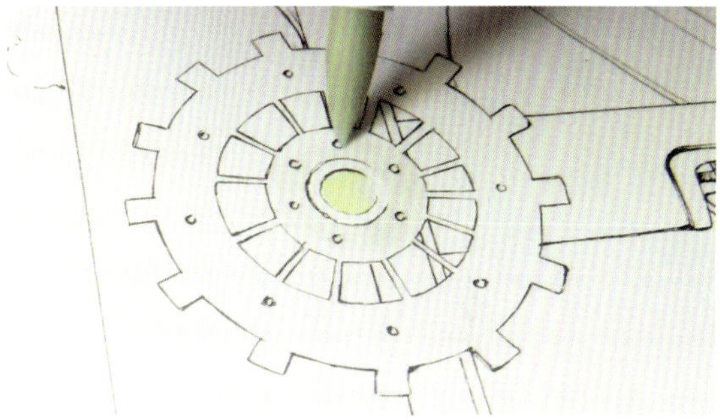

YG91 Putty – Die Grundfarbe auf die runde Fläche um die Achse herum auftragen.

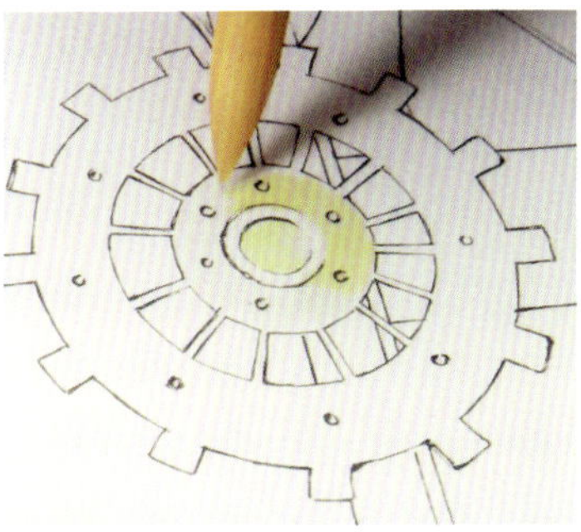

Y19 Napoli Yellow – Die nächste Farbe ist YG19.

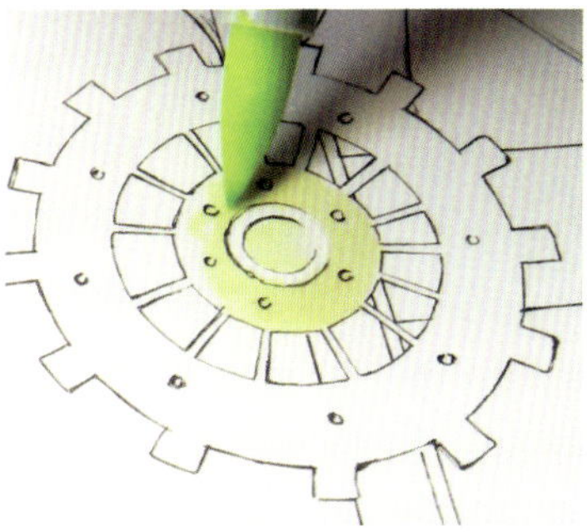

YG21 Anise – Die Stellen kolorieren, auf denen später weitere Farben und Highlights gesetzt werden.

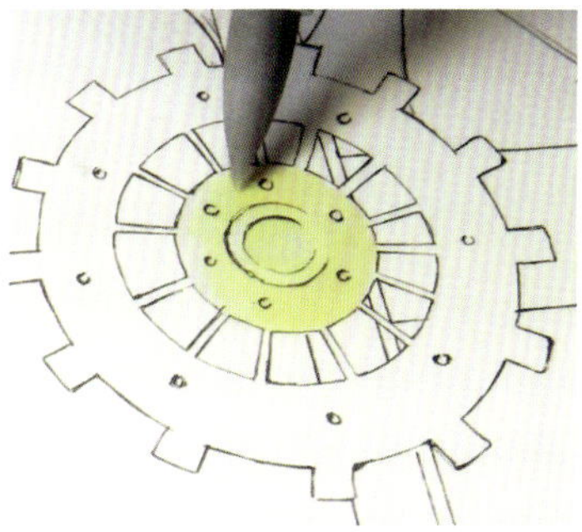

N3 Neutral Gray No.3 – Danach werden helle Schattierungen gesetzt.

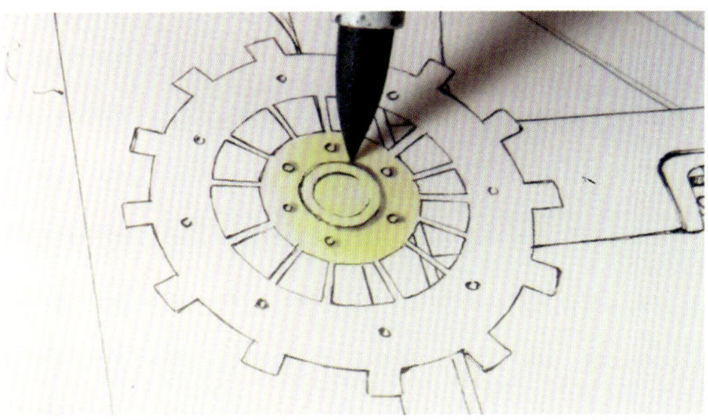

Y28 Lionet Gold – Dunkle Schattierungen an der Achse und an den Schrauben.

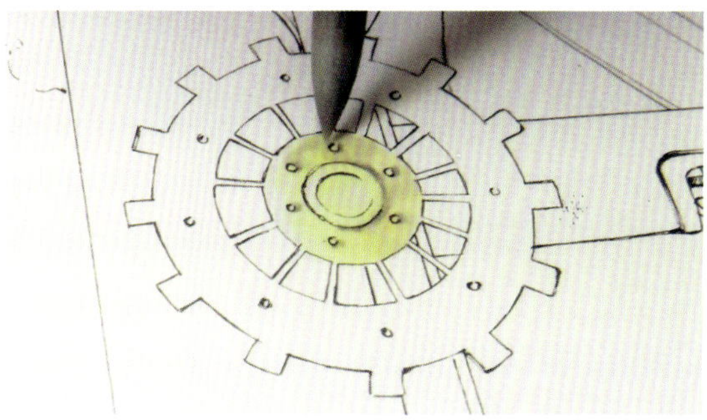

N3 Neutral Gray No.3 – Mit N3 kommen weitere Schattierungen, während Y28 verwaschen wird. Dabei die I-Formen benutzen.

Grundschattierungen

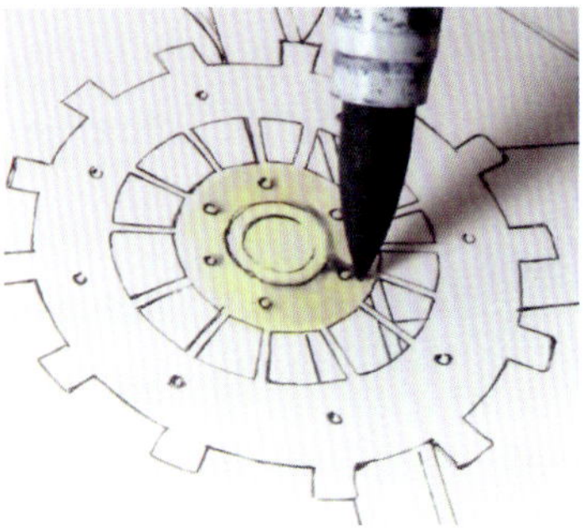

N6 Neutral Gray No.6 – Kräftige metallische Schattierungen werden eingezeichnet. Sie gehen nicht bis zum Rand.

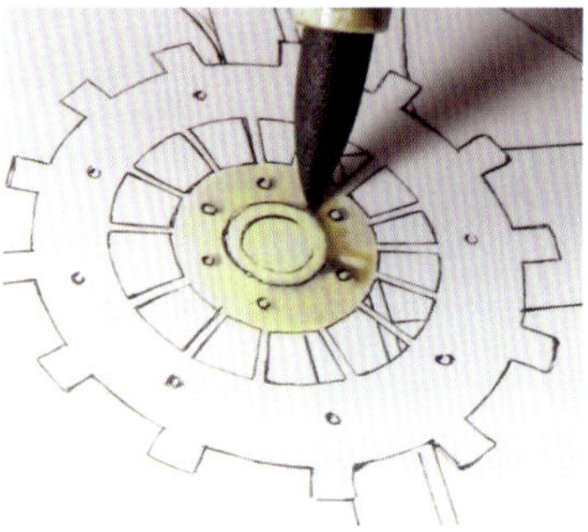

Y28 Lionet Gold – Die N6-Schattierungen werden mit Y28 verwaschen.

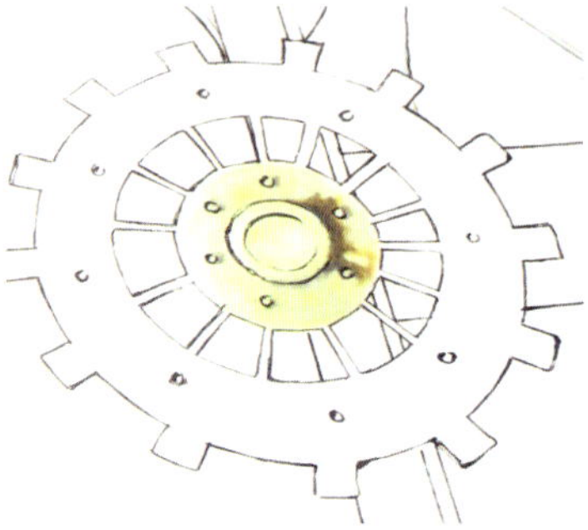

Y28 Lionet Gold – So soll das am Ende aussehen.

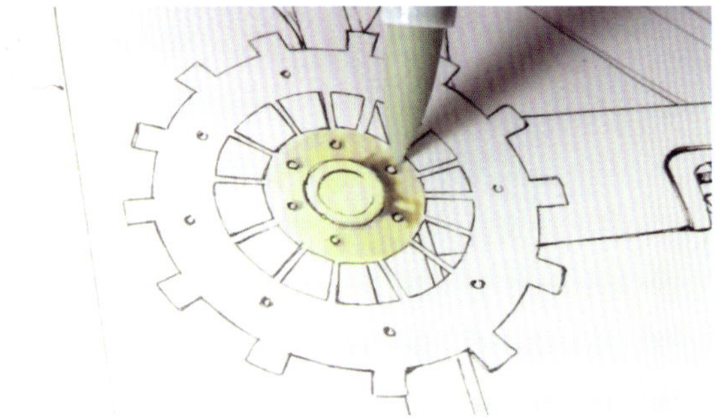

YG91 Putty – Die Schattierungsränder werden angepasst.

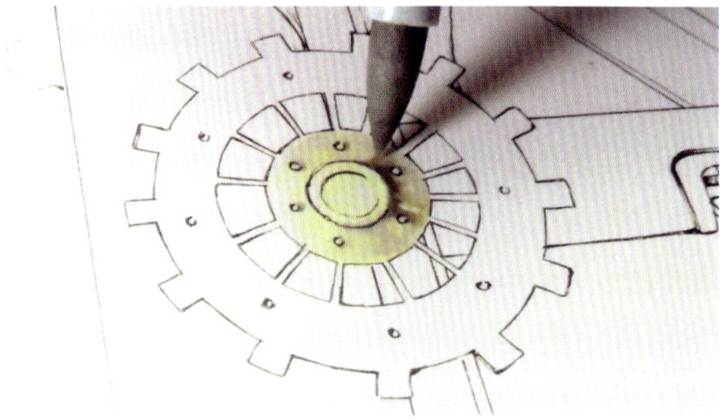

N3 Neutral Gray No.3 – Dann kommen helle Schattierungen.

Farbige Schattierungen hinzufügen

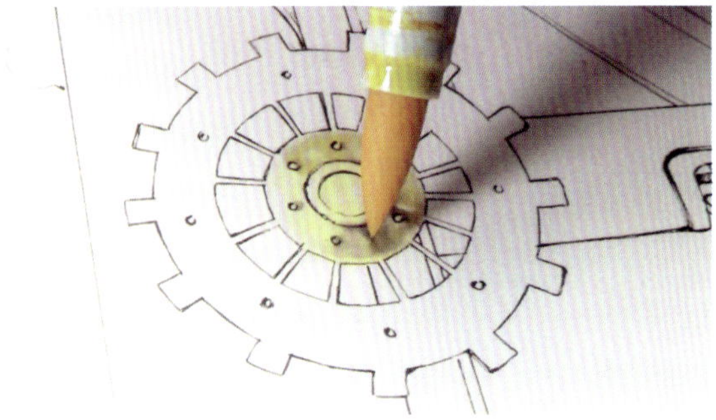

Y19 Napoli Yellow – Mit dem Gelb werden die Schattierungen übermalt.

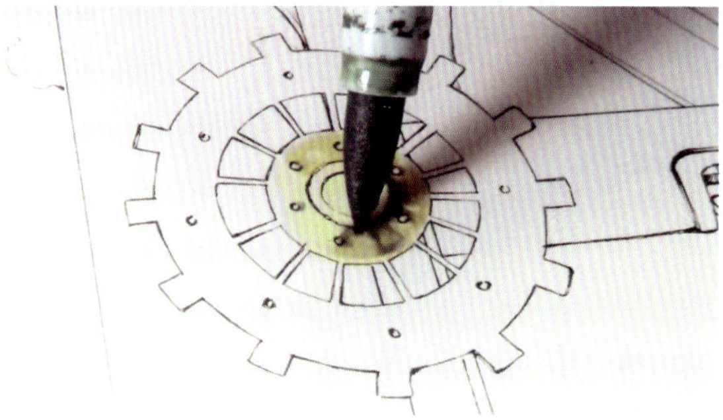

N6 Neutral Gray No.6 – I-förmige, kräftige Schattierungen einfügen.

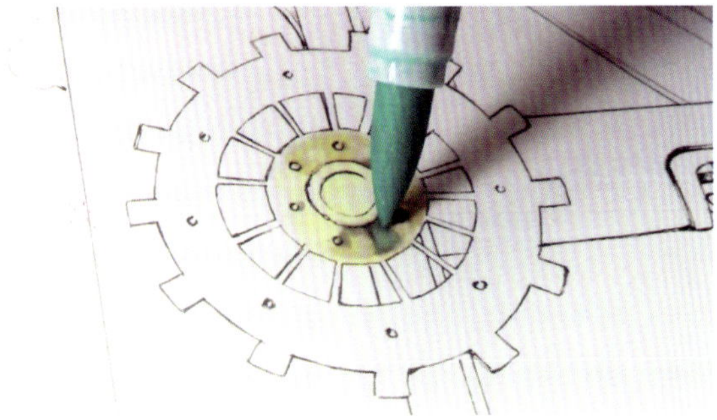

G12 Sea Green – Die Räume zwischen den Is werden mit grüner Farbe versehen.

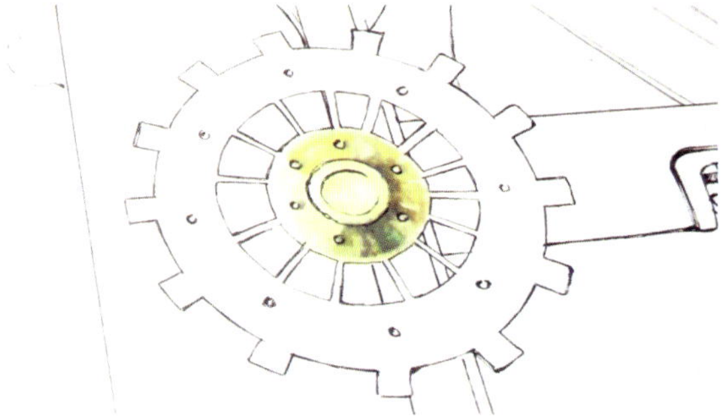

N6 Neutral Gray No.6 – So sieht es danach aus. Das Objekt bleibt flach, wenn man den Rand so lässt.

Metallische Teile verstärken

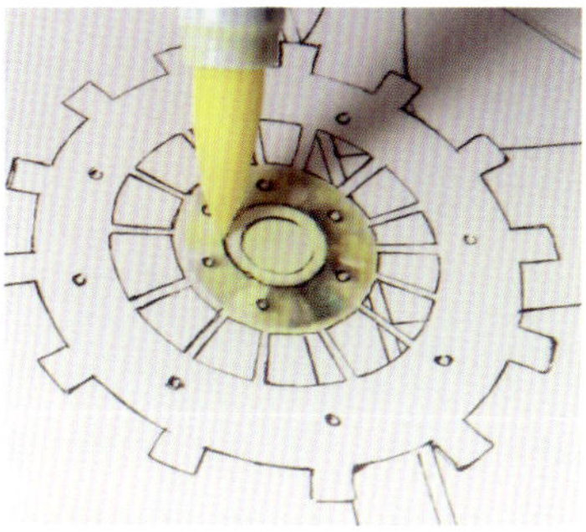

Y04 Acacia — Die Metallfläche mit den Highlights wird übermalt.

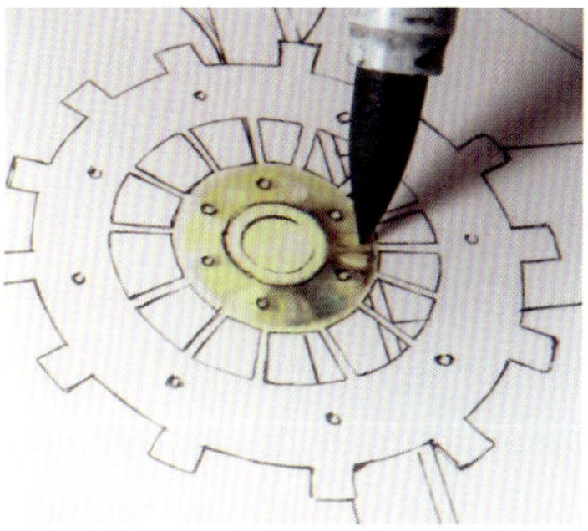

N6 Neutral Gray No.6 — Die dunkelsten Stellen bekommen die Farbe N6…

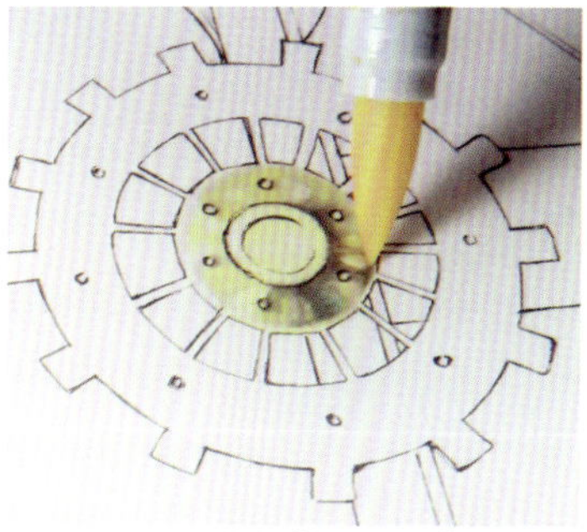

Y19 Napoli Yellow — … und darüber das kräftige Orange, um ein metallisches Gefühl zu erzeugen.

Beschaffenheit stärker herausarbeiten

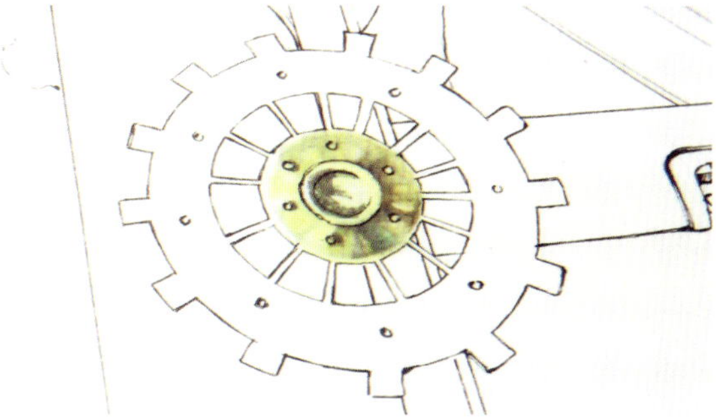

N6 Neutral Gray No.6 — N4 Neutral Gray No.4 — Nun wird die Achse schattiert. Schattierungen mit N6, dann mit N4 verwaschen.

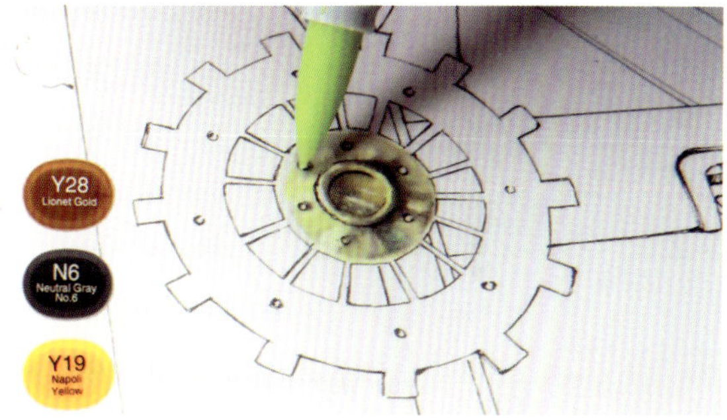

Y28 Lionet Gold — N6 Neutral Gray No.6 — Y19 Napoli Yellow — YG21 Anise — Durch wiederholten Einsatz von Y28, N6 und Y19 werden die Details verfeinert. Im Anschluss kommen die hellen Stellen mit YG21.

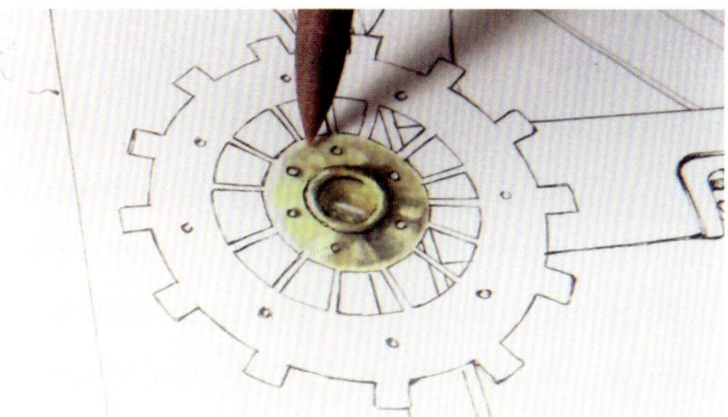

Y28 Lionet Gold — Über die Schattierungen kommt eine weitere Farbe.

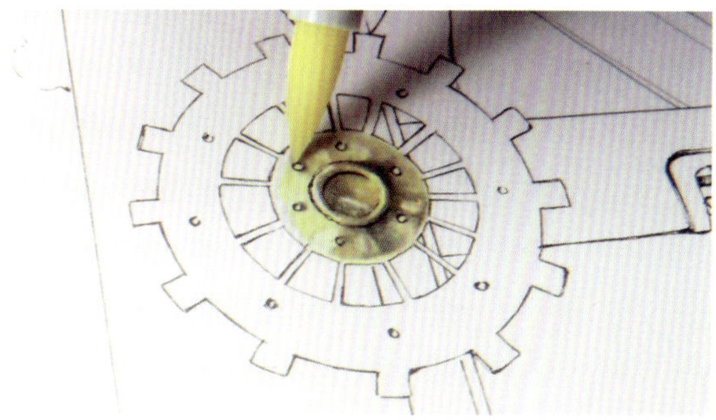

Y04 Acacia — Die gelbe Farbe wird an stark beleuchteten Stellen ergänzt.

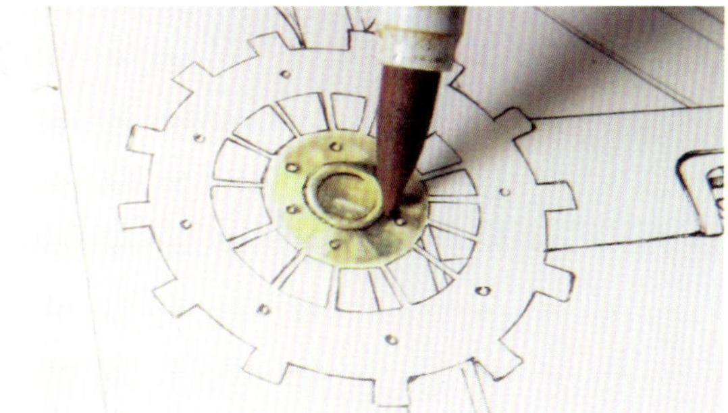

Y28 Lionet Gold — Erneut Y28 auf die Schattierungen.

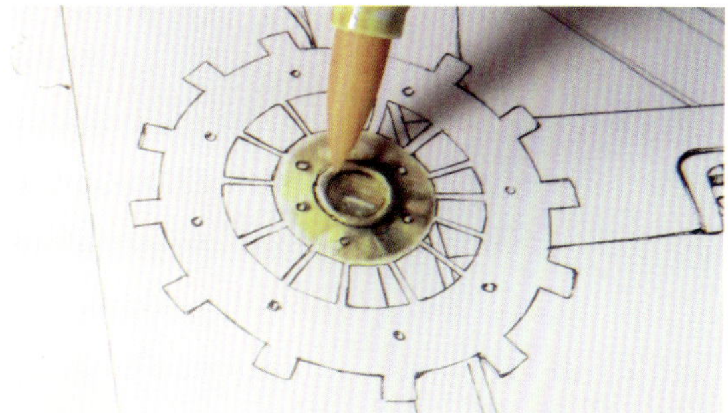

Y19 Napoli Yellow — Die Stellen mit normaler Helligkeit bekommen mit Y19 einen weiteren Farbton. Nun ist die innere Scheibe fertig.

Basis der äußeren Fläche

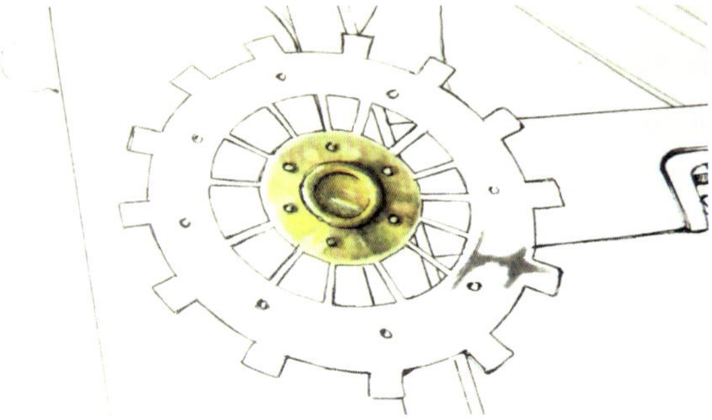

N6 Neutral Gray No.6 Wie gehabt I-förmige Grundschattierung setzen.

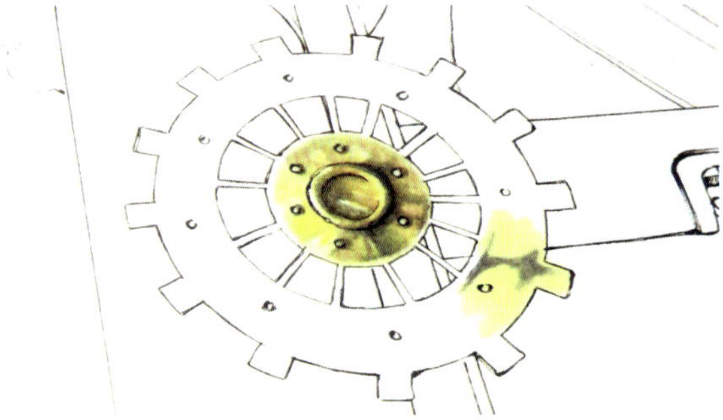

Y04 Acacia Mit gelber Farbe wird sie verwaschen.

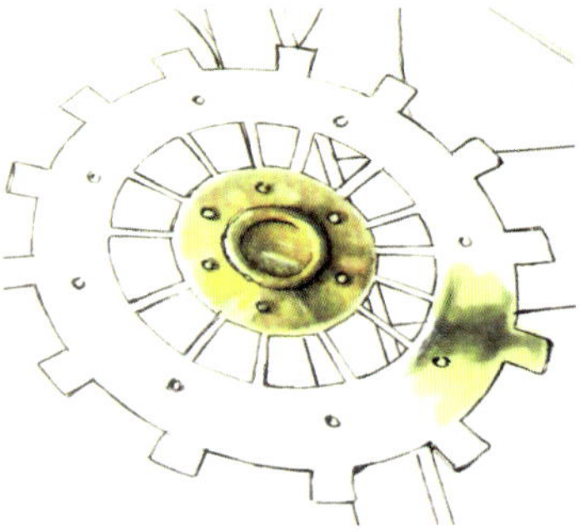

N6 Neutral Gray No.6 Dann wird die Schattierung gestreckt.

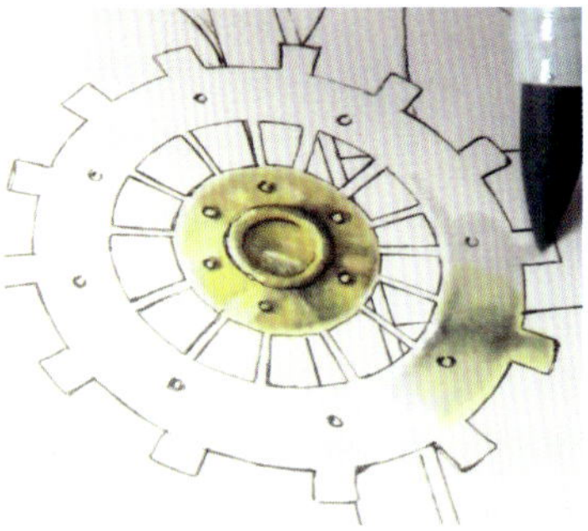

N4 Neutral Gray No.4 Weiter mit der helleren Farbe. Die Stellen mit Highlights werden ausgelassen.

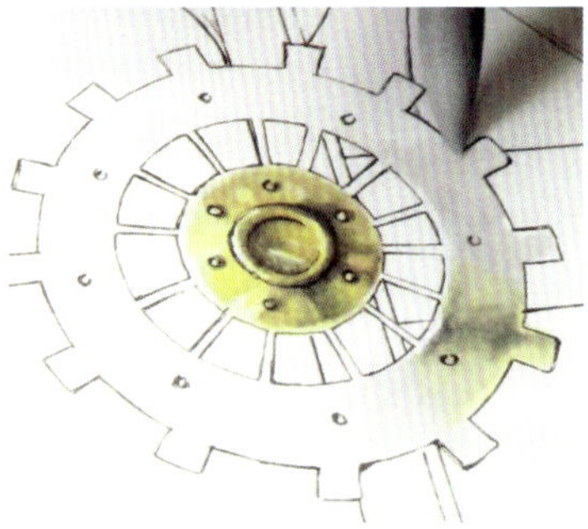

N3 Neutral Gray No.3 Im Anschluss wird noch weiter gestreckt.

Metallfarbe

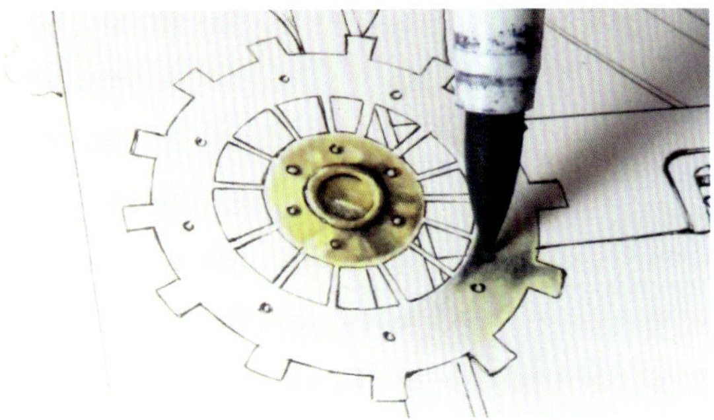

N6 Neutral Gray No.6 Auf ähnliche Art werden die Details koloriert

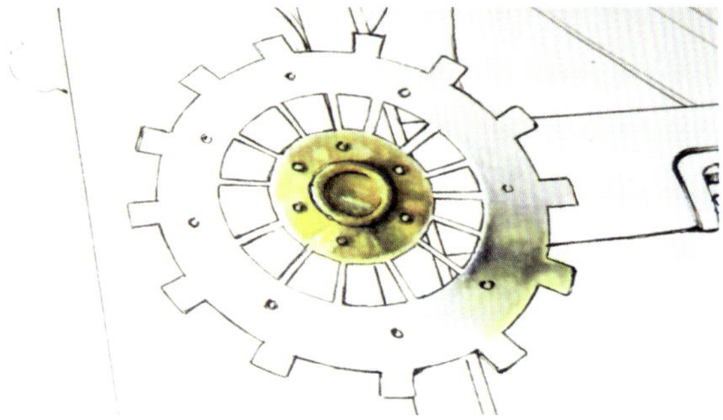

Wenn die Schattierungen so sind…

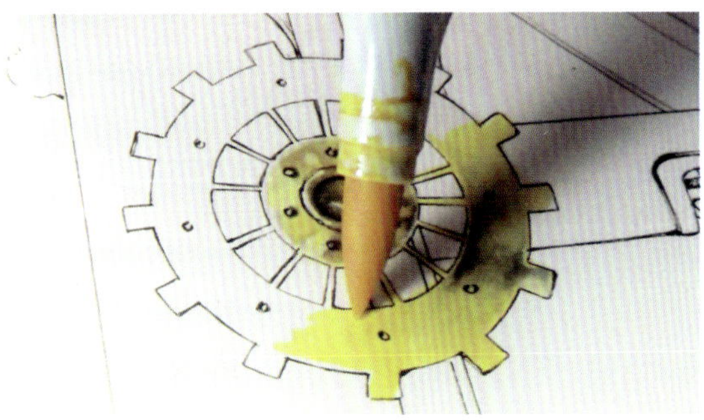

Y19 Napoli Yellow … kommt die Grundfarbe.

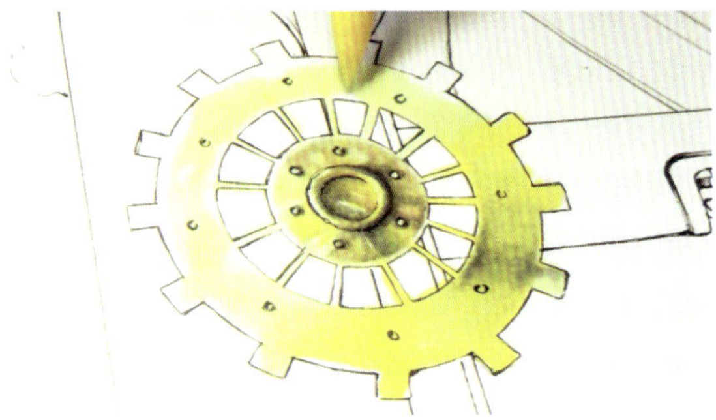

Y04 Acacia Darüber die Farbe für die helle Fläche.

Metallteile

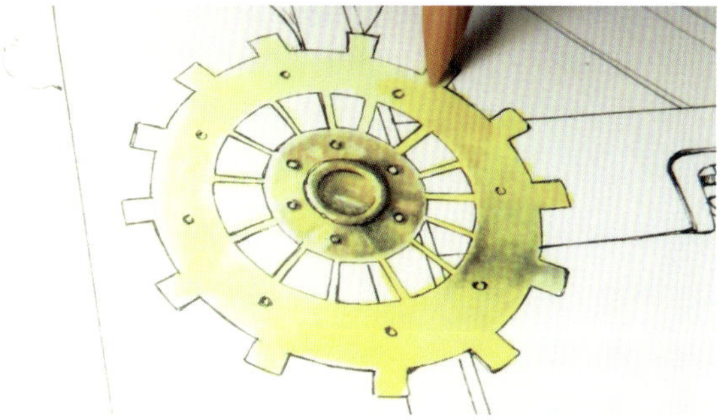

Y19 Napoli Yellow — Denkt an die Form und setzt eine dunklere Farbe ein.

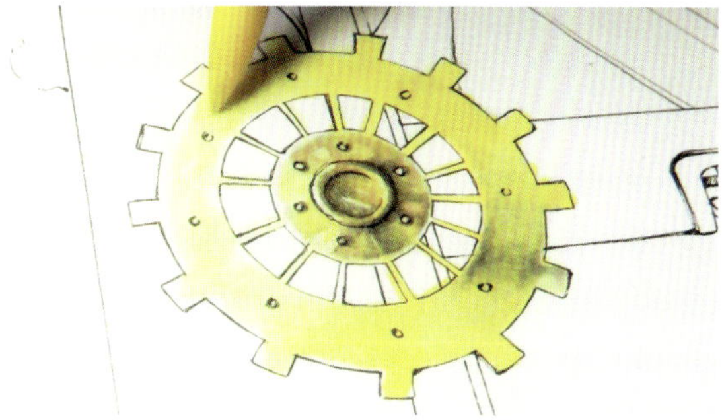

Y04 Acacia — Zur Feinabstimmung wird die helle Fläche übermalt.

Umgebungslicht

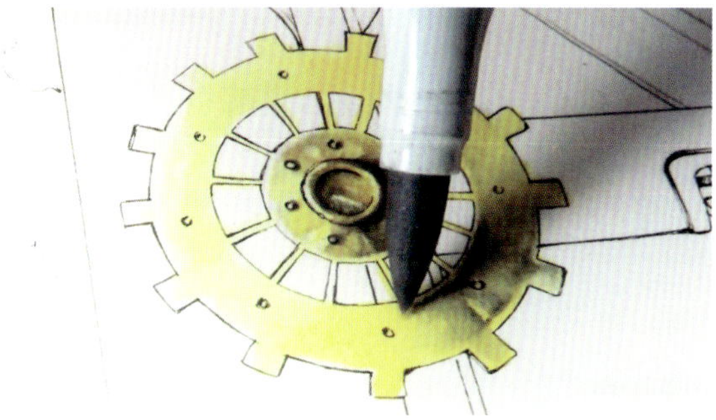

Y28 Lionet Gold, N6 Neutral Gray No.6, N4 Neutral Gray No.4 — Y28 ist die Basis der dunkelsten Stelle, sie wird mit N6 und N4 verwaschen.

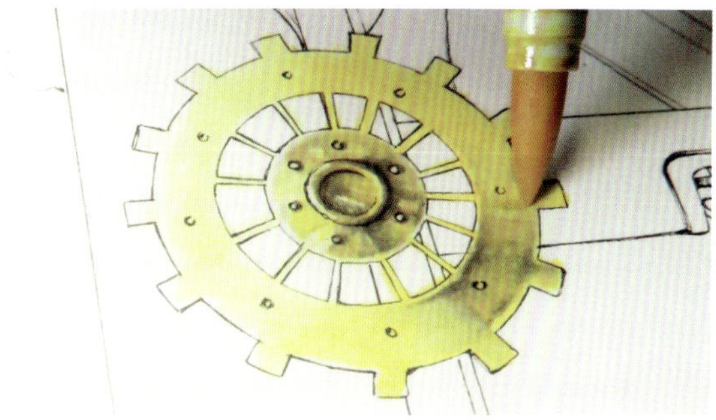

Y19 Napoli Yellow — Dunkle Schattierungen und angrenzende Stellen bekommen mit Y19 eine kräftige Farbe.

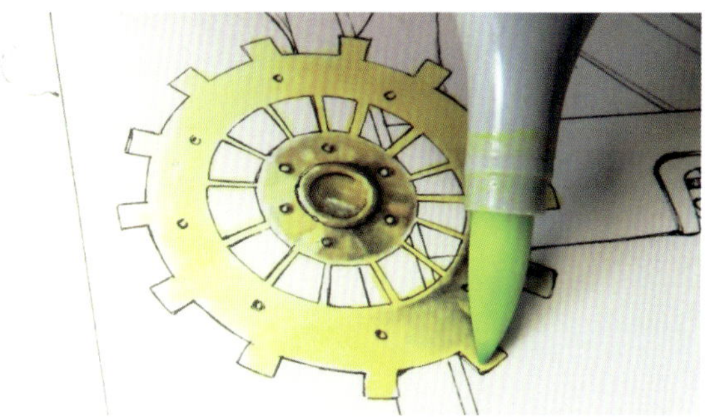

YG21 Anise — Mit Rücksicht auf das blaue Umgebungslicht wird hier Grün eingesetzt.

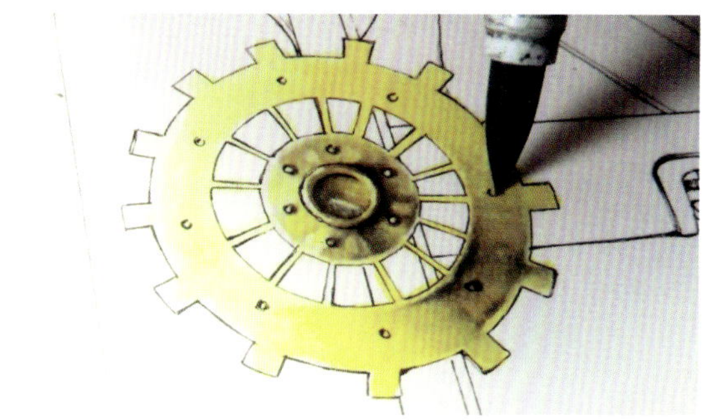

N6 Neutral Gray No.6 — Die Schattierungen um die Schrauben werden verstärkt.

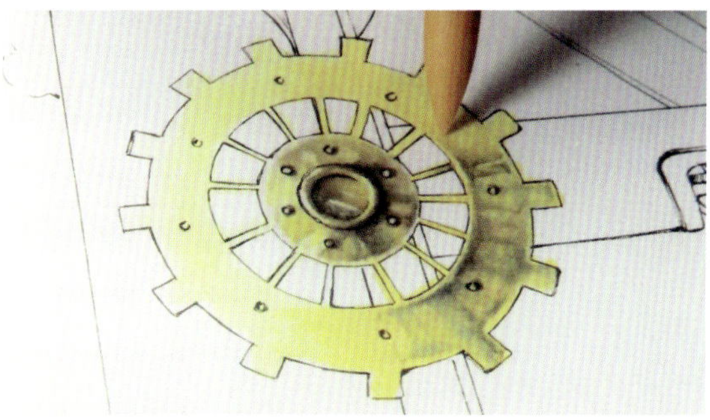

Y28 Lionet Gold, N6 Neutral Gray No.6, N4 Neutral Gray No.4 — Diese Vorgänge werden wiederholt, um die Details herauszuarbeiten.

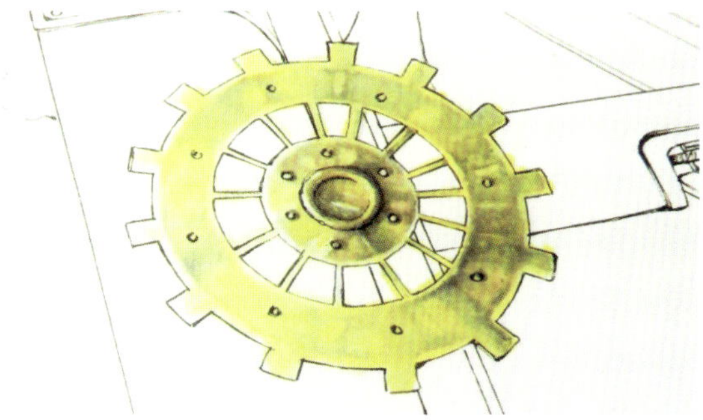

Das Ganze bekommt Schattierungen mit dem N-Typ. Darüber wird eine grüngelbe Abstufung erstellt.

Steinpodest

Das Podest, auf dem die Waage steht. Die Farben werden mit unzähligen Punkten gesetzt.

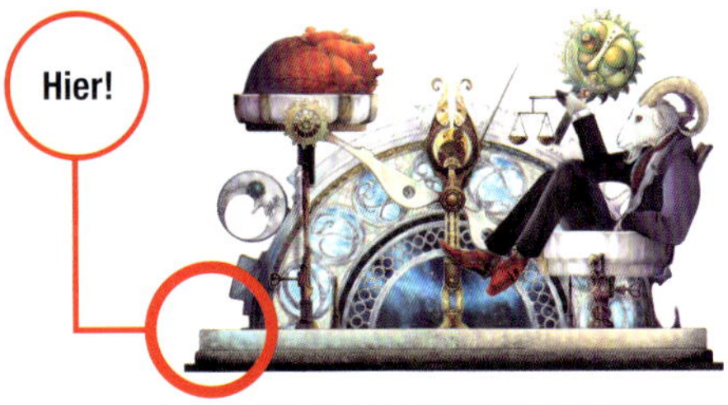

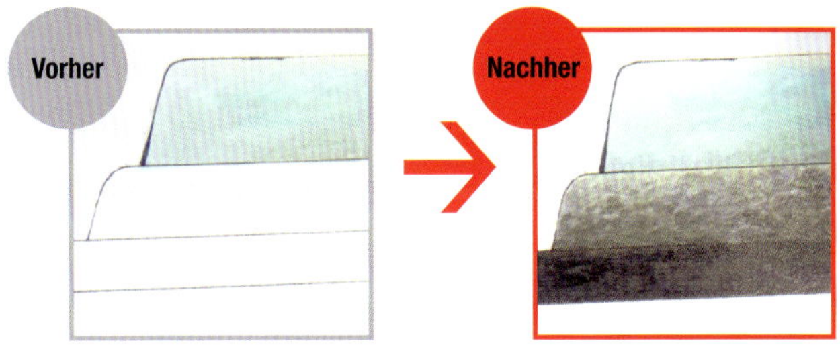

Raue Steine

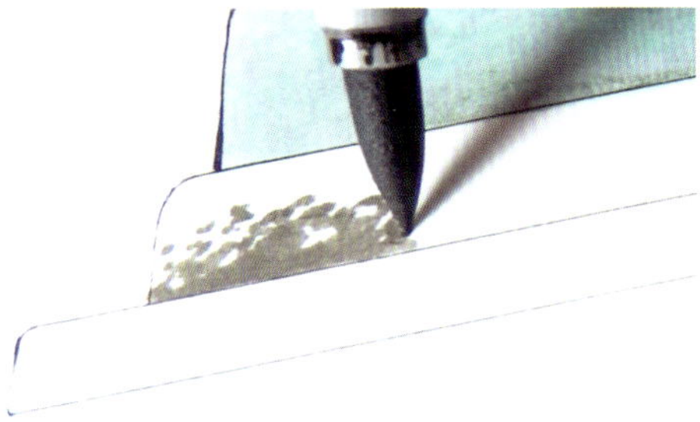

W6 Warm Gray No.6 – Benutzt die Pinselspitze und malt viele Punkte.

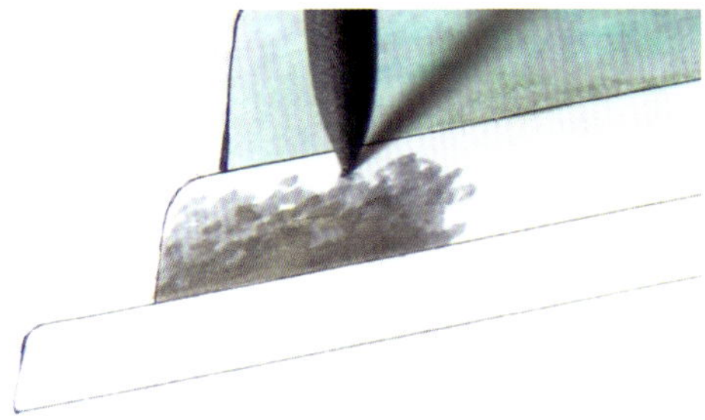

C4 Cool Gray No.4 – Wenn die erste Farbe trocken ist, macht ihr mit der nächsten Farbe weiter. Achtet darauf, dass ihr nicht auf die Highlights malt.

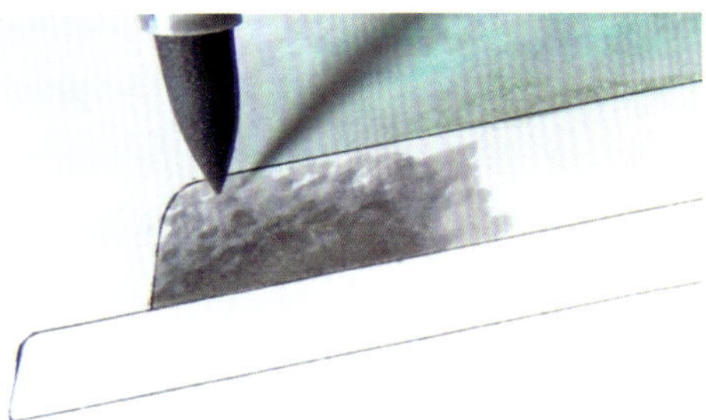

YG95 Pale Olive – Auf dieselbe Weise kommt die nächste Farbe.

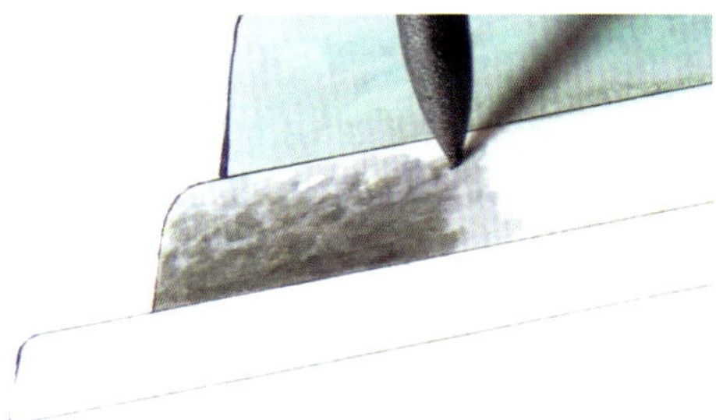

BV20 Dull Lavender – Und noch einmal.

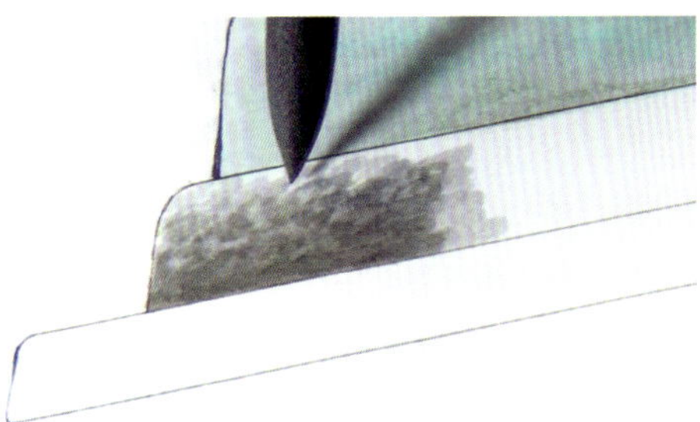

YG91 Putty – Es geht weiter.

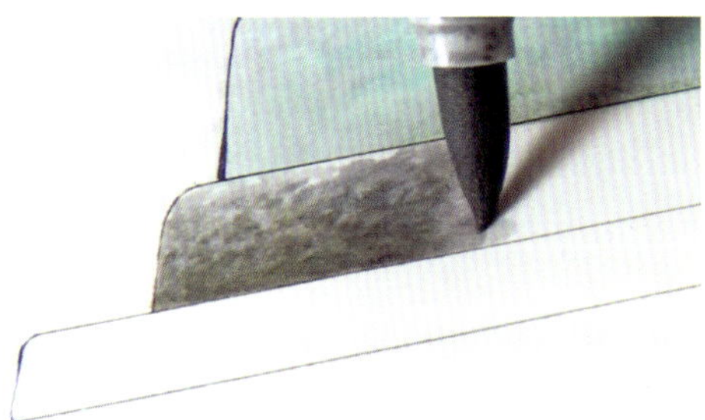

BV20 Dull Lavender – Das wird wiederholt. Mit kräftigen Farben werden viele Punkte gesetzt. Dann werden weitere Farben hinzugefügt. Wenn die Farben dadurch verschwimmen, wirkt die Oberfläche rau.

Schwarz glänzender Stein

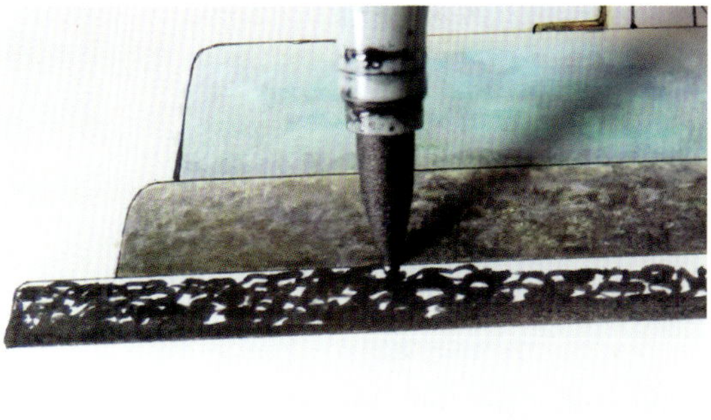

T10 Toner Gray No.10 Zunächst wird die raue Fläche koloriert. Der Pinsel wird beim Punktezeichnen etwas zur Seite gezogen.

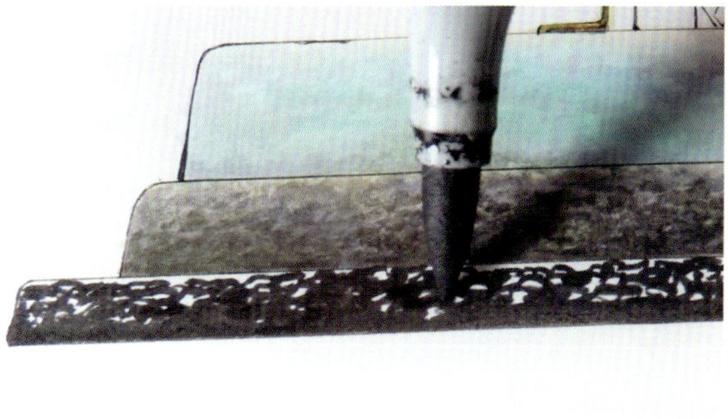

W8 Warm Gray No.8 W7 Warm Gray No.7 Darauf kommen weitere Farben, als wolltet ihr T10 verwaschen.

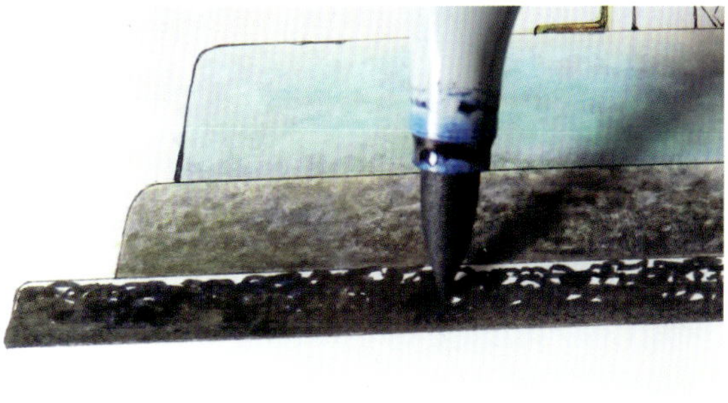

B26 Cobalt Blue Mit dem Blau weitermachen.

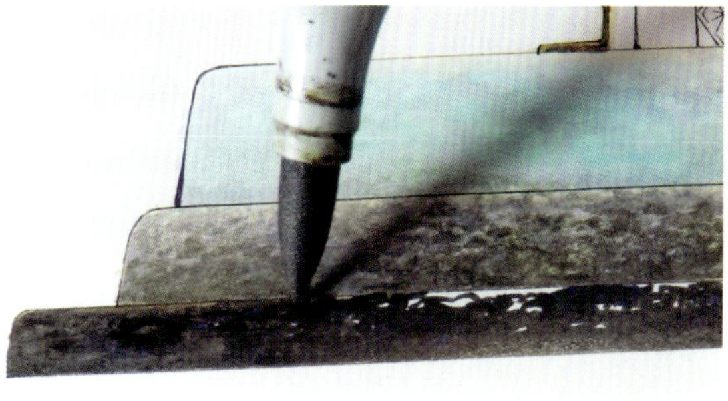

YG95 Pale Olive Dunkleres Gelbgrün auftragen, damit das Blau leuchtet.

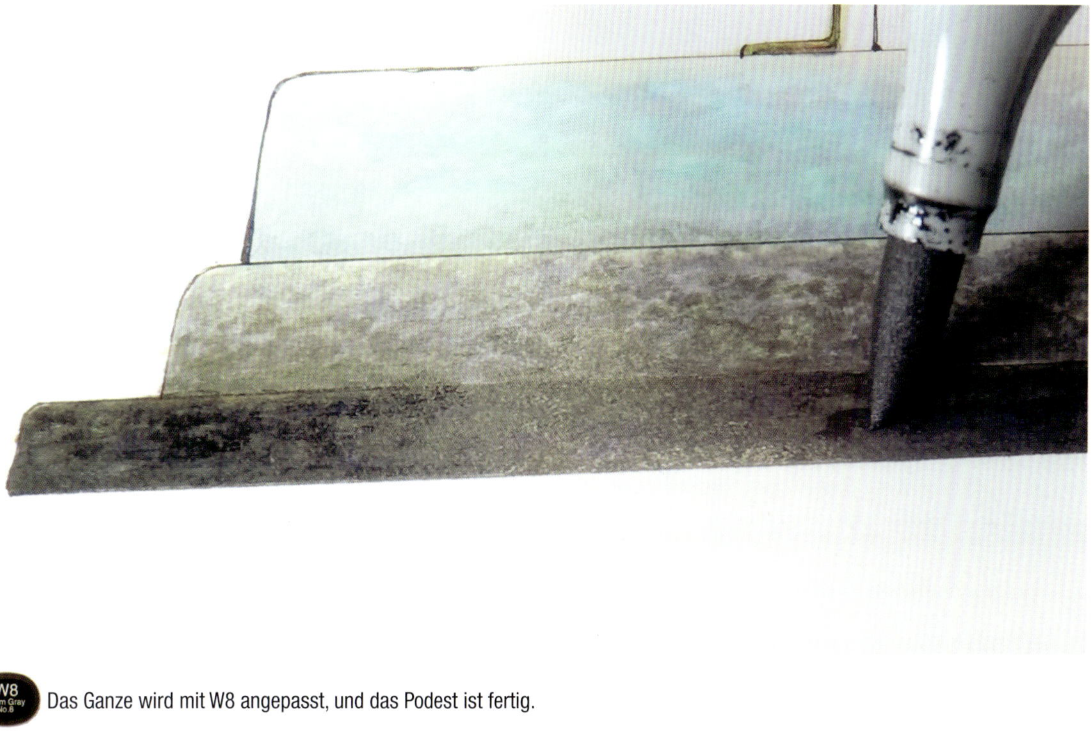

W8 Warm Gray No.8 Das Ganze wird mit W8 angepasst, und das Podest ist fertig.

Platin-Verzierungen

Verzierungen an der Waage. Das Material ist Platin und das Motiv angelehnt an frühere Zahlen.

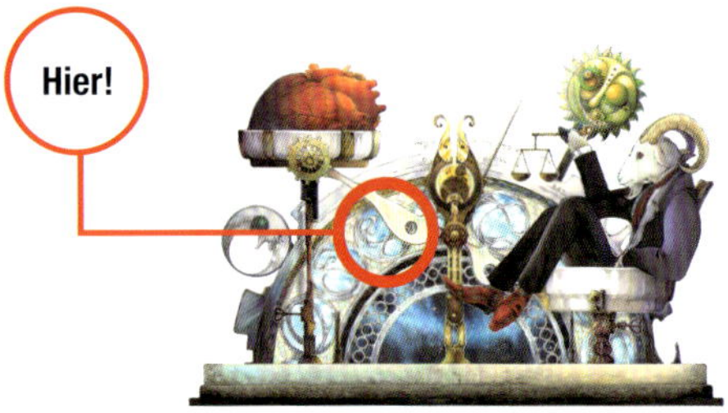

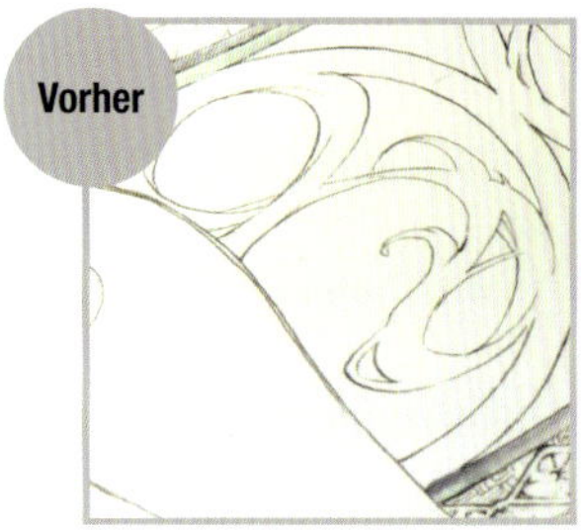

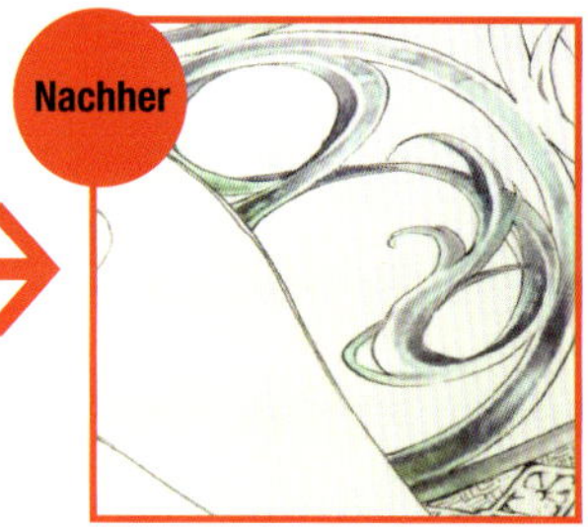

Mit den Details starten

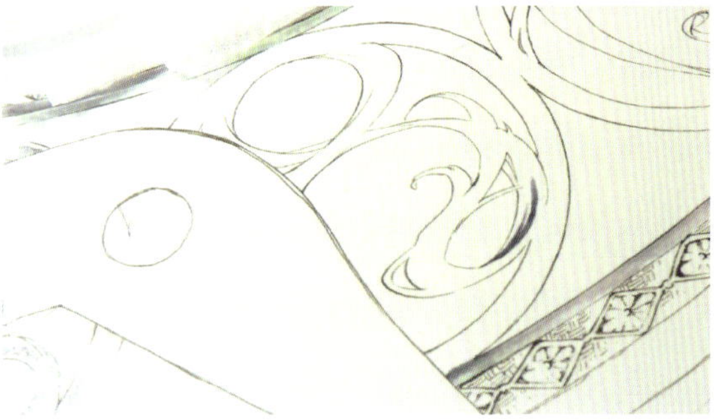

B23 Phthalo Blue — Zunächst beginnt ihr mit den dunklen Schattierungen.

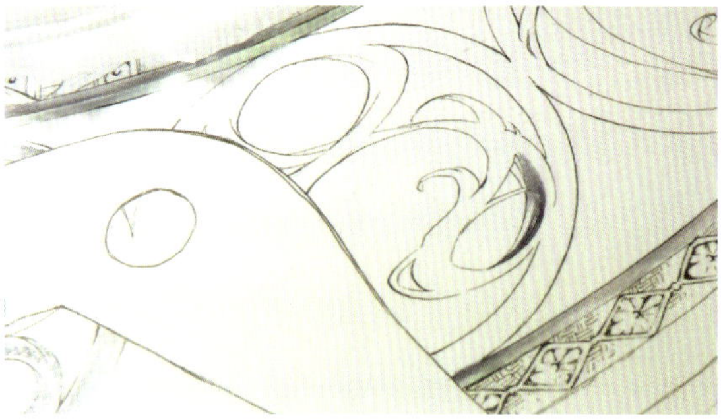

BV20 Dull Lavender — Darüber kommen helle Schattierungen. Diese Farbe wird dann angepasst.

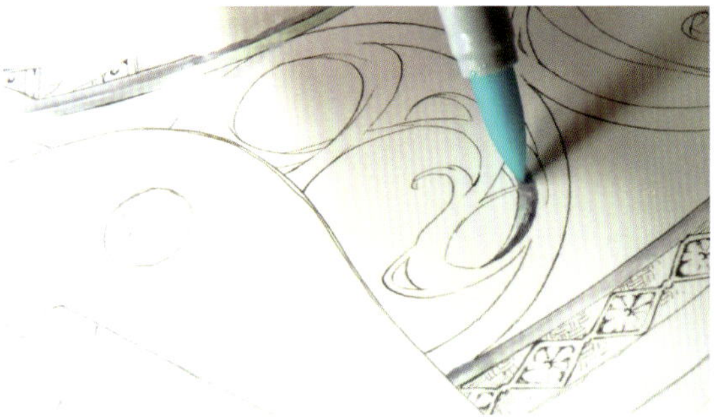

BG000 Pale Aqua — Mit BG000 werden die Schattierungen verwaschen.

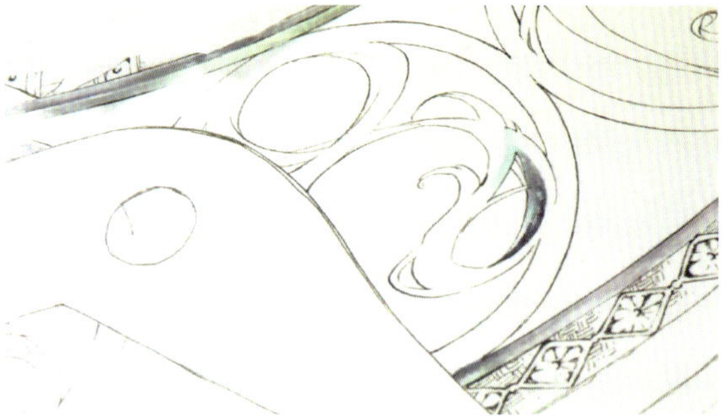

BG000 Pale Aqua — Jetzt koloriert ihr die Grenze zwischen Licht und Schatten.

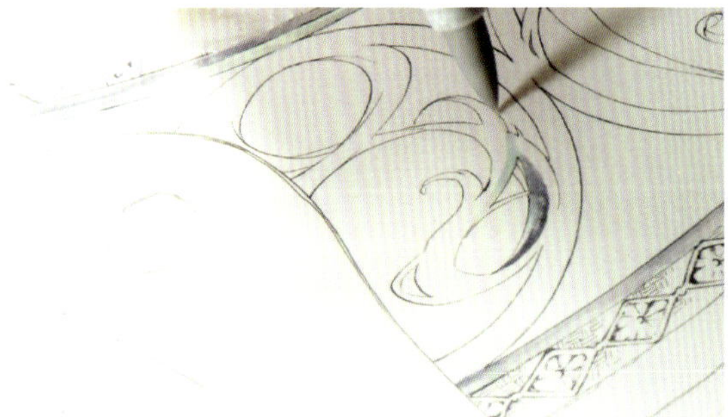

T2 Toner Gray No.2 — Mit dem Grau wird Plastizität vermittelt.

Schattierungen an feinen Stellen

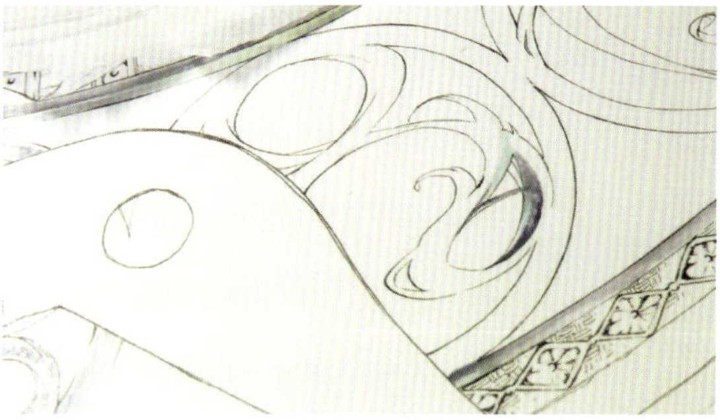

BV23 Grayish Lavender — Nur mit der Pinselspitze zeichnet ihr die schmalen Schattierungen ein.

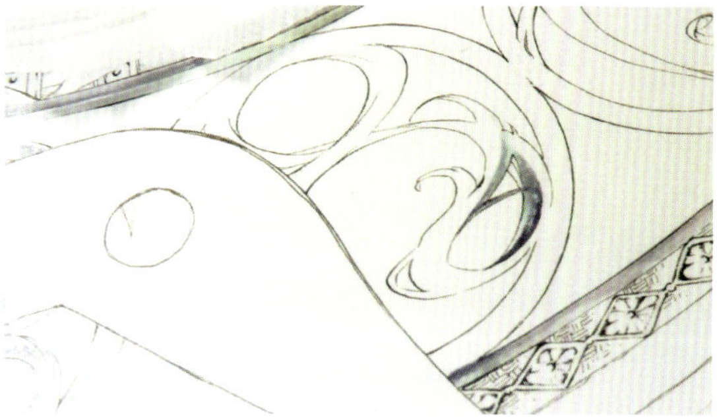

BV20 Dull Lavender — Darauf kommt diese Farbe, um die Farben anzupassen.

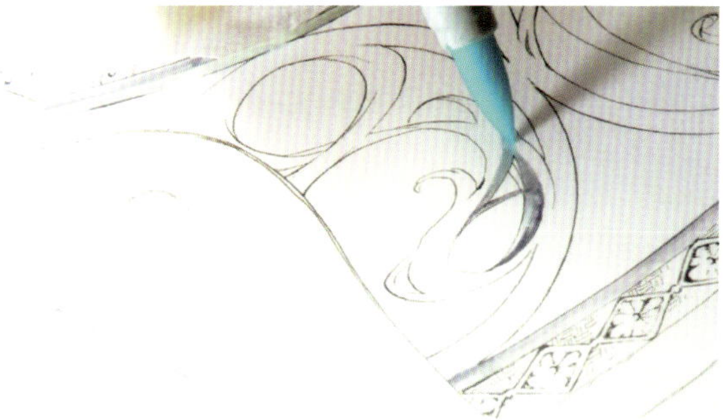

BG000 Pale Aqua — Darüber kommt die nächste Farbe.

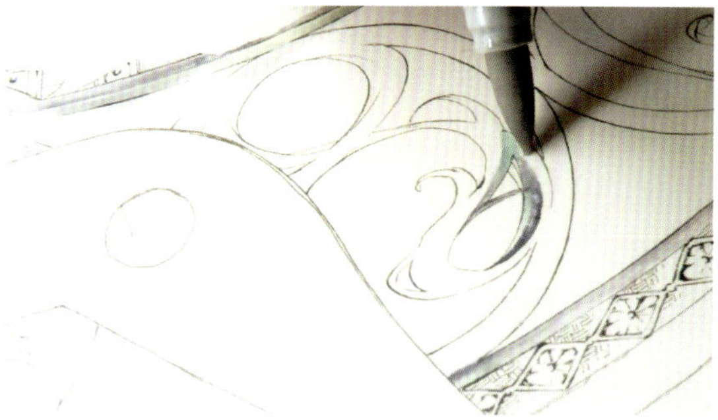

T2 Toner Gray No.2 — An der Grenze zur Lichtfläche das Grau.

Finalisieren

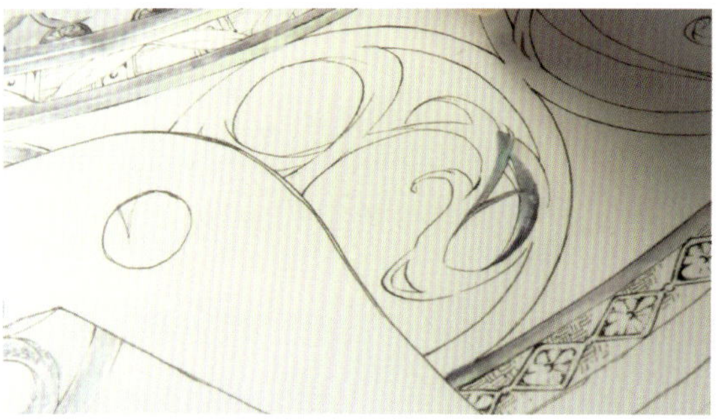

BV23 Grayish Lavender — An den Schattierungen wird eine weitere Farbe fein hinzugefügt.

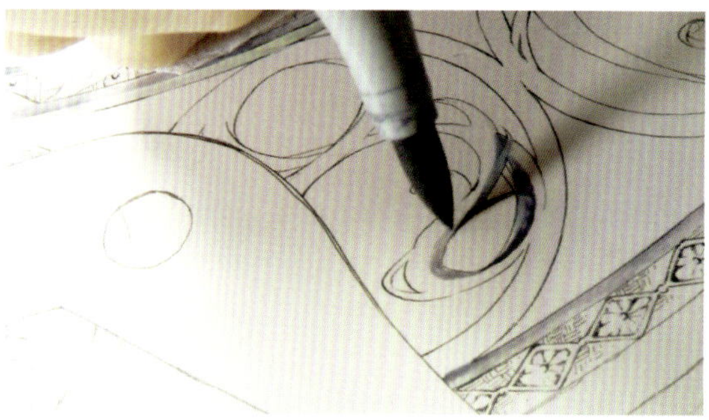

BV20 Dull Lavender — Die feinste Stelle ist damit fertig. Nun geht es weiter zu den Schattierungen an der größeren Fläche.

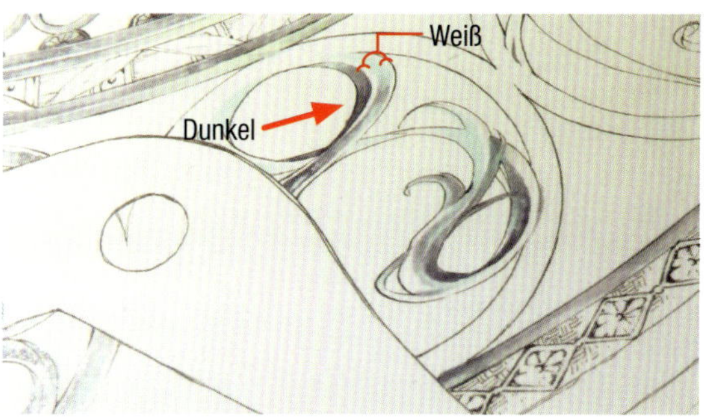

BG000 Pale Aqua — Auf die Ränder fällt Licht, daher bleiben sie weiß. Daneben kommt die kräftigste Farbe.

Außenrand

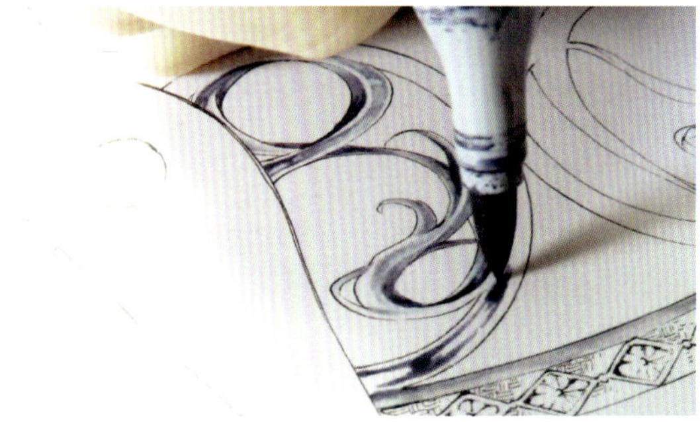

BV23 Grayish Lavender Mit der dunkelsten Farbe die äußeren Schattierungen zeichnen.

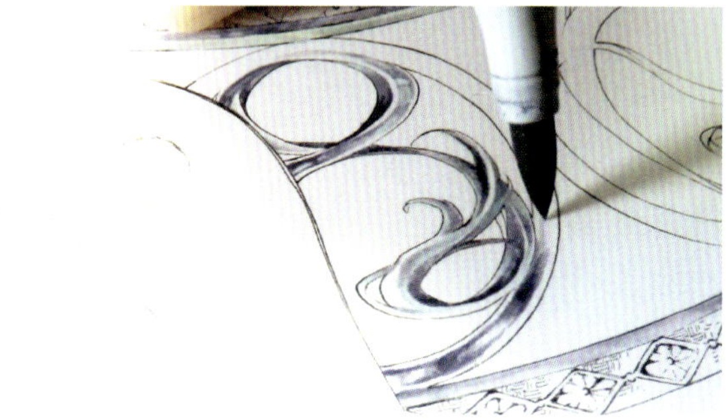

BV20 Dull Lavender Sie werden verwaschen.

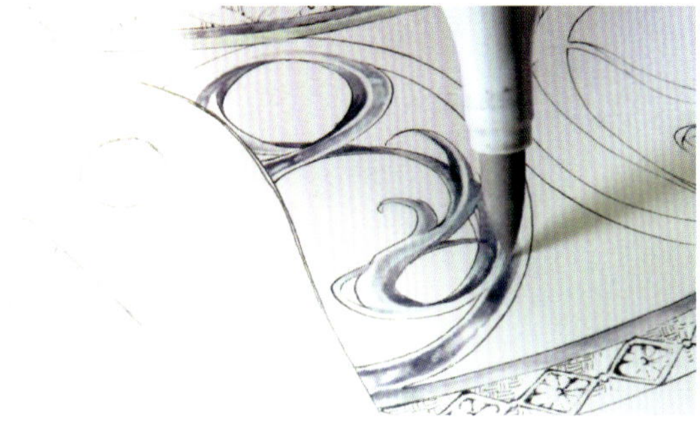

T2 Toner Gray No.2 T1 Toner Gray No.1 Noch mehr.

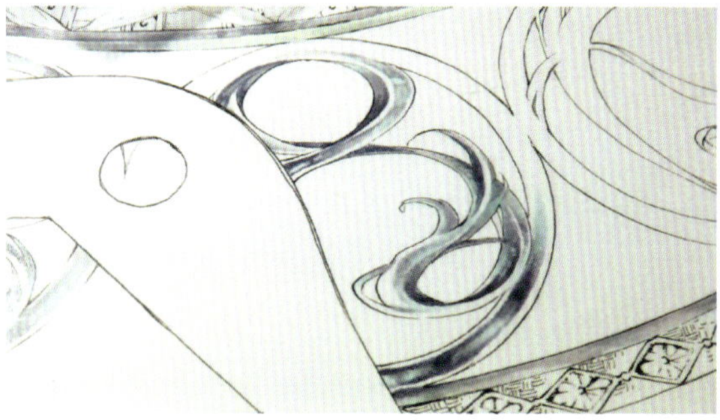

BG000 Pale Aqua Dann werden sie über die gesamte Fläche gestreckt.

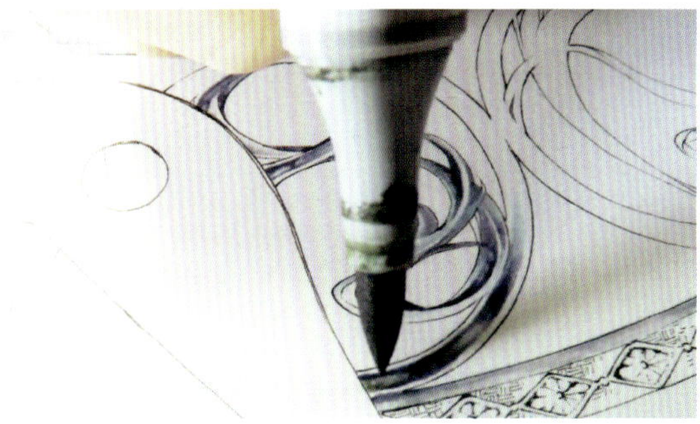

BG93 Green Gray Weitere Schattierungen kommen hinzu, die den Unterschied zum Metallteil der Waage vermitteln.

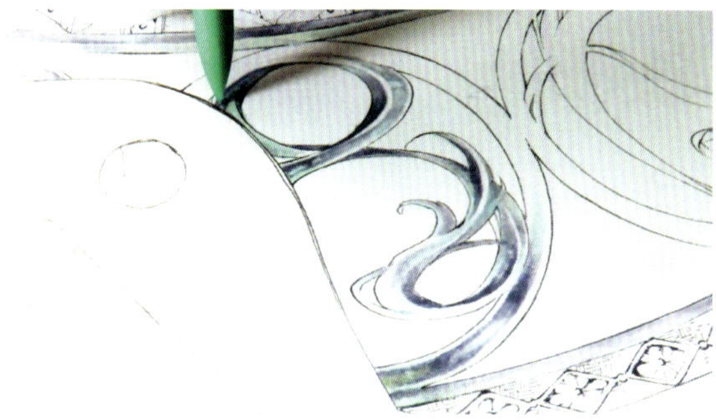

G000 Pale Green Nur auf den Schattierungen wird die Farbe übermalt.

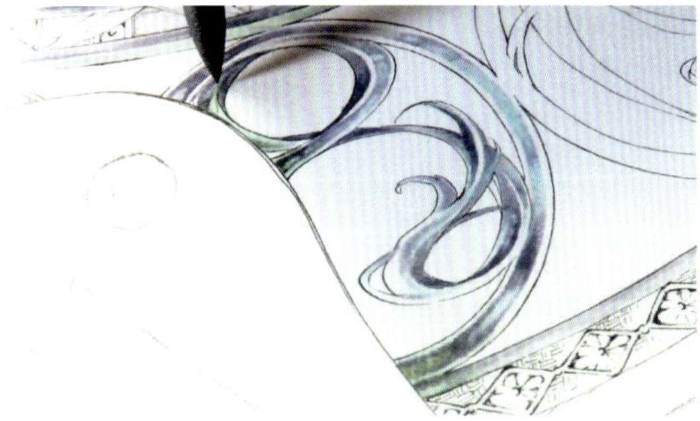

BV23 Grayish Lavender Die Schattierungen werden angepasst…

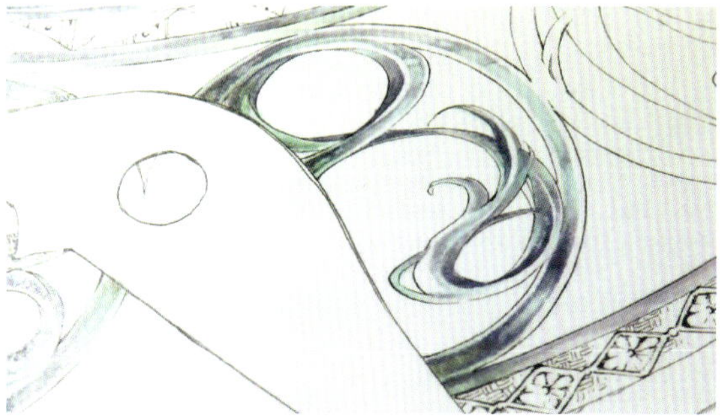

… und fertig.

Blauer Himmel

Hinter den Platin-Verzierungen ist der helle blaue Himmel zu sehen. Zeichnet auch Wolken in ihn hinein.

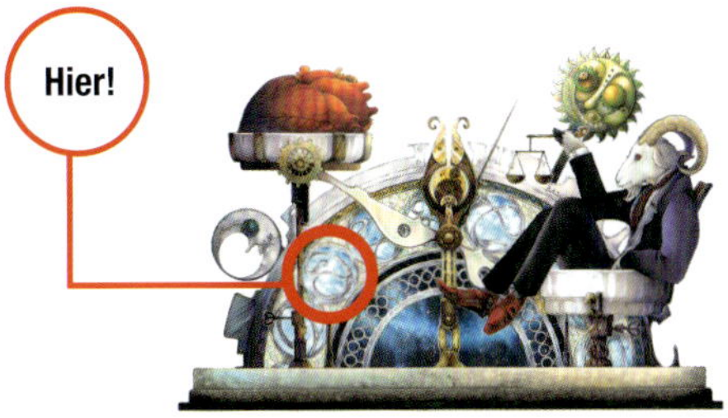

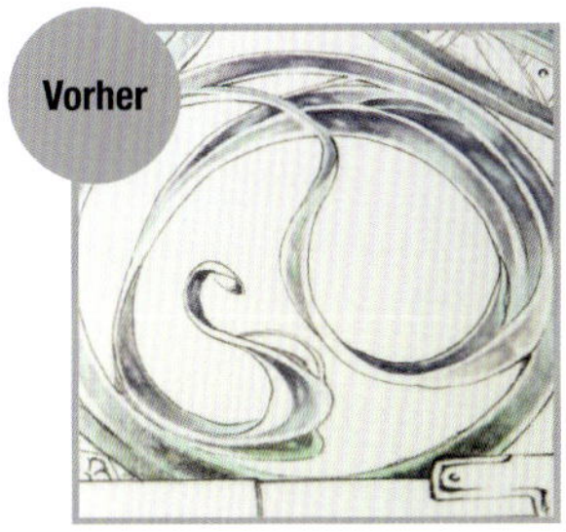

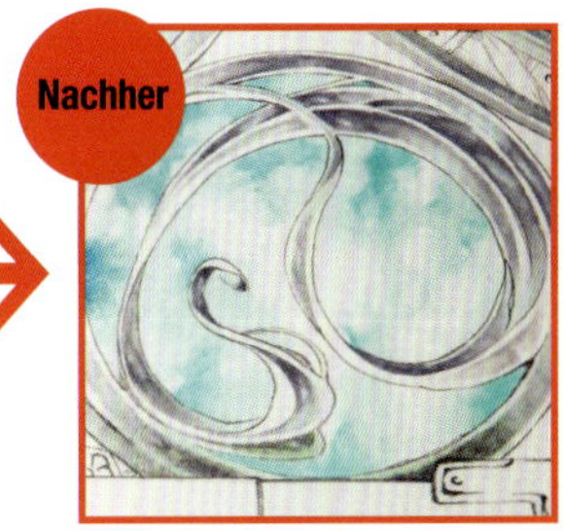

Aus Schattierungen entstehen Wolken

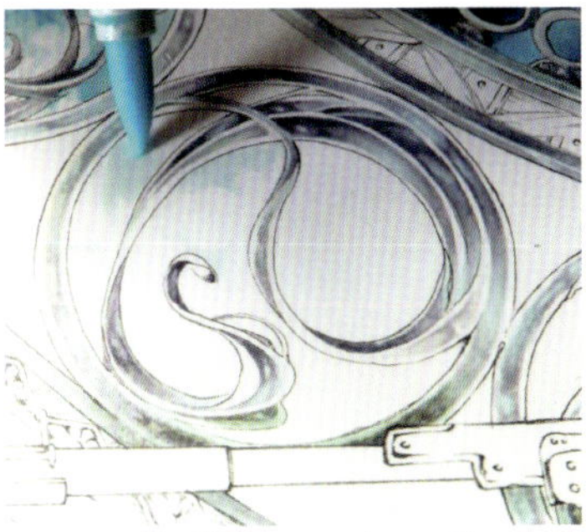

B00 Frost Blue — Die Wolken werden weiß gelassen, wenn ihr den Himmel zeichnet.

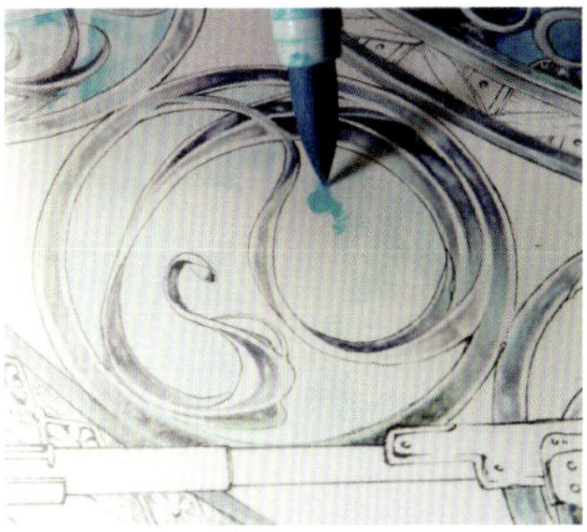

FBG2 Fluorescent Dull B.G. — Mit dunkler Farbe werden Schattierungen in den Wolken dargestellt.

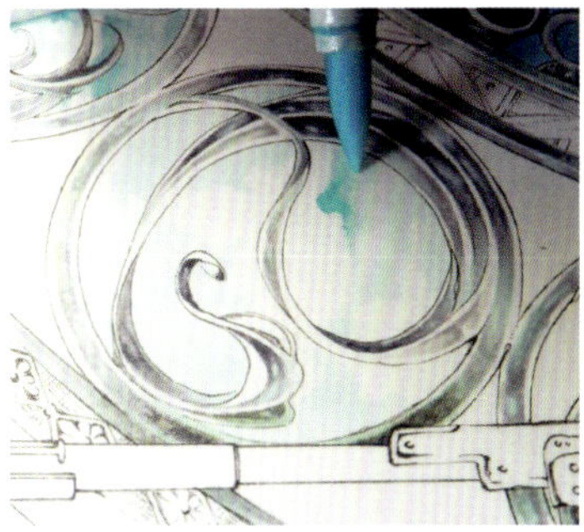

B00 Frost Blue — Das Ganze wird verwaschen und angepasst.

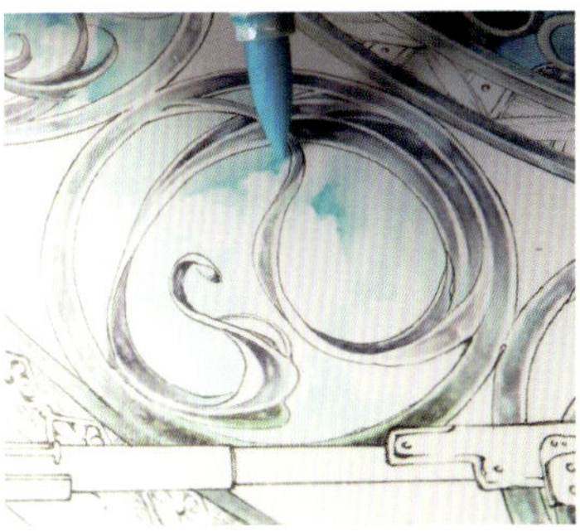

FBG2 Fluorescent Dull B.G. — B00 Frost Blue — Derselbe Vorgang an einer anderen Stelle.

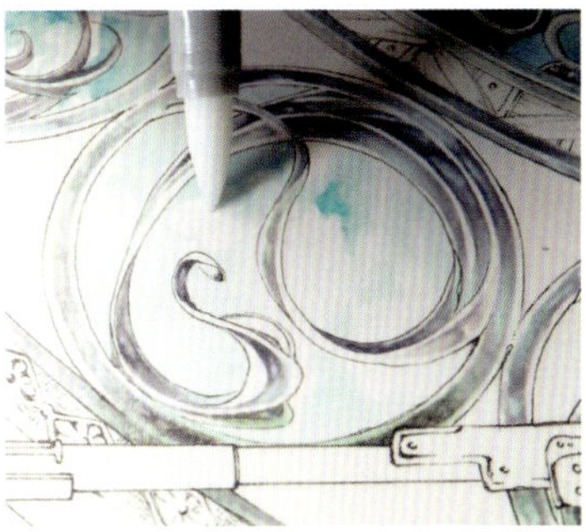

0 Colorless Blender — Die dunklen Stellen werden verwaschen.

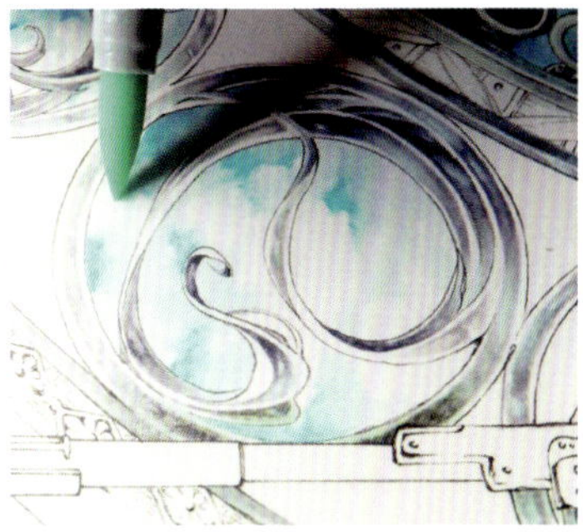

G000 Pale Green — Grün hinzufügen, um Licht darzustellen.

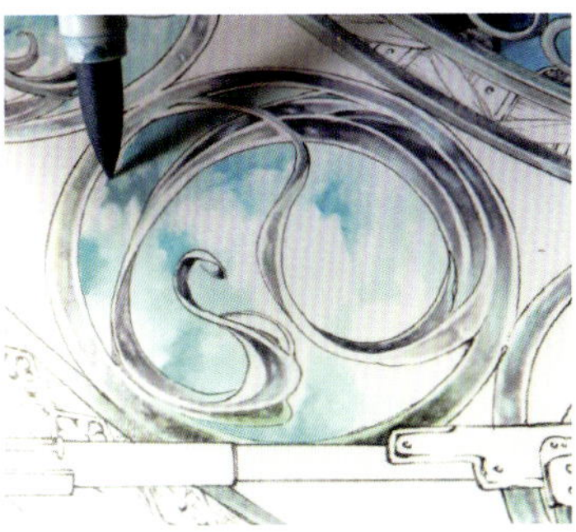

FBG2 Fluorescent Dull B.G. — Dann bekommen die Schattierungen eine kräftige Farbe.

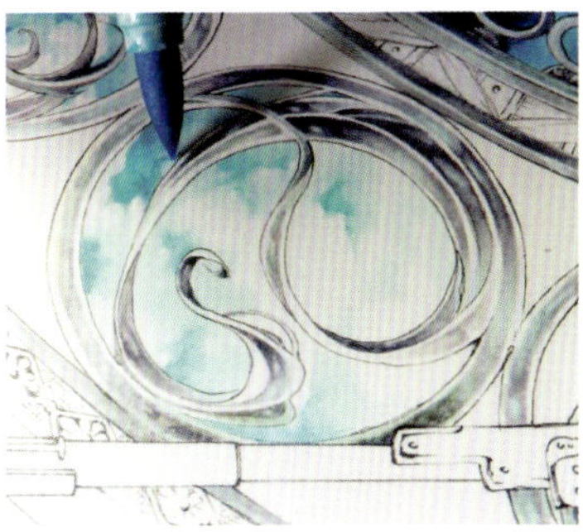

FBG2 Fluorescent Dull B.G. — Sie wird noch mal aufgetragen.

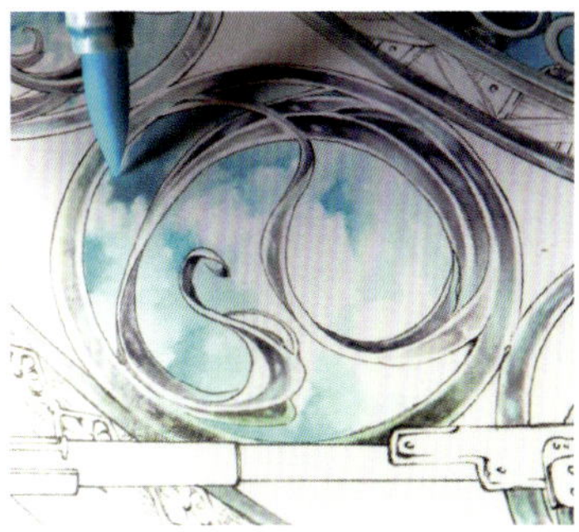

B00 Frost Blue — Die Schattierungen werden angepasst, und der Himmel ist fertig.

Nachthimmel

Hinter den Platin-Verzierungen unterhalb der Waage zeigt sich der Nachthimmel. Er wird mit vielen Punkten gemalt.

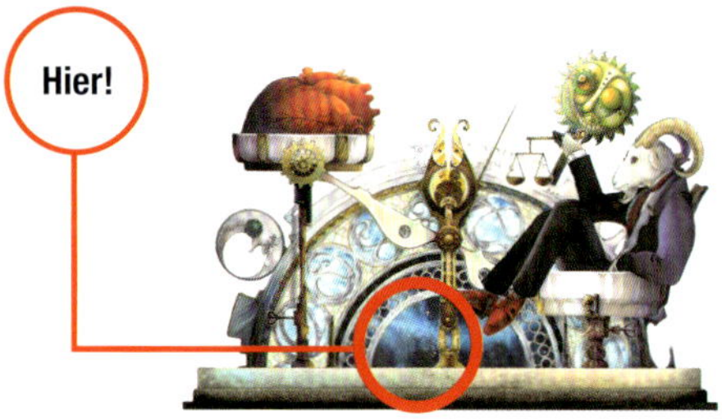

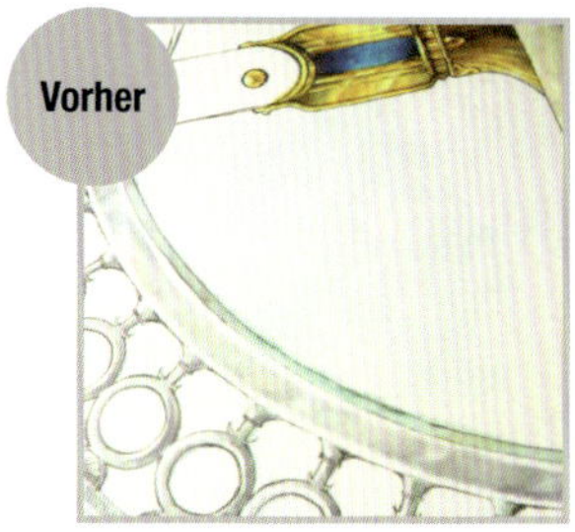

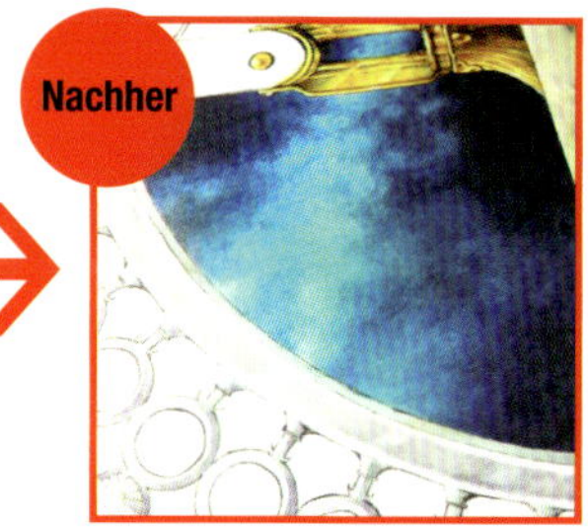

Grundkoloration

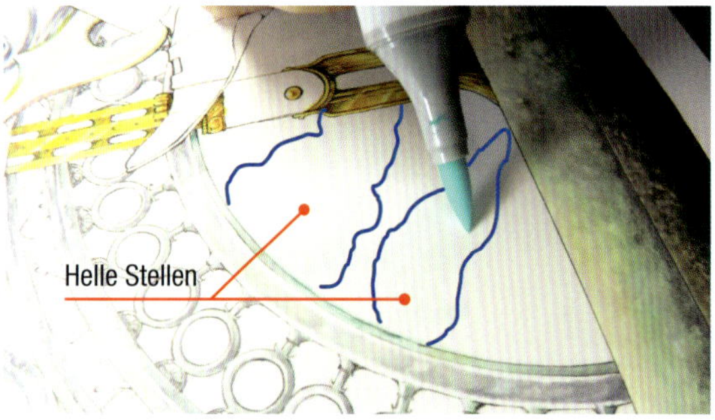

B000 Pale Porcelain Blue — Zunächst kommt die Grundierung. Überlegt vorher, wo es hell und wo dunkel sein soll.

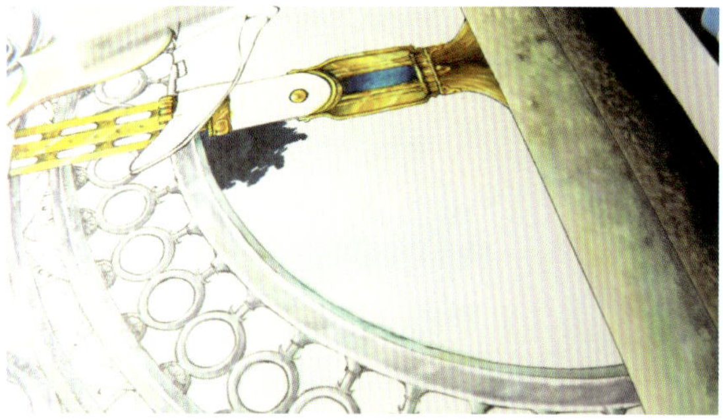

B99 Agate, B95 Light Grayish Cobalt — Ihr beginnt mit den dunklen Farben. An den Rand kommt B99, dann wird die Farbe mit B95 gestreckt.

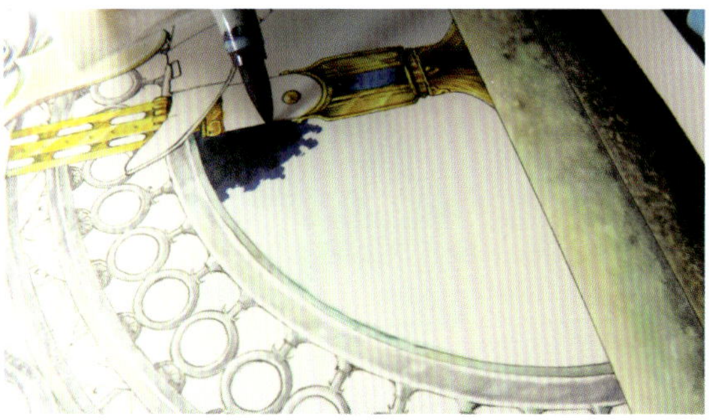

B39 Prussian Blue — Diese Fläche wird mit einer helleren Farbe gestreckt.

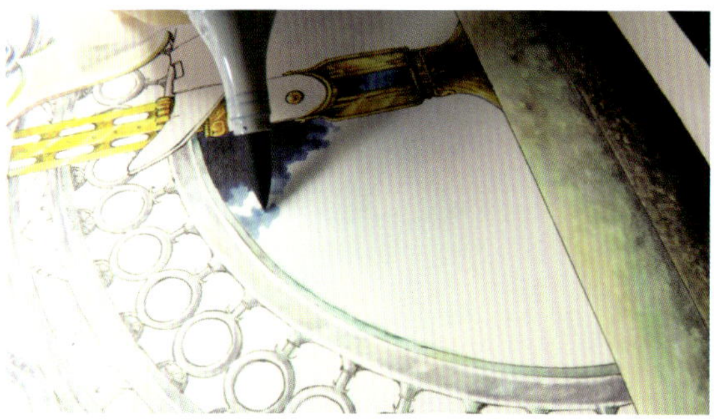

B12 Ice Blue — Danach malt ihr einen Teil der Fläche ungleichmäßig aus.

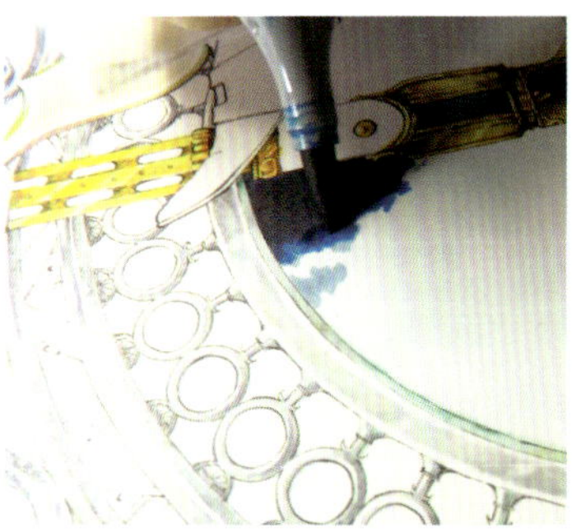

B95 Light Grayish Cobalt, B06 Peacock Blue — Die beiden Farben an den Farbrändern benutzen.

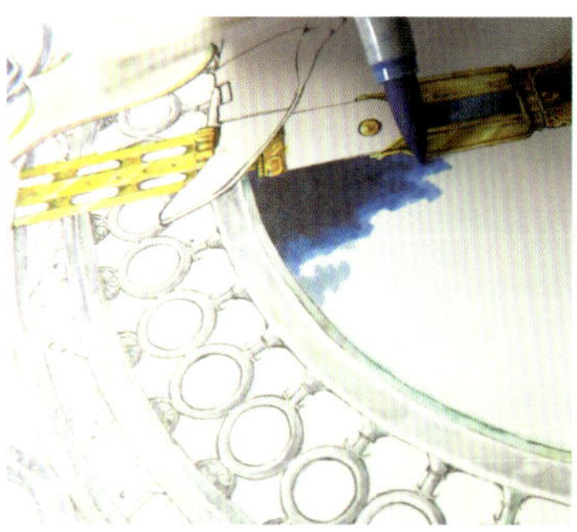

B06 Peacock Blue — Erneut auf die Ränder.

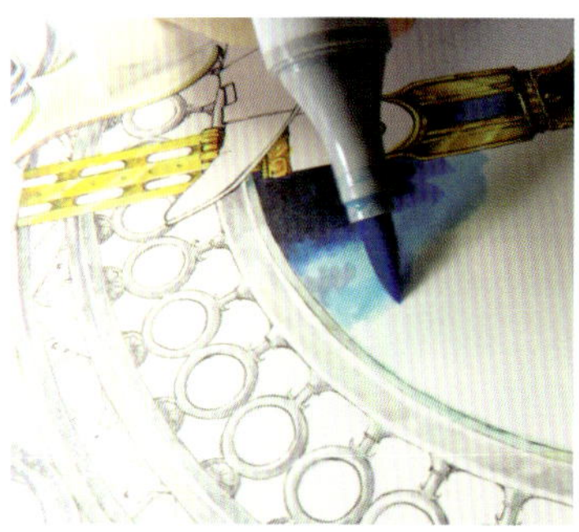

B02 Robin's Egg Blue — Die Farbfläche wird verwaschen und gestreckt.

Grundlage verfeinern

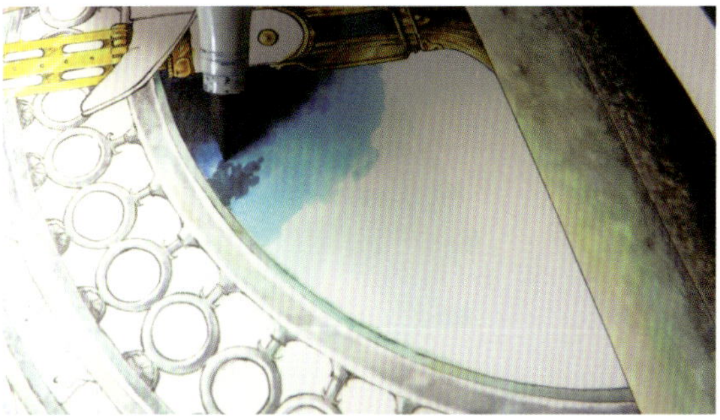

B95 Light Grayish Cobalt — Dunkle Stellen werden hinzugefügt, dabei formt ihr die Wolkenschattierungen.

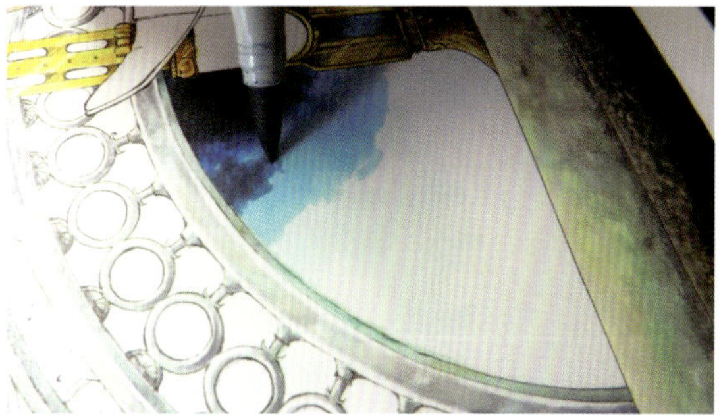

B39 Prussian Blue — Die Wolken- und Sternschattierungen werden detailliert eingezeichnet.

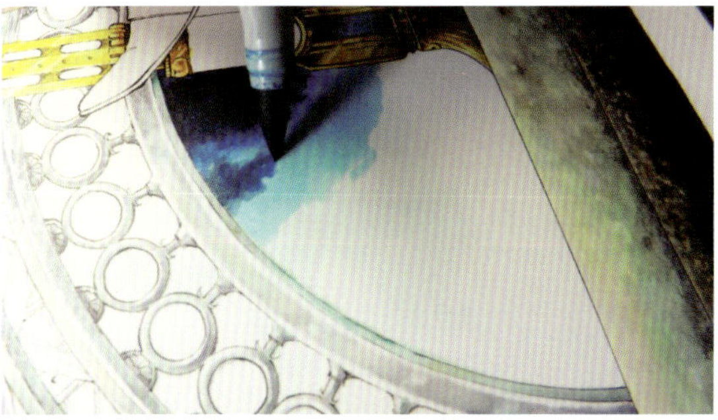

B06 Peacock Blue — Die neue Farbe jeweils auf die vorherige auftragen und verwaschen. Die Form der Objekte soll dabei aber beibehalten werden, also keine feinen Abstufungen erstellen.

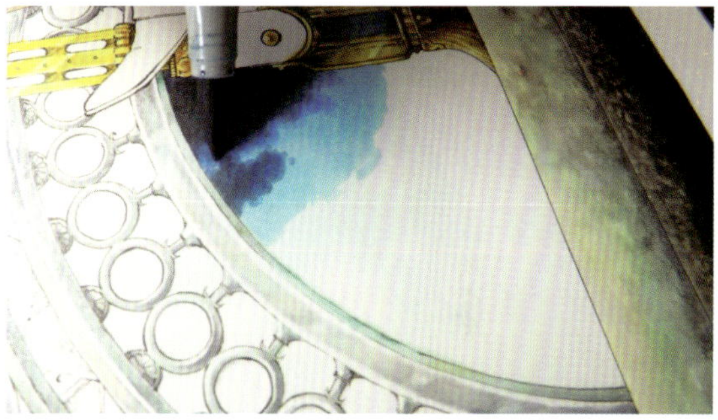

B39 Prussian Blue — Die Farben werden angepasst, indem ihr mit der Pinselspitze tupft.

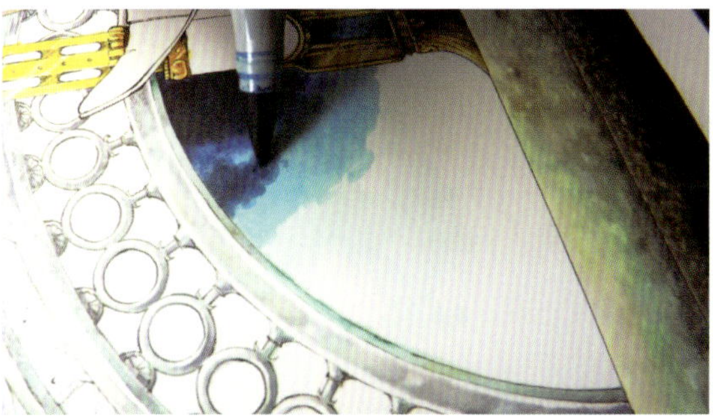

B12 Ice Blue — Auf dieselbe Art weitermachen.

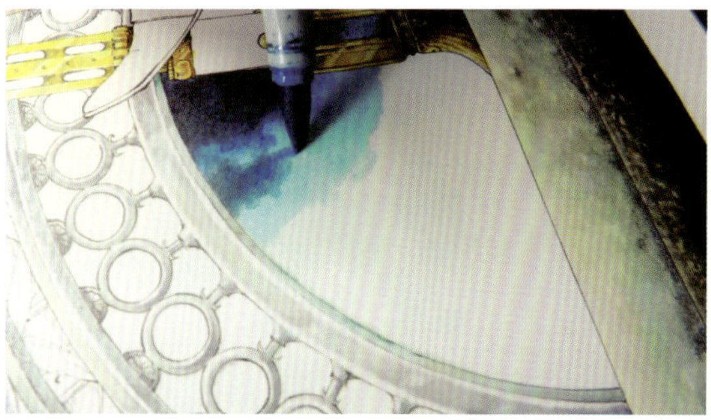

B06 Peacock Blue — Die Fläche wird ausgeweitet. Denkt dabei an die Wolkenformen.

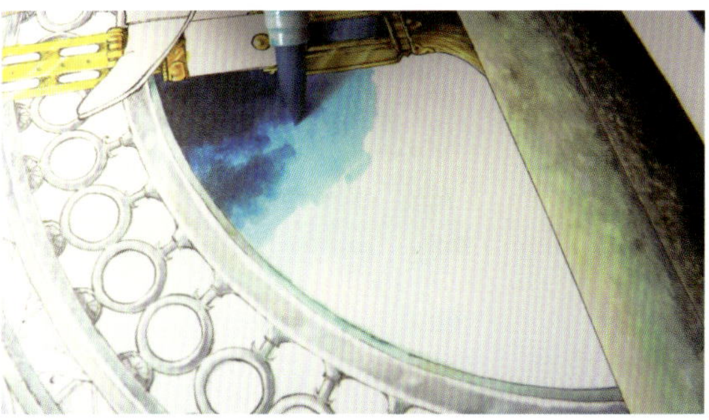

B06 Peacock Blue — An den letzten dunklen Stellen wird mit dem Pinsel getupft, damit sich die Farben vermischen.

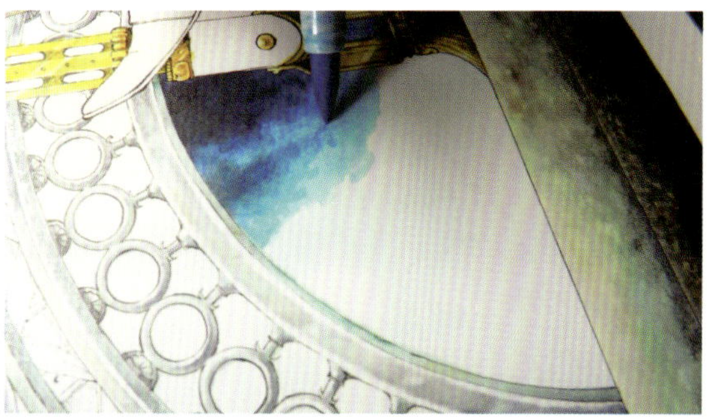

B06 Peacock Blue — Weitere Punkte werden gesetzt, um alles miteinander zu verbinden.

Bereiche ausweiten

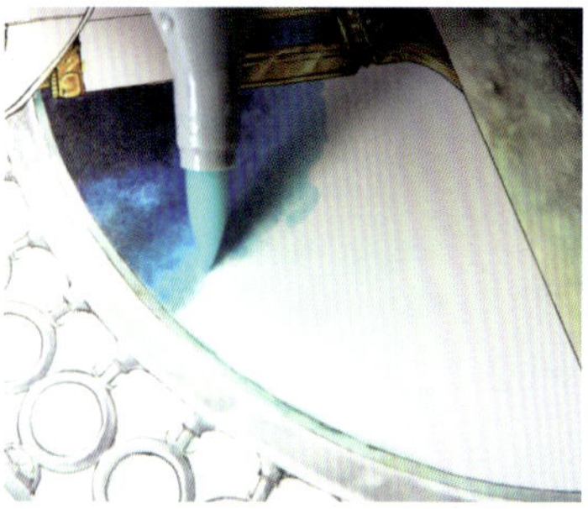

B02 Robin's Egg Blue — Die Ränder der fertigen Bereiche anpassen.

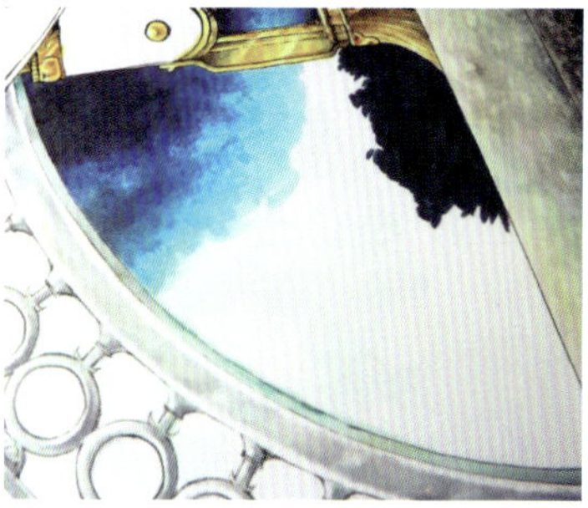

B99 Agate, B95 Light Grayish Cobalt — Dann beginnt ihr an einer anderen Stelle zu kolorieren.

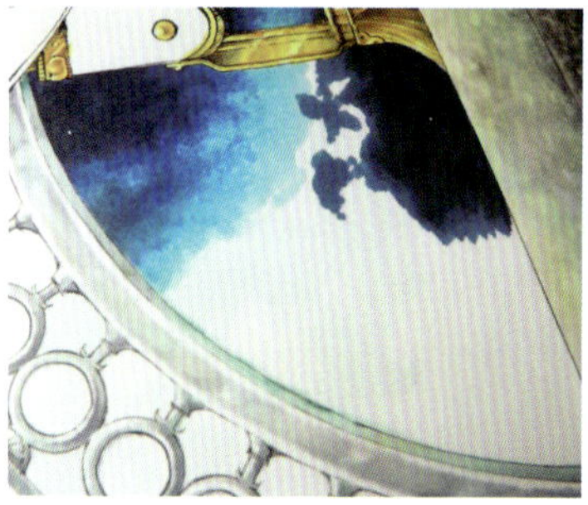

B39 Prussian Blue — Zeichnet dabei wolkenförmig.

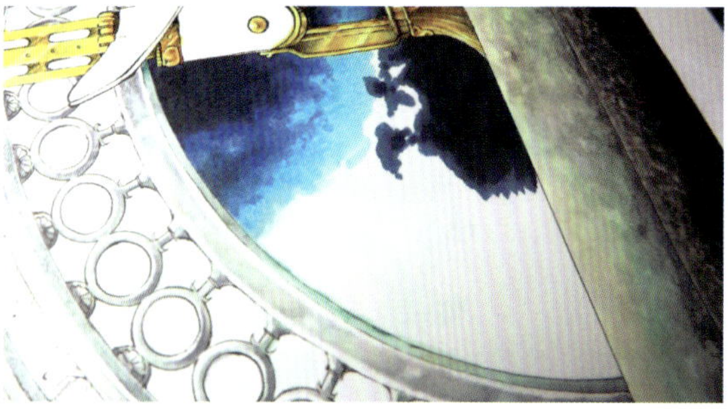

B99 Agate — Reicht die Farbstärke nicht aus, lasst ihr die Farbe mit B99 etwas auslaufen.

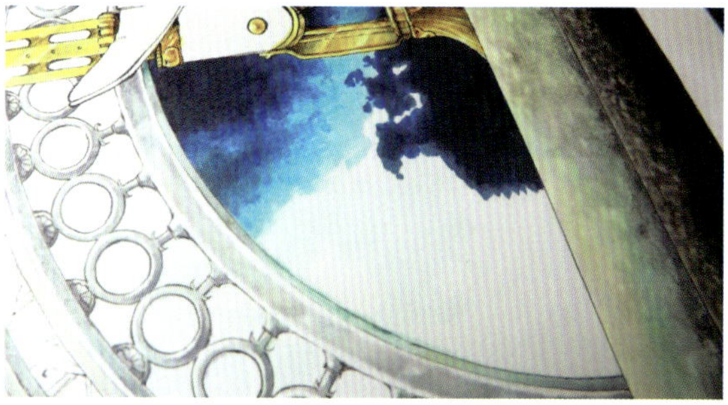

B39 Prussian Blue — Mit Punkten wird der Rand verwaschen. Geeignet dafür ist eine klare Farbe ohne Grauton.

Sauber verbinden

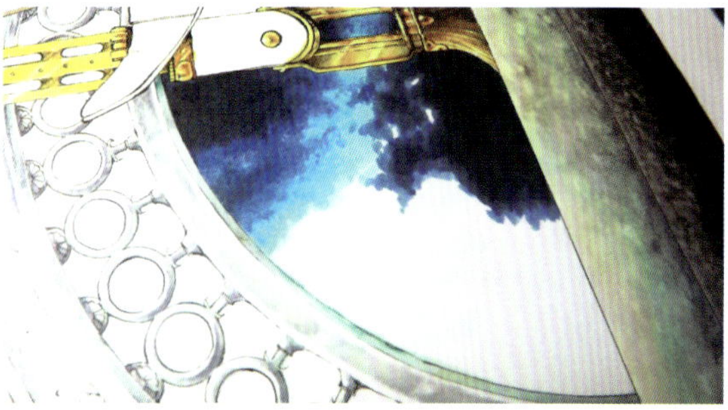

So wie bei den unteren Schattierungen wird hier mit Punkten gearbeitet, um den Bereich zu erweitern.

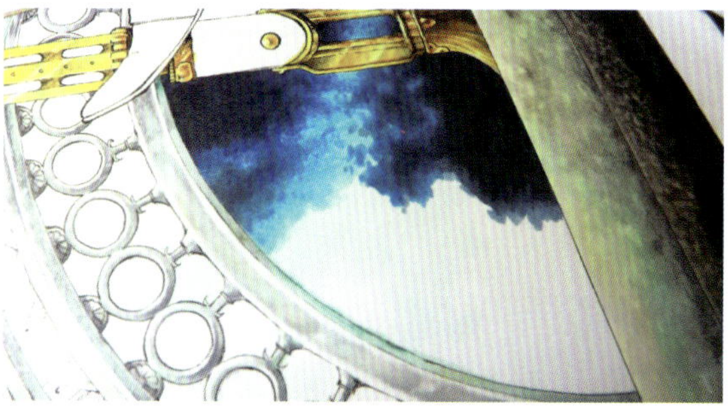

B06 Peacock Blue, B12 Ice Blue — Ist der Bereich gut verwaschen, nehmt ihr Farben wie B06 oder B12, die eine Stufe heller sind, um die Ränder zu verwaschen.

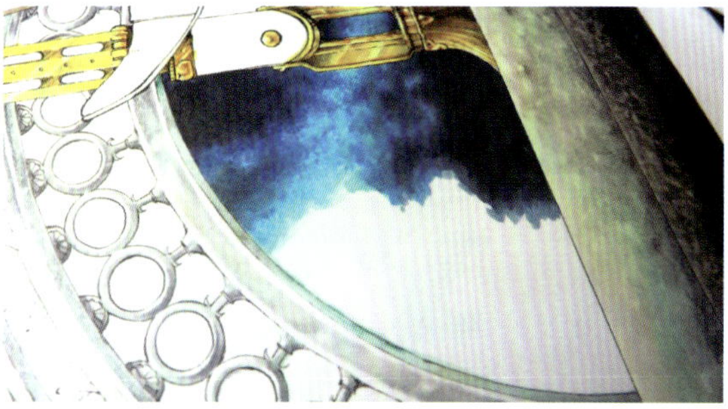

B01 Mint Blue — Ihr tupft ganz leicht mit der Pinselspitze, damit die Farbe an die Grundfarbe angepasst wird.

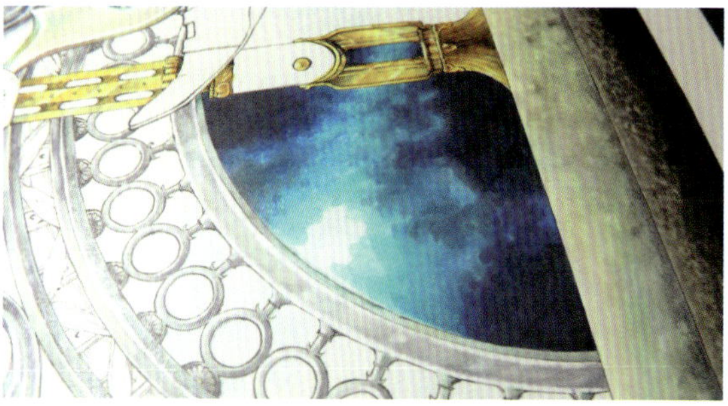

B02 Robin's Egg Blue — Nach weiteren Wiederholungen ist diese Form entstanden. Das Ziel ist es, Unregelmäßigkeiten zu erstellen, als würden die Farben durchsickern.

Weitere dunkle Stellen

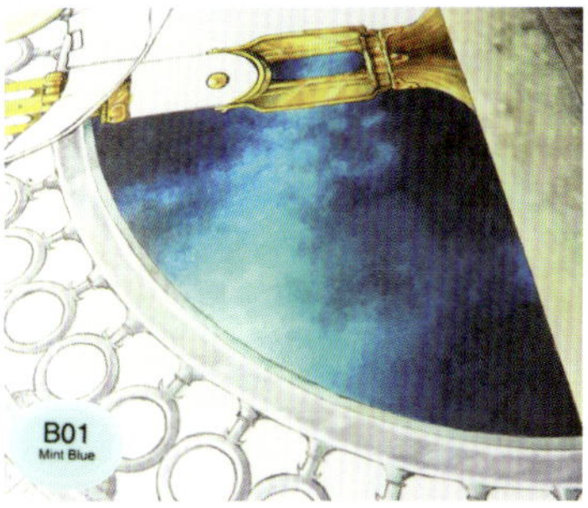

Denkt an die Stellen, an denen es hell bleibt. Die Übergänge erstellt ihr durch Tupfen.

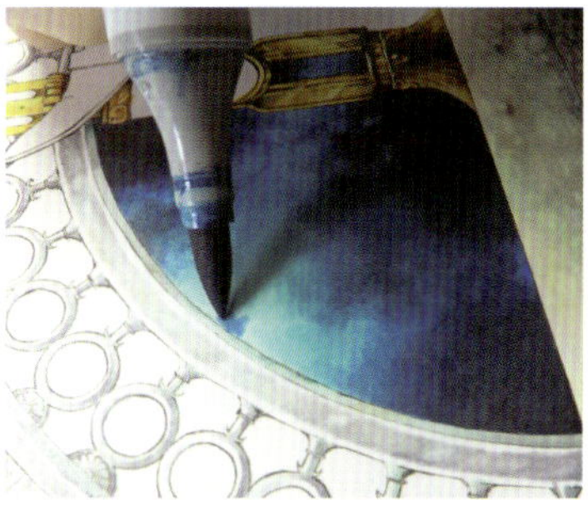

B39 Prussian Blue

Diese Stelle war zu hell, daher wurde ein weiterer Schatten hinzugefügt.

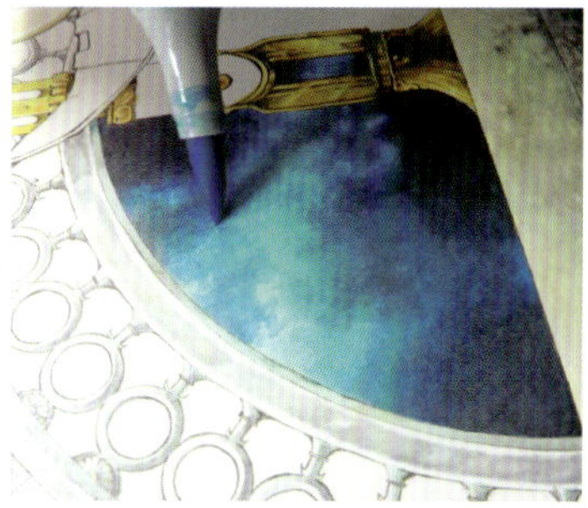

B06 Peacock Blue

Wie gehabt eine weitere Farbe darüber auftragen.

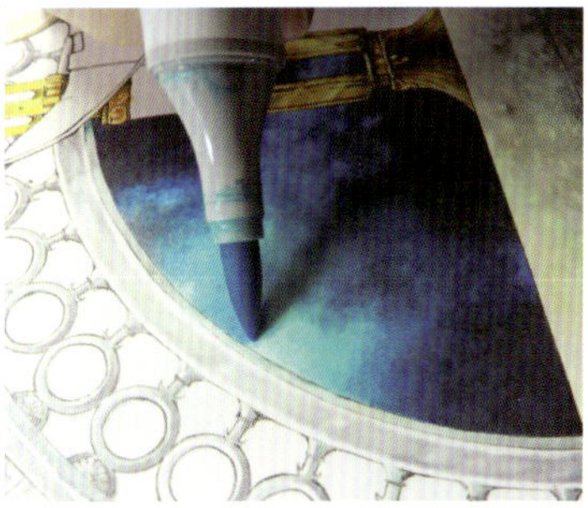

B02 Robin's Egg Blue

Dann setzt ihr eine weitere Farbe darauf.

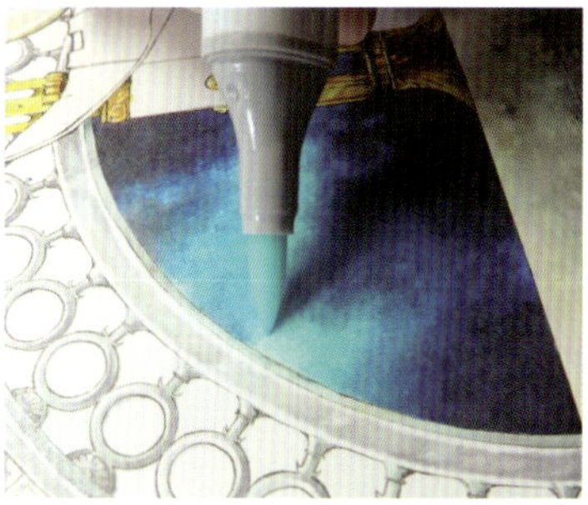

B01 Mint Blue

Das Ganze wird erneut mit einer hellen Farbe angepasst…

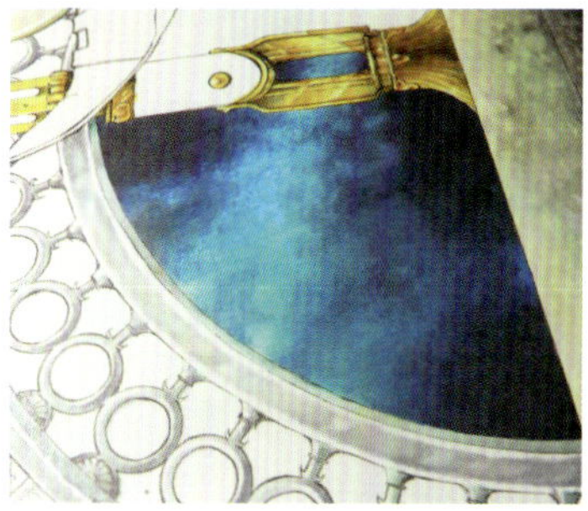

B00 Frost Blue

… und mit einer noch helleren Farbe fertiggestellt.

Farbton anpassen und Abschluss

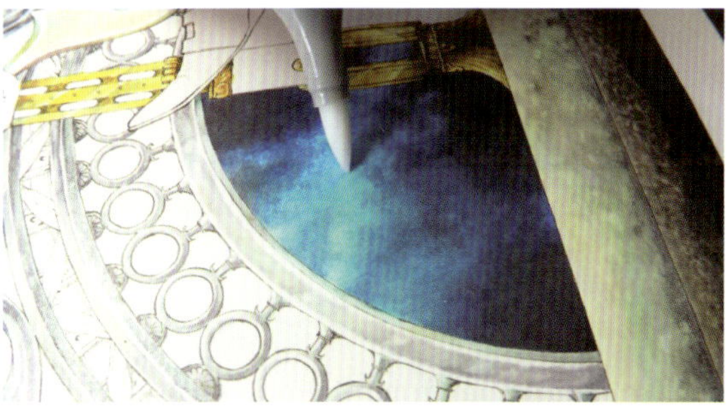

0 Colorless Blender

Um das Licht zu verstärken, zieht ihr auf der hellen Stelle Linien, im Anschluss tupft ihr mit dem Pinsel, um weiße Stellen zu erstellen.

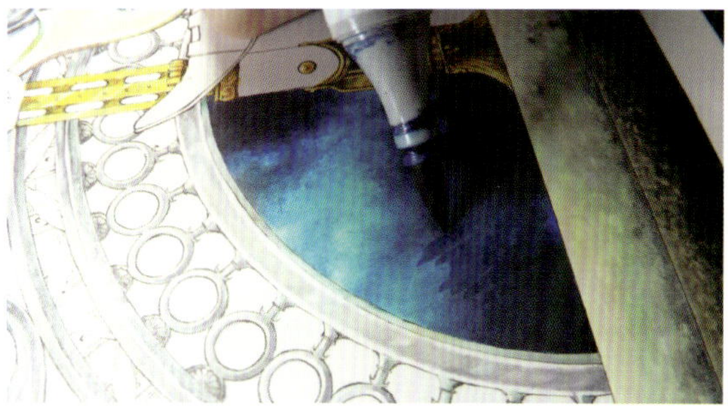

B39 Prussian Blue

Mit Wellenbewegungen weitere Farbe auftragen. So, bis der Alkohol herausquillt und eine dunkle, ungleichmäßige Färbung entsteht.

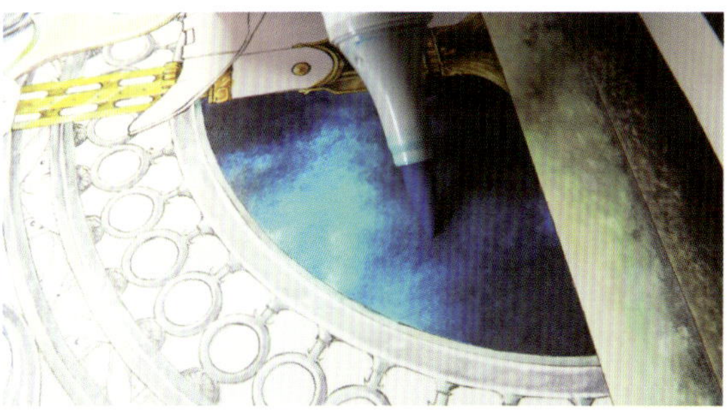

B06 Peacock Blue

Mit dem gleichen Vorgehen werden die verbliebenen groben Stellen bearbeitet.

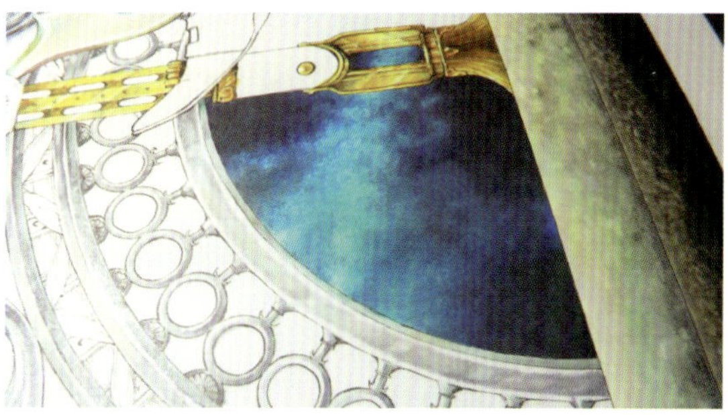

B06 Peacock Blue B02 Robin's Egg Blue

Jetzt auch den unteren Bereich ungleichmäßig einfärben. Die Sterne werden später mit Weiß hinzugefügt.

Hörner in unheimlichen Farben

Jetzt kolorieren wir die Hörner der Teufelsziege. Sie werden sehr detailreich gearbeitet.

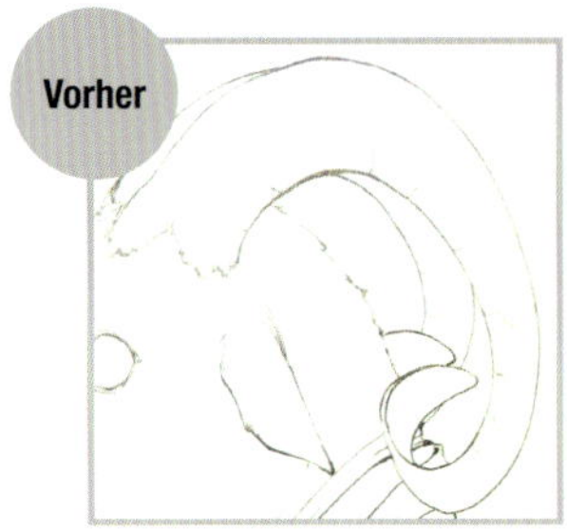

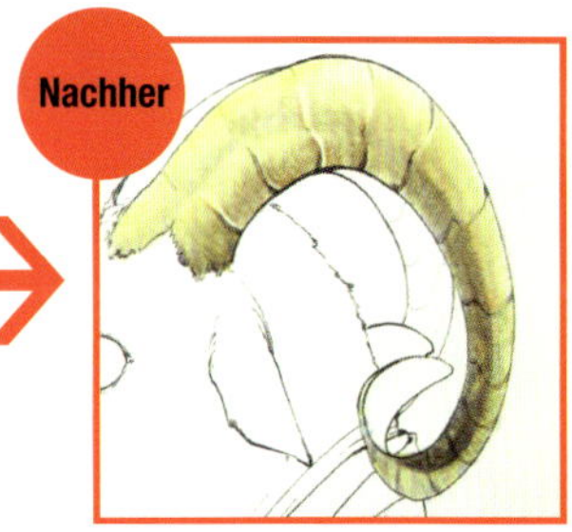

Grundierung

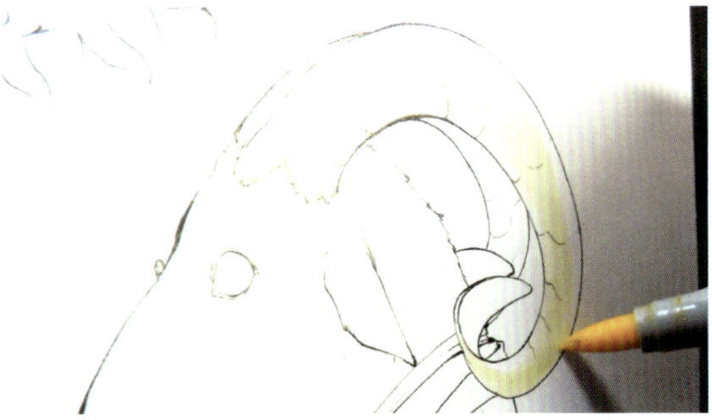

YR31 Light Reddish Yellow Die Grundfarbe wird aufgetragen, außer an den Highlights und Schattierungen.

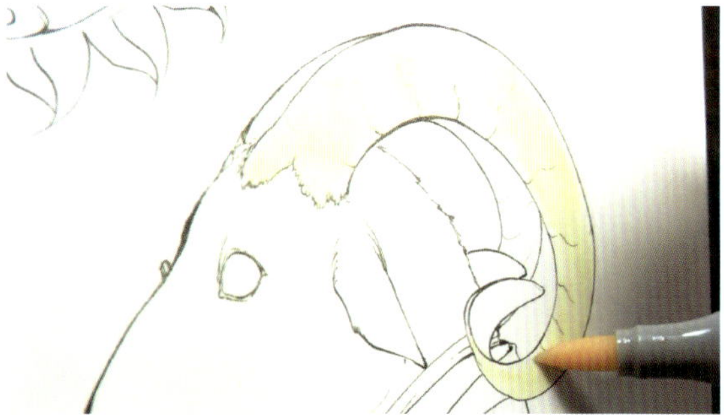

YR31 Light Reddish Yellow Die Farbe immer wieder auftragen, um die Farbintensität zu justieren.

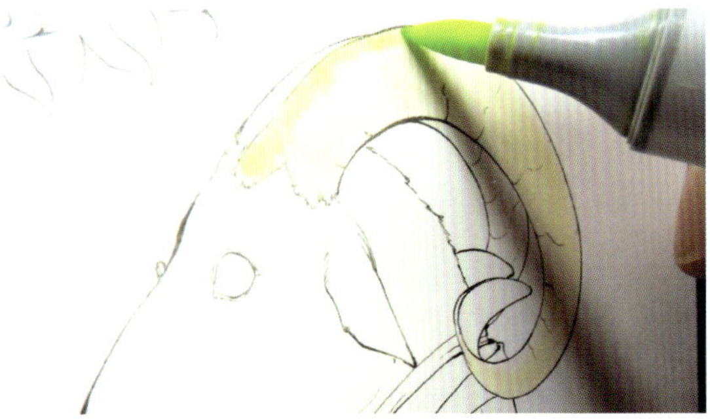

YG21 Anise Die Highlights bekommen einen neuen Farbton. Für das unheimliche Flair hat er einen Grünstich.

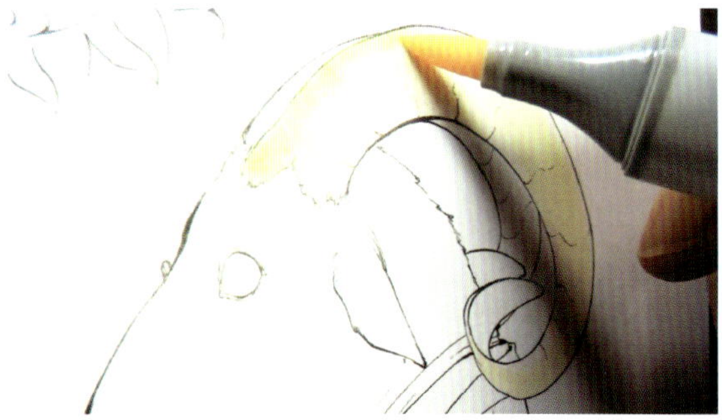

YR31 Light Reddish Yellow Darüber kommt wieder die Grundfarbe, um die Stelle zu verwaschen.

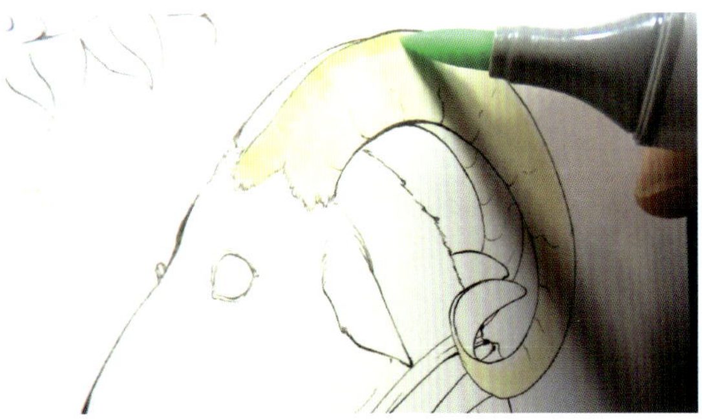

BG11 Moon White Dann eine weitere Farbe, um den Farbton zu regulieren.

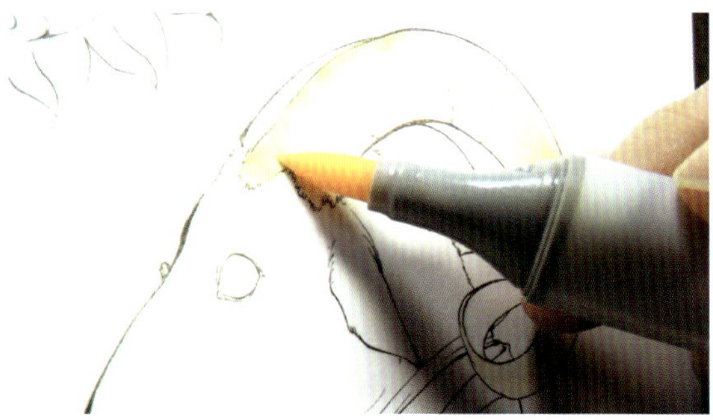

YR31 Light Reddish Yellow Und erneut mit der Grundfarbe anpassen.

Schattierungen an den Hörnern

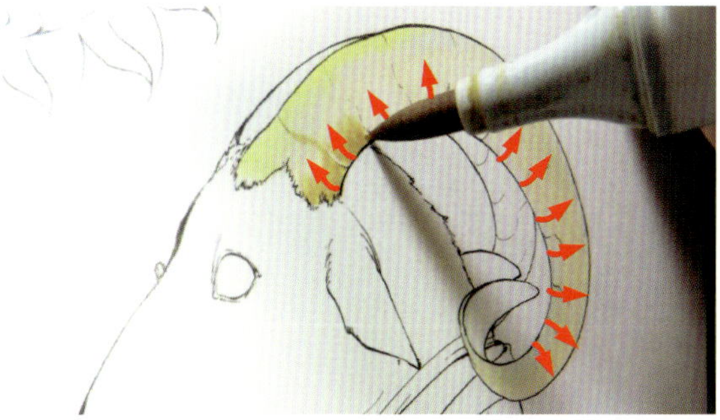

YR24 Pale Sepia — Schattierungen werden entsprechend der Hörnerform gesetzt. Dabei unbedingt in Pfeilrichtung malen, sonst stimmt es nicht.

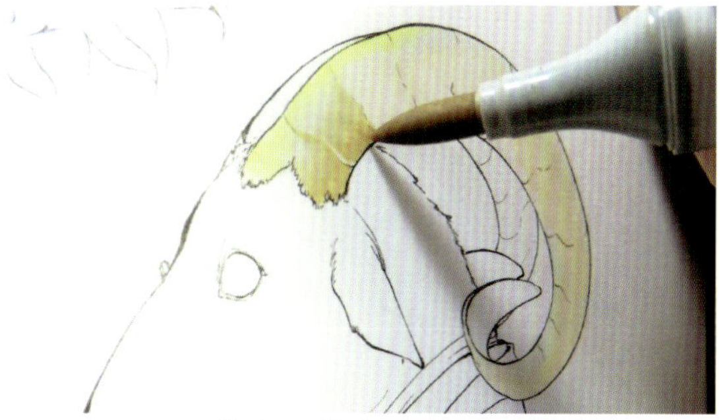

YR24 Pale Sepia, YR31 Light Reddish Yellow — Nach zweifachem Auftragen von YR24 wird YR31 darübergelegt um die Stelle zu verwaschen. Auch dabei die Pinselspitze in dieselbe Richtung bewegen.

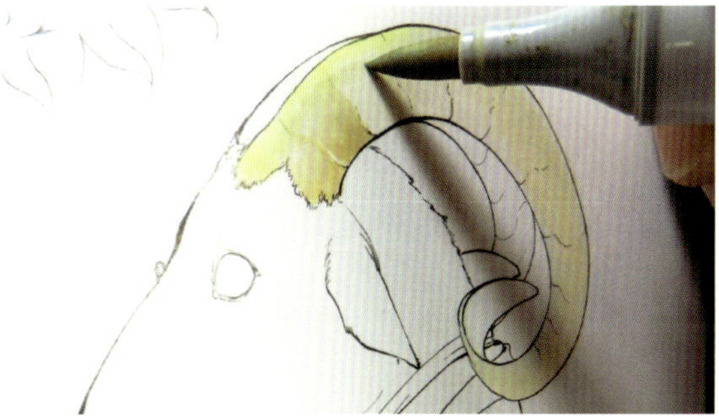

YG03 Yellow Green — Mit BG11 von vorhin die Hörner anpassen, dann YG03.

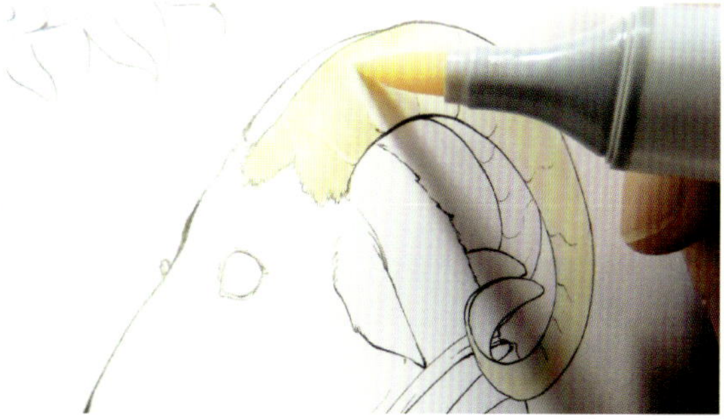

YR31 Light Reddish Yellow — Die Farbe wird geordnet.

Kontraste durch dunkle Schattierungen

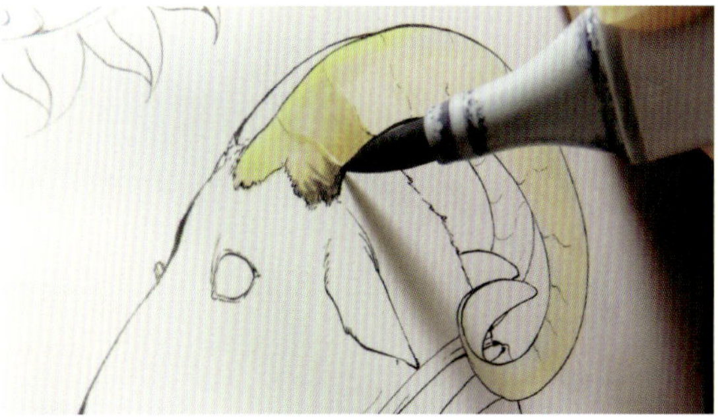

N6 Neutral Gray No.6 — Kräftige Schattierungen werden gesetzt. Die Pinselrichtung von außen nach innen.

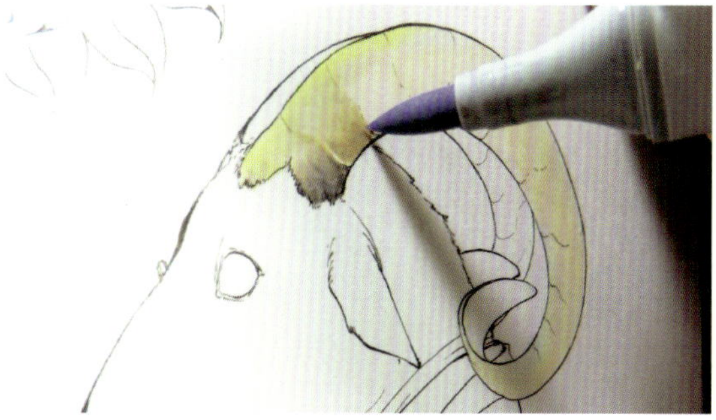

BV31 Pale Lavender — Die Farbe wird durch Verwaschen ausgeweitet.

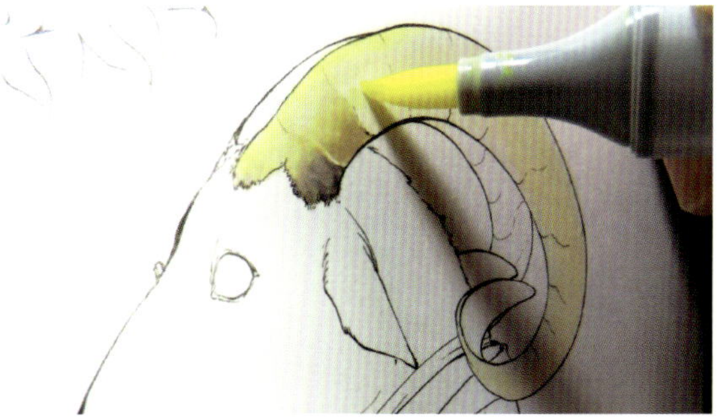

Y04 Acacia — Setzt hier Lichter ein, damit die mittlere Wölbung des Horns plastisch ist.

Die mittlere Wölbung

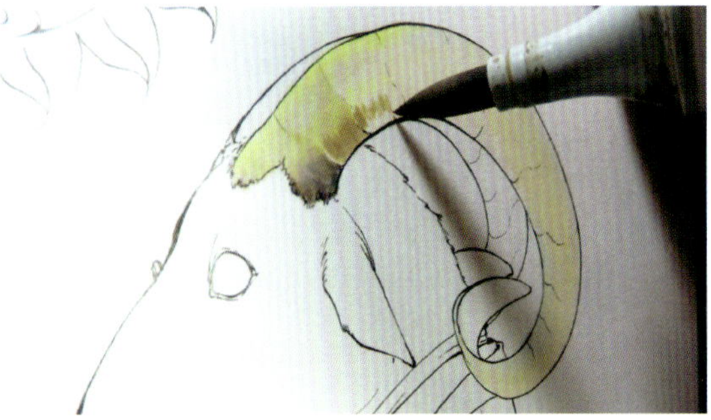

Y28 Lionet Gold Etwas hellere Schattierungen werden gesetzt.

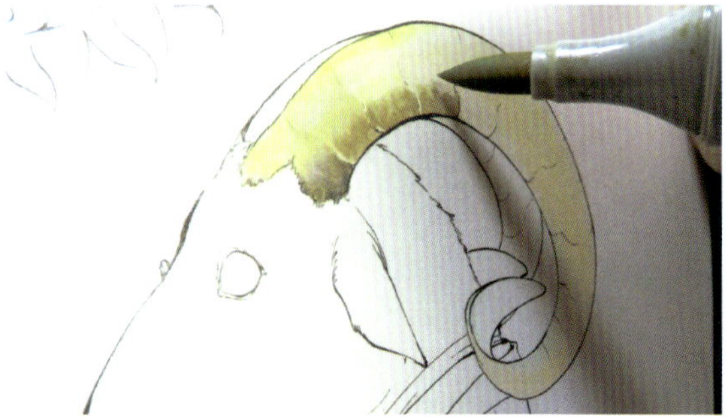

YG93 Grayish Yellow Als Nächstes werden sie reguliert.

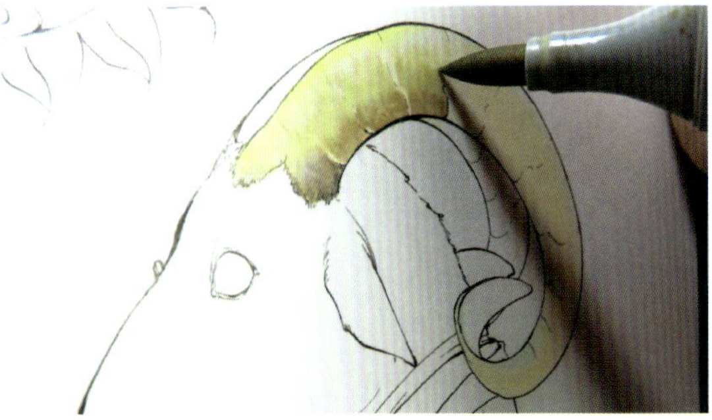

YG93 Grayish Yellow Tragt die Farbe so auf, damit die Wölbung dargestellt wird.

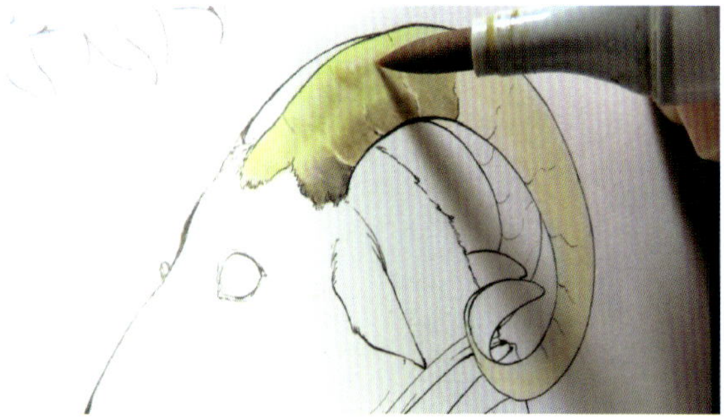

YG93 Grayish Yellow Zum Abschluss die Schattierungen.

Schattierungen am Bogen

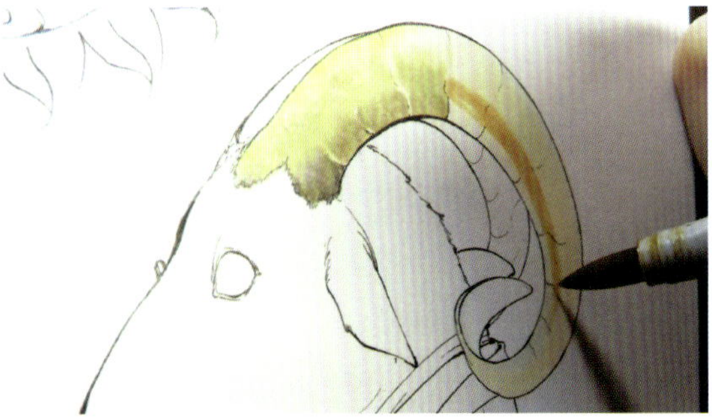

YR23 Yellow Ochre Die Schattierung am Bogen in einem Zug einzeichnen.

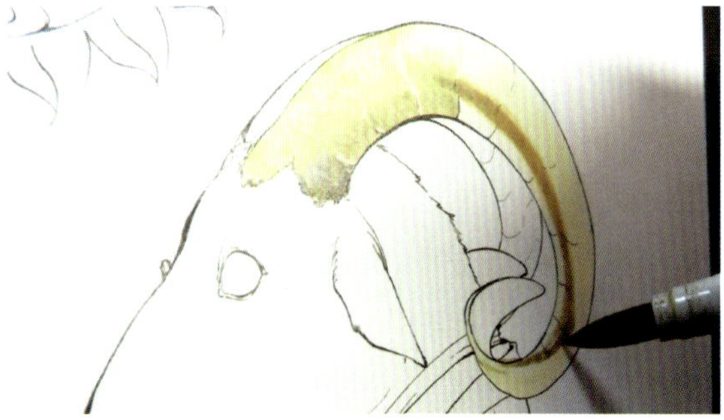

Y28 Lionet Gold Auf dieselbe Art die dunklere Schattierung.

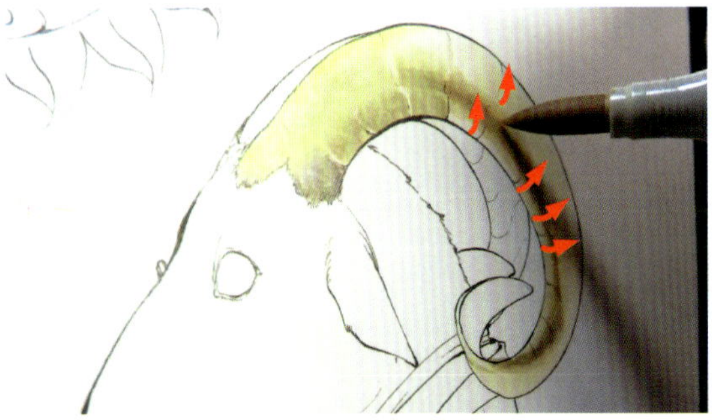

Y26 Mustard Die Umgebung wird verwaschen. Denkt dabei an die Hornwölbung und bewegt den Pinsel immer in dieselbe Richtung.

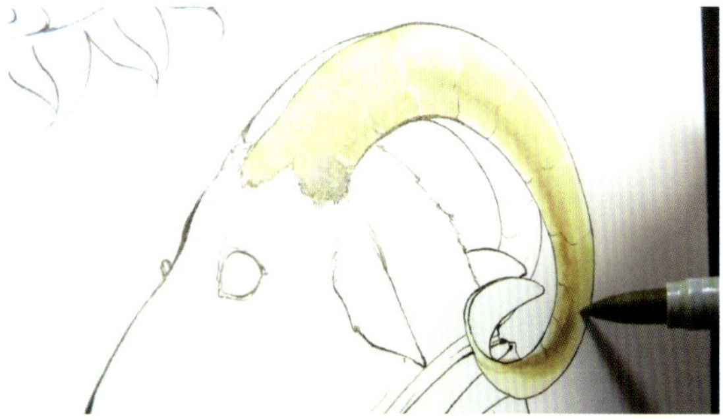

Y26 Mustard Auch der untere Teil wird verwaschen.

Abschließende Details

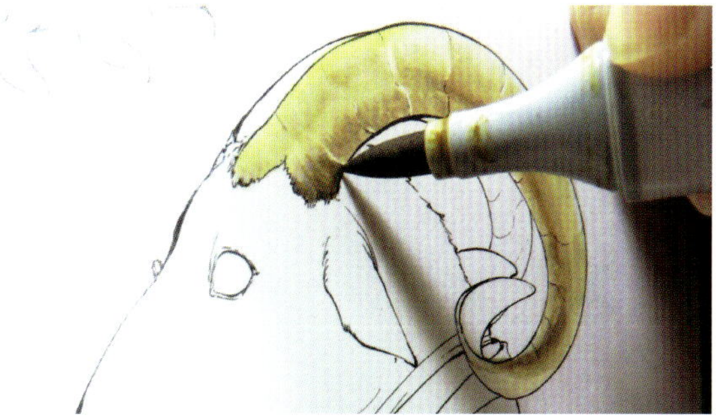

YR23 Yellow Ochre

Wachstumslinien werden eingezeichnet.
Danach werden sie mit Schattierungen abgedunkelt.

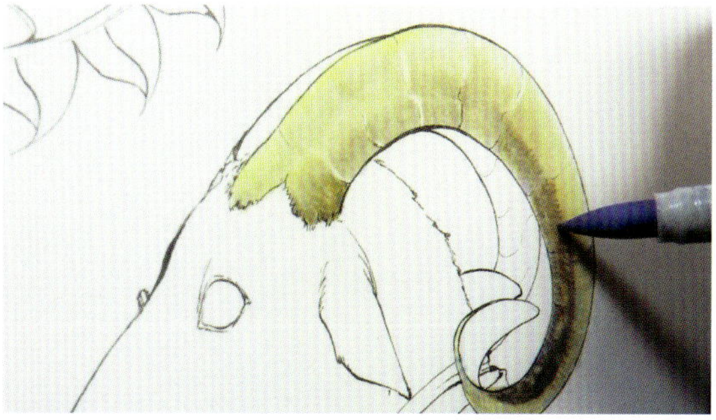

BV34 Bluebell

Die Schattierung bekommt einen Blauton, damit sie noch unheimlicher wirkt. Sie wird mit horizontalen Linien eingefügt.

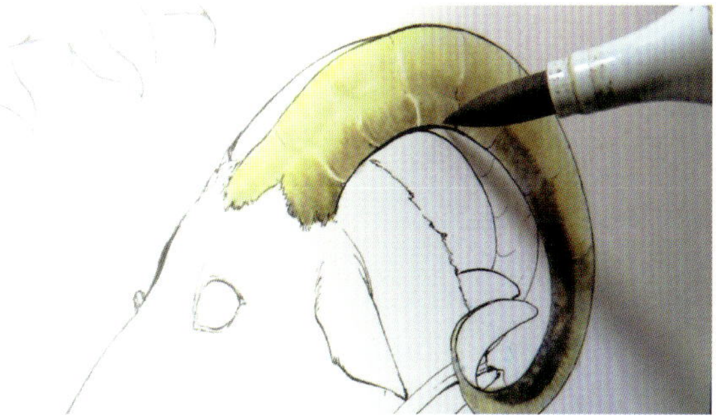

YR23 Yellow Ochre

Eine weitere Farbe an die Kontur des Horns setzen.

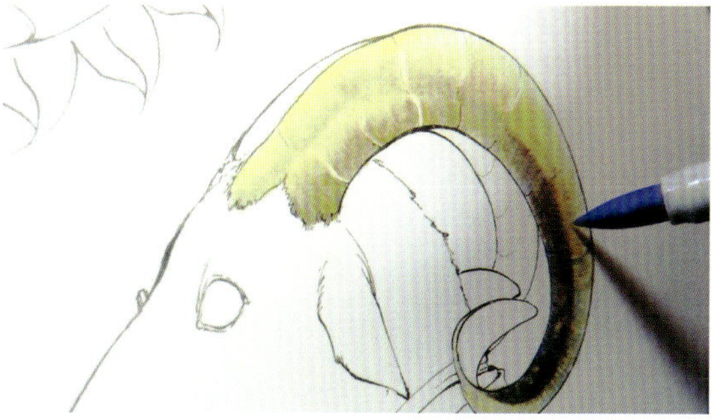

BV34 Bluebell

Und hier noch mal Blau.

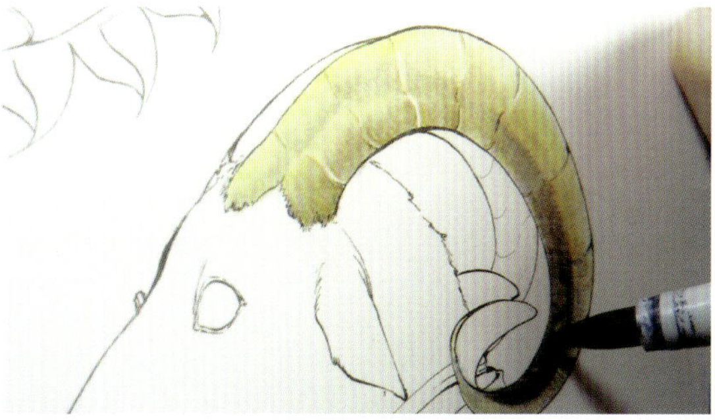

BV34 Bluebell

Der Blauton wird auch für die dunkelsten Schattierungen benutzt.

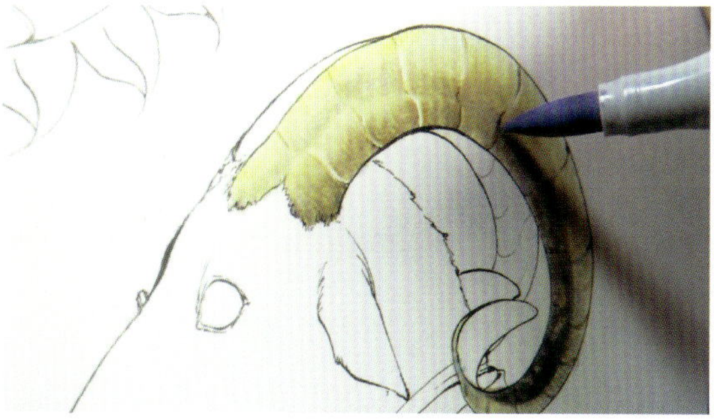

BV34 Bluebell

Die Farbe wird erneut aufgetragen.

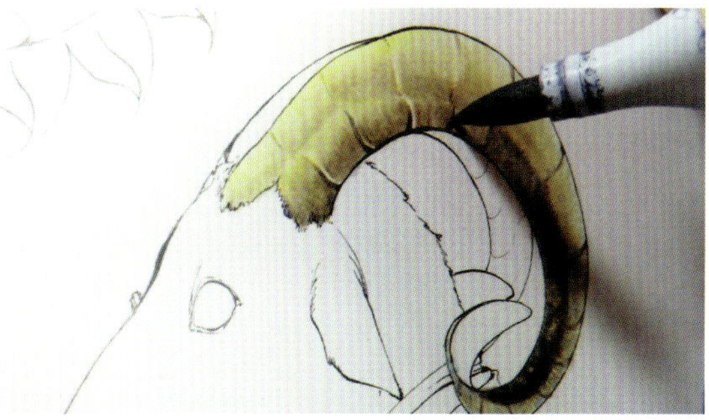

N6 Neutral Gray No.6

Mit der dunkleren Schattenfarbe wird das Horn fertiggestellt.

Ziegenfell

Nun zeichnen wir den Ziegenkopf des Teufels. Beim Fell müsst ihr sehr sorgfältig arbeiten.

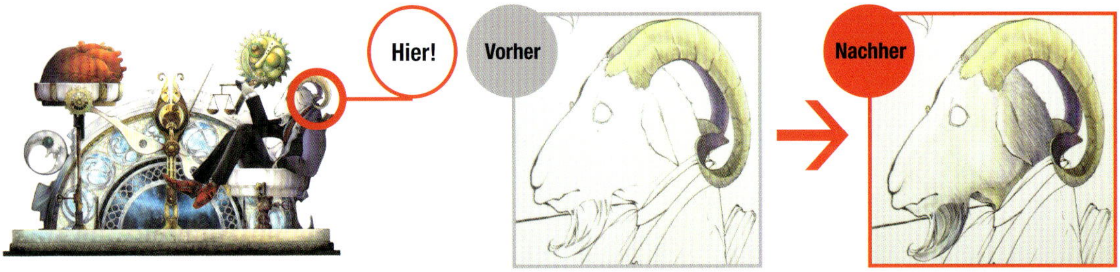

Hinterkopf

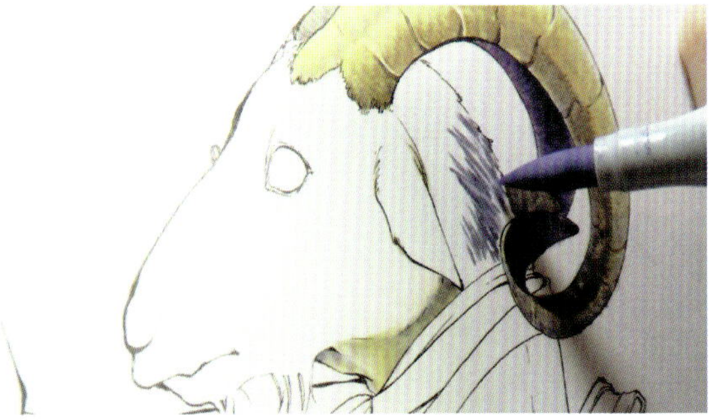

BV34 Bluebell — Die Haare werden einzeln gezeichnet. Schmal ansetzen, dann etwas dicker werden und zum Schluss wieder fein. Zunächst kommt die Schattierungsfarbe.

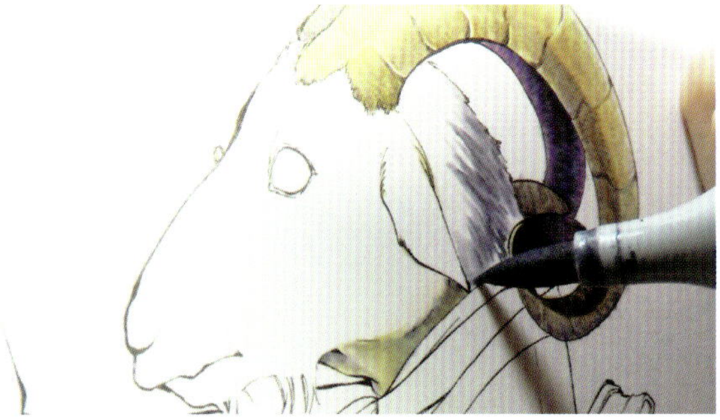

BV20 Dull Lavender — Mit einer etwas helleren Farbe Schattierung hinzufügen.

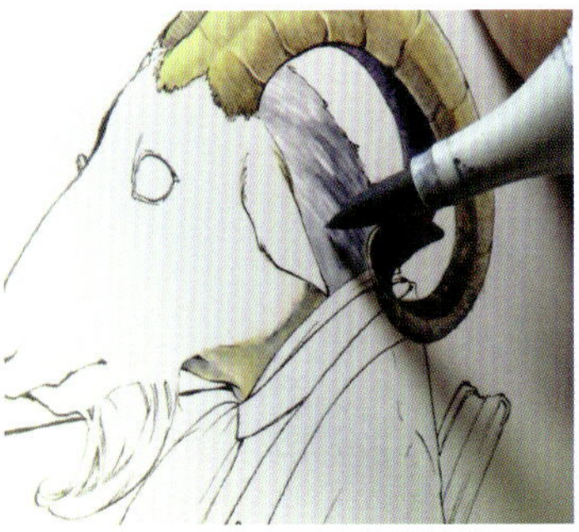

BV20 Dull Lavender — Die helleren Schattierungen auf dieselbe Art weiterzeichnen.

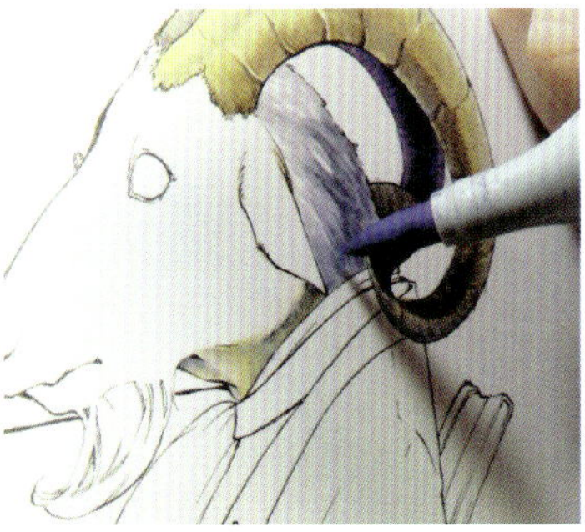

BV34 Bluebell — Dunkle Stellen werden geordnet.

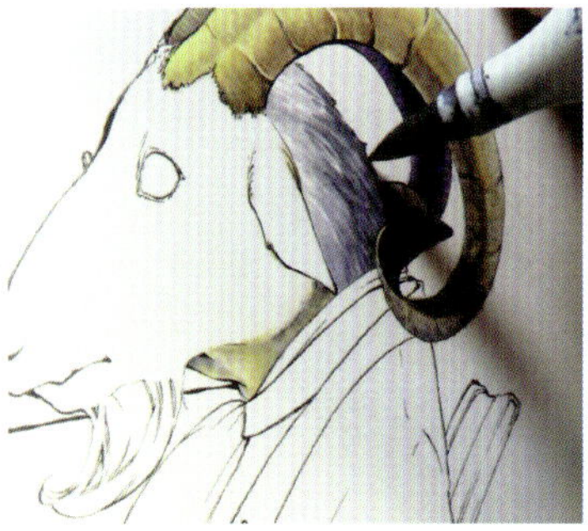

BV20 Dull Lavender — Noch mal diese Farbe.

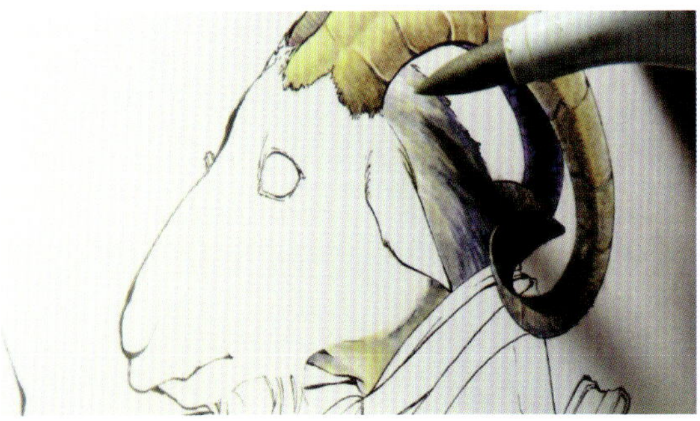

YG93 Grayish Yellow, Y26 Mustard — Die Grundfarbe des Fells und die Schattierungsfarbe werden gesetzt.

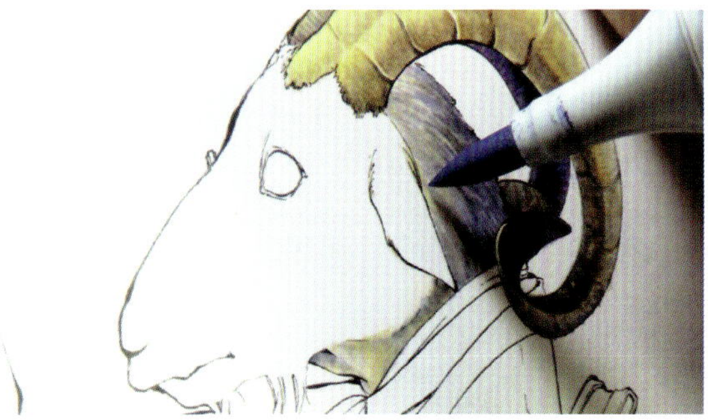

BV20 Dull Lavender — Die Schattierungen werden geordnet, und damit ist die Stelle fertig.

Gesichtsfell

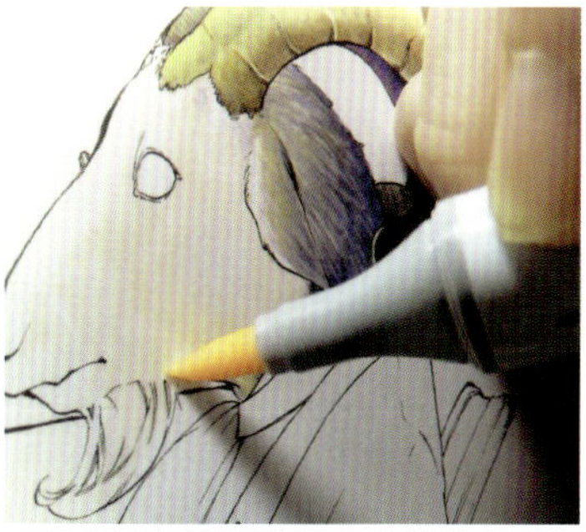

Y21 Buttercup Yellow – Wieder werden die Haare einzeln gezeichnet, aber diesmal kürzer.

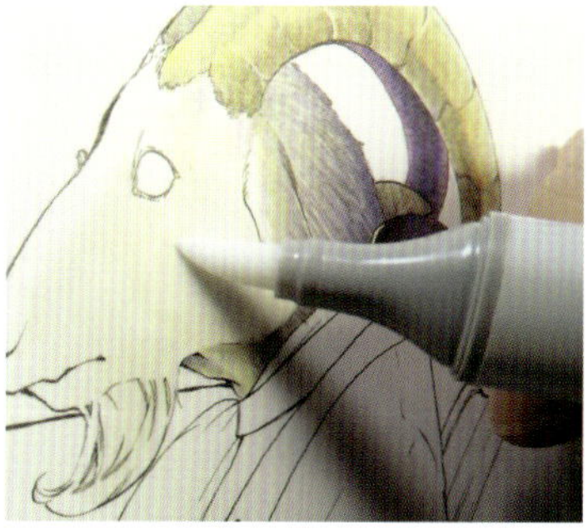

0 Colorless Blender – Die Linien werden verwaschen, damit sie undeutlicher werden.

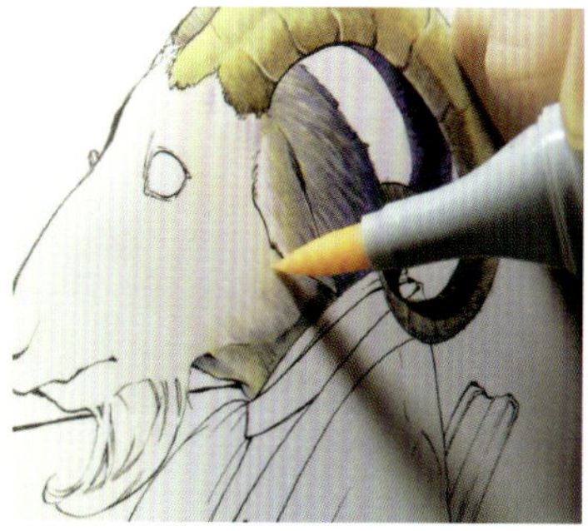

Y21 Buttercup Yellow – Weitere Haare werden eingefügt.

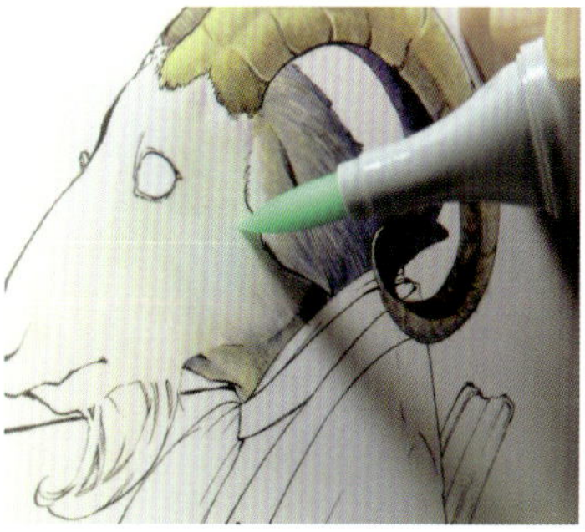

G000 Pale Green – Mit der Zwischenfarbe wird die Farbe der Schattenfarbe angenähert.

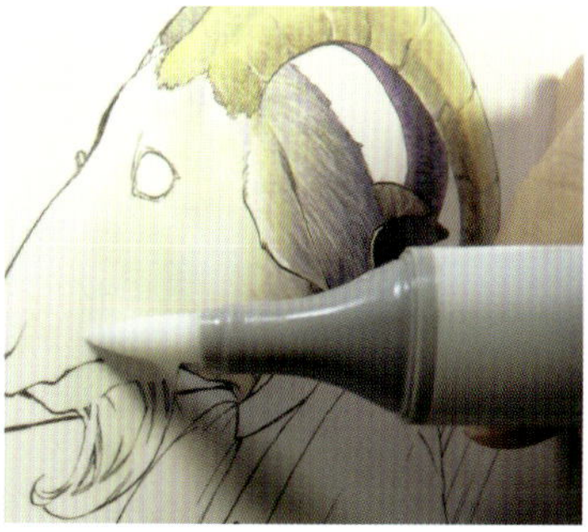

0 Colorless Blender – Mit erneutem Verwaschen wird die Farbe geordnet.

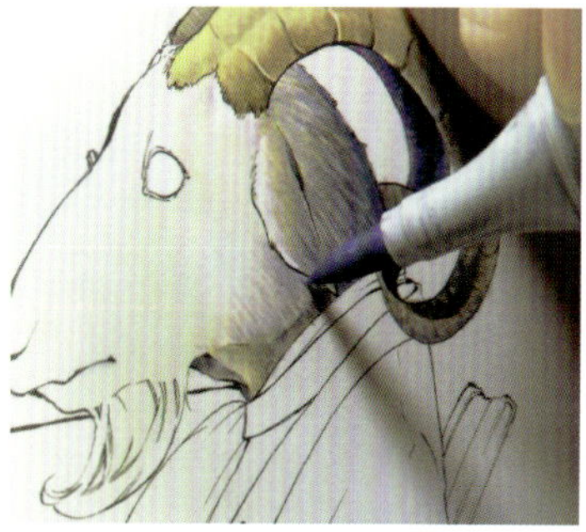

BV34 Bluebell – Nun wird mit der dunklen Schattenfarbe weitergezeichnet.

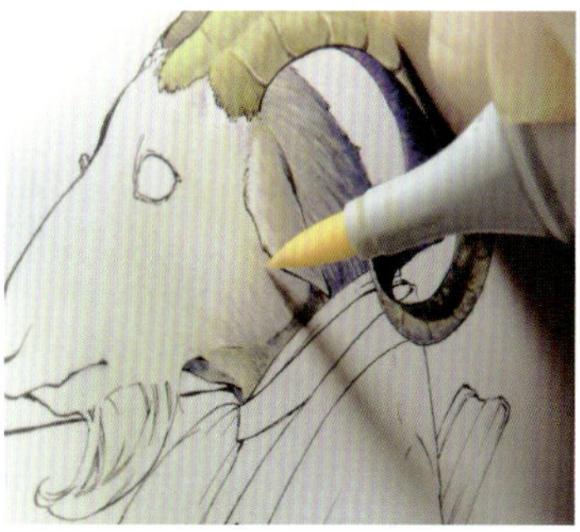

Y21 Buttercup Yellow – Darüber kommen weitere Haare.

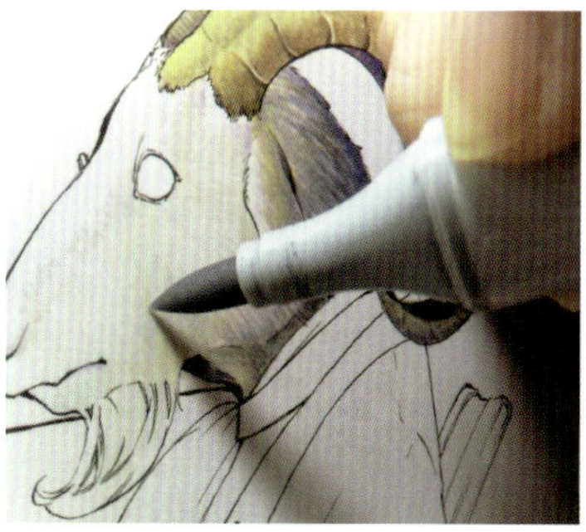

N1 Neutral Gray No.1 – Bei den Vertiefungen werden Linien hinzugefügt, um die Schattierungen darzustellen.

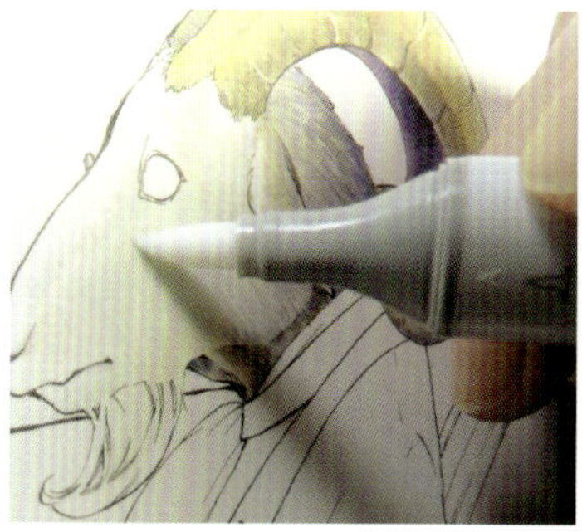

0 Colorless Blender – Sie werden verwaschen und der Umgebung angepasst.

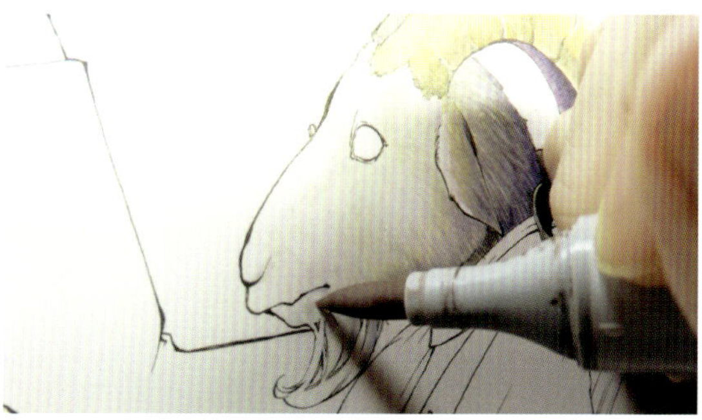

E31 Brick Beige – Am Mund eine Schattierung hinzufügen.

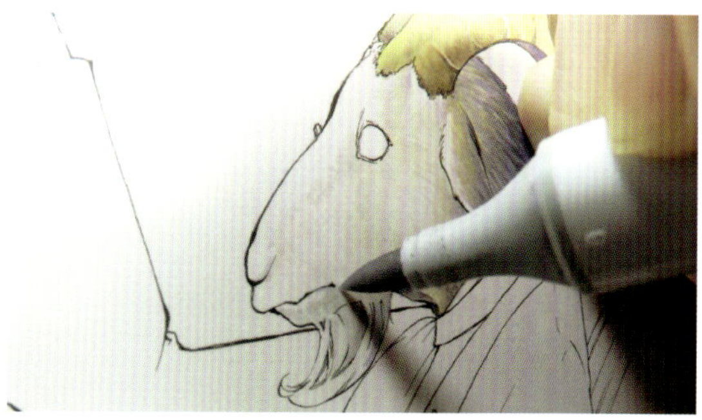

N1 Neutral Gray No.1 – Verwaschen, und damit ist das Gesichtsfell fertig.

Lederschuhe

Die Schuhe sind ordentlich poliert und glänzen. Es ist deshalb wichtig, die Umgebungslichter einzufügen.

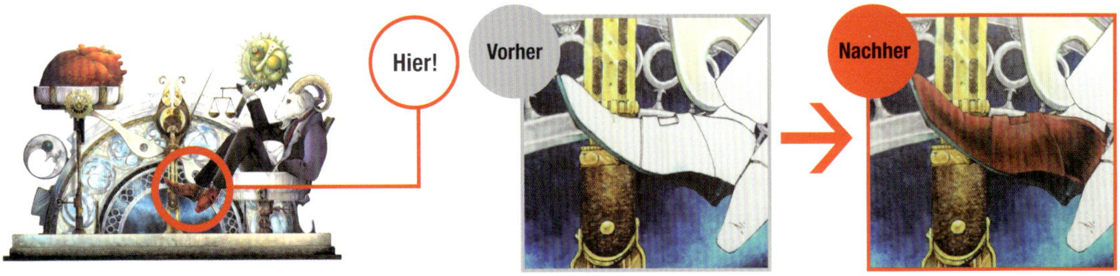

Beginn der Koloration

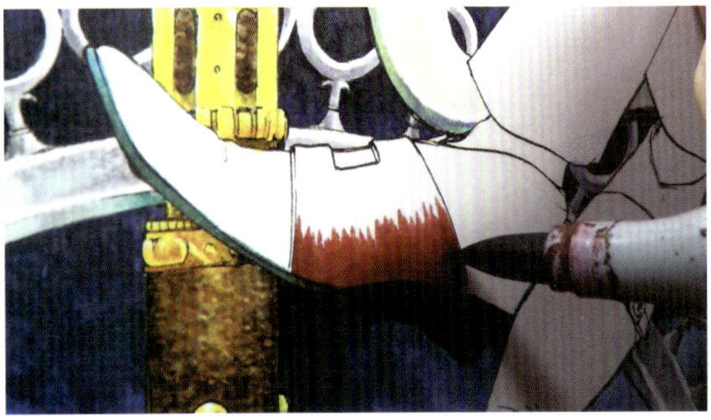

E09 Burnt Sienna — Ihr startet mit der Sohle und zeichnet die Linien vertikal ein.

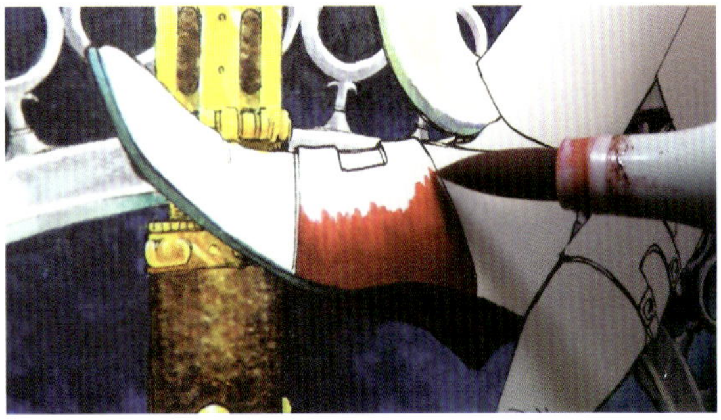

E08 Brown — Darüber kommt E08, um die Fläche zu erweitern.

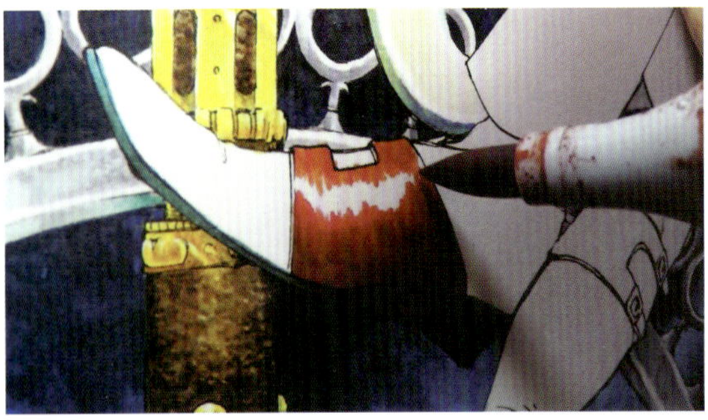

E07 Light Mahogany — Nun kommt E07 von oben nach demselben Prinzip.

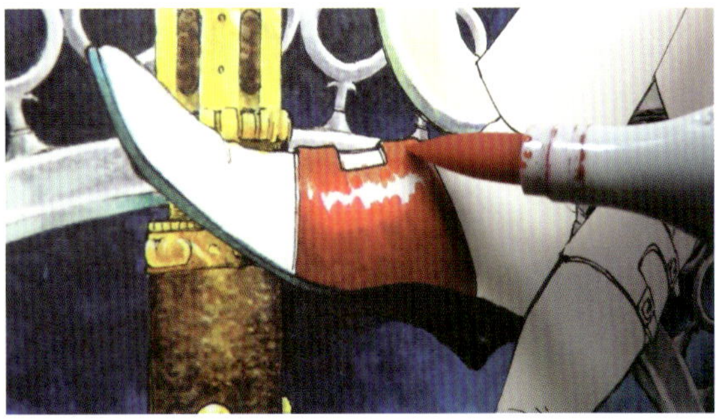

YR04 Chrome Orange — Darauf kommt die Lichtfarbe.

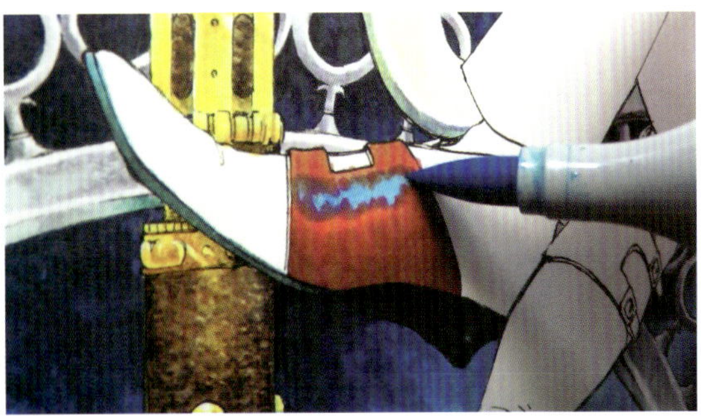

B02 Robin's Egg Blue — Das Highlight bekommt einen Blauton des Nachthimmels.

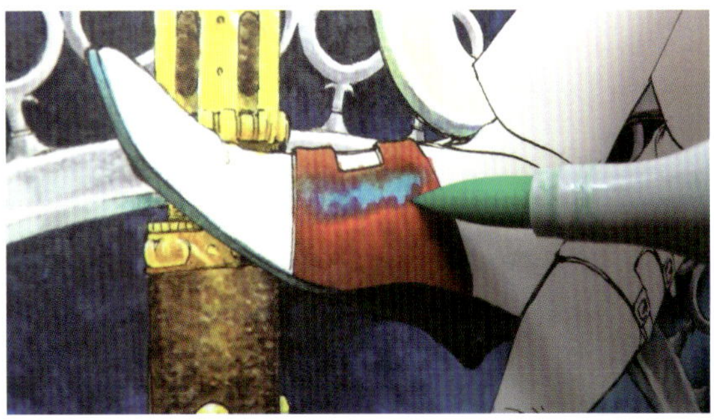

YG41 Pale Cobalt Green — Diese Stelle wird mit YG41 übermalt.

Weitere Details

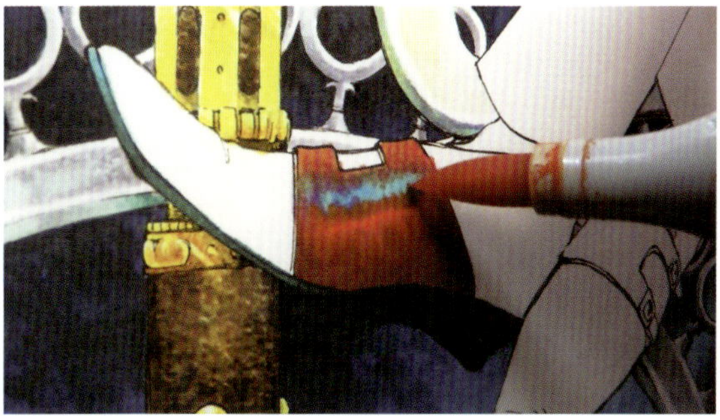

YR04 Chrome Orange – Der gesamte Bereich wird mit YR04 bearbeitet.

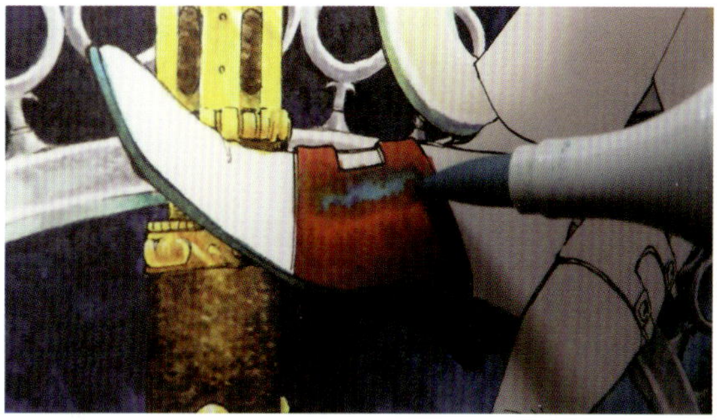

B02 Robin's Egg Blue – Erneut kommt das Blau zum Einsatz.

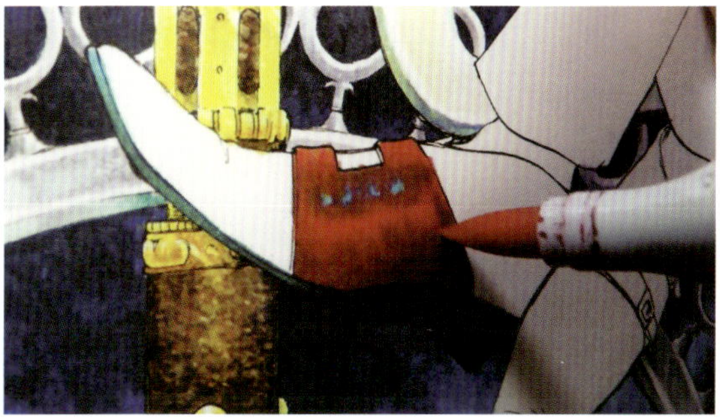

E13 Light Suntan – Mit E13 kolorieren, mit dem Highlight als Mittelpunkt.

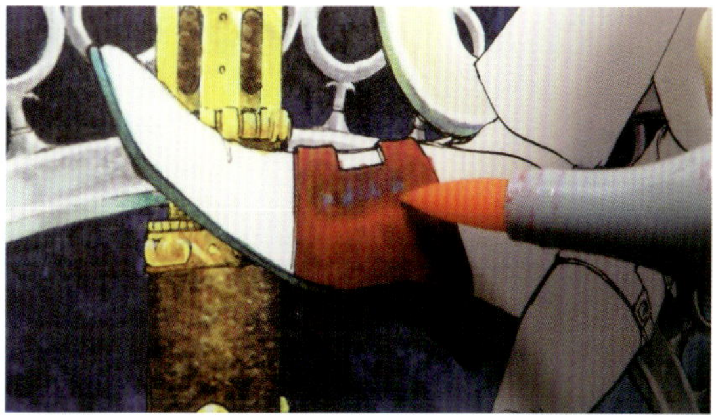

E09 Burnt Sienna – Vertikale Linien einzeichnen.

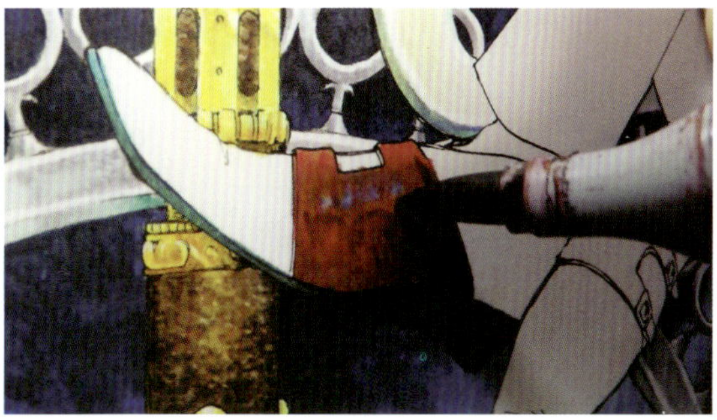

E09 Burnt Sienna – Der Vorgang wird wiederholt.

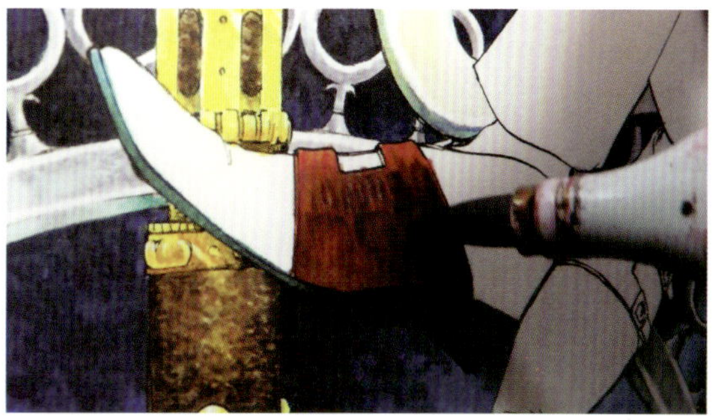

E07 Light Mahogany – Nun werden die Linien verwaschen.

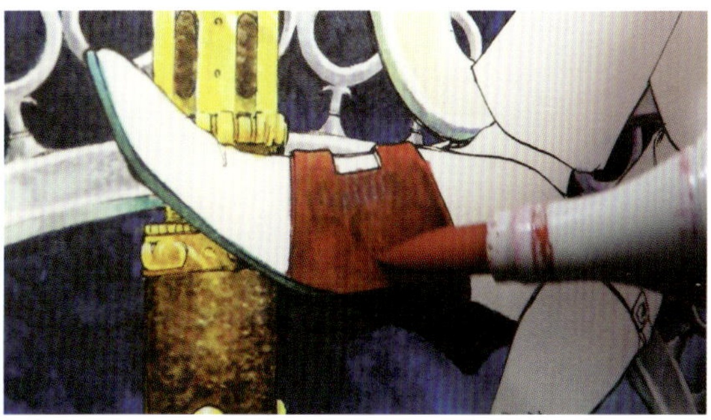

E13 Light Suntan – Eine weitere Farbschicht kommt darüber.

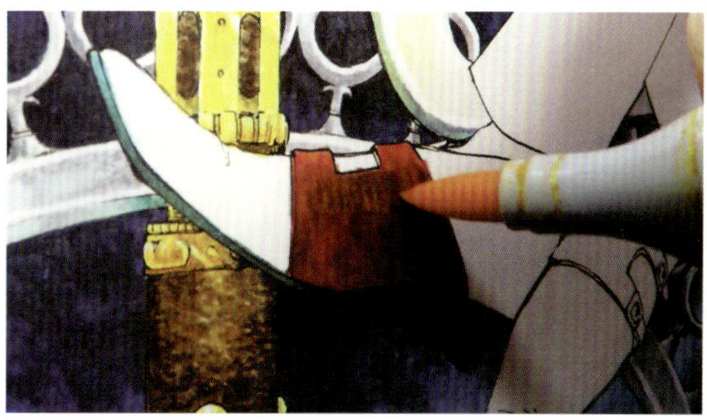

Y38 Honey – Y38 einarbeiten um die Schattierung anzupassen.

Mittelteil finalisieren

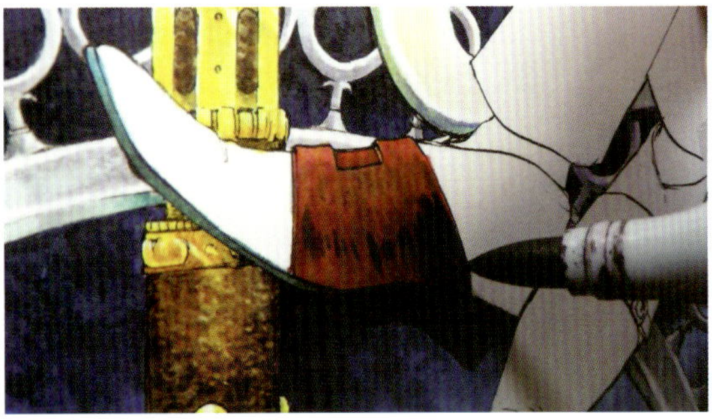

E74 Cocoa Brown — Schattierungen werden gesetzt. Wie üblich in Linienform.

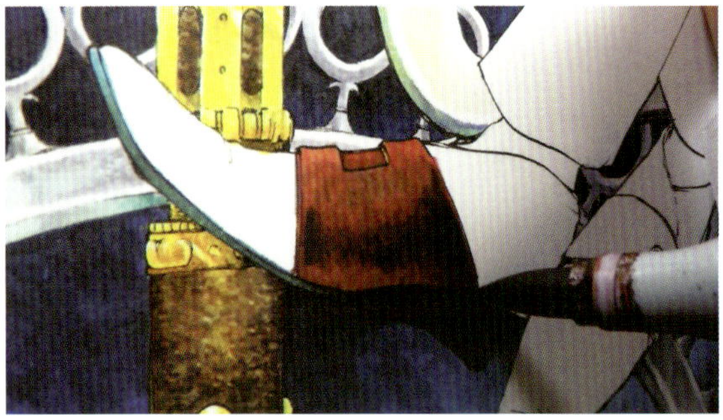

E09 Burnt Sienna — Diese Linien werden verwaschen.

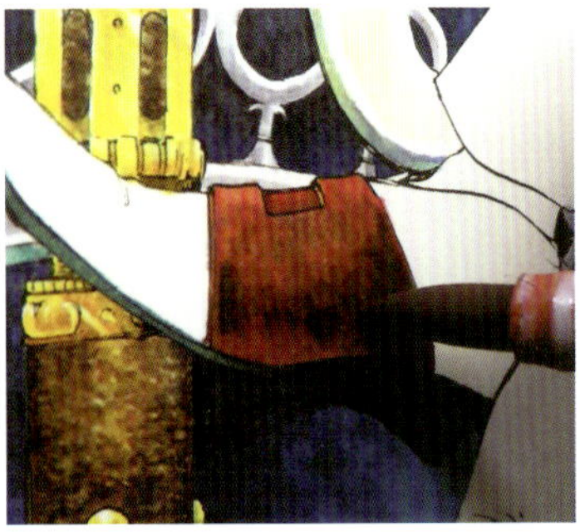

E07 Light Mahogany — Eine weitere Farbe kommt darüber.

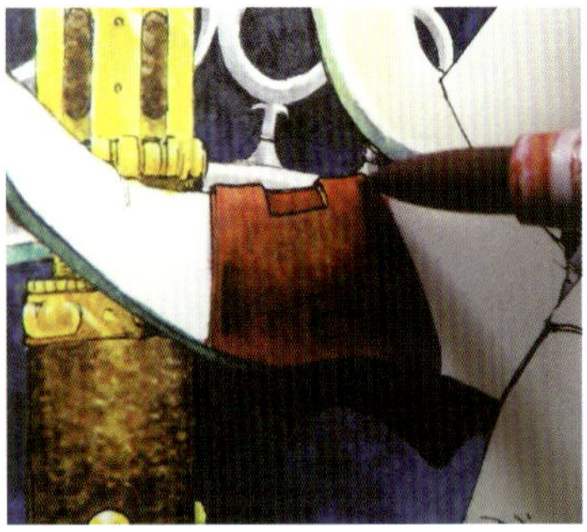

E07 Light Mahogany — Und noch einmal.

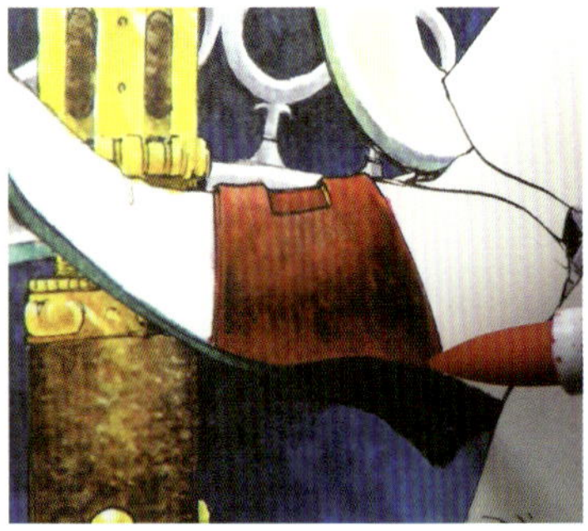

YR04 Chrome Orange — Das Ganze wird verwaschen.

Hacke und Spitze

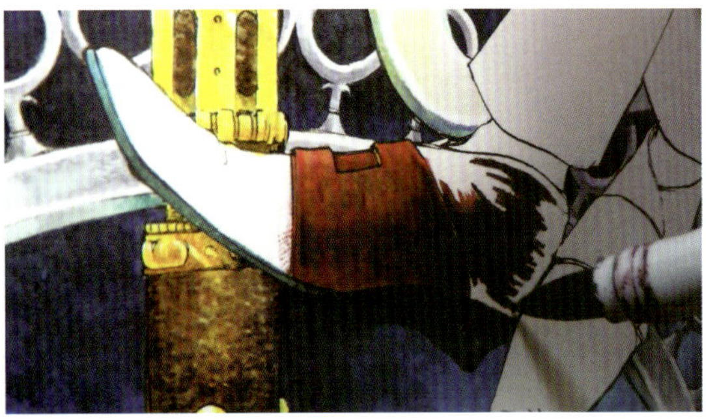

E29 Burnt Umber — Auf ähnliche Art wird die Hacke koloriert.

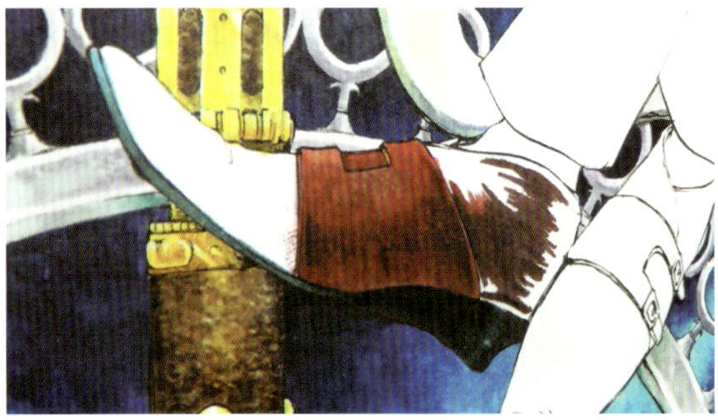

E29 Burnt Umber — Die Mitte wird durch mehrfaches Auftragen abgedunkelt.

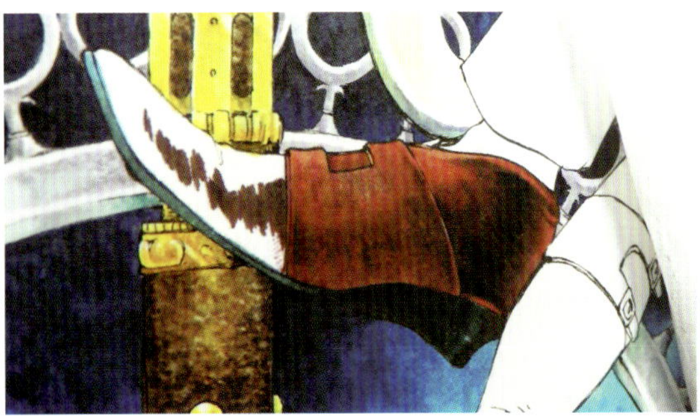

E29 Burnt Umber — Auch bei der Spitze wird erst der mittlere Teil schattiert.

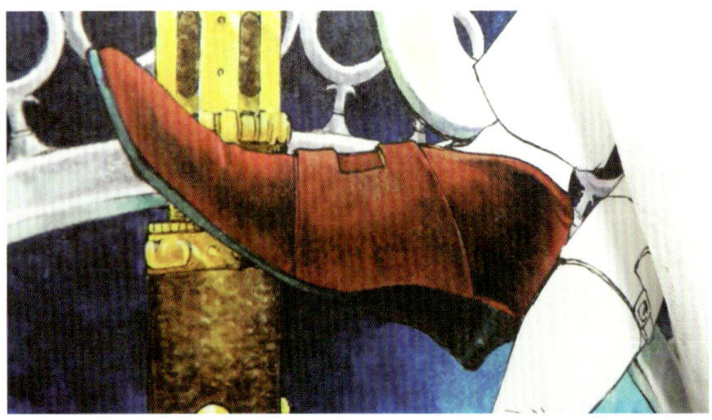

E07 Light Mahogany, E09 Burnt Sienna, YR04 Chrome Orange — Weitere Farben auftragen, und der Schuh ist fertig.

Frisches Herz

Ein gerade entnommenes Herz, das allerdings wegen des Pakts schon fast tot ist.

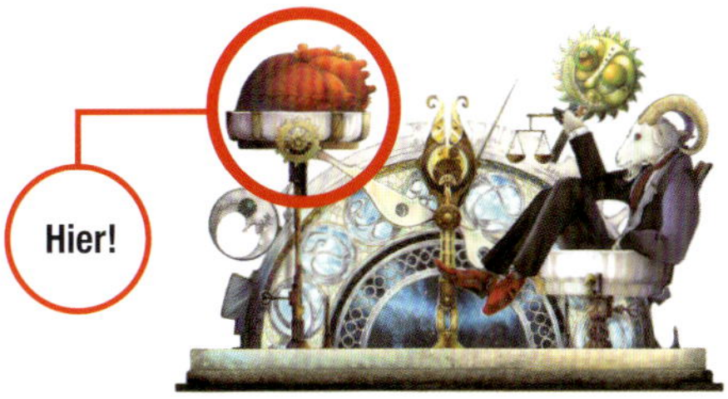

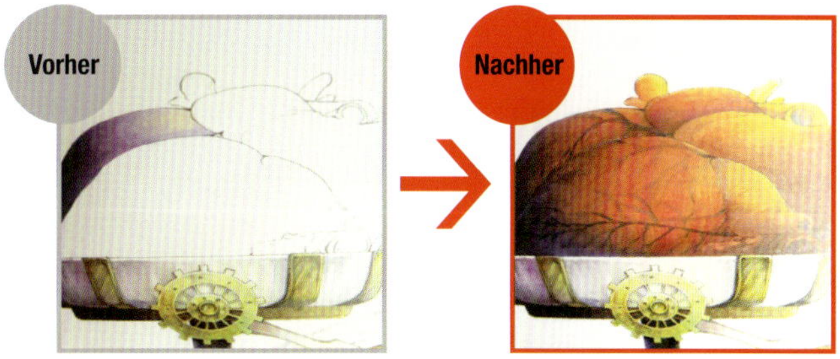

Erste Schritte

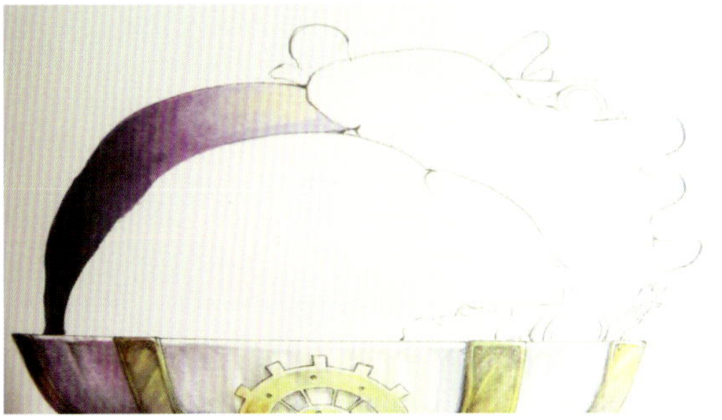

V99 Aubergine | BV17 Deep Reddish Blue | V09 Violet | V17 Amethyst | BV13 Hydrangea Blue | Y13 Lemon Yellow

Vom Rand zur Mitte eine Abstufung von V99 ⇨ BV17 ⇨ V09 ⇨ V17 ⇨ BV13 ⇨ Y13 erstellen.

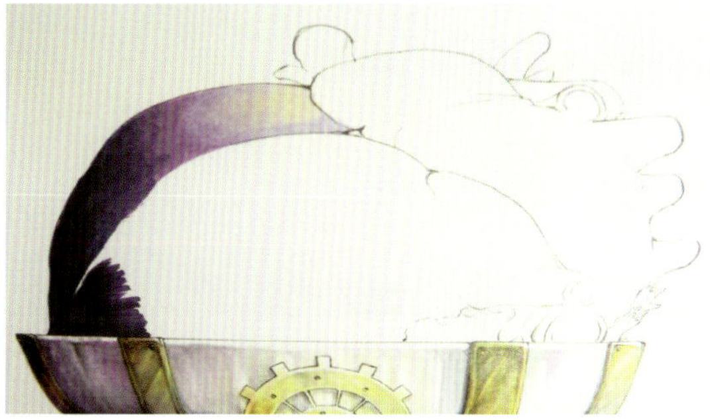

V99 Aubergine | BV17 Deep Reddish Blue

Die äußere Kante wird mit V99 angemalt und die Fläche mit BV17 erweitert.

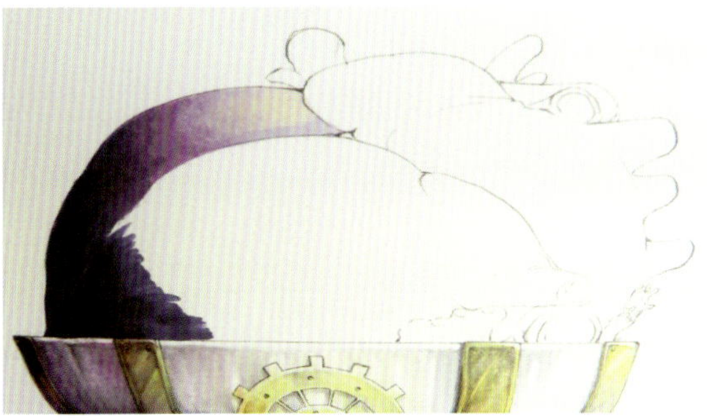

BV08 Blue Violet

Mit BV08 die Fläche fächerförmig ausweiten.

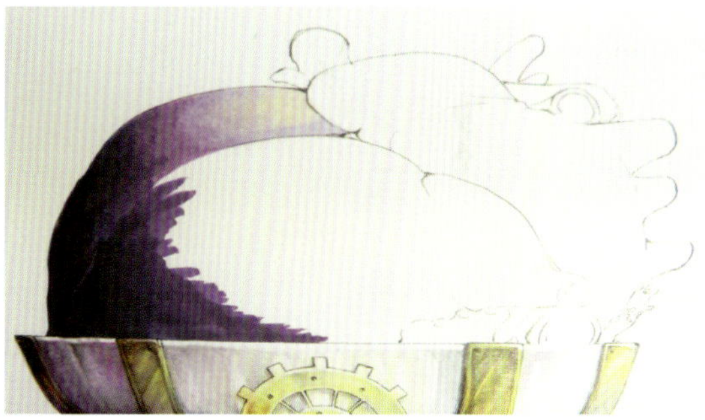

V09 Violet

Berücksichtigt die Wölbung der linken Herzkammer und erweitert mit V09.

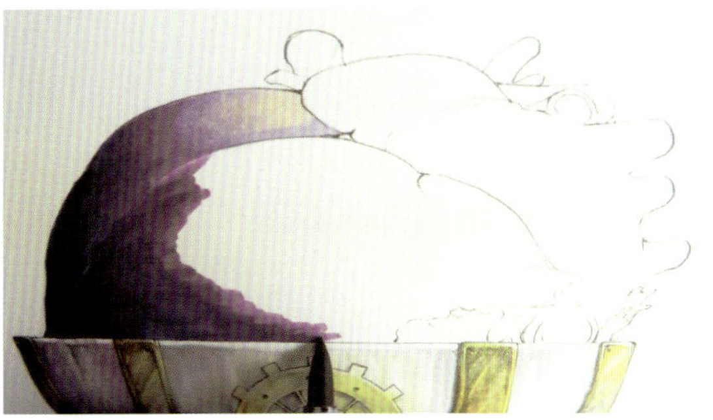

V15 Mallow

Weiter mit V15, V09 überlappend.

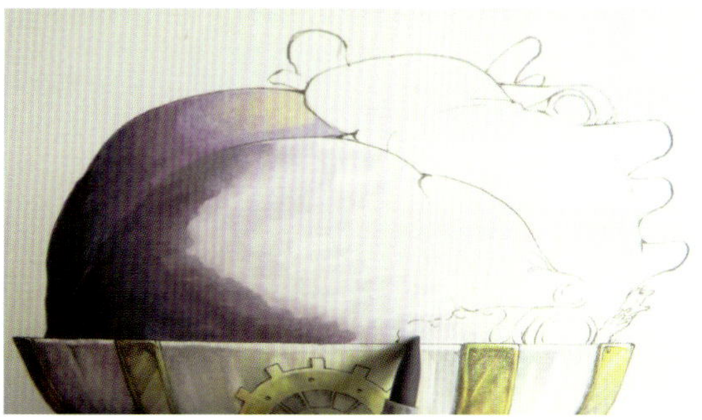

BV02 Prune

Die gesamte linke Herzkammer wird mit BV02 koloriert.

Linke Herzkammer und linker Vorhof

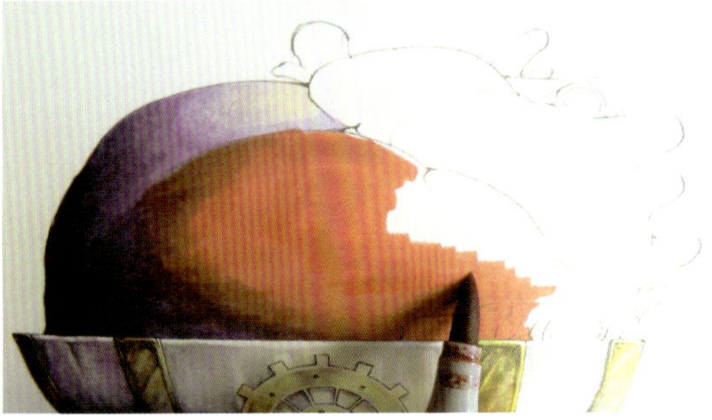

R22 Light Prawn

Die Fläche wird bis zum linken Vorhof mit R22 koloriert.

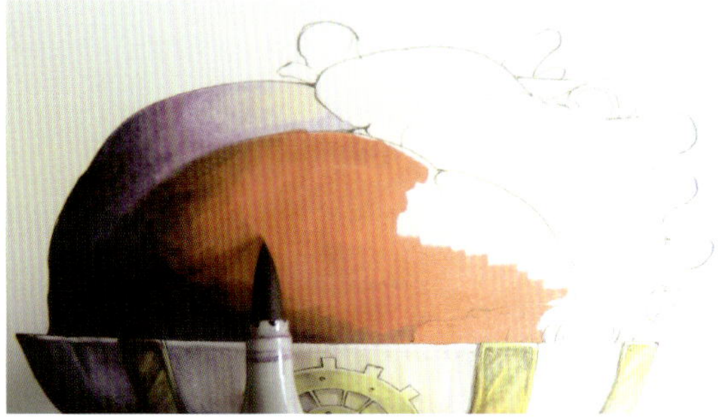

V15 Mallow

Die Grenze zwischen BV02 und R22 wird mit V15 übermalt.

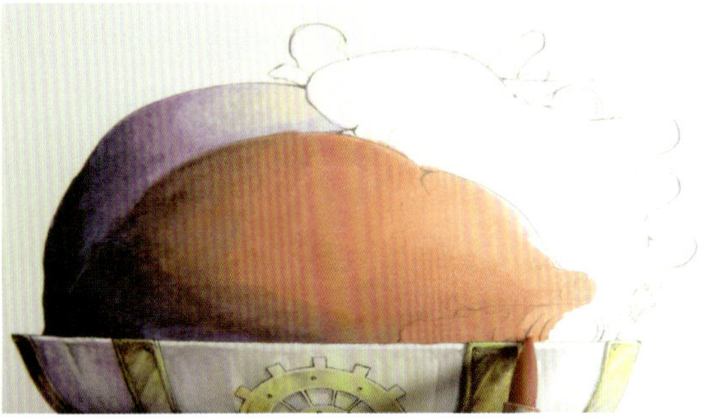

R12 Light Tea Rose

Der linke Vorhof wird koloriert.

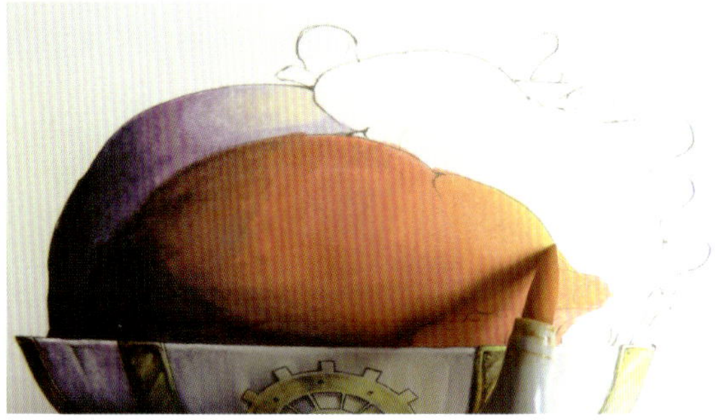

YR15 Pumpkin Yellow

YR15 kommt für das Highlight am linken Vorhof zum Einsatz.

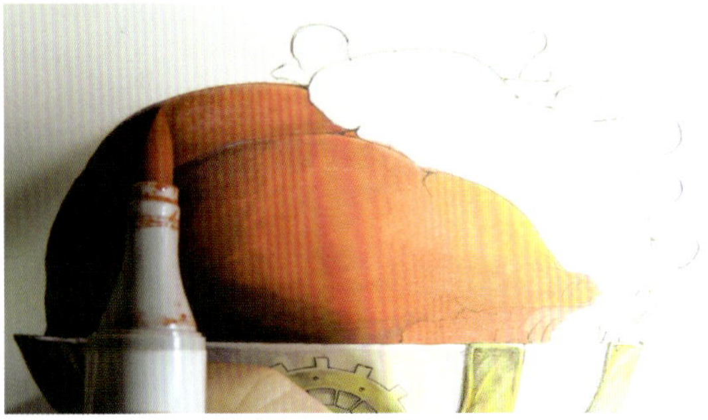

R12 Light Tea Rose

Die Herzkammer bekommt Röte.

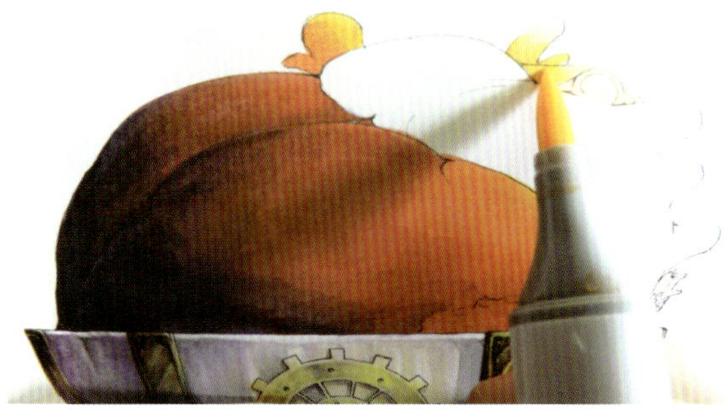

R12 Light Tea Rose | YR15 Pumpkin Yellow | Y13 Lemon Yellow

Die Venen werden koloriert. Die hellste Stelle mit Y13, die dunkelste Stelle mit YR15.

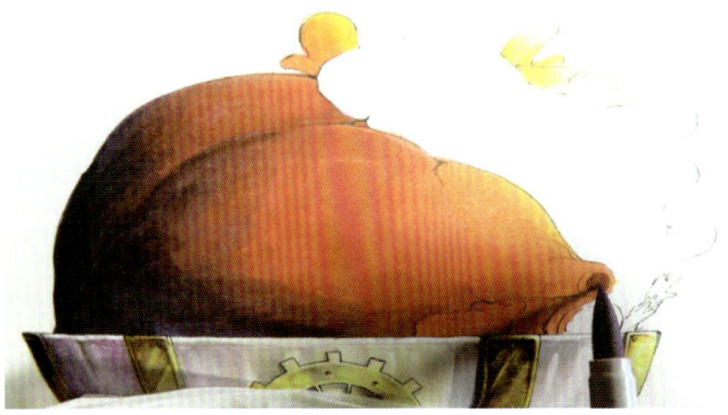

V09 Violet

Jetzt das Innere der Venen einfärben. Rundlich, weil es sich um Hohlräume handelt.

Rechter Vorhof

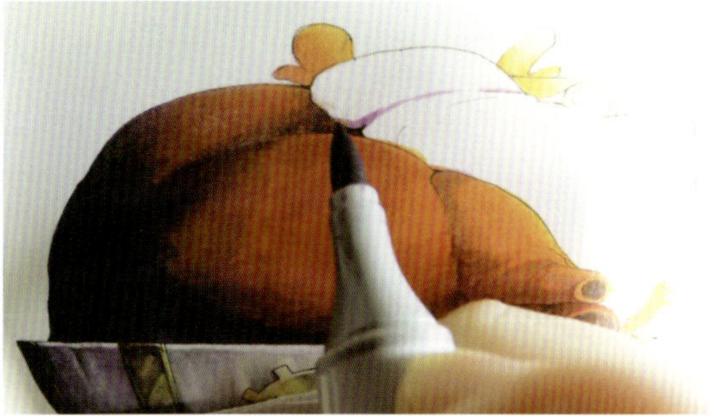

V04 Lilac — Zeichnet eine Grundlinie, die zur Schattierung des rechten Vorhofs wird.

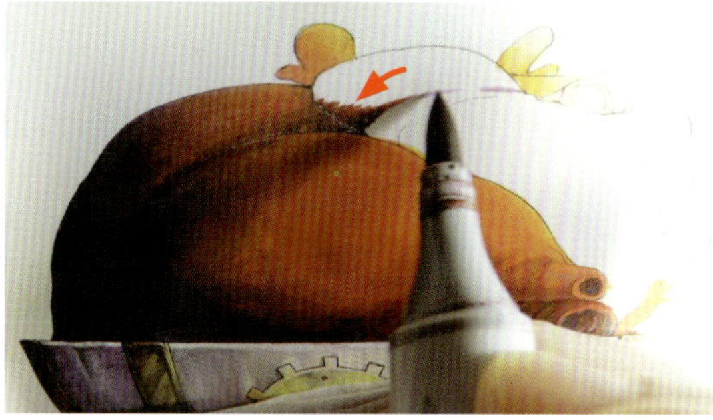

E08 Brown — Dann wird der Pinsel zur Unterseite des Vorhofs geführt.

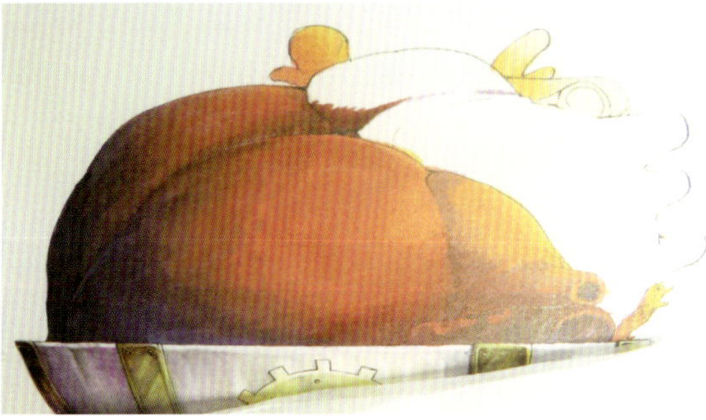

E08 Brown — Dadurch entsteht so eine Schattierung.

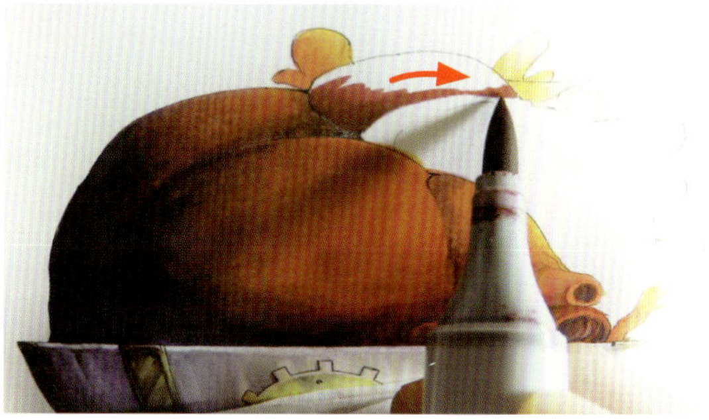

YR18 Sanguine — Sie wird mit YR18 gestreckt.

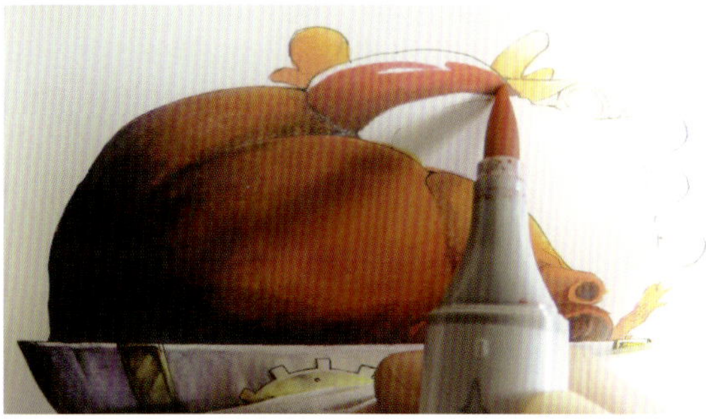

YR07 Cadmium Orange — Noch stärker, um den rechten Vorhof plastisch darzustellen.

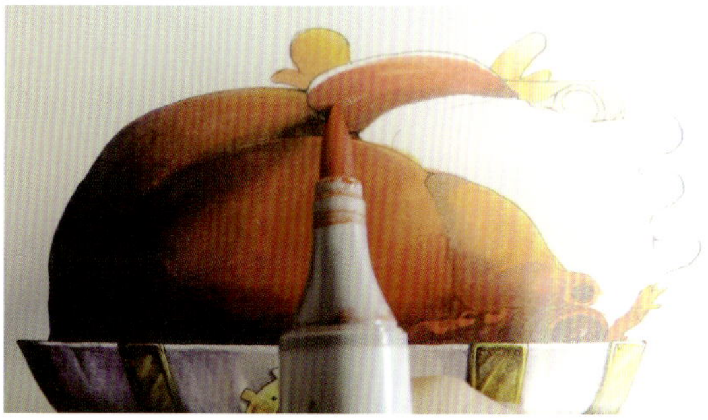

YR15 Pumpkin Yellow — Die Farben werden geordnet, außer am Highlight.

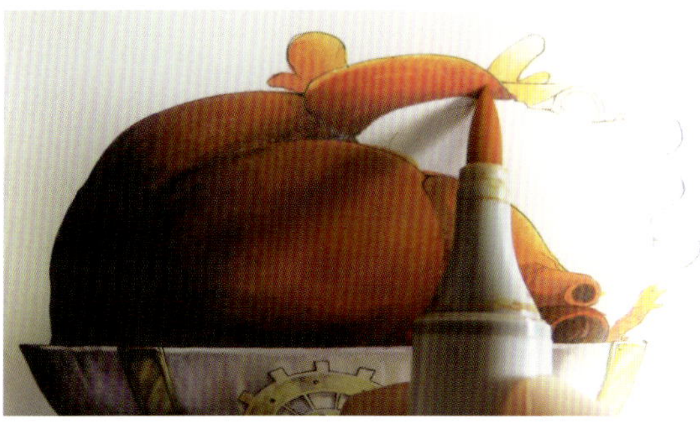

Y13 Lemon Yellow — Setzt das Highlight am rechten Vorhof und ordnet die Farben der Venen.

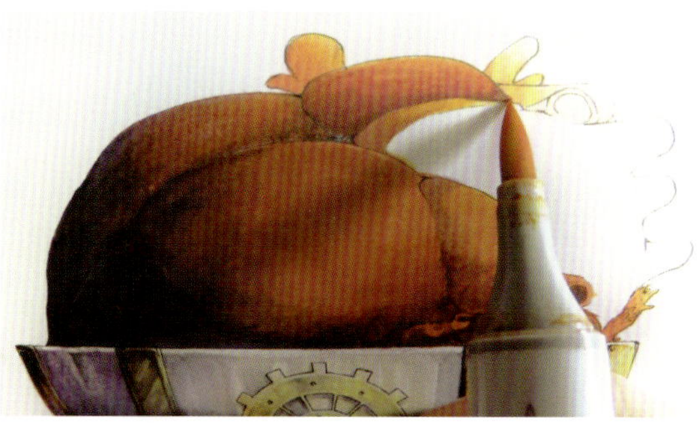

E08 Brown · YR18 Sanguine · YR07 Cadmium Orange · YR15 Pumpkin Yellow

Nun kommt die Aorta an die Reihe. An der Wurzel E08 ⇨ YR18. Dann eine Abstufung von oben nach unten von YR07 ⇨ YR15.

Aorta

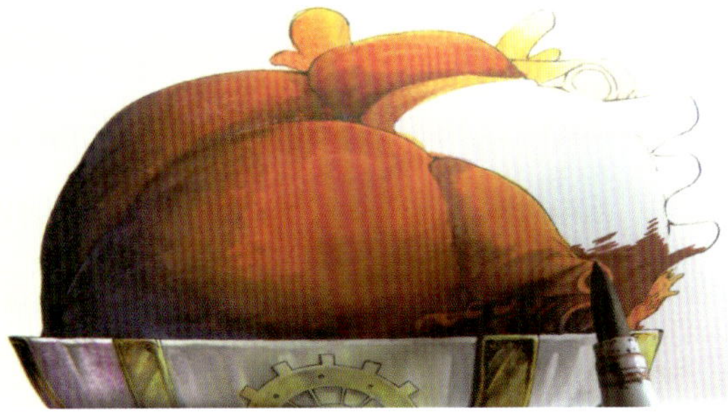

E08 Brown – Die Aorta-Wurzel wird mit E08 angemalt, indem ihr Linien auf der inneren Seite zeichnet.

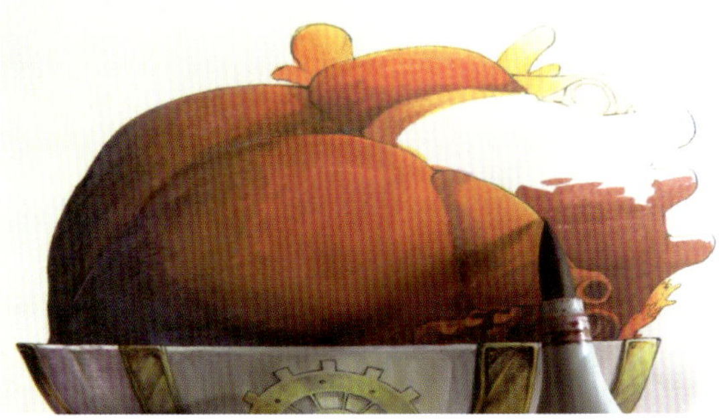

E08 Brown – Dabei an die Wölbung denken und die Farbe mit gebogenen Linien auftragen.

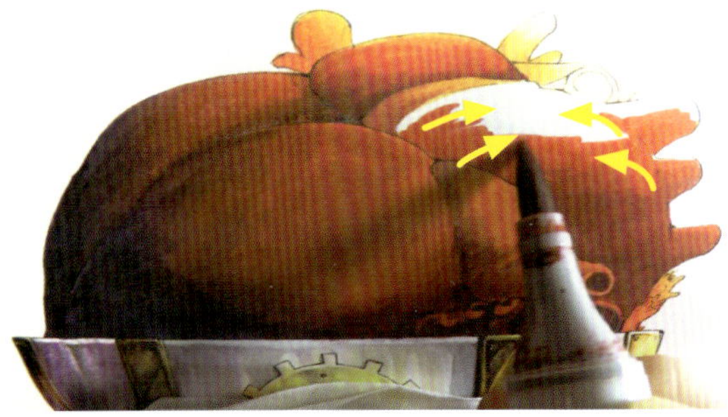

YR07 Cadmium Orange – Von den Rändern aus koloriert ihr stromlinienförmig in die Mitte.

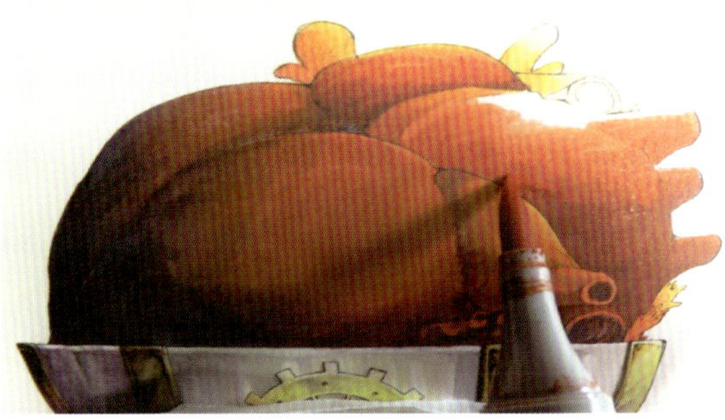

YR15 Pumpkin Yellow – Bei der nächsten Farbe ebenso an die Wölbung denken.

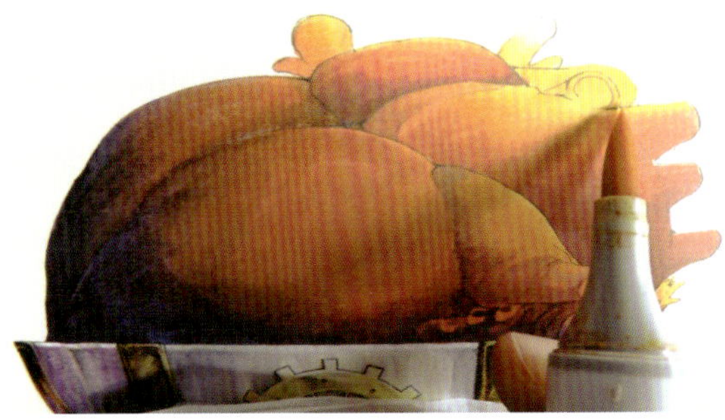

Y13 Lemon Yellow – Der Vorgang wird wiederholt.

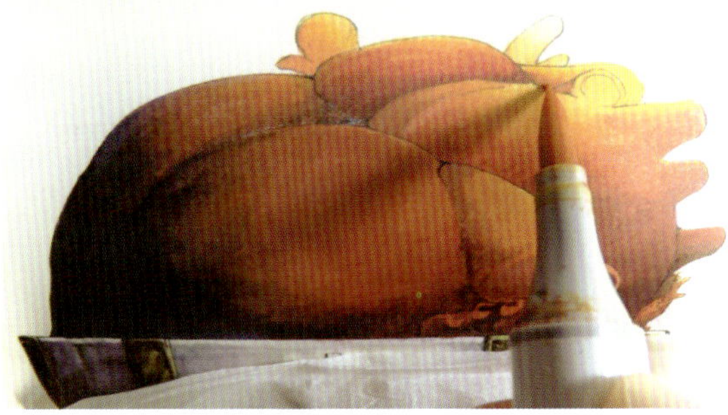

Y13 Lemon Yellow – Durch Überlappung wird die Farbe entwickelt.

Vene

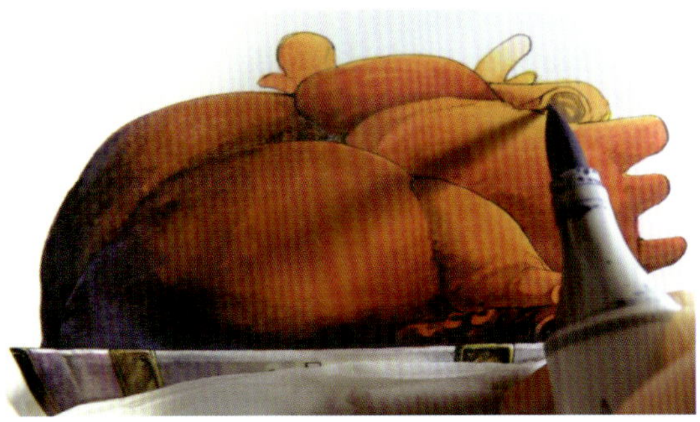

BV13 Hydrangea Blue – Koloriert nun das Innere der Vene.

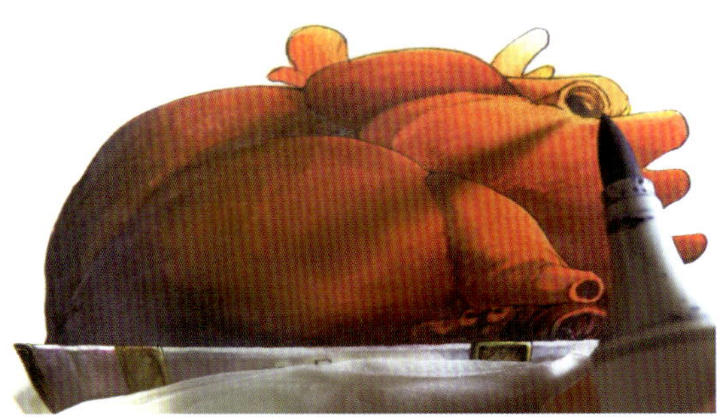

V17 Amethyst – Der Farbton sollte genauso sein wie die dunklen Stellen der Herzkammer.

Details des linken Vorhofs

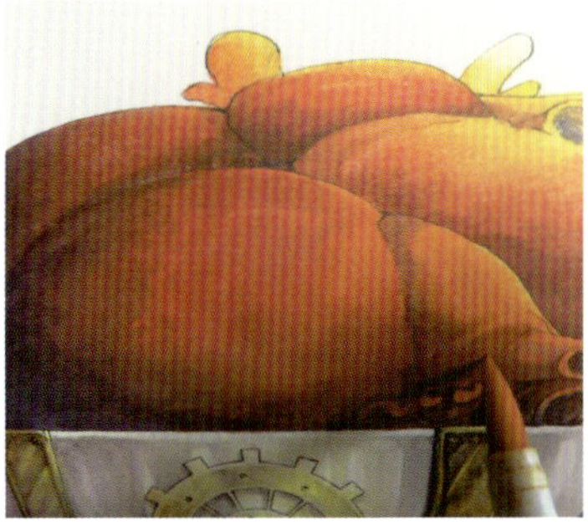

Y13 Lemon Yellow – Ist die Farbe des linken Vorhofs trocken, wird mit Y13 Glanz hinzugefügt.

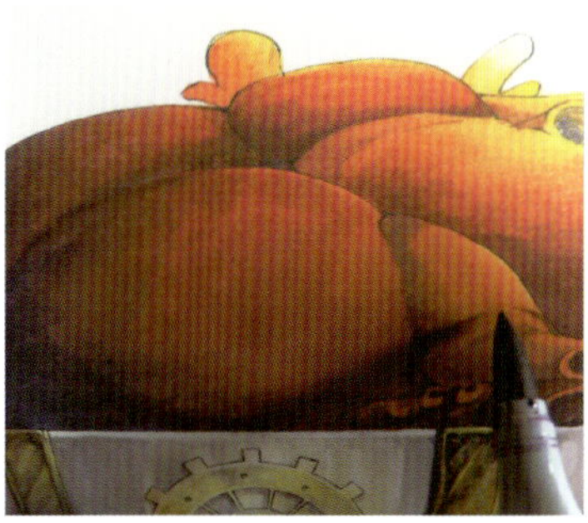

BV13 Hydrangea Blue – Mit feinen Schattierungen wird die Wölbung dargestellt.

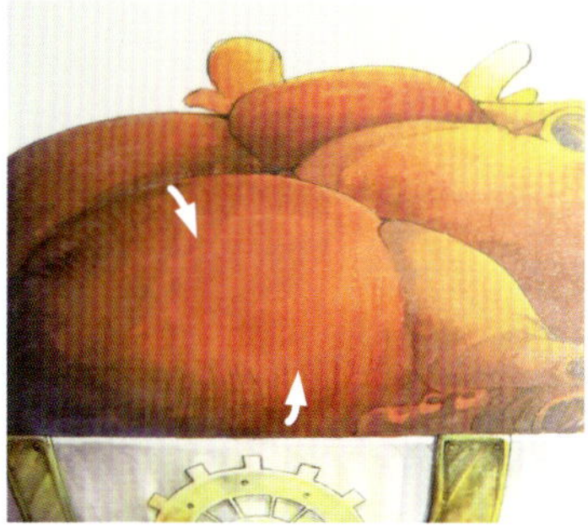

YR18 Sanguine – Dann werden Muskellinien eingezeichnet.

Adern einzeichnen und Abschluss

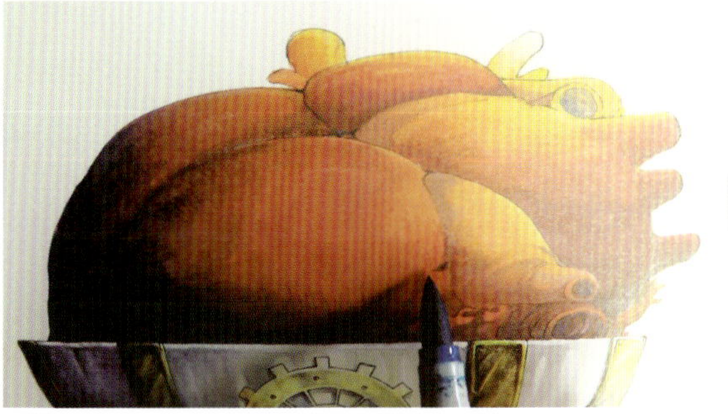

B29 Ultramarine – Die Adern blau einzeichnen.

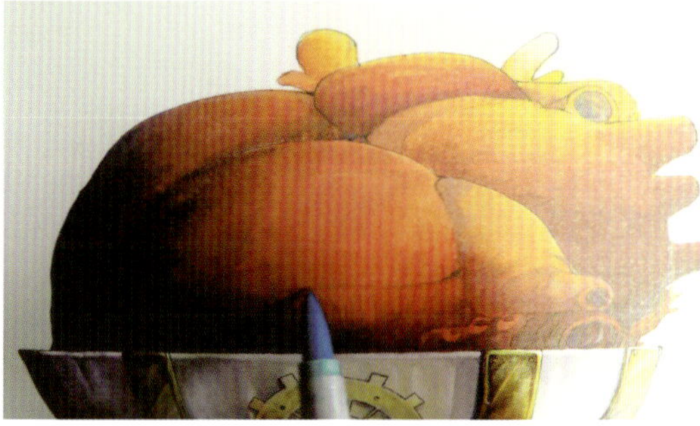

B04 Tahitian Blue – Sind die dunklen Stellen mit B29 eingezeichnet, nehmt ihr B04, um die Adern zu verlängern.

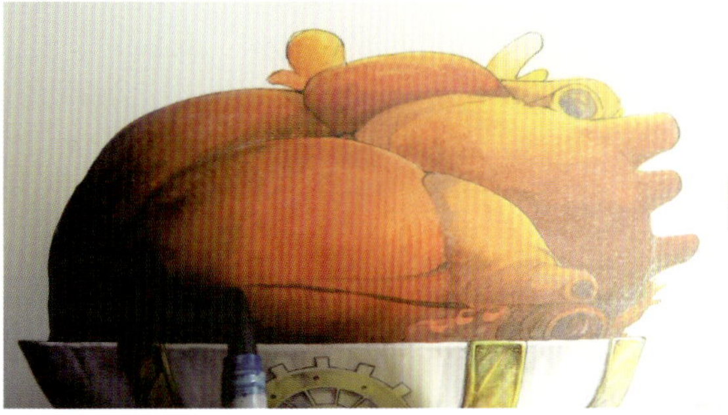

B06 Peacock Blue – Dicke Adern werden kräftig eingezeichnet.

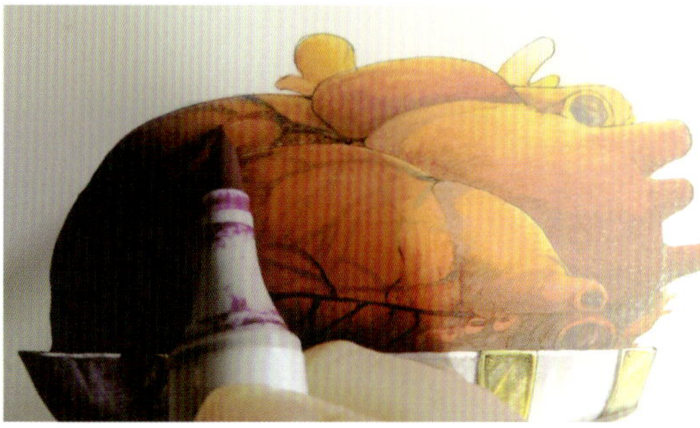

V06 Lavender – Die hinteren Adern werden violett dargestellt.

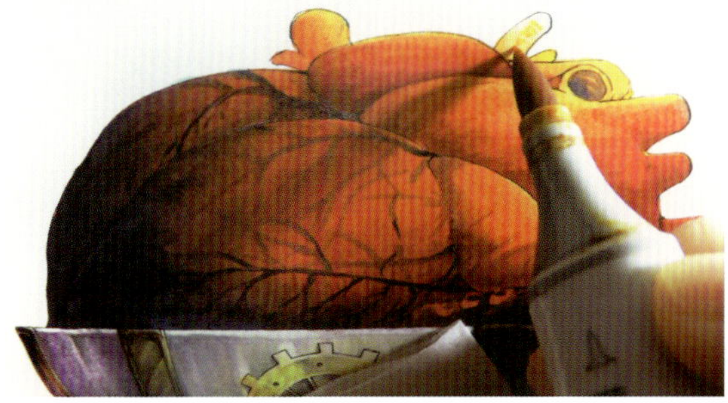

YR15 Pumpkin Yellow – Auch auf die Vene des rechten Vorhofs werden Linien gesetzt.

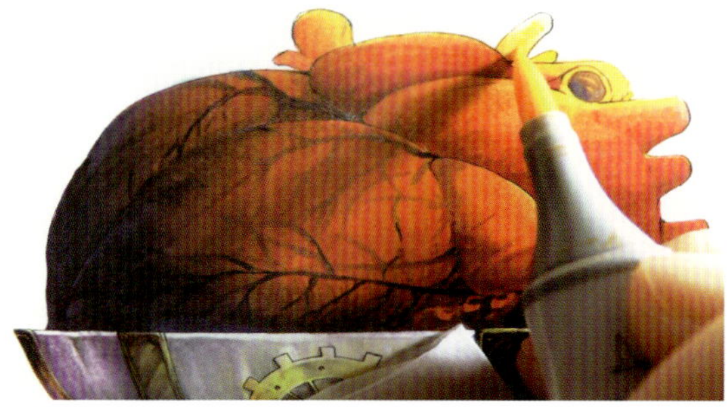

Y13 Lemon Yellow – Die Linien werden verlängert, und damit ist das Bild fertig.

Scene 2

Bei der Höhle

Die Drachen

Eine badende Drachenfamilie. Nach meinem Setting leben Drachen unter Wasser, doch die jungen Drachen sind noch an Land, weil sie noch nicht stark genug sind. Ich erkläre euch die Beschaffenheit des Wasserfalls, des Flusses, der Pflanzen und der Drachen.

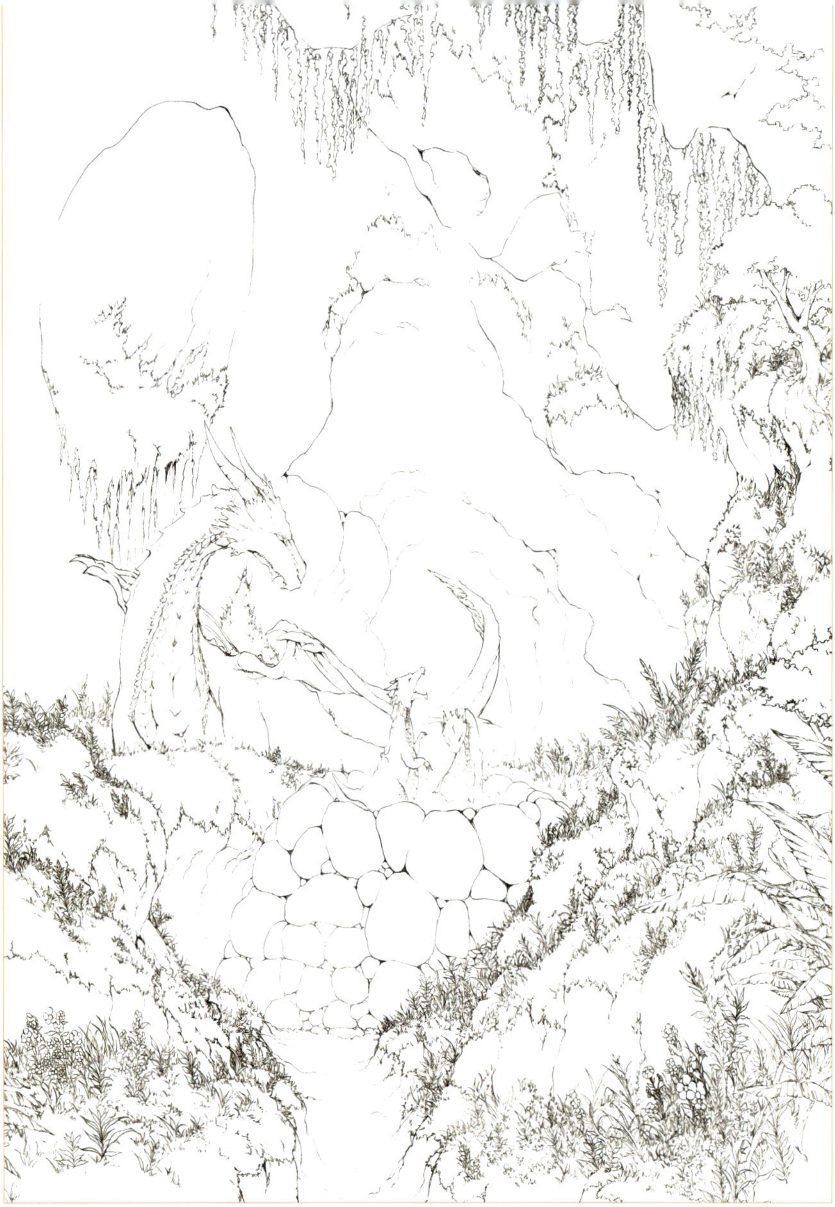

Bestandteile

Grasfläche mit kleinen Pflanzen

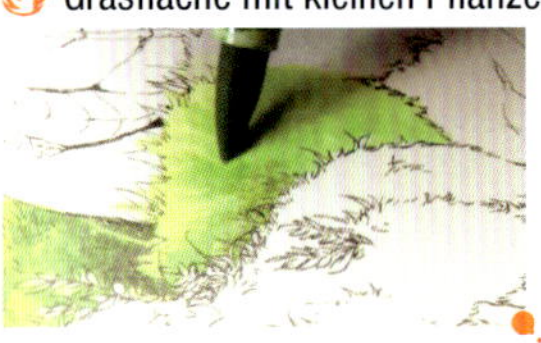

Seite 98

Drachenschuppen

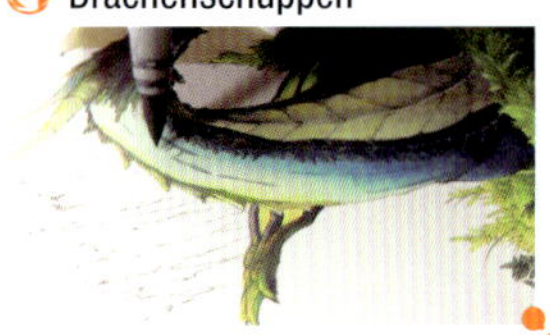

Seite 112

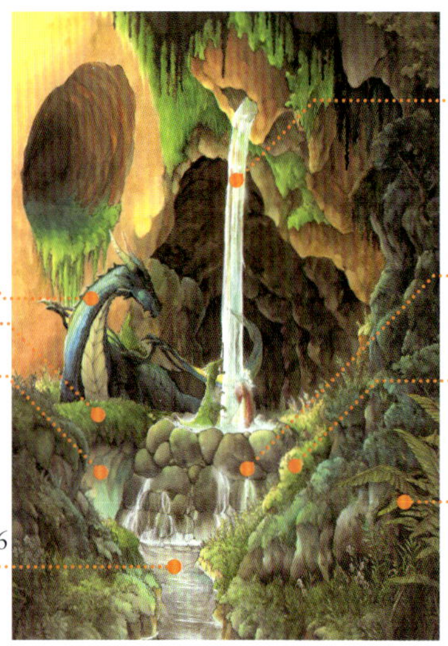

Seite 102

Steilufer mit Lichtreflexen

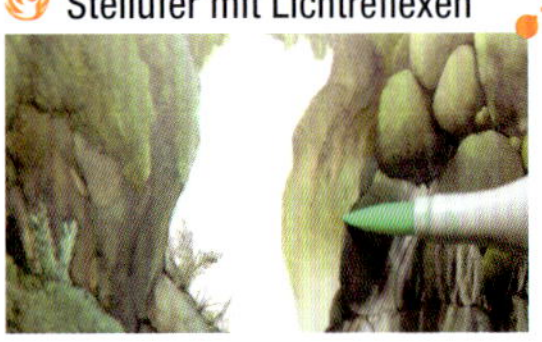

Strömung des Flusses

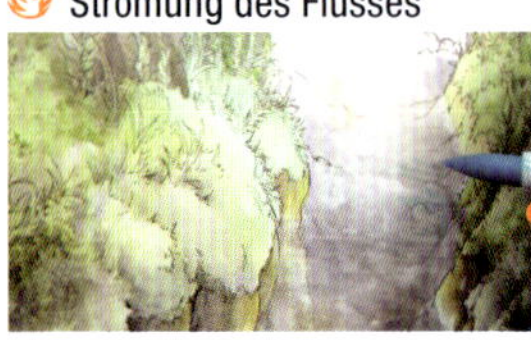

Seite 106

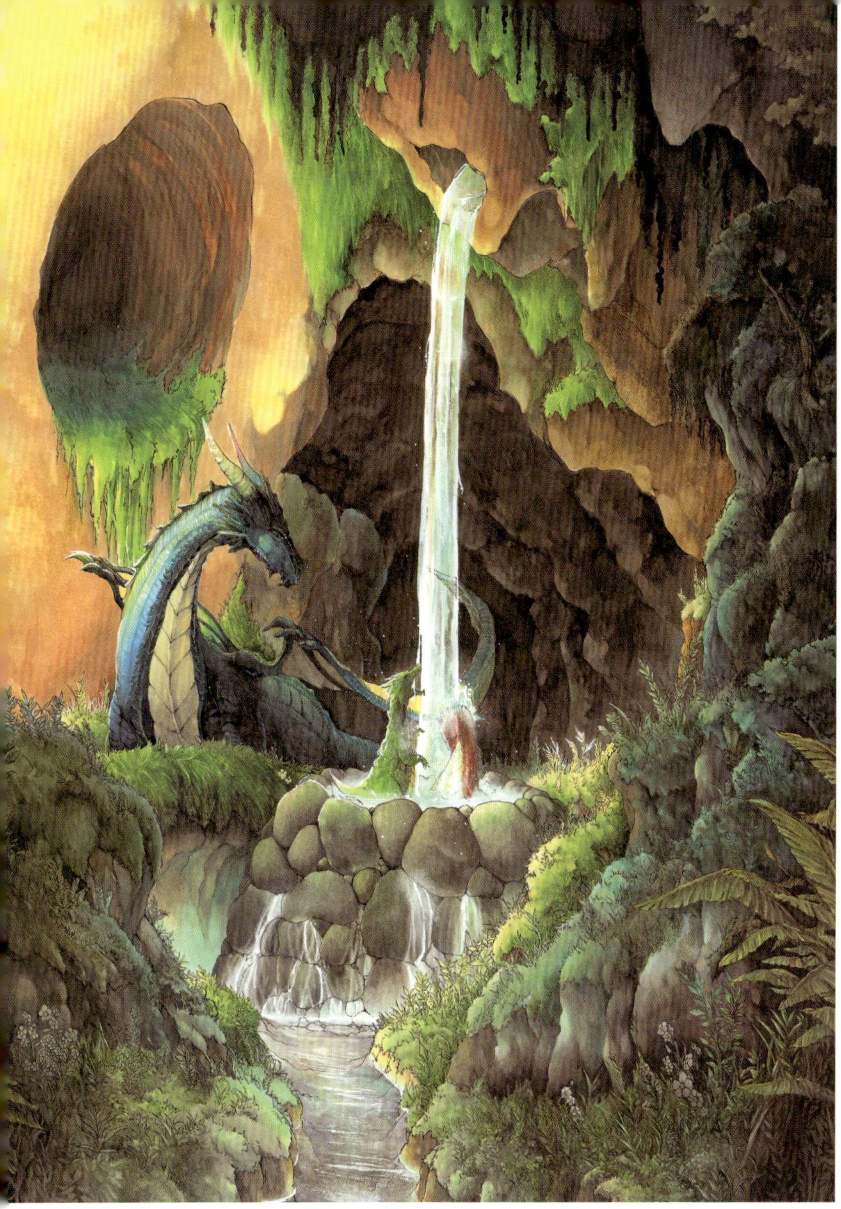

Idee

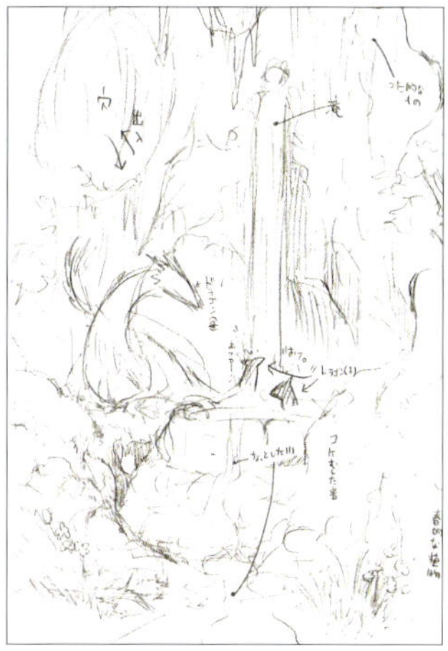

Alle Elemente sind schon in der Rohzeichnung vorhanden. Die Höhle links hinten ist das Nest der Drachen.

Feinskizze

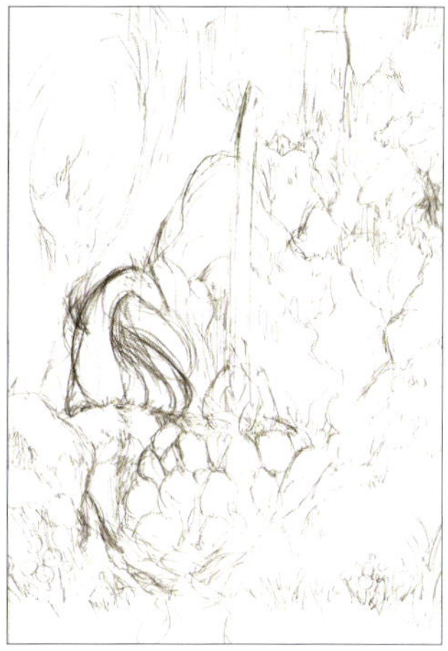

Hier sind die Objekte und Felsformen genauer eingezeichnet. Die Pflanzen wurden erst beim Inken im Detail hinzugefügt, daher gibt es für sie hier nur grobe Hilfslinien.

Wasserfall

Seite 90

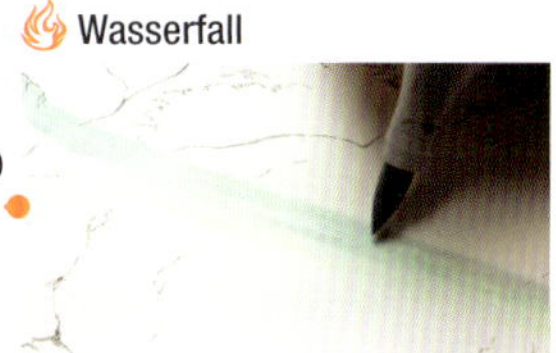

Steinmauer mit Wasser

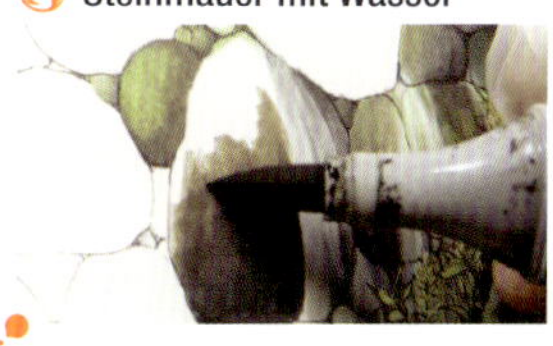

Seite 100

Seite 94

Farnblätter

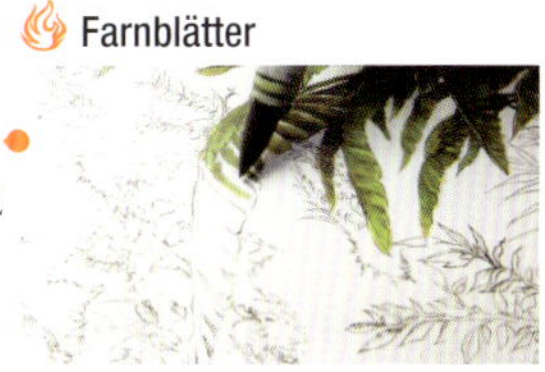

Seite 92

Gebüsch unter dem Felsen

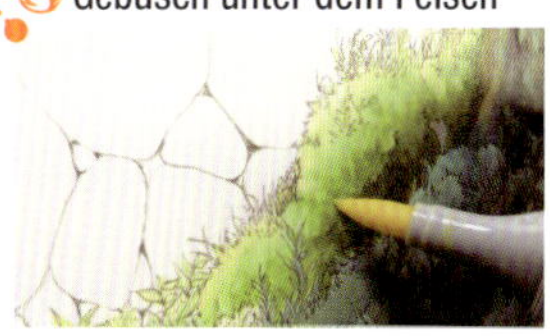

Lichteinfall

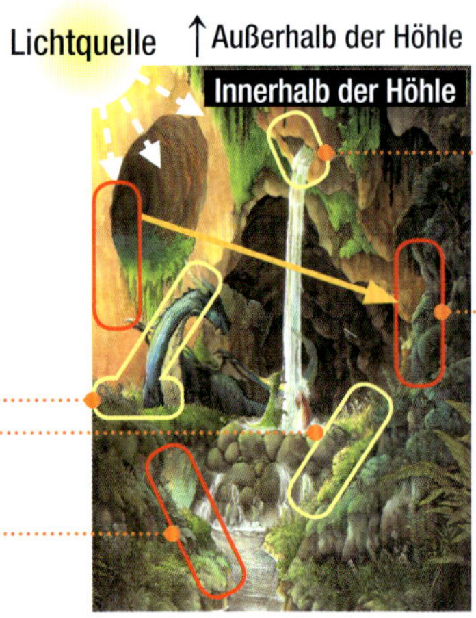

Hier trifft das Licht der Lichtquelle auf.

Reflexion von der Felswand auf der gegenüberliegenden Seite

Direktes Licht von der Lichtquelle

Reflexion von der Wasseroberfläche

Wasserfall

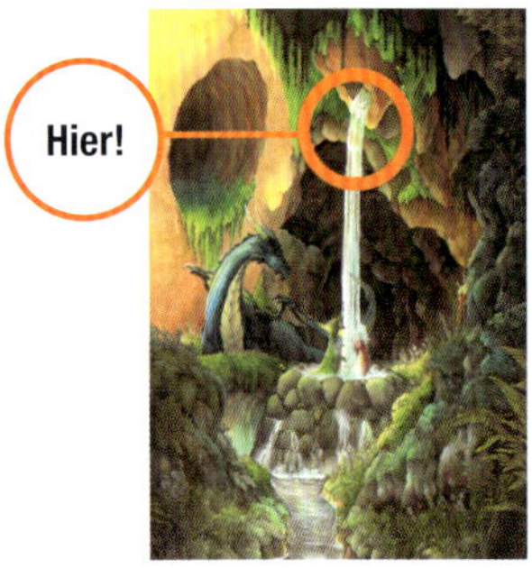

Es ist wichtig, an die Strömungsrichtung zu denken.

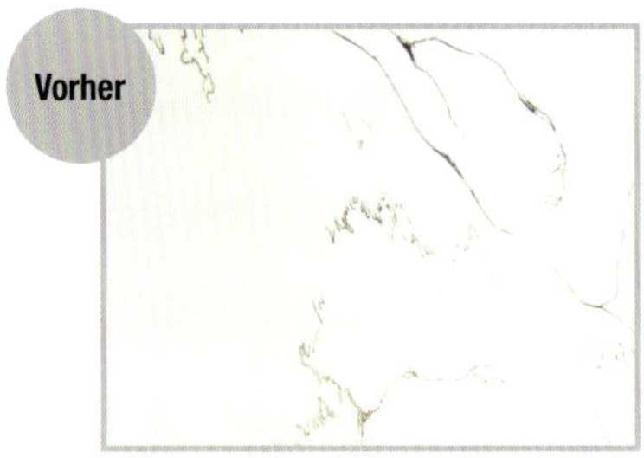

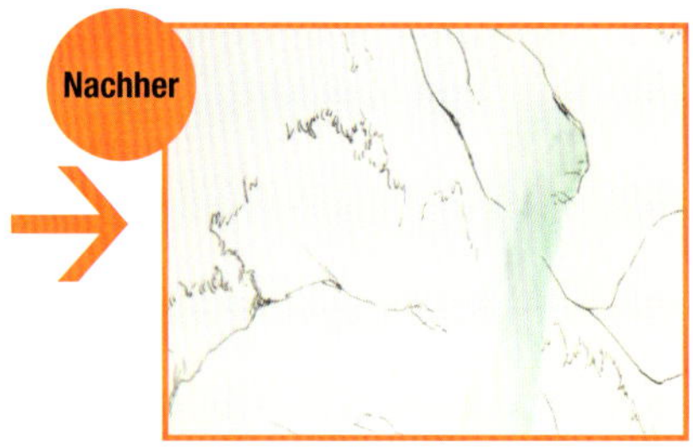

Der Wasserfall

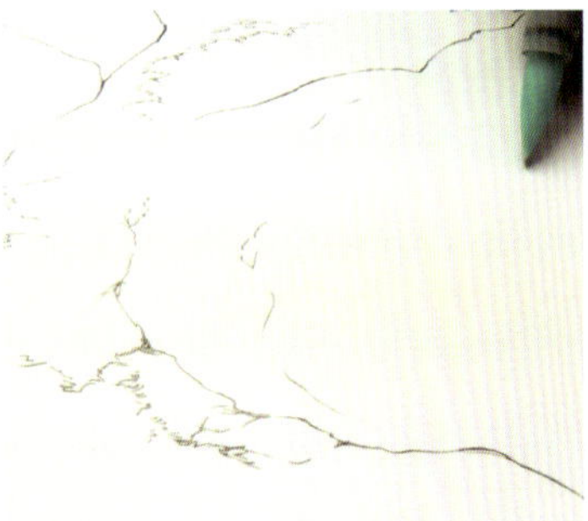

BG000 Pale Aqua Tragt die Grundfarbe des Wassers auf.

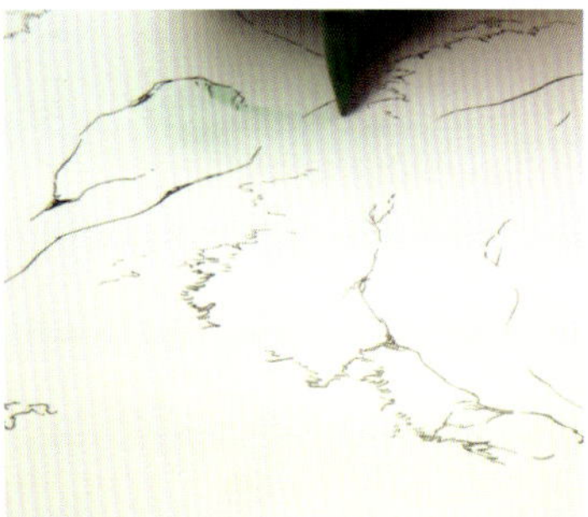

B01 Mint Blue Setzt Schattierungen am Wasser.

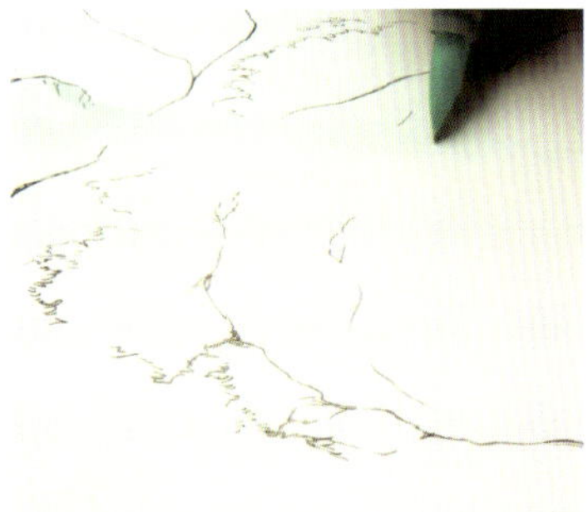

BG000 Pale Aqua Bewegt den Pinsel der Strömung entsprechend.

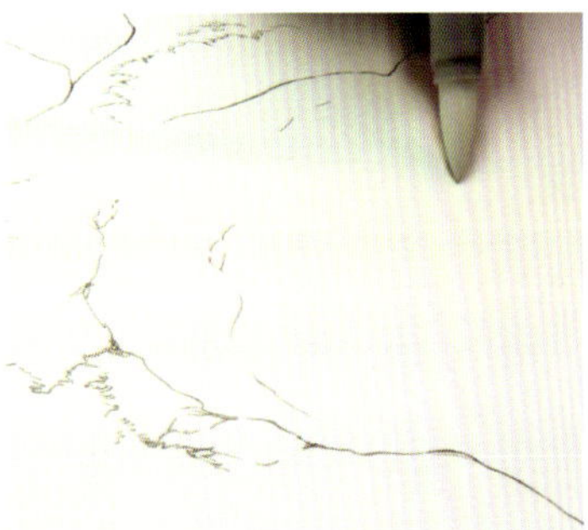

0 Colorless Blender Fügt ausreichend weiße Lücken ein.

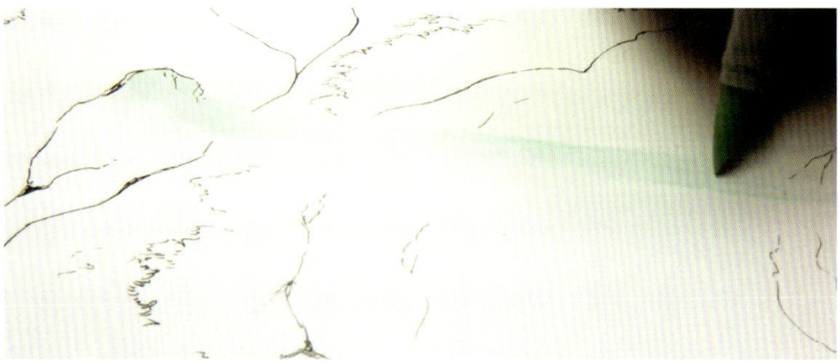

B01 Mint Blue B02 Robin's Egg Blue Wiederholt diese Vorgänge, um die Details zu verfeinern. Denkt dabei an die Lichtrichtung. Die Basis der Schattierungen mit BG000, danach B01 und B02.

Details hinzufügen

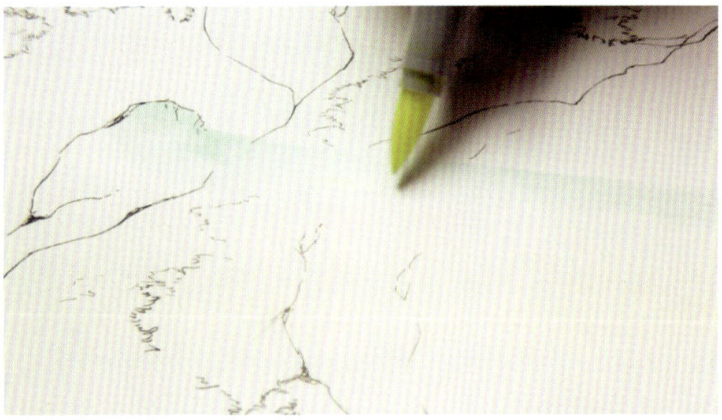

YG00 Mimosa Yellow — Das Licht kommt von links, daher wird YG00 nur auf der linken Seite gesetzt.

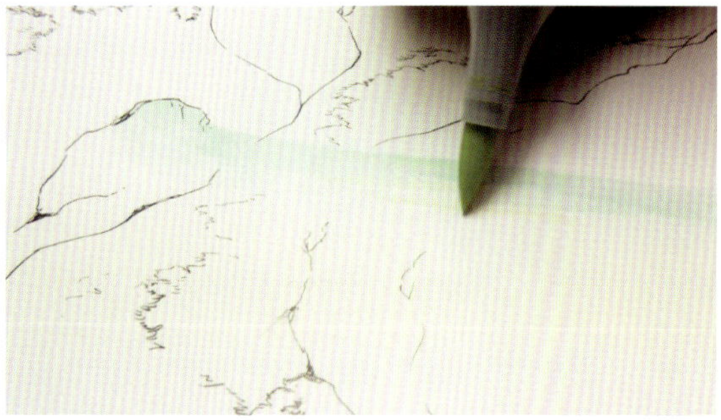

B0000 Pale Celestine — Die Farben verwaschen und den Pinsel in Strömungsrichtung führen.

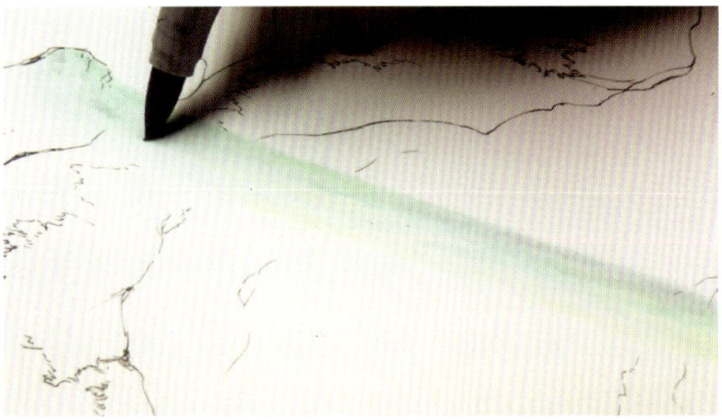

N1 Neutral Gray No.1 — Graue Schattierungen kommen an der Mündung und auf dem Wasserfall hinzu.

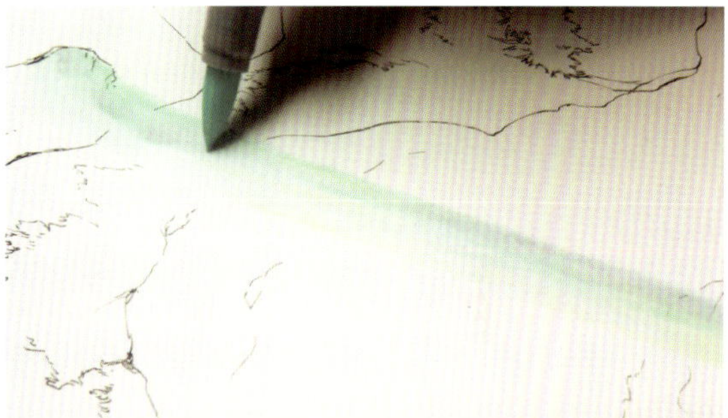

B000 Pale Porcelain Blue — Schattierungen verwaschen und anpassen.

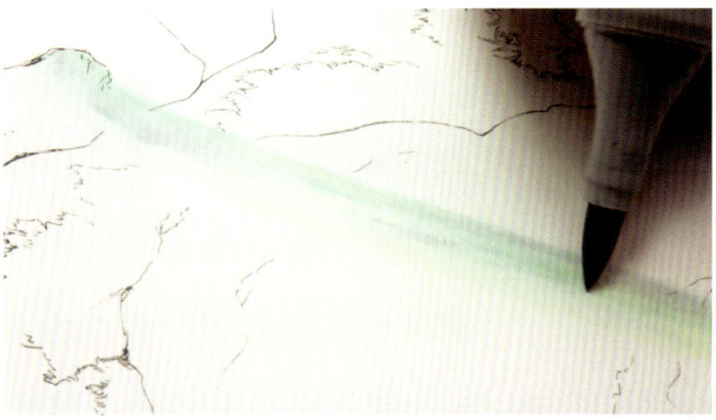

N1 Neutral Gray No.1, BV31 Pale Lavender — Schattierungen an den Stellen setzen, wo viel Wasser fließt. Diese Stellen verwaschen.

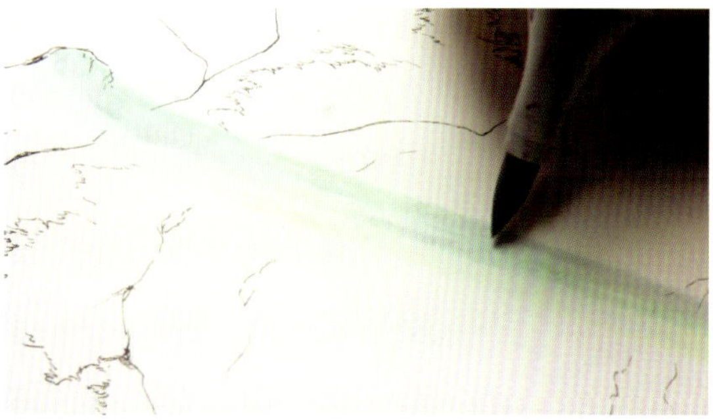

N1 Neutral Gray No.1 — Weitere feine Schattierungen setzen.

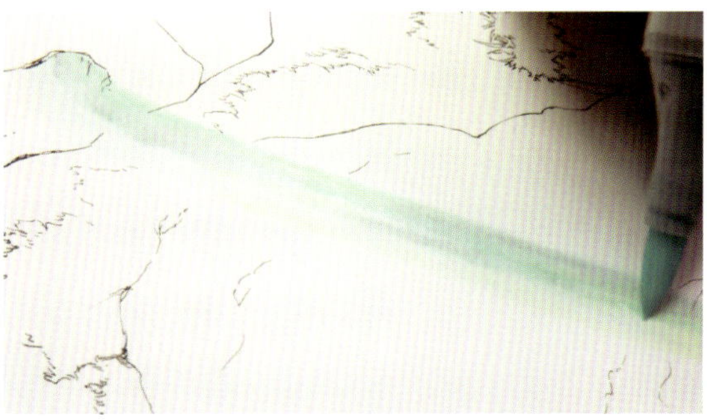

B000 Pale Porcelain Blue — Die Schattierungen dürfen nicht zu stark sein, daher werden sie mit B000 verwaschen.

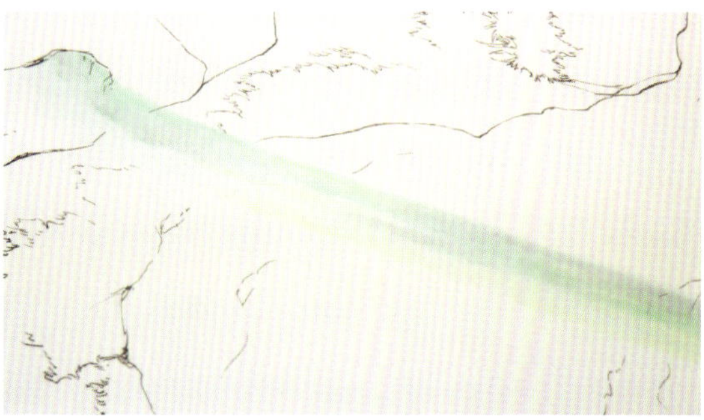

Immer mehr Farben übereinander, bis der Wasserfall fertig ist.

Dichte Farnblätter

Hier stehen Blattformen und Blattadern im Mittelpunkt.

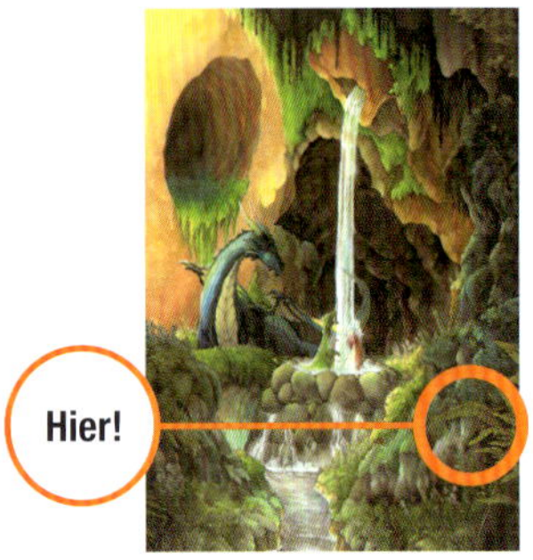

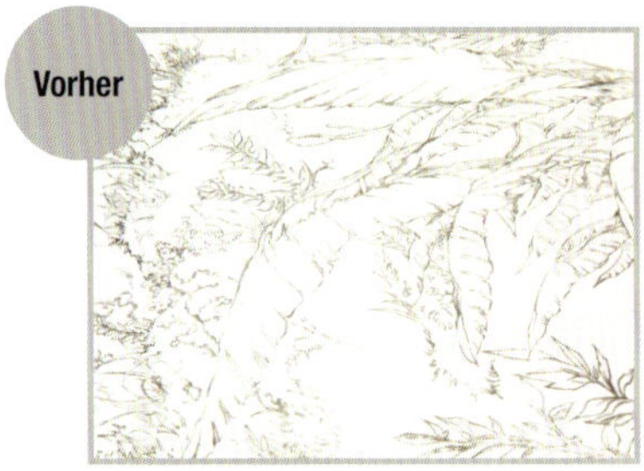

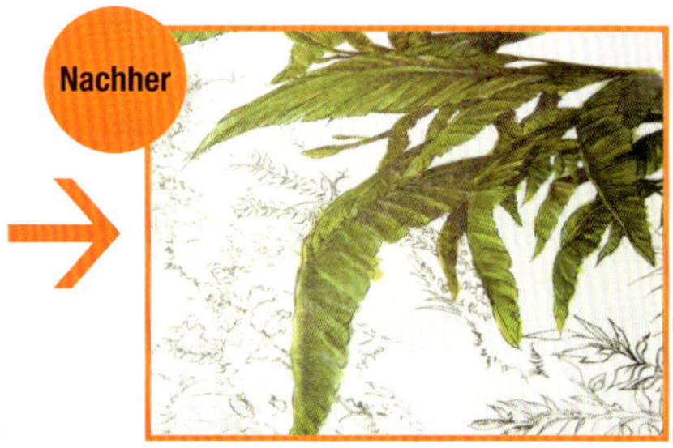

Basis

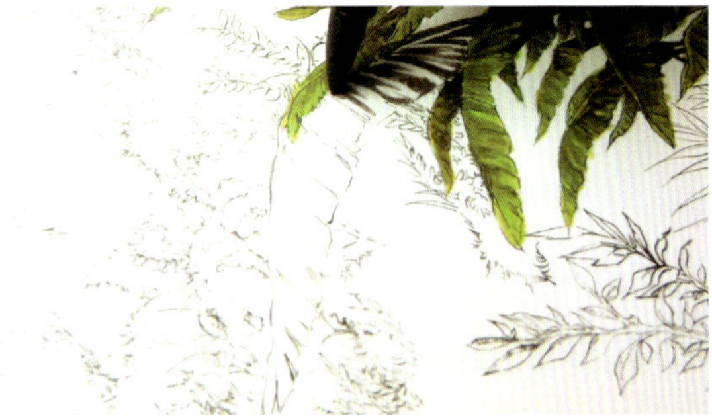

V99 Aubergine — Zeichnet die Schattierungen der Blattadern ein. Dabei Flächen für Licht frei lassen.

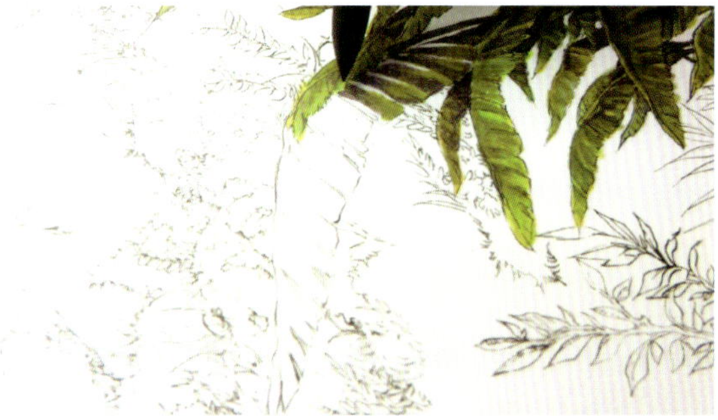

G94 Grayish Olive — Diese Farbe kommt auf die letzte Farbe und auch auf die Lücken. Die dicken Seitenrippen lasst ihr aus.

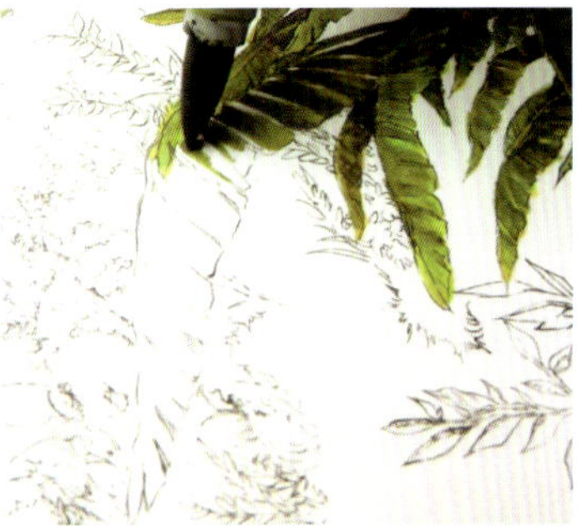

G94 Grayish Olive — Weitet die Schattierungen aus und passt sie an.

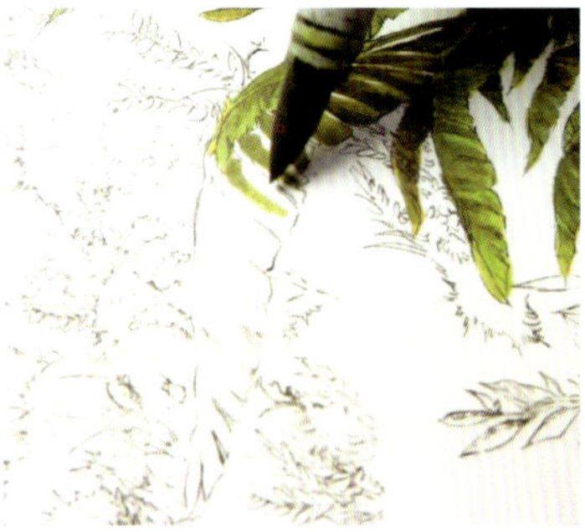

G94 Grayish Olive — Immer weiter.

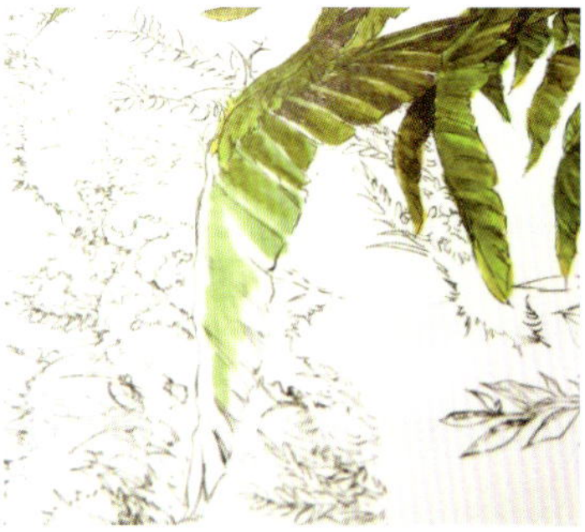

G12 Sea Green — Die kolorierten Stellen werden verwaschen.

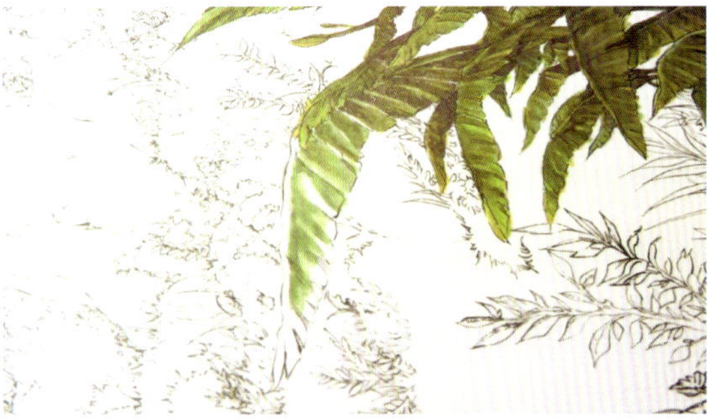

V99 Aubergine, G82 Spring Dim Green — Die hinteren Bereiche werden mit V99 schattiert. Je weiter an der Spitze, desto heller. Dort kommt G82 zum Einsatz.

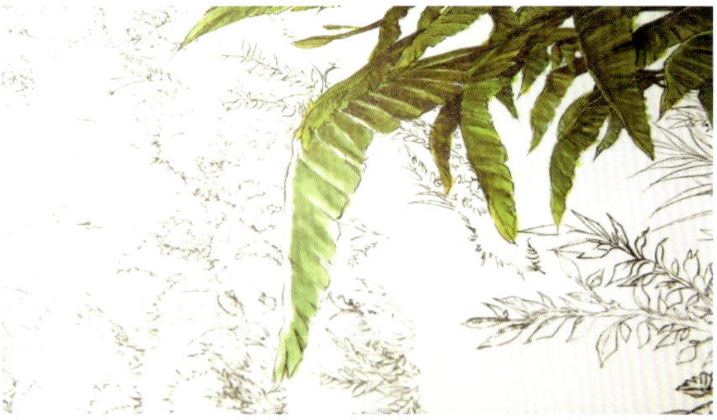

G82 Spring Dim Green, BG93 Green Gray — Entlang der Blattadern werden Abstufungen mit zwei Farben für die Schattierungen an der Blattspitze erstellt.

Details

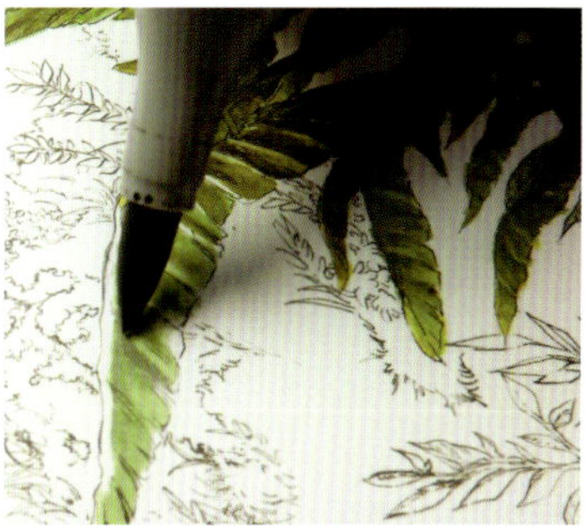

BG93 Green Gray – Eine weitere Schattenfarbe setzen, um die Schattierungen kräftiger zu machen.

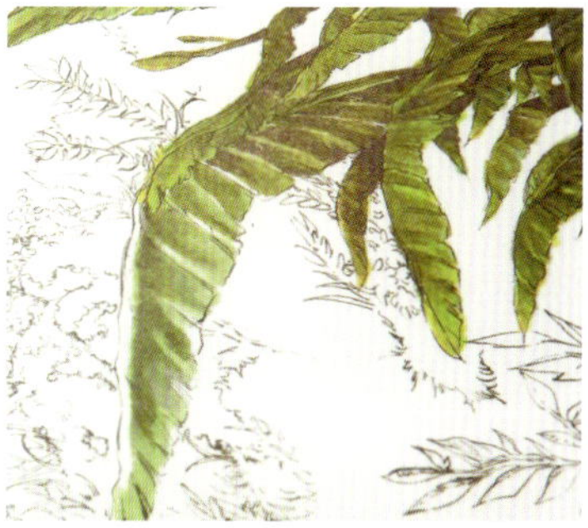

RV99 Argyle Purple – Die Mittelrippe bekommt ein Violett, welches dann verwaschen und gestreckt wird.

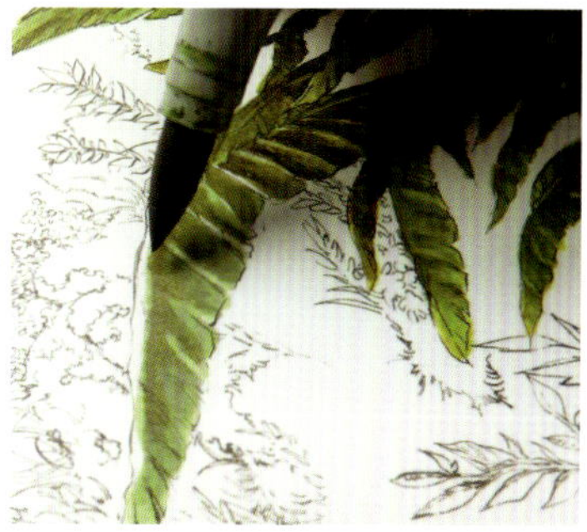

YG17 Grass Green – Die Mittelrippe wird verstärkt.

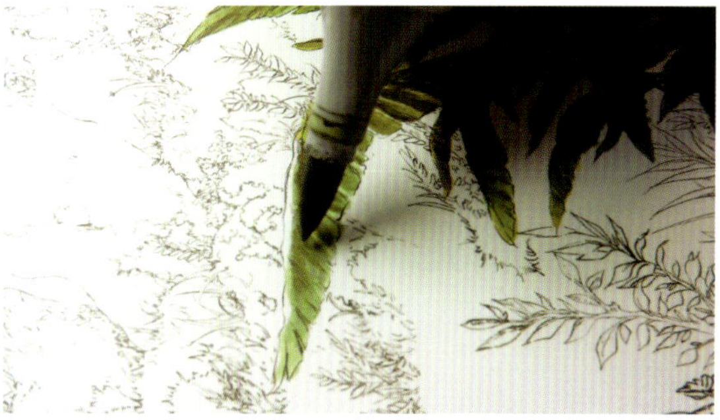

YG17 Grass Green – Über alle Rippen gehen, um sie zu verstärken.

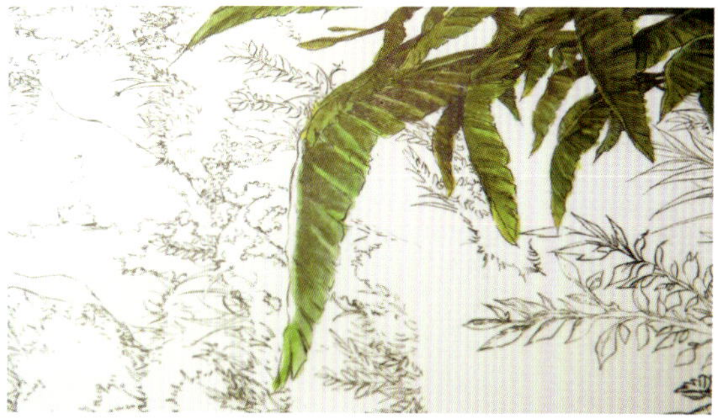

G82 Spring Dim Green – Mit dieser Farbe die ganze Fläche anpassen.

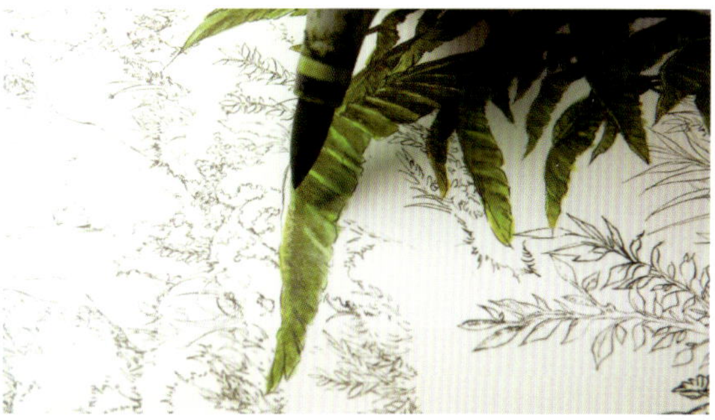

G94 Grayish Olive – Diese Farbe auf die Rippen setzen, um sie zu betonen.

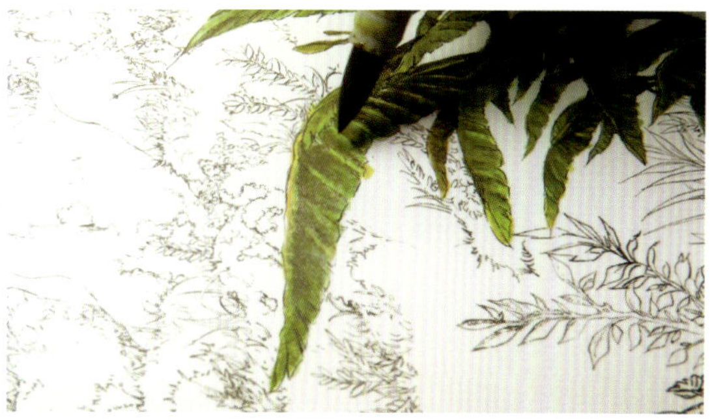

Y26 Mustard – Das Licht in den Schattierungen wird mit dieser Farbe dargestellt.

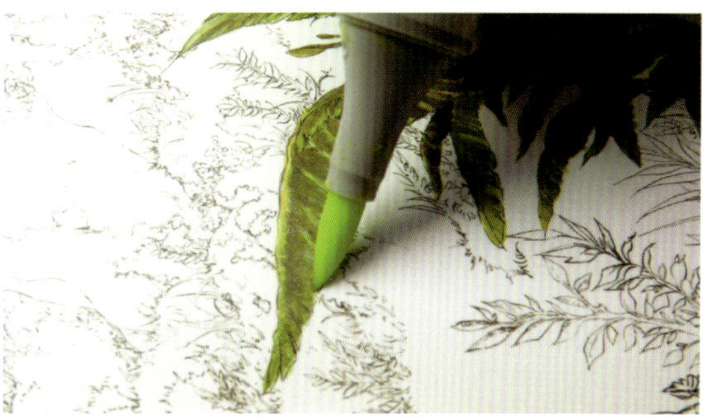

G20 Wax White – Die Spitzen anpassen.

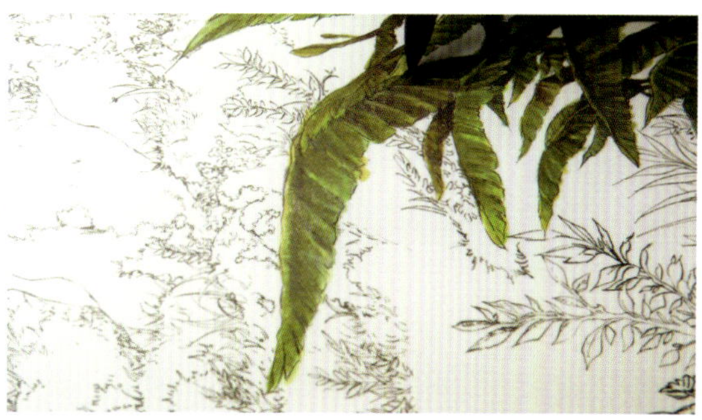

G94 Grayish Olive, YG17 Grass Green – Farben verwaschen.

Gebüsch unter dem Felsen

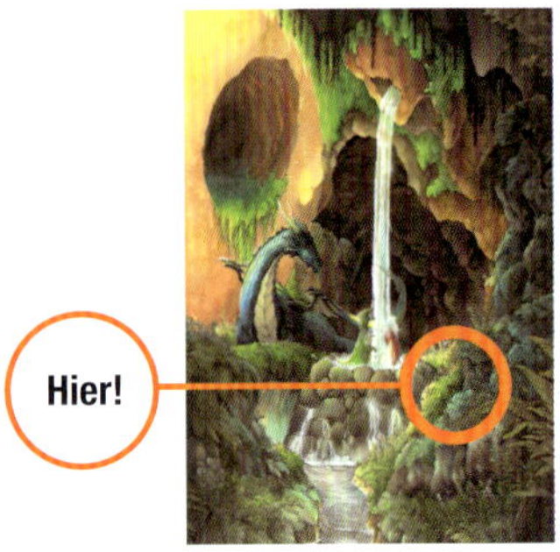

Der Pinsel bewegt sich wie die Gräser.

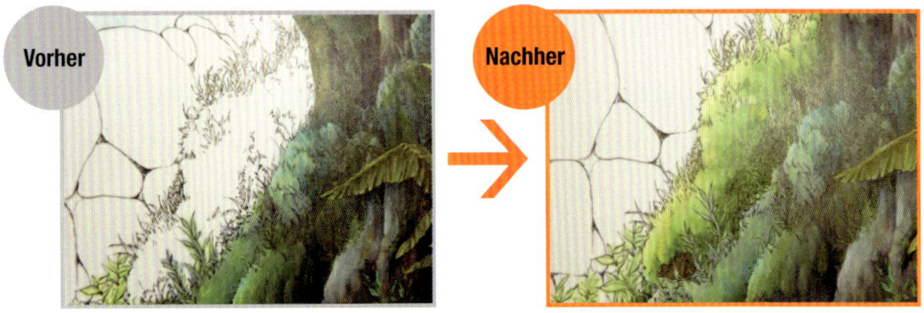

Grundierung

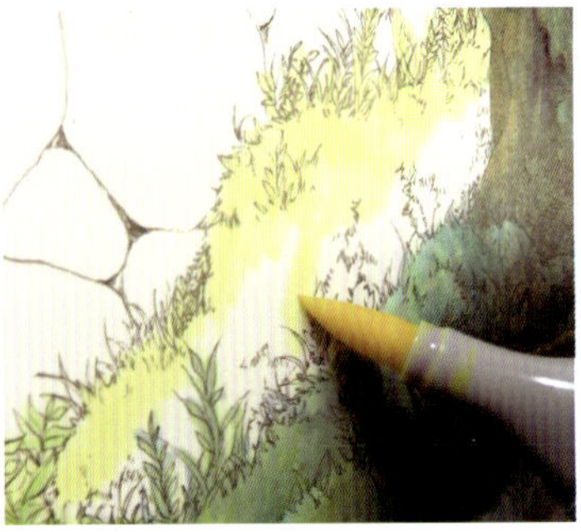

Y02 Canary Yellow — Erst beginnt ihr mit der beleuchteten Fläche.

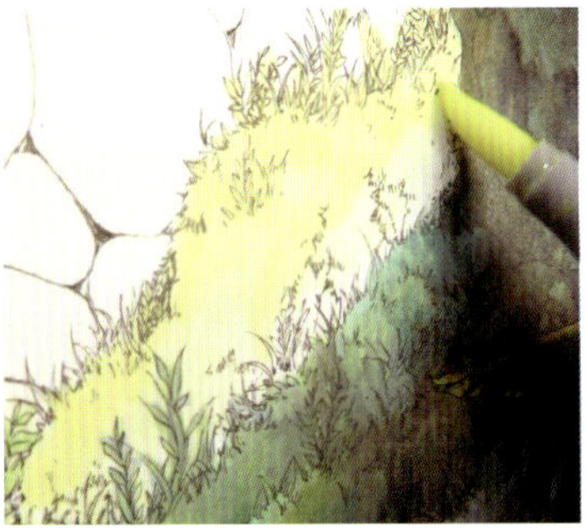

Y000 Pale Lemon — Durch Verwaschen entstehen Abstufungen.

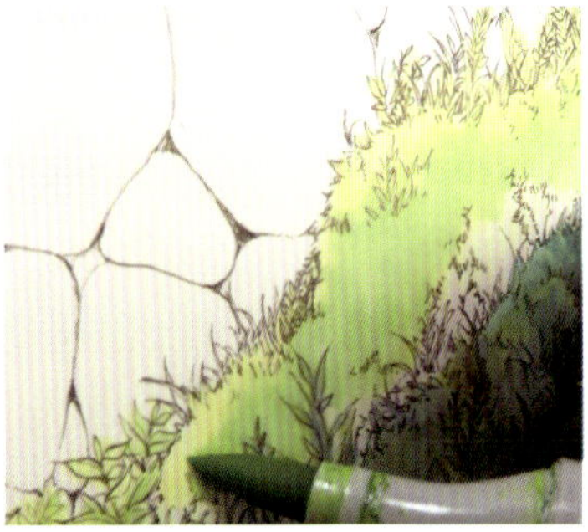

YG23 New Leaf — Die Highlights werden frei gelassen und eine weitere Grasfarbe wird gesetzt.

Schattierungen

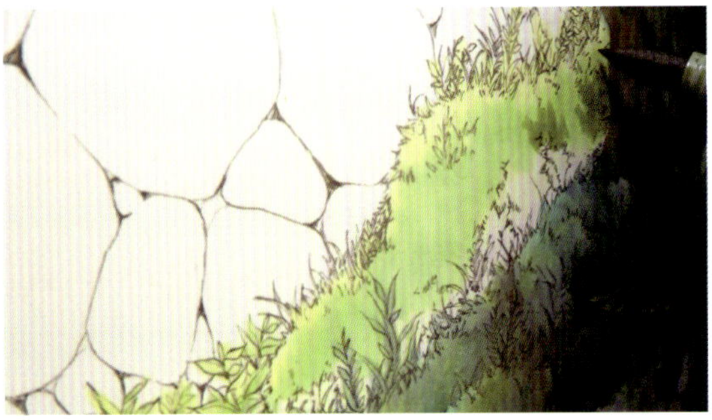

G94 Grayish Olive — Schattierungen für die Unebenheiten der Erde einfügen.

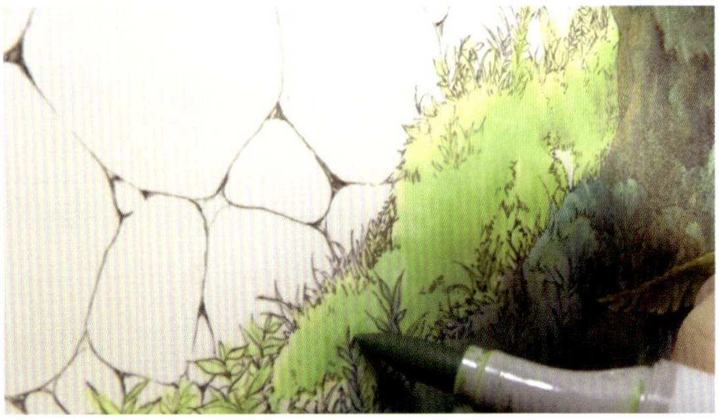

YG23 New Leaf — Darüber kommt eine andere Farbe, um die Schattenfarbe anzupassen.

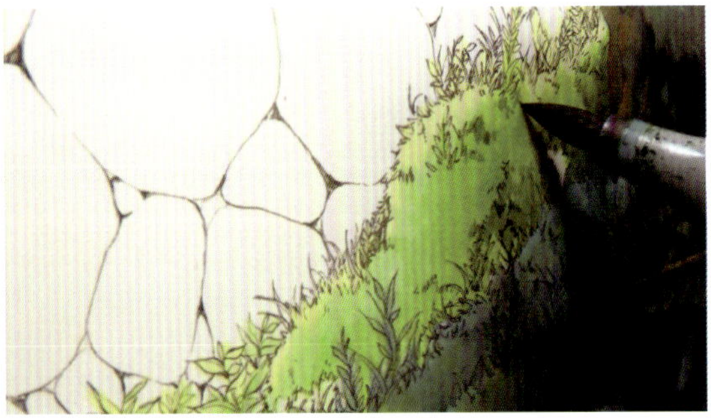

G99 Olive — Danach folgt eine weitere Schattenfarbe.

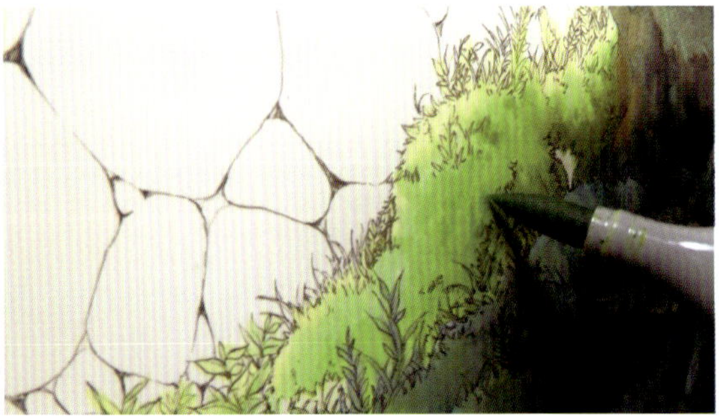

YG23 New Leaf, G99 Olive — Zwei Farben werden sorgfältig übereinander aufgetragen.

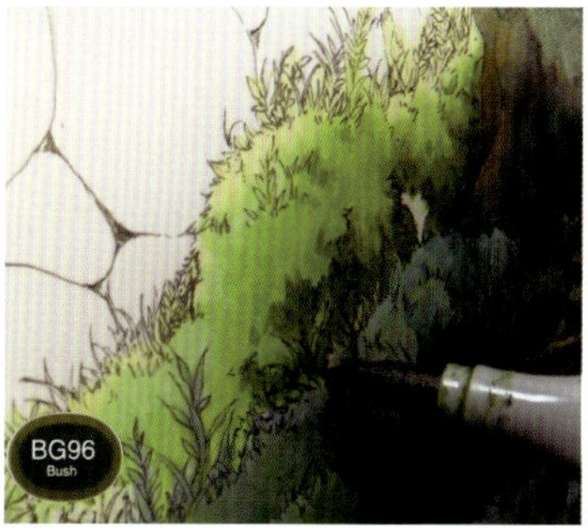

BG96 Bush

An die Wurzeln kommen dunkle Schattierungen. Tupft dafür mit der Stiftspitze leicht auf das Papier.

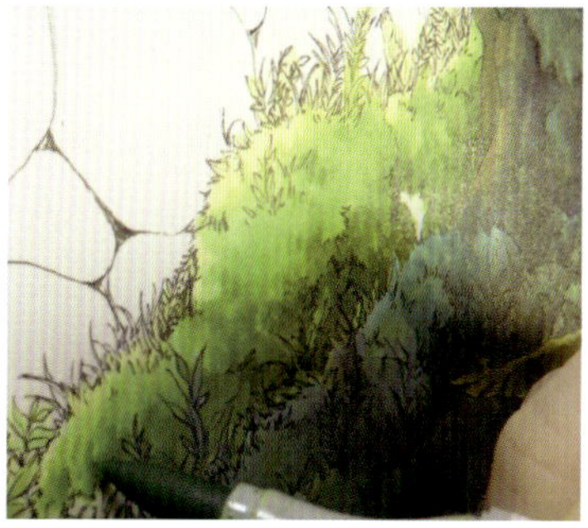

YG23 New Leaf

Auch hier die Farbe tupfend aufbringen.

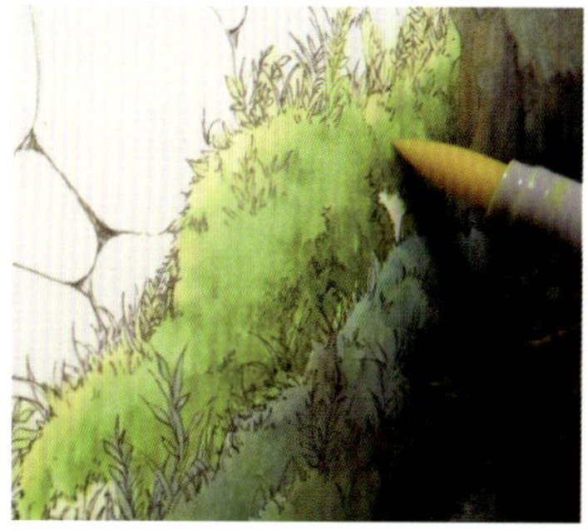

Y02 Canary Yellow

Helle Stellen bekommen die gelbe Farbe, dadurch werden die Farben angepasst. Das wird für eine detailreiche Darstellung wiederholt.

Gebüsch

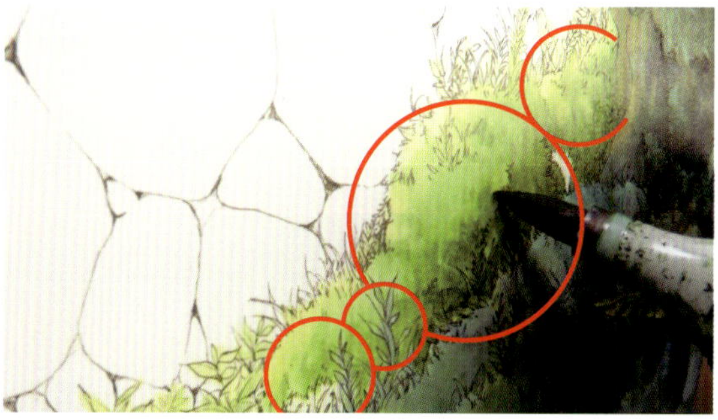

W7 Warm Gray No.7

Eine weitere dunkle Farbe. Stellt euch Kugeln vor und setzt Schattierungen.

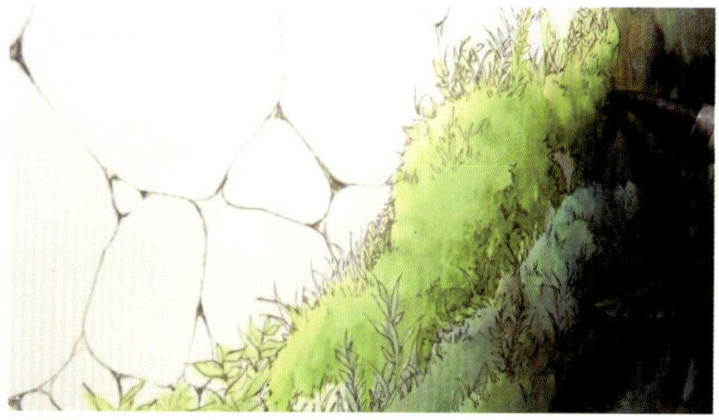

W8 Warm Gray No.8

Die Schattierungen werden dunkler.

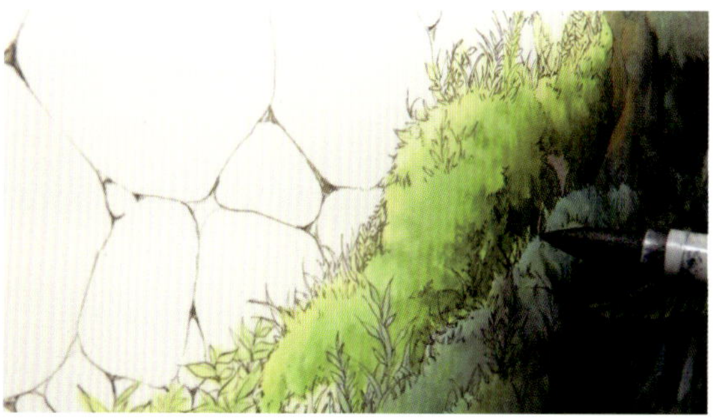

G99 Olive

Denkt an die Gräserform und zeichnet Spitzen ein.

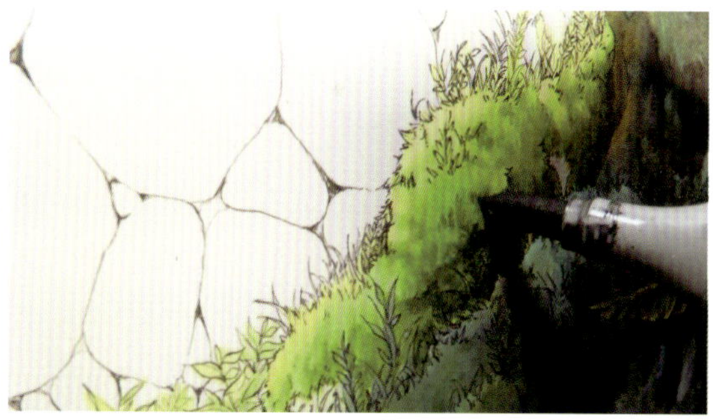

G99 Olive

Tupfend folgen die Grasschattierungen. Das ist zwar umständlich, aber dadurch wirkt es wie echte Gräser.

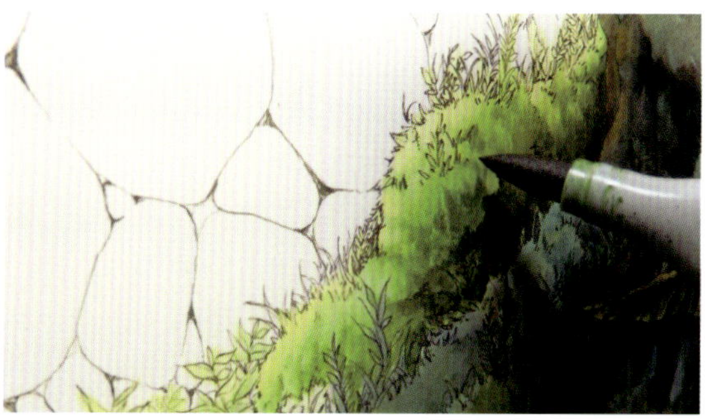

YG17 Grass Green

Die Schattierungen werden erweitert. Denkt auch hier an die Gräserform.

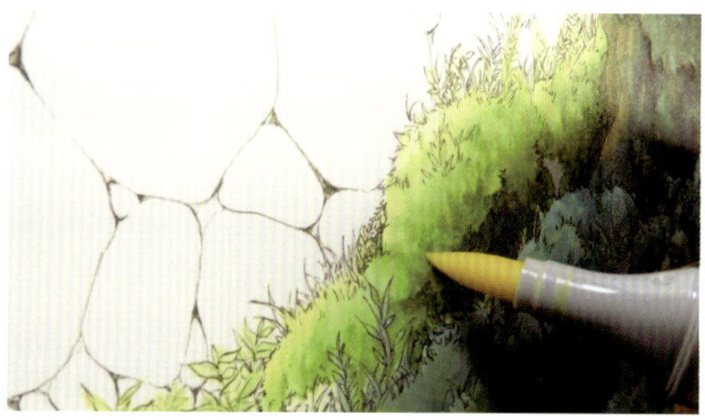

Y02 Canary Yellow

Die Farben werden von den Wurzeln bis zu den Spitzen verlängert. Am Ende werden mit Y02 Lichter gesetzt.

Licht und Schatten verstärken

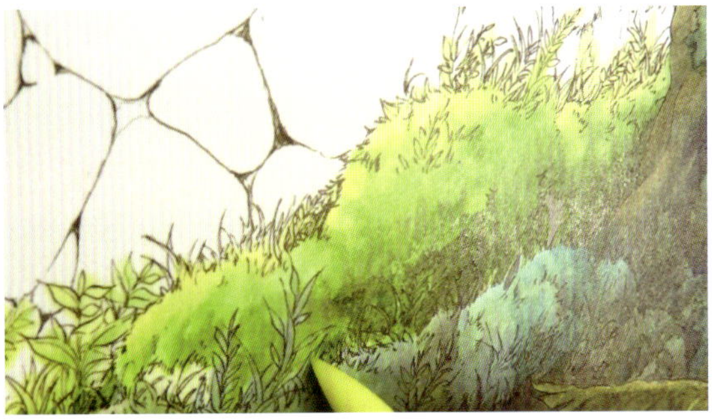

Y00 Barium Yellow

Die Stellen mit Licht aufhellen.

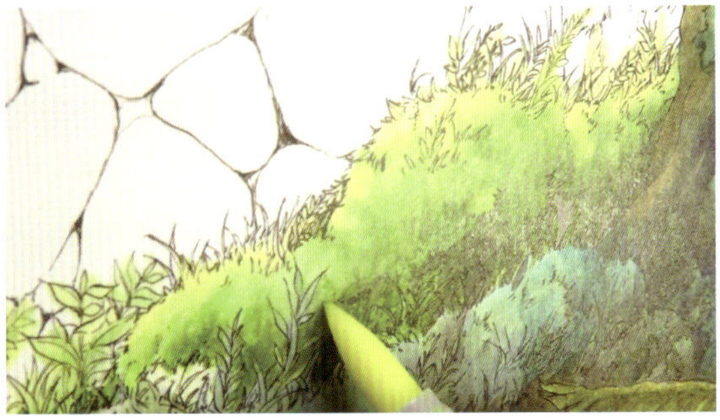

YG17 Grass Green · Y00 Barium Yellow

Mit YG17 die Farbe anpassen, im Anschluss Y00 setzen.

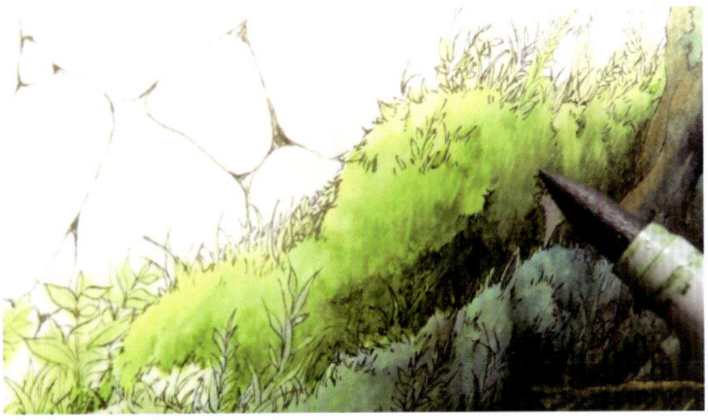

YG97 Spanish Olive

Die Schattierungen noch weiter abdunkeln. Immer an die Graswuchsrichtung denken.

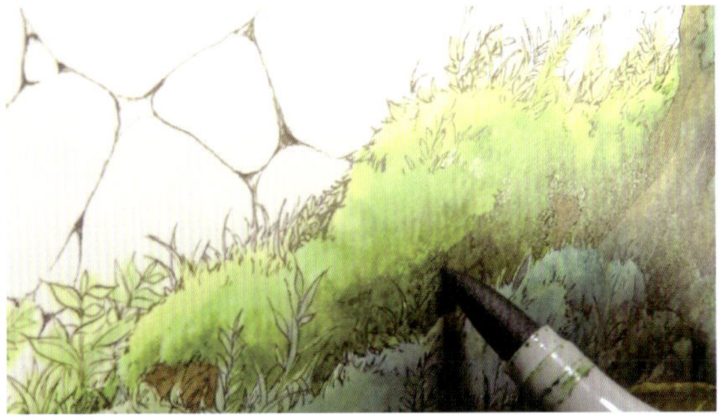

G99 Olive · YG17 Grass Green

Die Schattierungen abdunkeln und mit YG17 verwischend darübermalen.

Abschluss

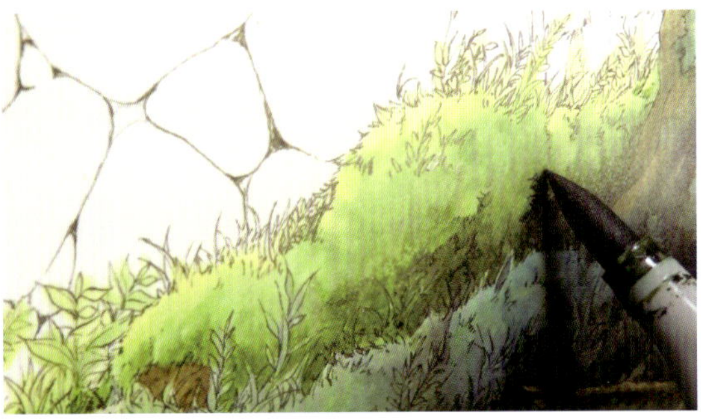

G99 Olive · YG17 Grass Green

Schön sorgfältig die einzelnen Gräser wiederholt anmalen.

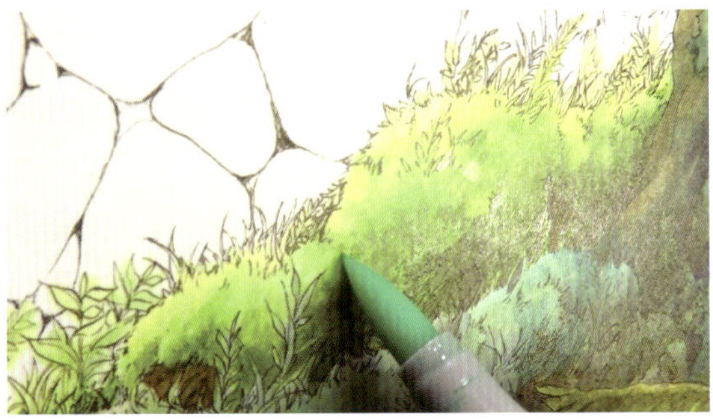

BG11 Moon White

Die Grenzen zwischen Gelb und Grün mit BG11 verwischen.

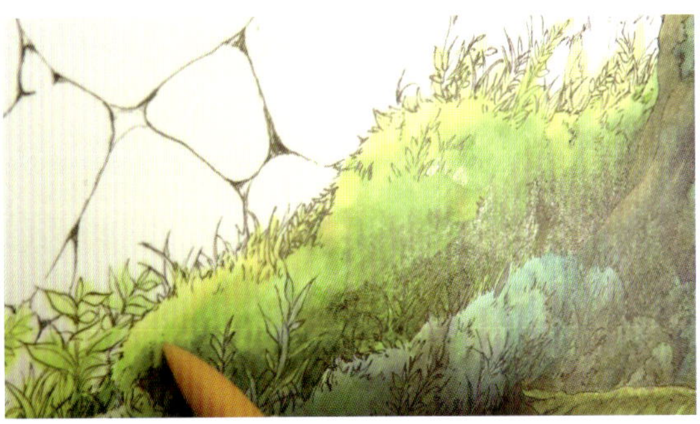

Y02 Canary Yellow · Y11 Pale Yellow

Hauptsächlich diese Farben auf die hellen Stellen setzen.

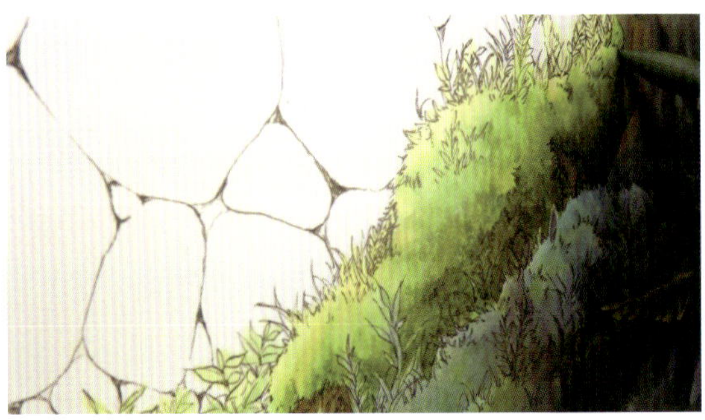

YG17 Grass Green

Am Ende weitere Schattierungen setzen, dann ist dieser Teil fertig.

Kolumne

Techniken zum Kolorieren von Pflanzen

Moos

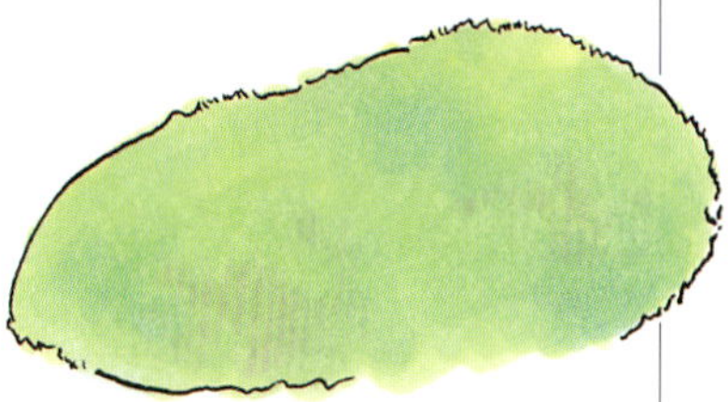

Helle Farben übereinandermalen, um die Grundfarbe zu verwaschen.

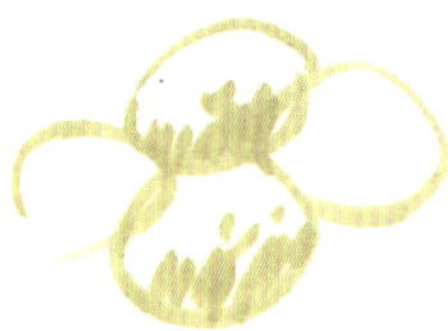

Beim Schattieren stellt ihr euch mehrere Kreise vor.

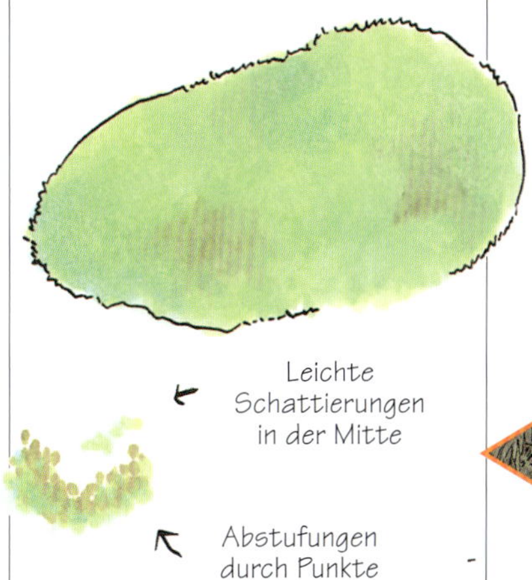

Die Schattierungen setzt ihr fein mit der Pinselspitze. Auch bei den Abstufungen wird die Stiftspitze benutzt.

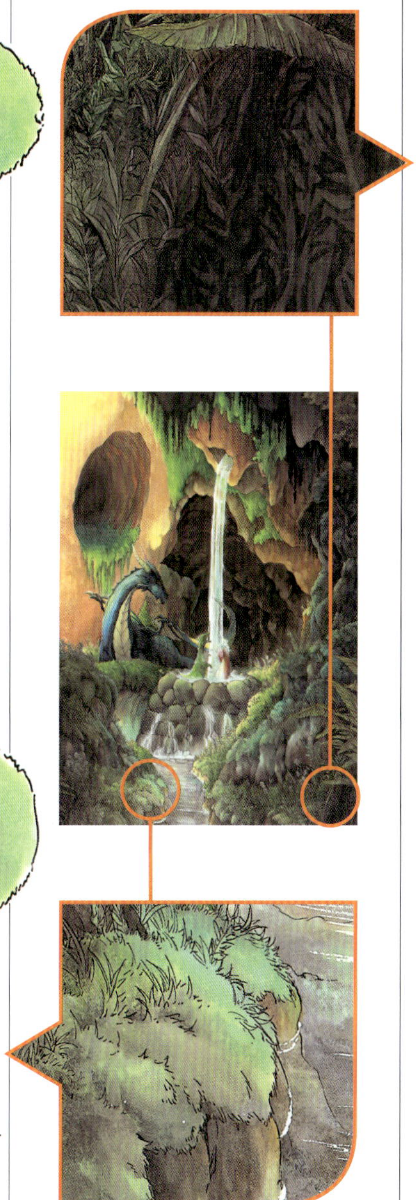

Aus dem Schatten herausragende Gräser

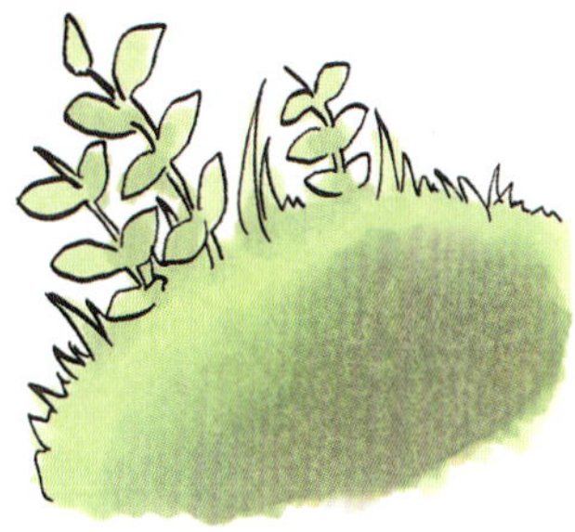

Übergänge im Schatten setzen.

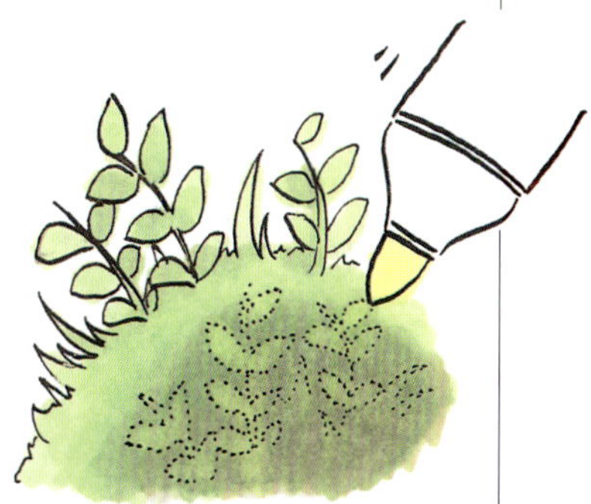

Mit einem hellen Grün zeichnet ihr die Gräser im Schattenbereich ein. Dadurch werden diese Stellen aufgehellt und sichtbar.

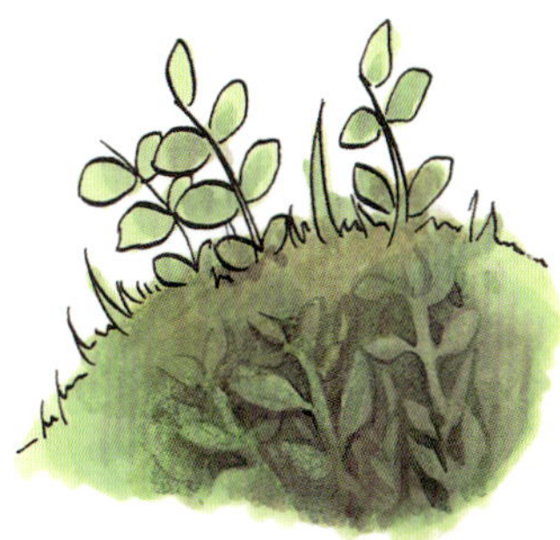

Dann werden Schattierungen an den aufgehellten Gräsern eingezeichnet.

Grasfläche mit kleinen Pflanzen

Bei schmalen Gräsern werden die Highlights durch Aufhellung eingebracht.

Hier!

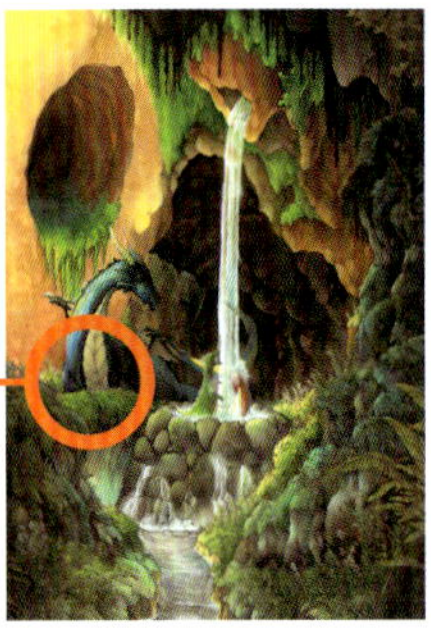

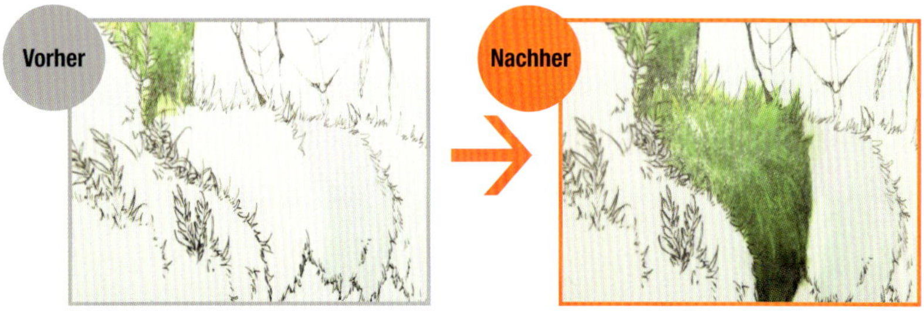

Grundlagen

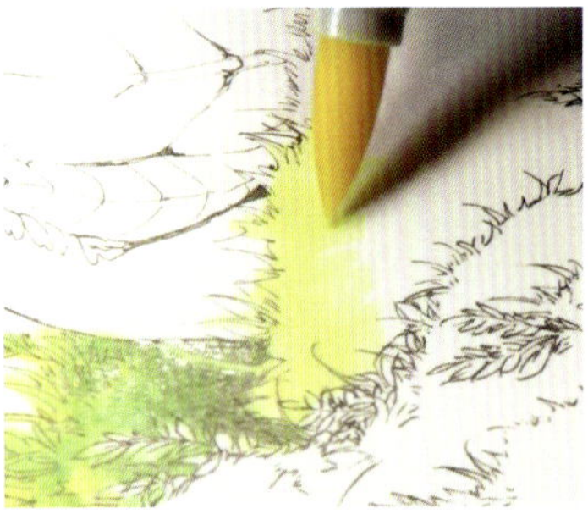

Y11 Pale Yellow — Die Grundierung. Nur auf die beleuchteten Stellen, also den oberen Teil.

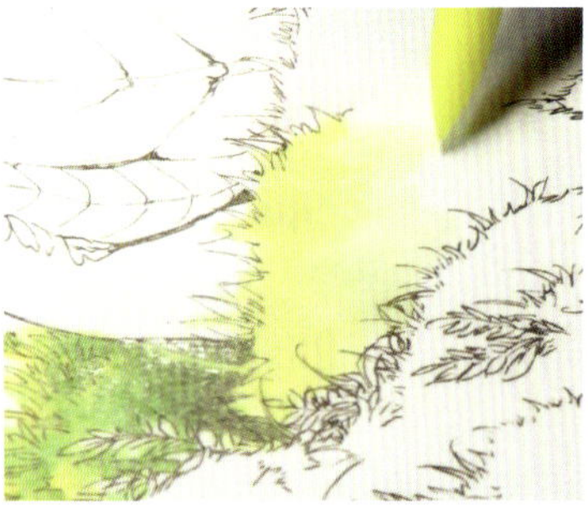

Y11 Pale Yellow, Y00 Barium Yellow — Übergänge erstellen.

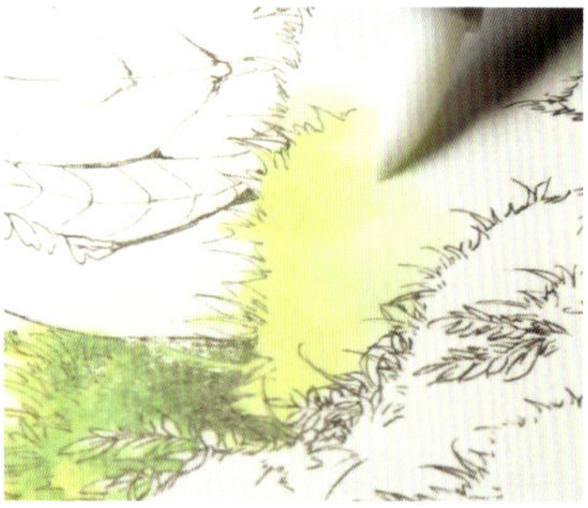

0 Colorless Blender — Mit 0 anpassen. Dann ist die Basis fertig.

Wuchsrichtung beachten

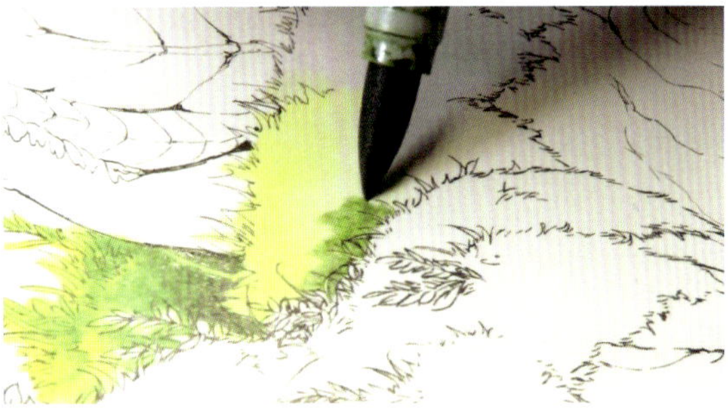

YG25 Celadon Green — Mit den Wurzeln beginnen.

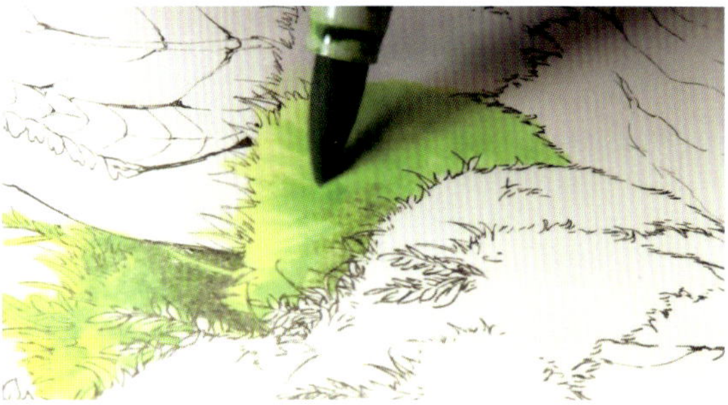

YG25 Celadon Green — Die Spitzen werden schmaler. Beim Anmalen an die Wuchsrichtung denken.

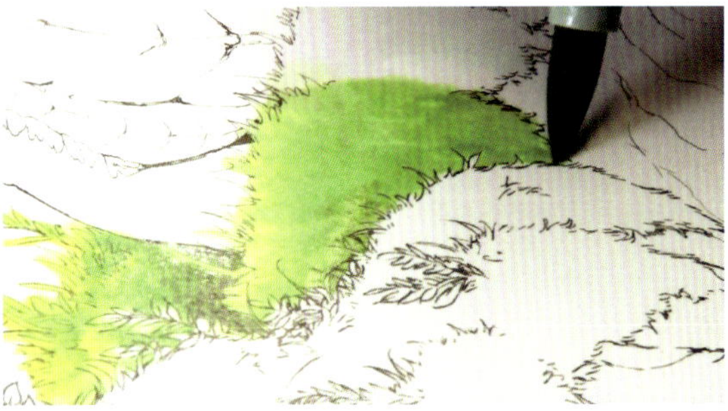

G24 Willow — Dunkle Farben werden hinzugefügt, noch schmaler als vorhin.

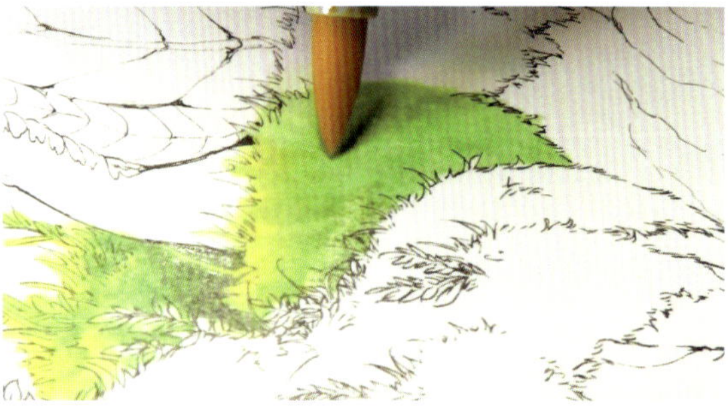

Y15 Cadmium Yellow — Die Grasbereiche werden mit Licht versehen.

Feinheiten hinzufügen

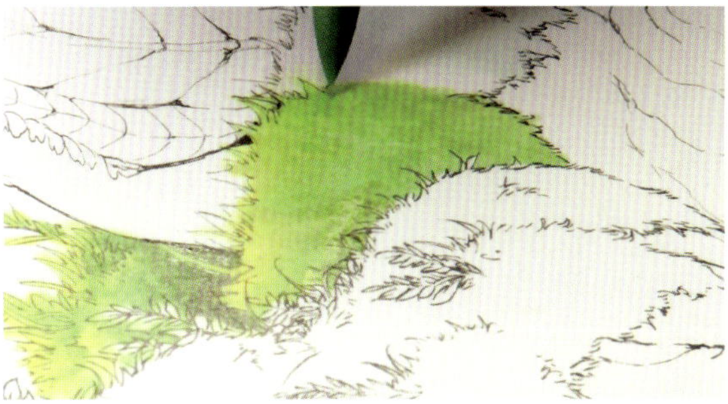

YG25 Celadon Green Eine weitere Farbe darüber auftragen.

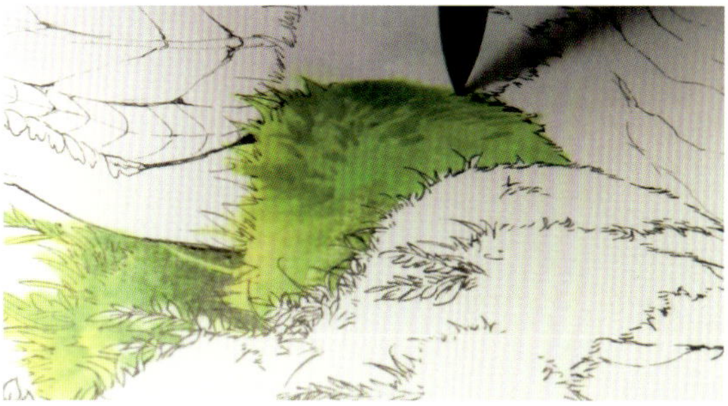

YG67 Moss Die Schattierungen der Pflanzen zeichnen. Erst wenige an den Stellen, die beleuchtet sind. Dann mehr an den dunkleren Stellen.

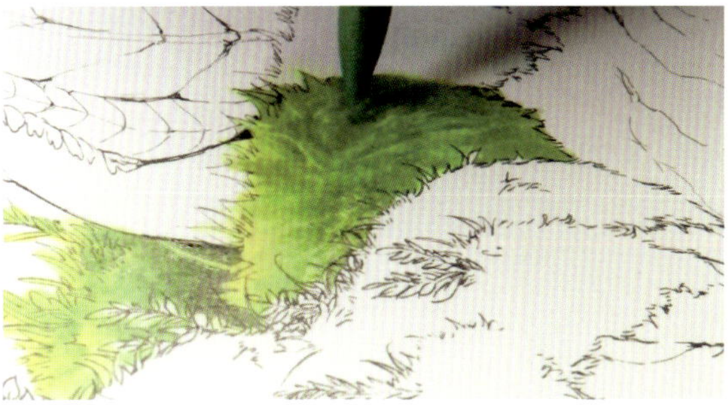

YG17 Grass Green Entsprechend der Wuchsrichtung die Farbe tupfend aufbringen.

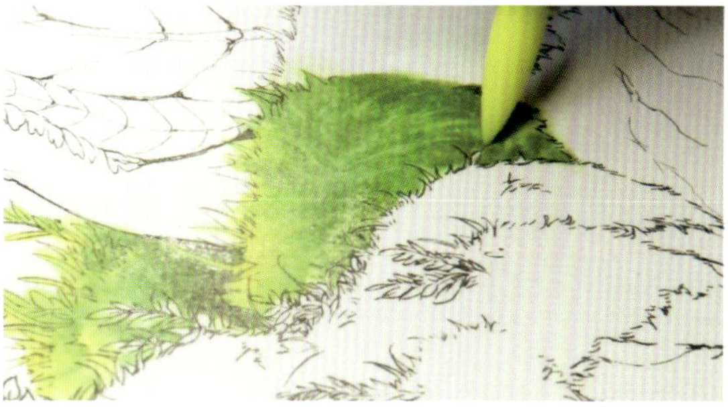

Y02 Canary Yellow Die Highlights aufhellen. Durch Wiederholungen werden die Farben vermischt.

Licht und Schatten

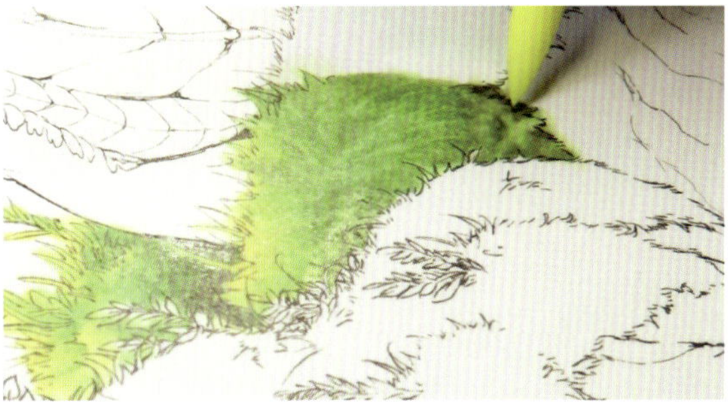

Y00 Barium Yellow Licht durch Wasserreflexion setzen.

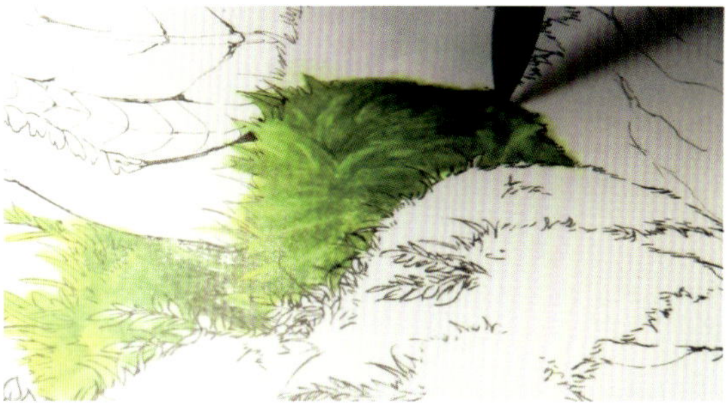

YG67 Moss Wird der Schatten an der richtigen Stelle hinzugefügt, bekommt das Bild Tiefe.

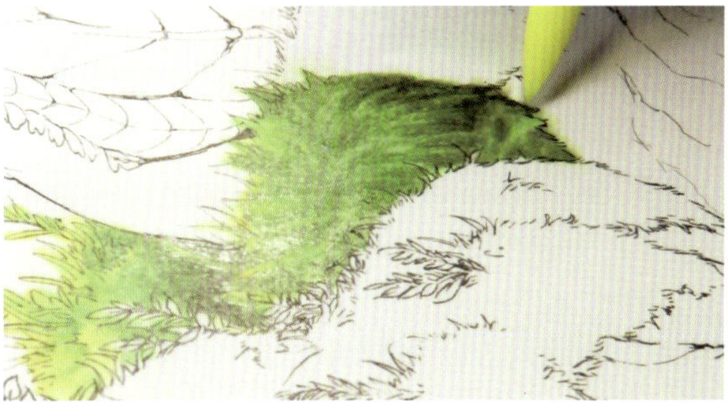

Y00 Barium Yellow Y02 Canary Yellow Jetzt aufhellen.

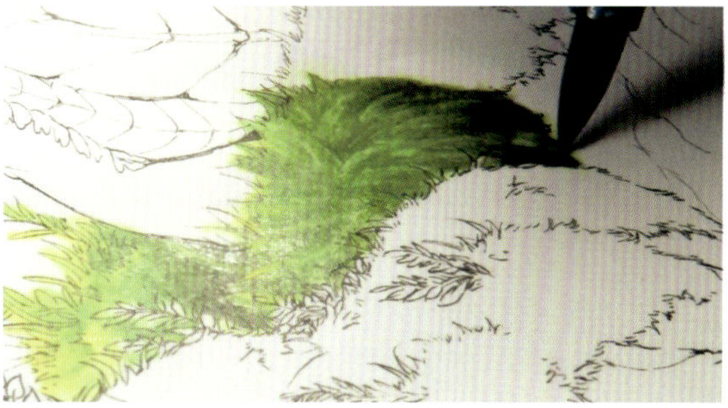

YG67 Moss Y00 Barium Yellow Weitere Schattierungen setzen und danach die Highlights regulieren.

Steinmauer mit Wasser

Beim Wasser beginnt ihr mit der Grundfarbe, beim Stein mit dem Schattenteil.

Hier!

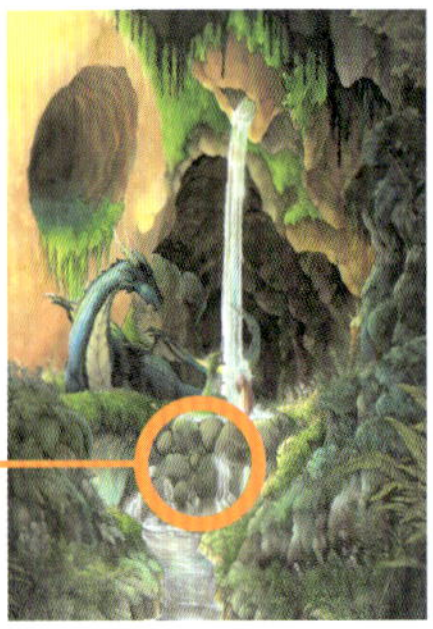

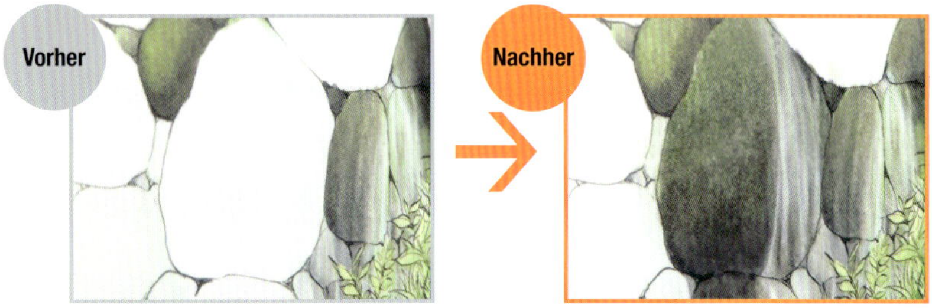

Wasserströmung

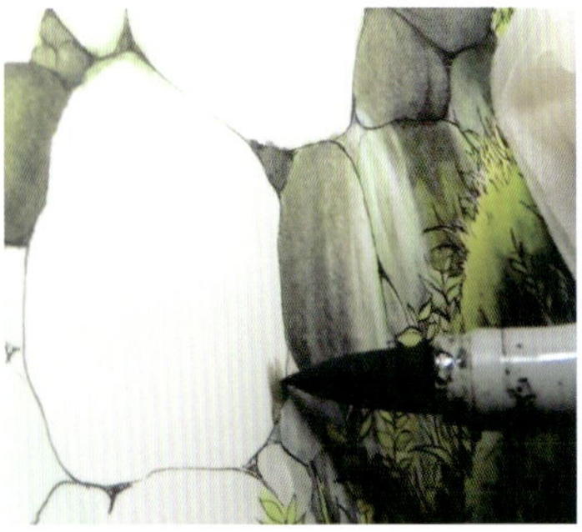

B0000 Pale Celestine

W6 Warm Gray No.6

Das fließende Wasser mit B0000, die Schattierung mit W6, vom Rand beginnend.

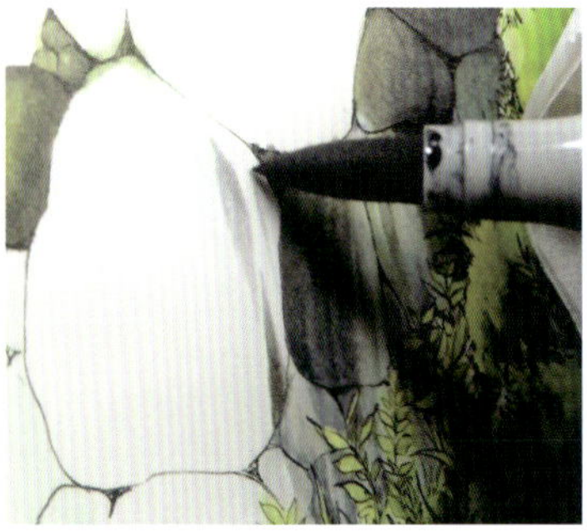

N3 Neutral Gray No.3

Mit einer etwas helleren Schattenfarbe darübermalen.

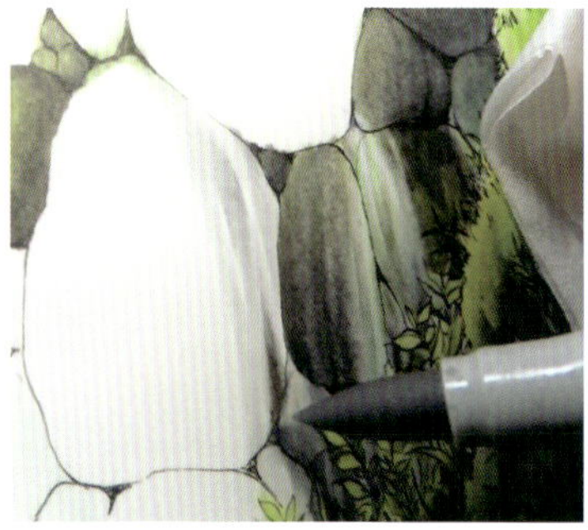

N2 Neutral Gray No.2

Die Fläche mit Wasser mit einer noch helleren Farbe.

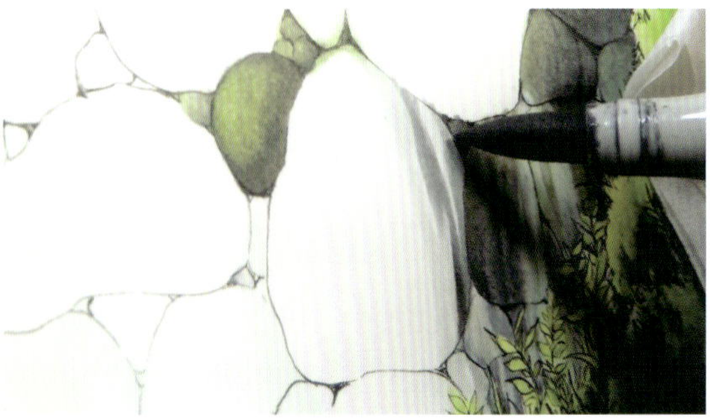

N4 Neutral Gray No.4

Jetzt wird die Umgebung des Wassers koloriert.

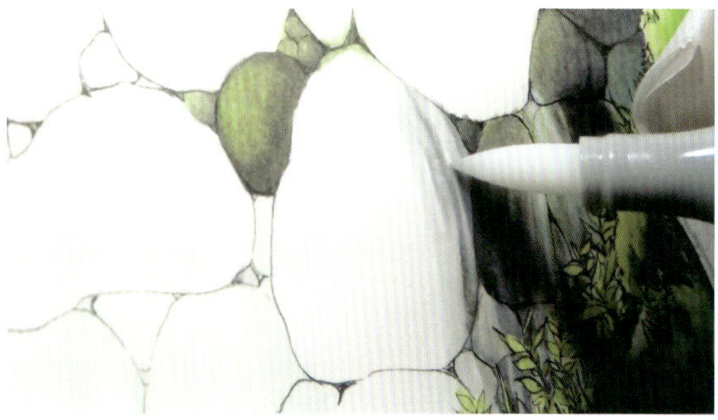

0 Colorless Blender

Durch das Aufhellen wird das Wasser intensiver.

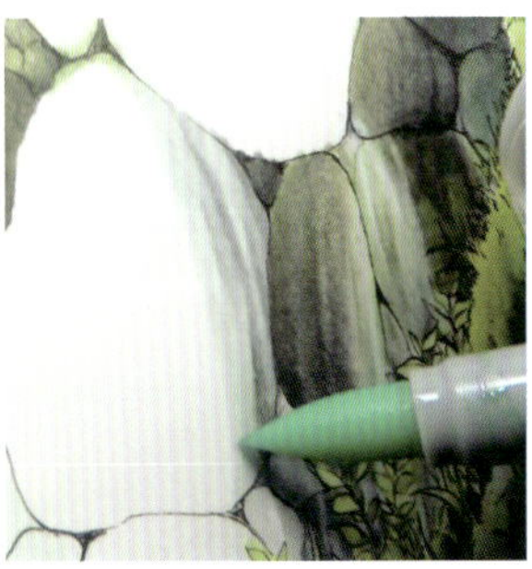

G00 Jade Green

Die gesamte Fläche mit dem Wasser wird übermalt.

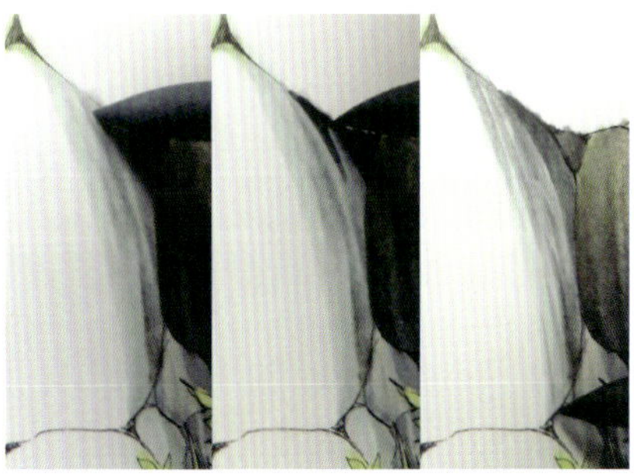

N3 Neutral Gray No.3 · N8 Neutral Gray No.8 · N4 Neutral Gray No.4

Nun werden Feinheiten hinzugefügt.

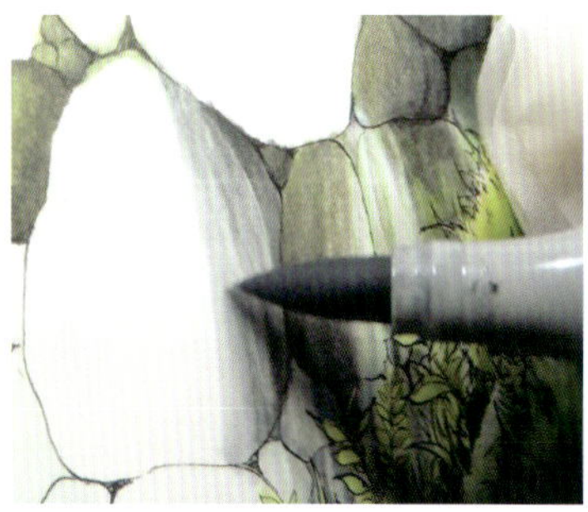

N2 Neutral Gray No.2

Und die ganze Fläche wird angepasst.

Stein

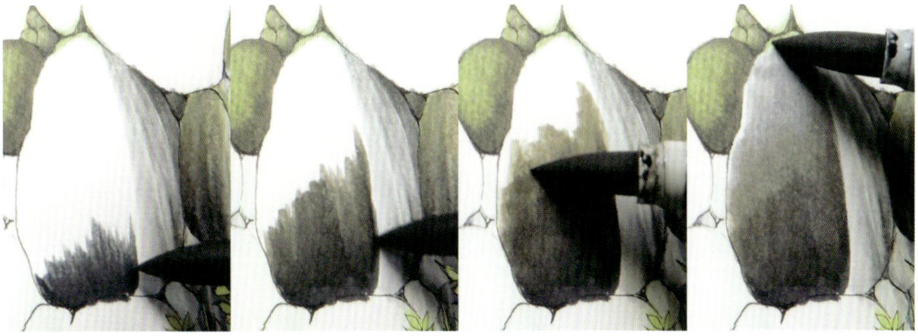

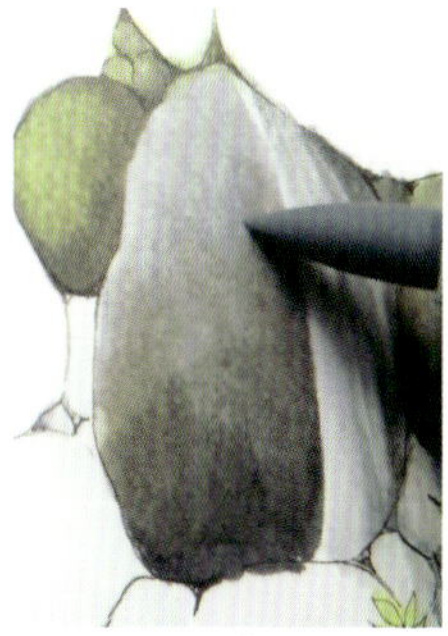

N3 Neutral Gray No.3 · N8 Neutral Gray No.8 · N4 Neutral Gray No.4 — Hier fangt ihr unten an.

N4 Neutral Gray No.4 — Das Überlappen vereinheitlicht die Farbe.

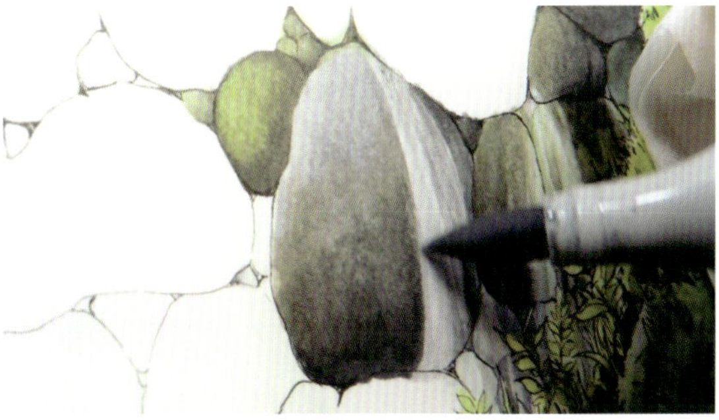

N3 Neutral Gray No.3 — Die Grenze zum Wasser wird klarer definiert.

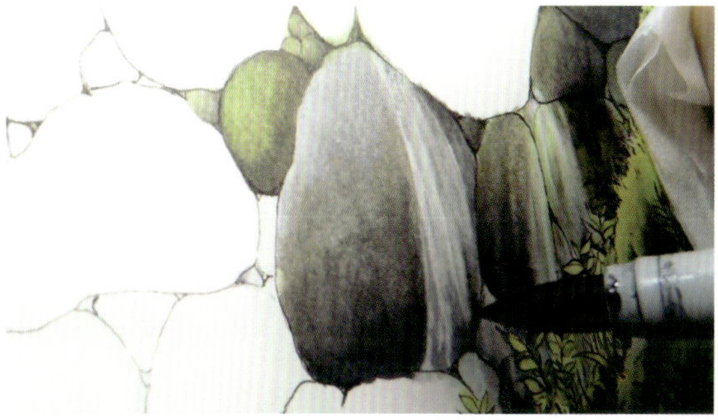

N4 Neutral Gray No.4 — Das Wasser läuft herunter, daher müssen Feinheiten rein.

Umgebungsfarben spiegeln

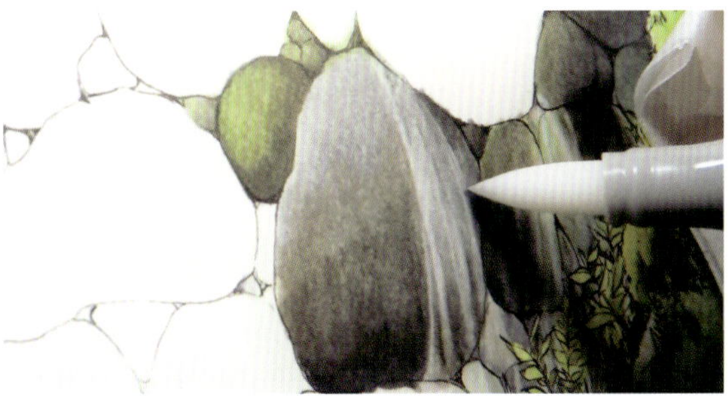

0 Colorless Blender — Das Wasser aufhellen, wenn das Gestein angemalt ist.

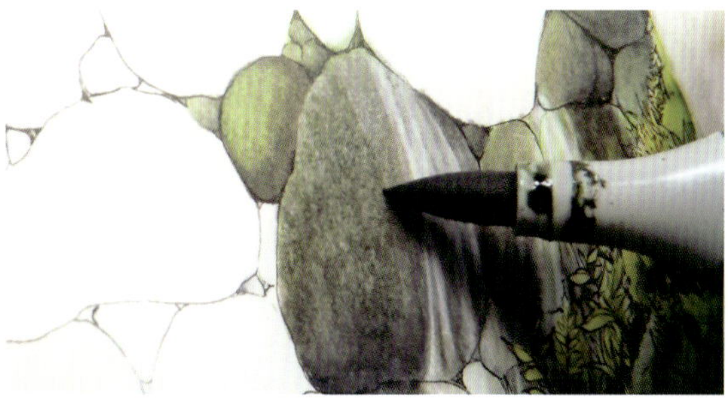

YG95 Pale Olive — Die Grasfarbe wird gespiegelt, deshalb kommt der Grüntyp zum Einsatz.

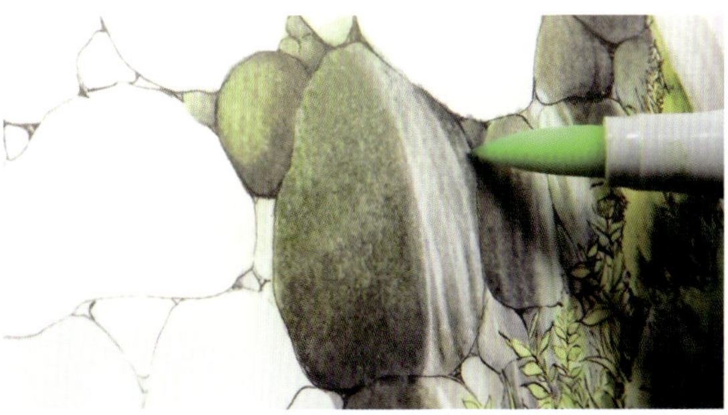

YG17 Grass Green · YG11 Mignonette — Drübermalen mit YG17, dann die Unebenheiten mit YG11. Wiederholen.

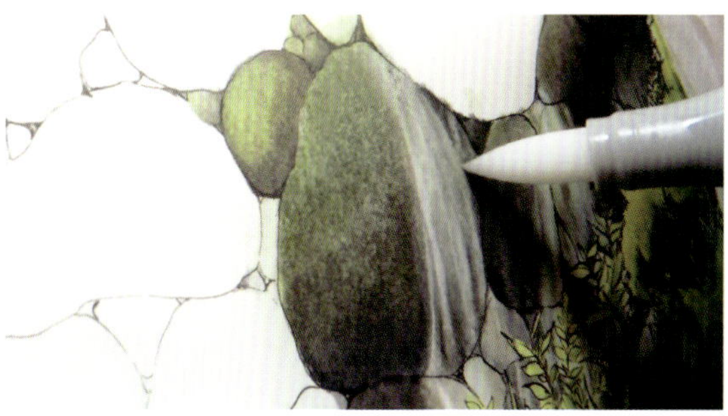

0 Colorless Blender — Am Ende aufhellen.

Steilufer mit Lichtreflexen

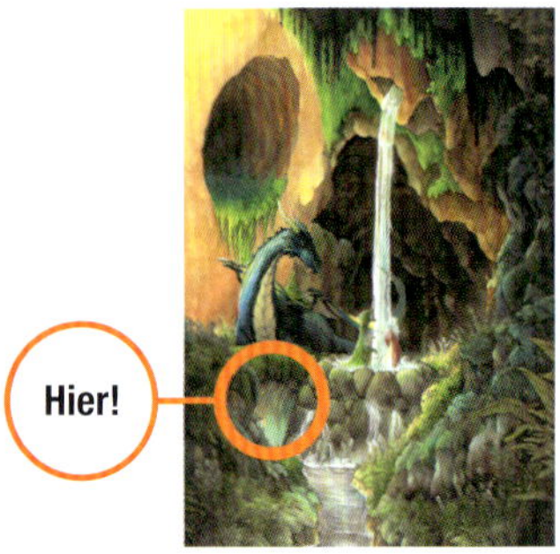

Durch das feine, wiederholte Kolorieren entsteht die felsige Oberfläche.

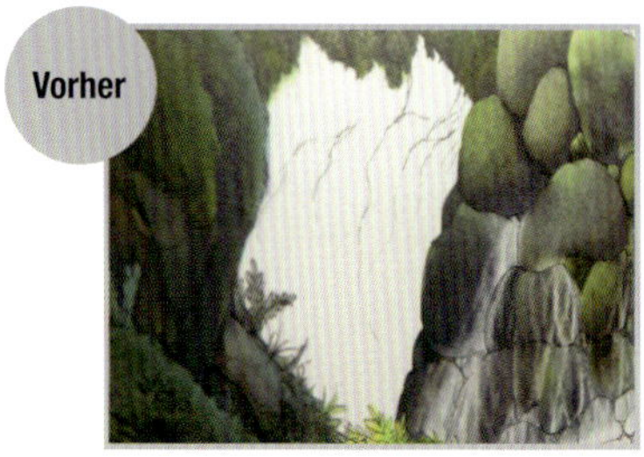

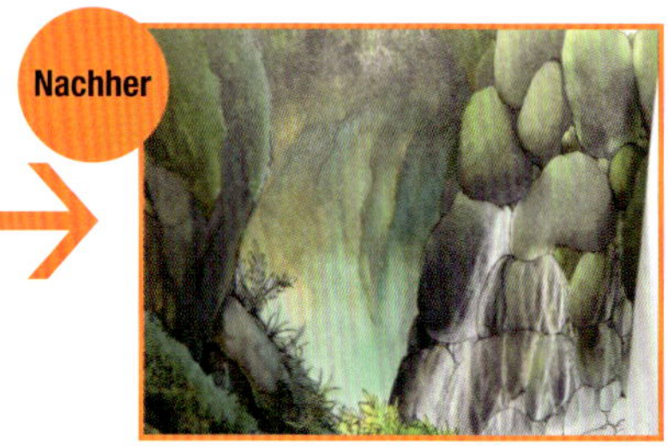

Beginn der Koloration

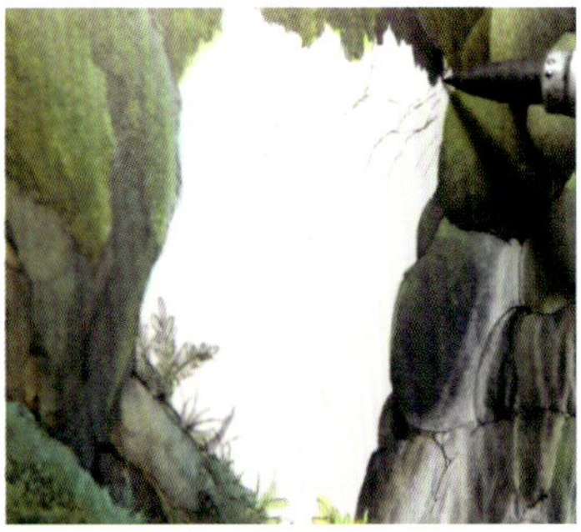

W10 Warm Gray No.10 Zunächst die dunklen Schattierungen.

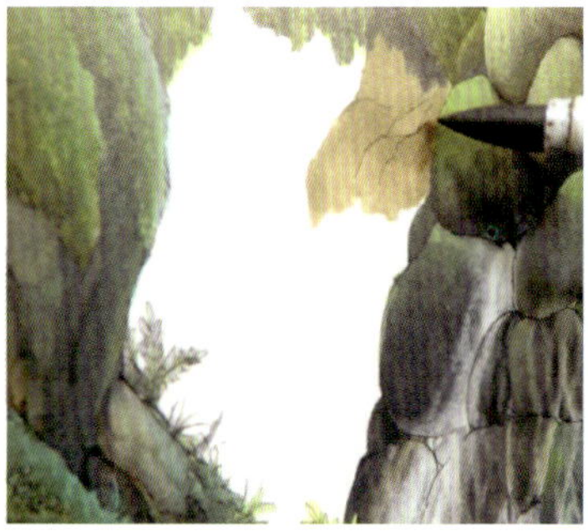

E84 Khaki Die Erdfarbe wird nicht verwaschen, sondern in mehreren Schichten aufgetragen.

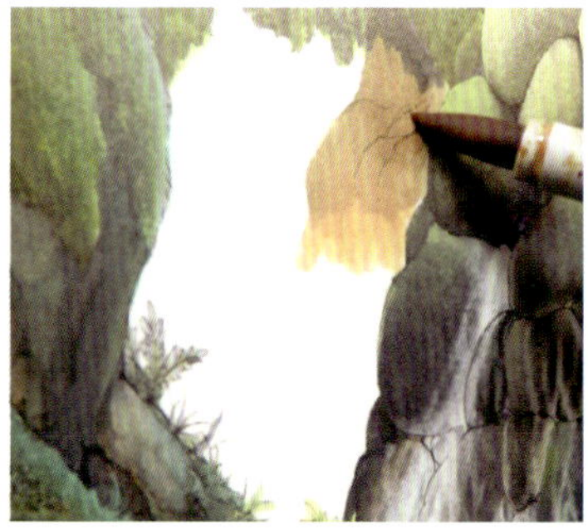

E84 Khaki E35 Chamois E84 darüber und mit E35 verwaschen.

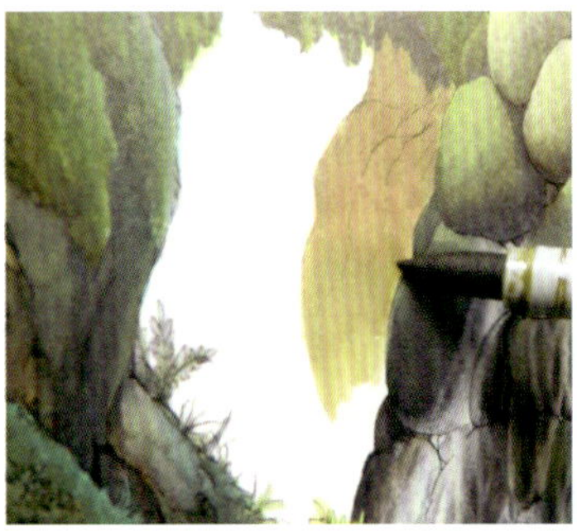

YG93 Grayish Yellow Abstufungen mit der grünen Farbe erstellen.

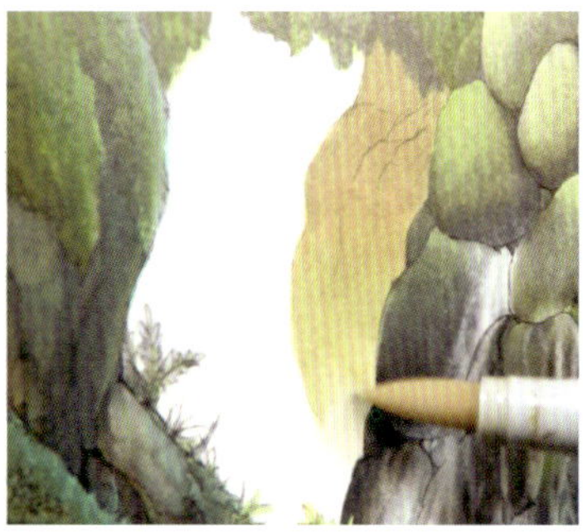

E41 Pearl White Je dichter an der Wasseroberfläche, desto heller die Abstufungen.

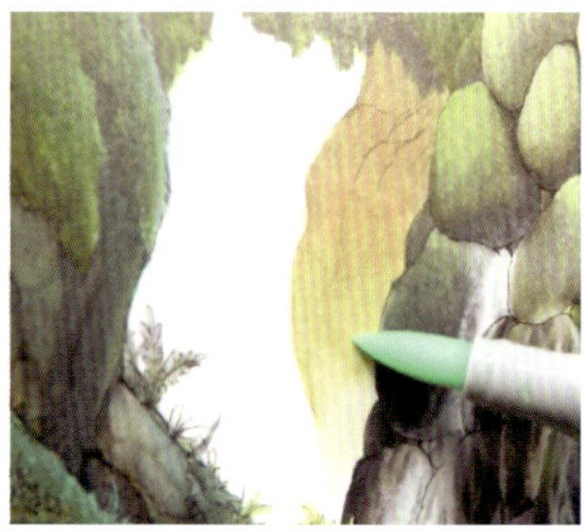

BG10 Cool Shadow Die bisherige Fläche vereinheitlichen.

Feinheiten der Felswand

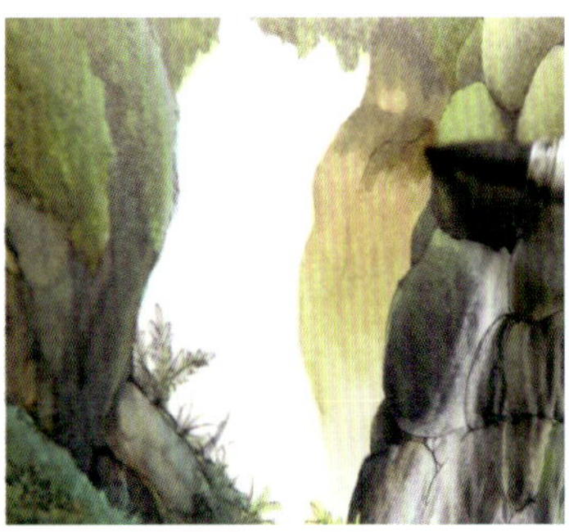

W4 Warm Gray No.4 Schattierungen setzen, um Unebenheiten darzustellen.

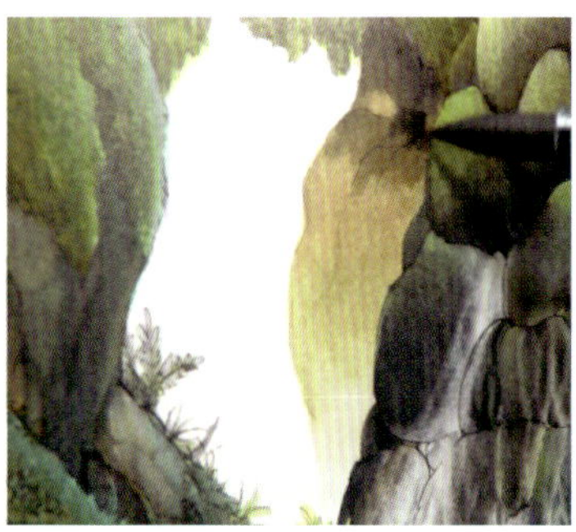

N9 Neutral Gray No.9 Die Felsstruktur sorgfältig zeichnen.

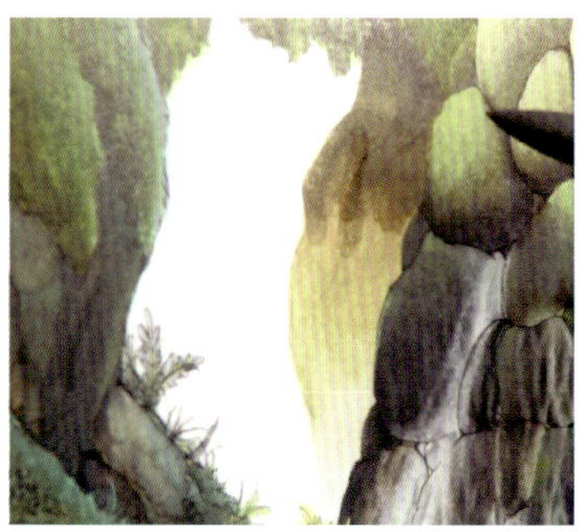

E84 Khaki Dann setzt ihr die Schattenfarbe darüber.

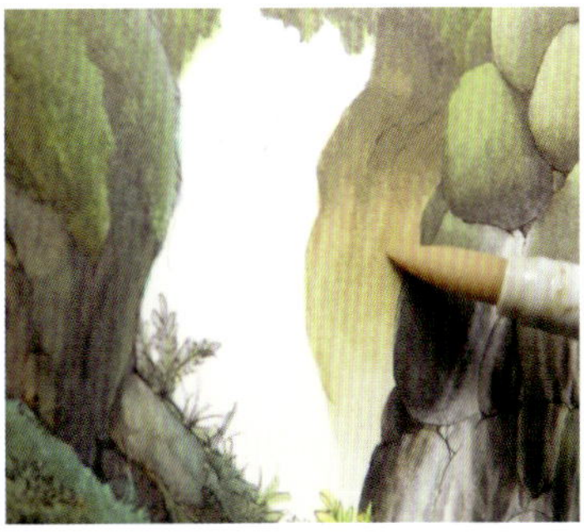

E41 Pearl White — Die dunkle Farbe mit einer helleren strecken und Unebenheiten einzeichnen.

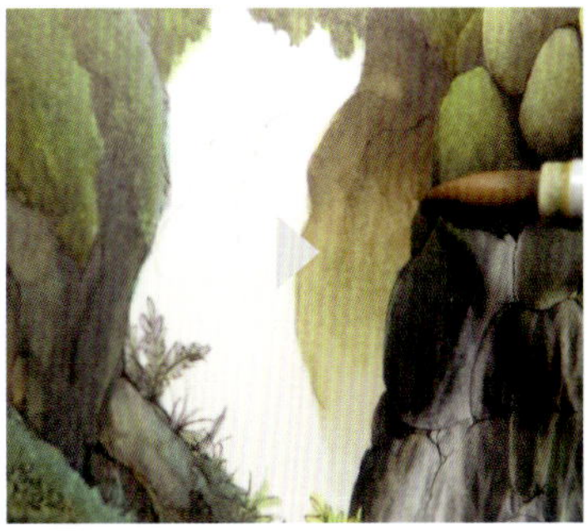

Y26 Mustard — Mit feinen vertikalen Linien werden die Umrisse des Felsens gezeichnet.

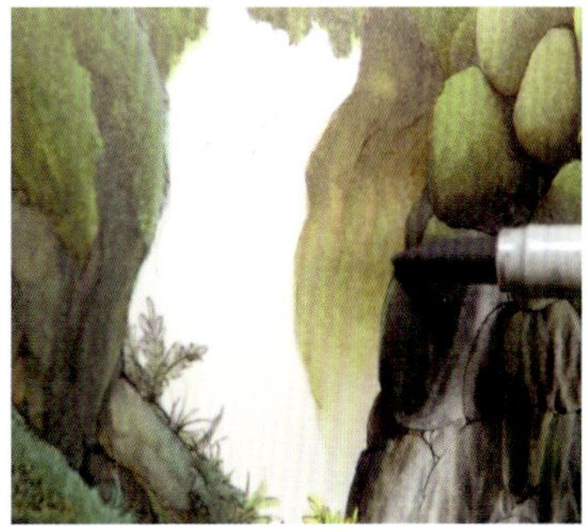

N3 Neutral Gray No.3, N2 Neutral Gray No.2 — Jetzt mit weiteren Farben.

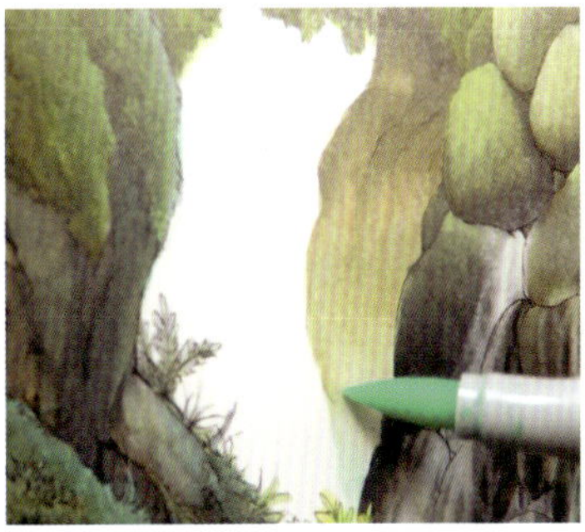

BG10 Cool Shadow — Auf die gesamte Fläche das Blau für die Wasserreflexe legen.

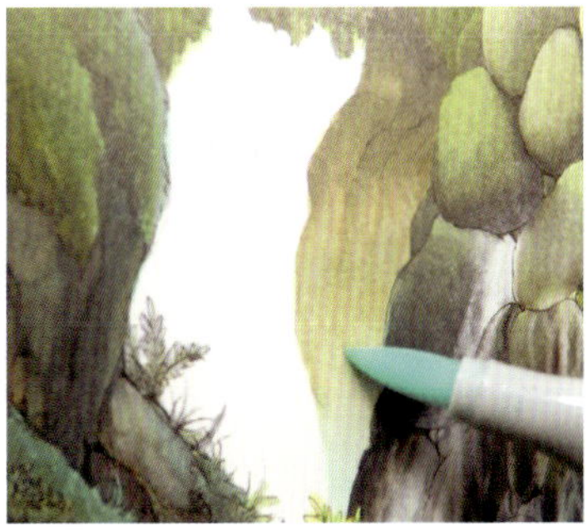

B0000 Pale Celestine — Die Farbe BG10 verwaschen.

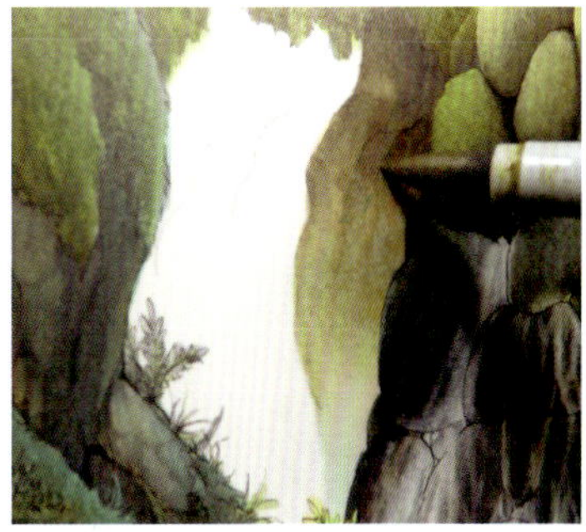

YG93 Grayish Yellow — Eine weitere Farbe und die Felsformen verfeinern.

Beim Kolorieren an das Licht denken

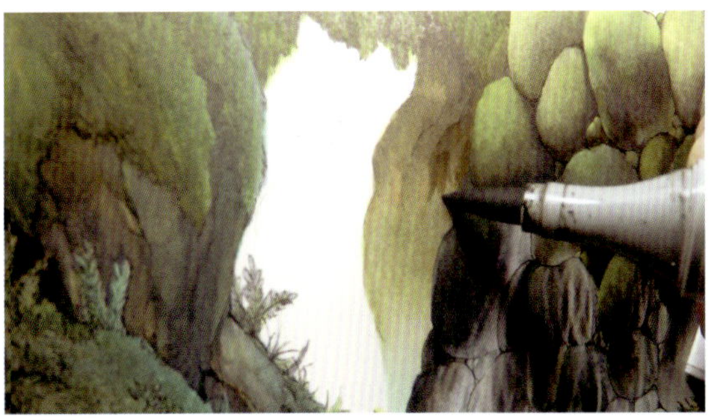

N6 Neutral Gray No.6 — Wenn die Basis fertig ist, wird die Fläche kräftig mit N6 angemalt. Vergesst nicht, dass das Licht von links kommt.

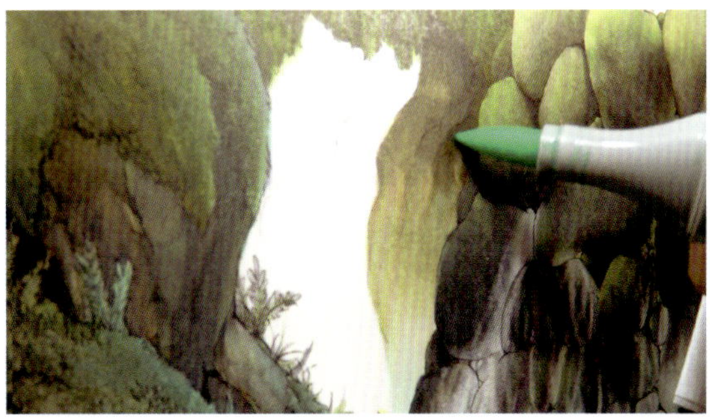

BG10 Cool Shadow — Immer wieder mit BG10 verwaschen.

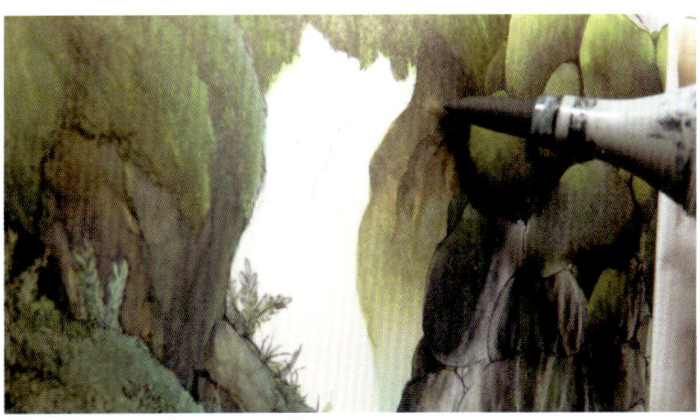

N6 Neutral Gray No.6 — Dann die Fläche erneut anmalen, dabei an die Felsenform denken.

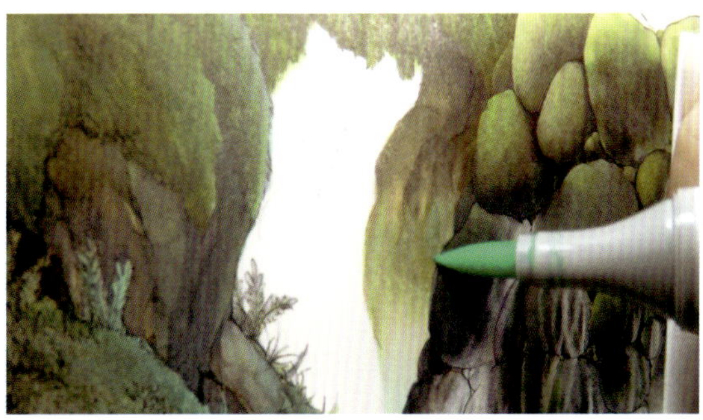

BG10 Cool Shadow — Aufhellen mit BG10.

Weiter verfeinern

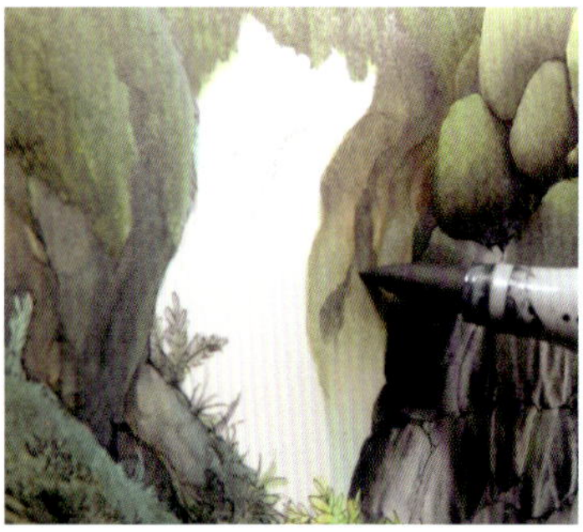

N6 Neutral Gray No.6 Schattierungen hinzufügen.

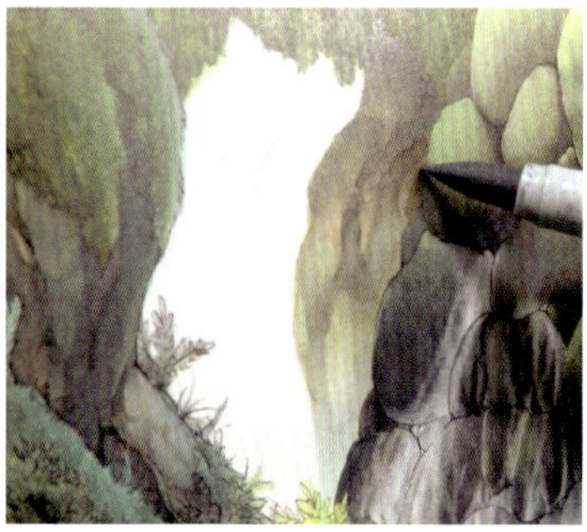

N3 Neutral Gray No.3 BG10 Cool Shadow Nur die Schattierungen verwaschen.

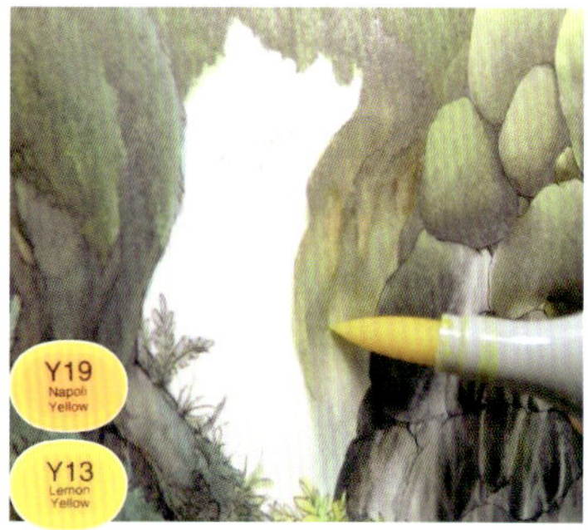

Y00 Barium Yellow Von oben eine Abstufung von Orange ⇨ Gelb einfügen.

Wand vervollständigen

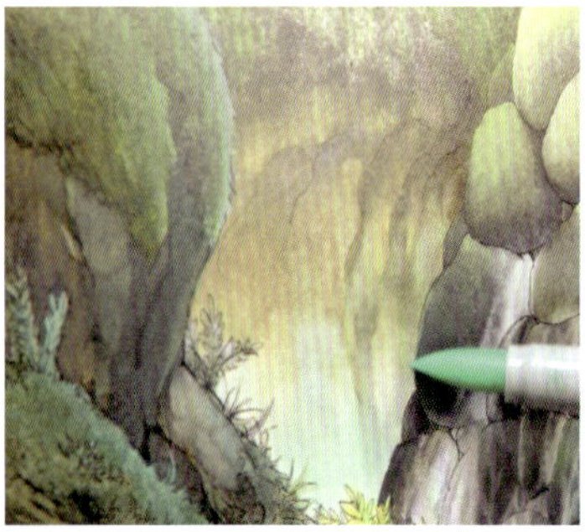

BG10 Cool Shadow Die gesamte untere Hälfte bekommt ein grünes Licht.

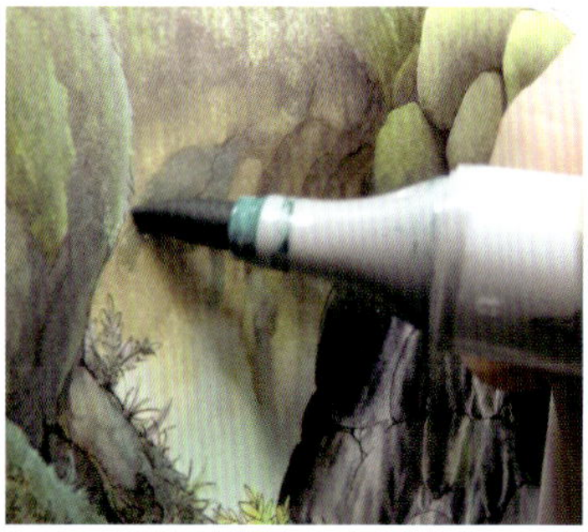

BG07 Petroleum Blue Dann setzt ihr blaue Schattierungen.

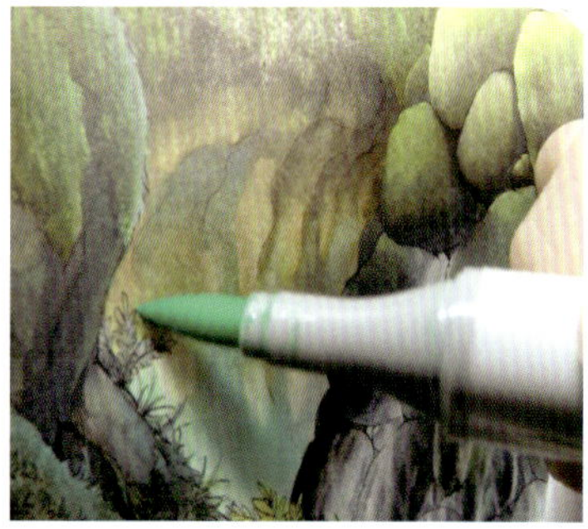

YG11 Mignonette Die Schattierungen werden verwaschen, dabei wird die gesamte untere Hälfte koloriert.

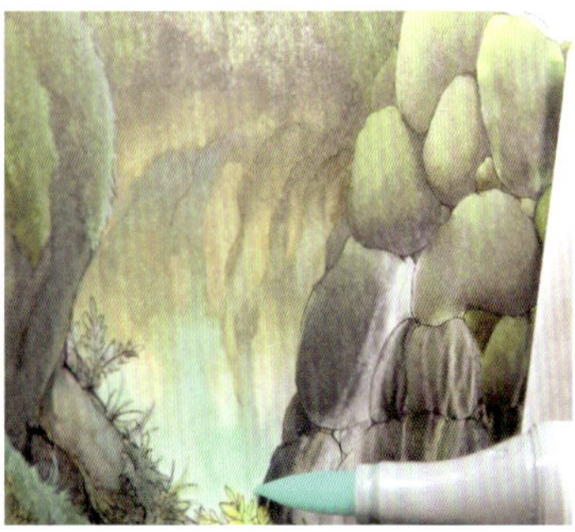

B000 Pale Porcelain Blue Setzt diesen Blauton ein und stellt euch eine raue Struktur vor.

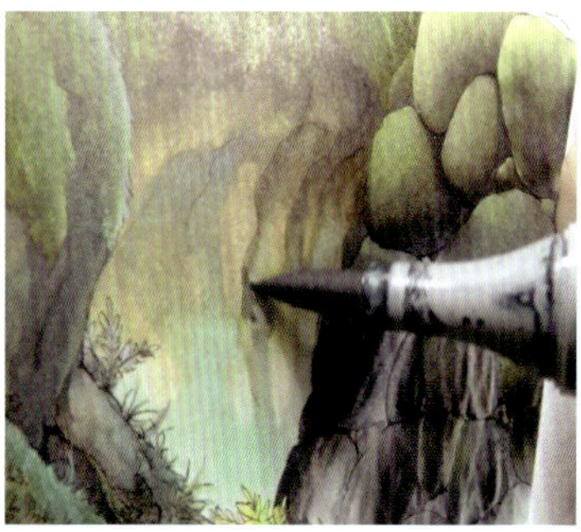

N6 Neutral Gray No.6 Felsschattierungen hinzufügen.

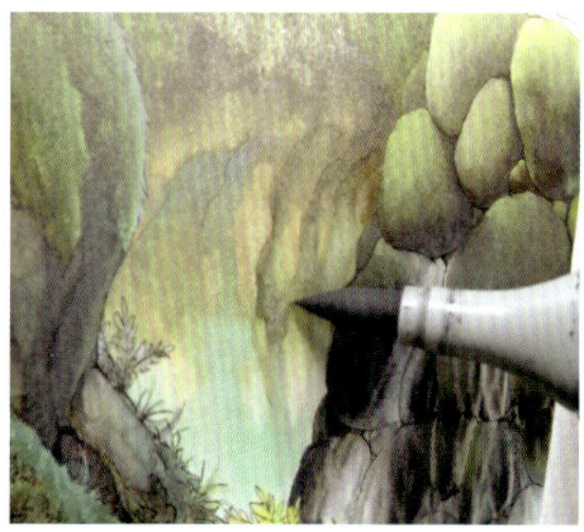

N4 Neutral Gray No.4 Diese dann verwaschen.

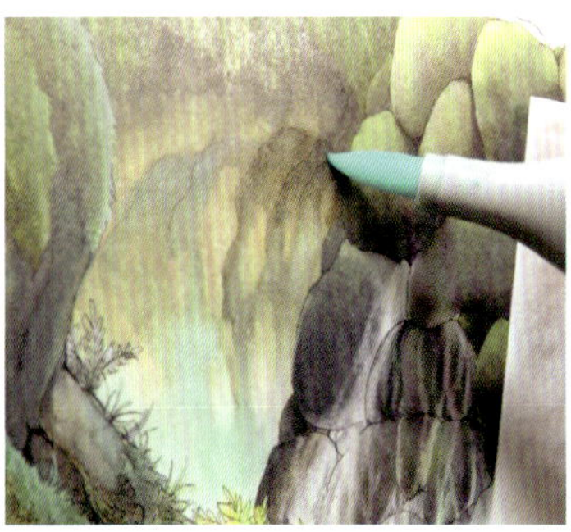

B0000 Pale Celestine Jetzt erneut mit dem Blauton verwaschen.

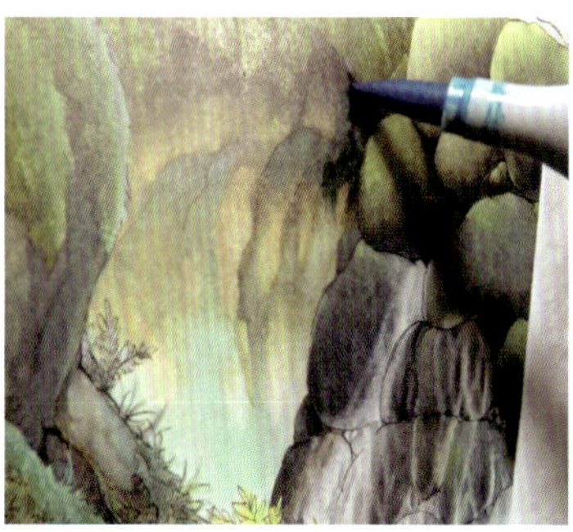

B04 Tahitian Blue Die Schattierungen bekommen einen weiteren Blauton.

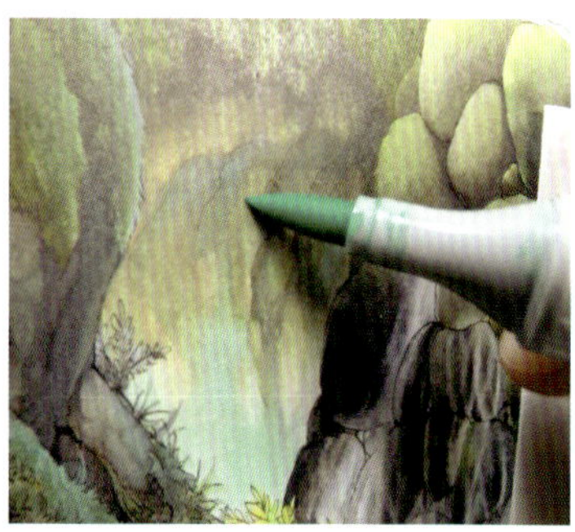

YG11 Mignonette Die nicht mit B000 angemalten Stellen werden mit YG11 koloriert.

Felsendetails

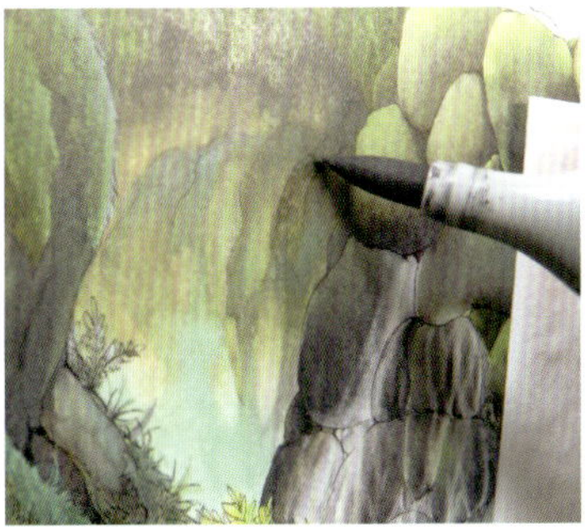

N6 Neutral Gray No.6 — Weitere Schattierungen hinzufügen.

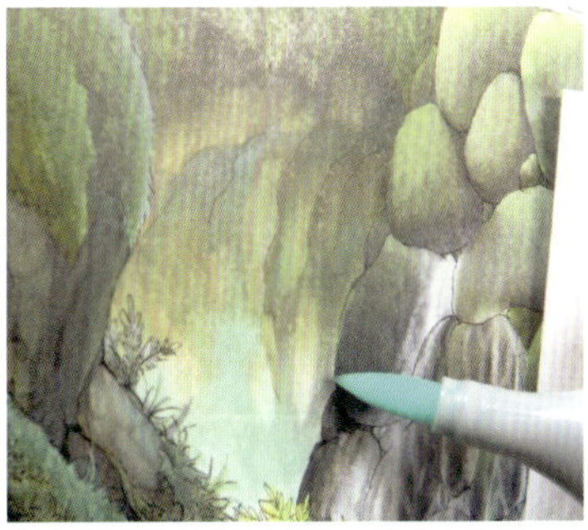

B000 Pale Porcelain Blue — Dann werden sie verwaschen.

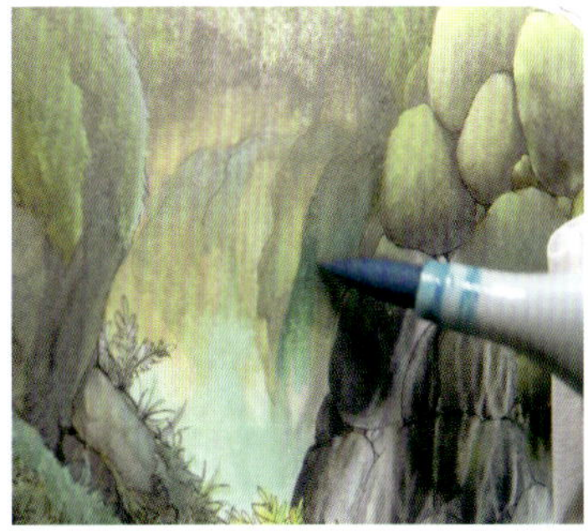

B04 Tahitian Blue — Die Farbe Blau kommt hinzu.

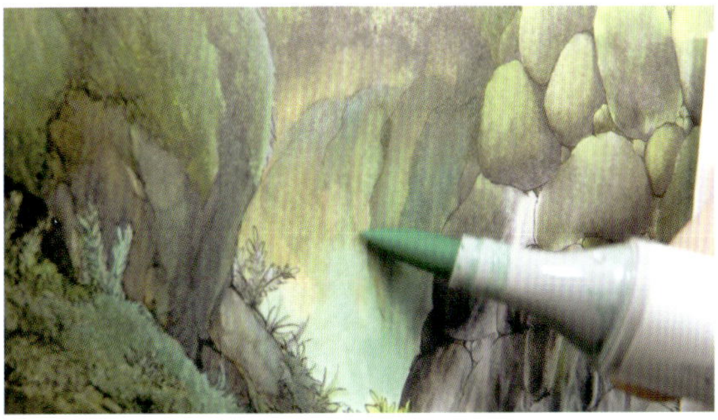

YG11 Mignonette — Wieder verwaschen.

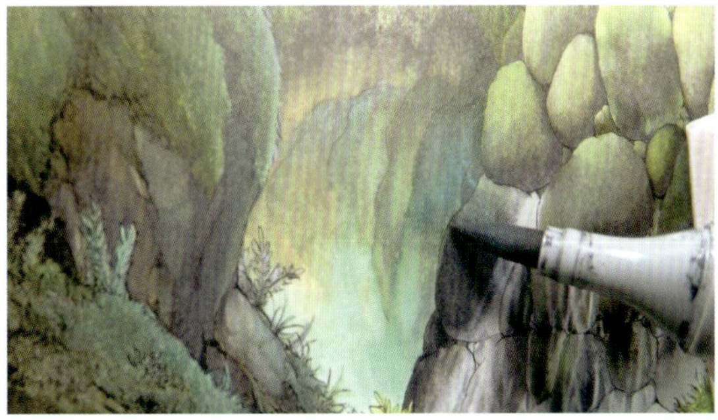

BG10 Cool Shadow, N3 Neutral Gray No.3 — Ist die gesamte Fläche koloriert, hellt ihr die glänzenden Stellen der oberen dunklen Schattierungen auf. Auf ihnen kommt eine weitere Schattenfarbe hinzu.

Umgebung anpassen und Abschluss

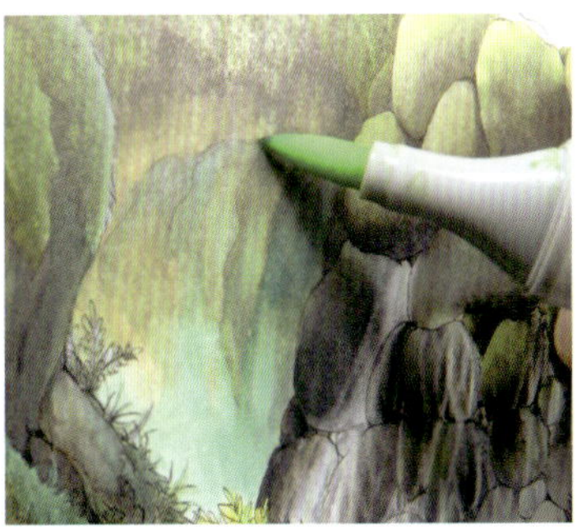

YG17 Grass Green — Licht auf der braunen Fläche einbringen.

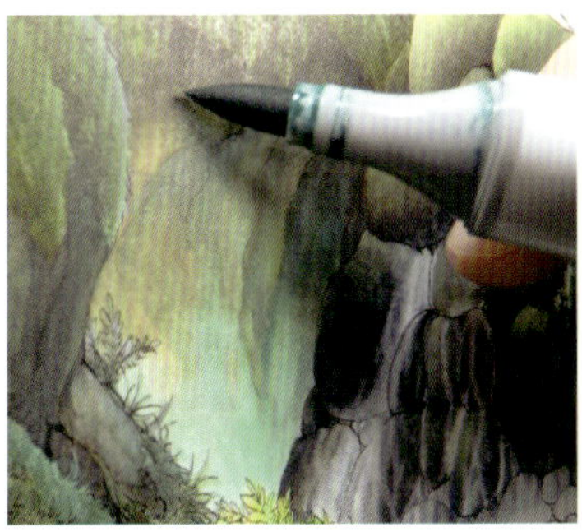

BG07 Petroleum Blue — Die Schattierungen der Einbuchtungen setzen…

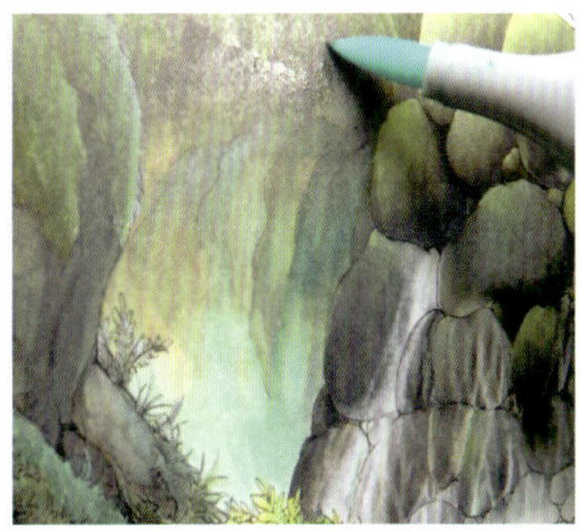

B000 Pale Porcelain Blue — … und verwaschen.

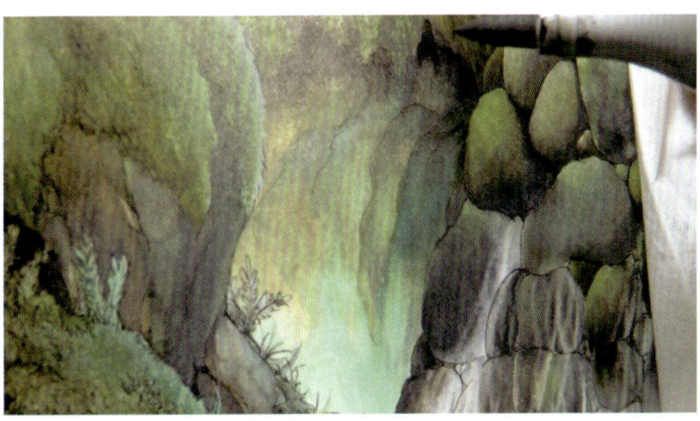

W6 Warm Gray No.6 — Verbindet sie mit den Schattierungen der Farne.

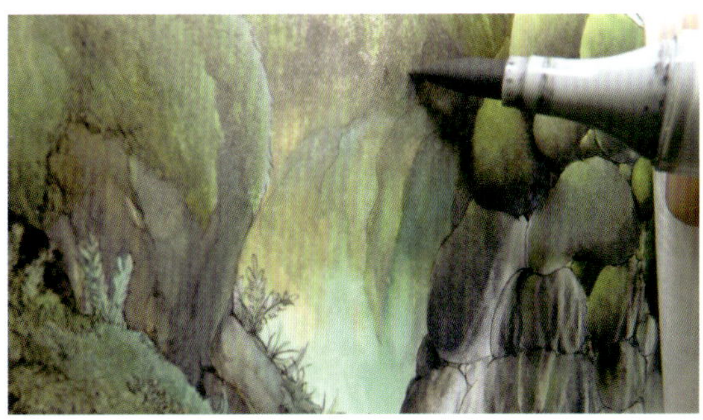

N5 Neutral Gray No.5 — Mit dieser Farbe bedeckt ihr die Stellen, an denen der Blauton zu stark ist.

Strömung des Flusses

Hier!

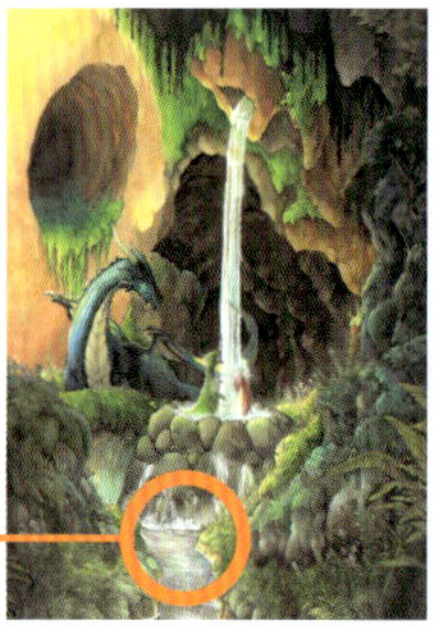

Dafür benutzt ihr wiederholt B000. Die Überlappungen stellen das Wasser dar.

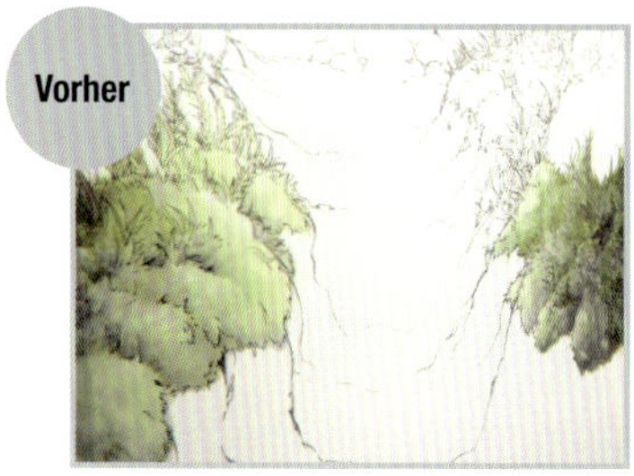

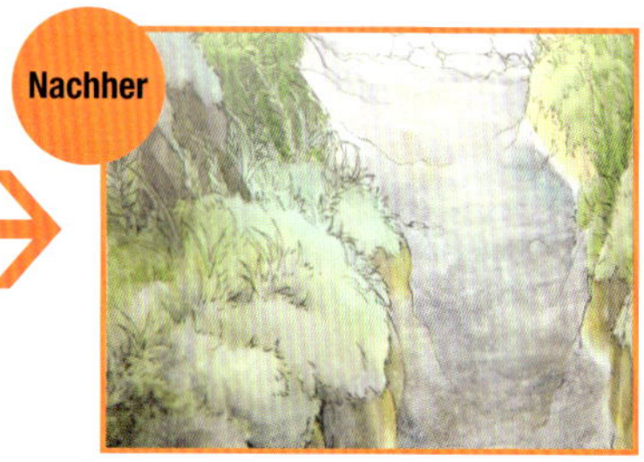

Wasseroberfläche

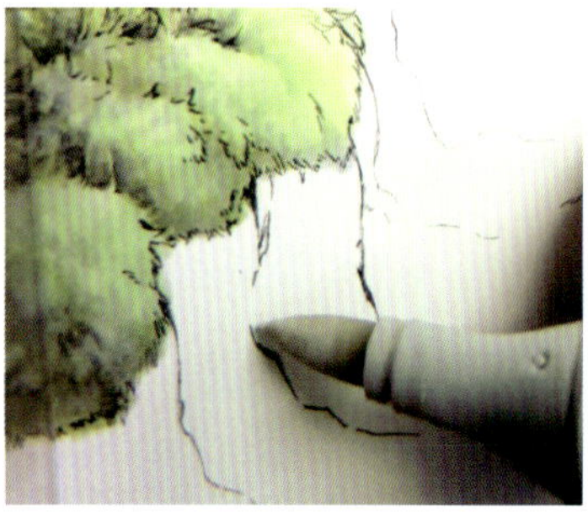

N2 Neutral Gray No.2 N1 Neutral Gray No.1 Steine am Flussufer zeichnen.

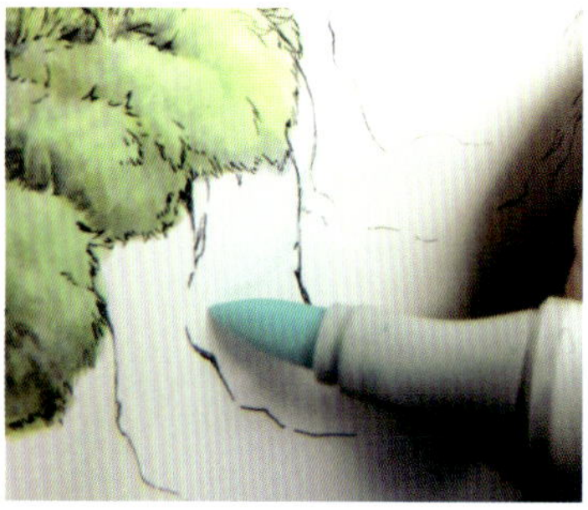

B000 Pale Porcelain Blue Linien werden gezogen, um den Wasserstand zu bestimmen.

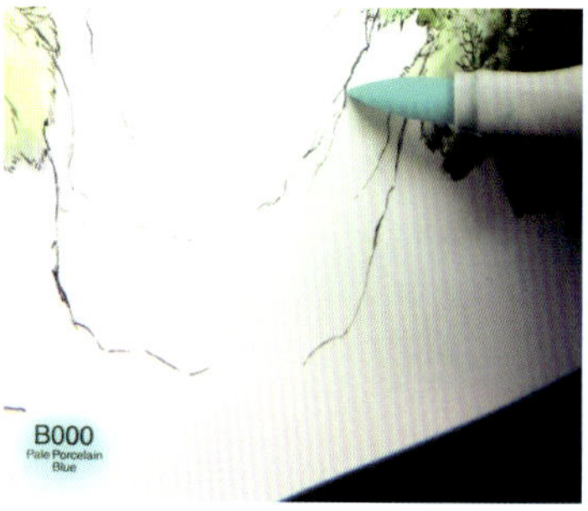

Entlang des Flussufers zeichnen. Wenn ihr dabei Steine zeichnet, wirken sie transparent.

Flussbett

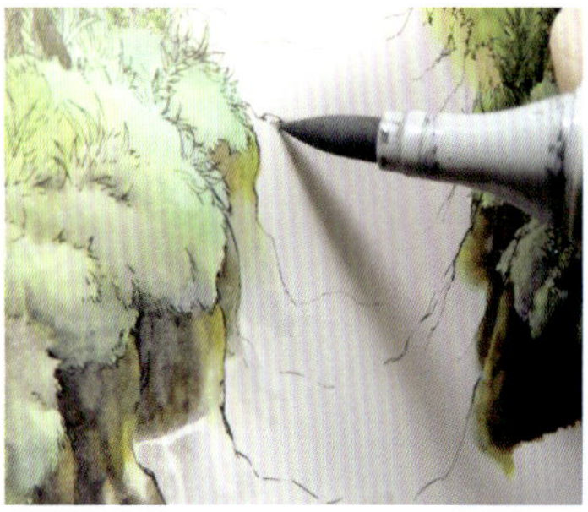

N2 Neutral Gray No.2 N4 Neutral Gray No.4 Als würdet ihr das Steilufer umranden.

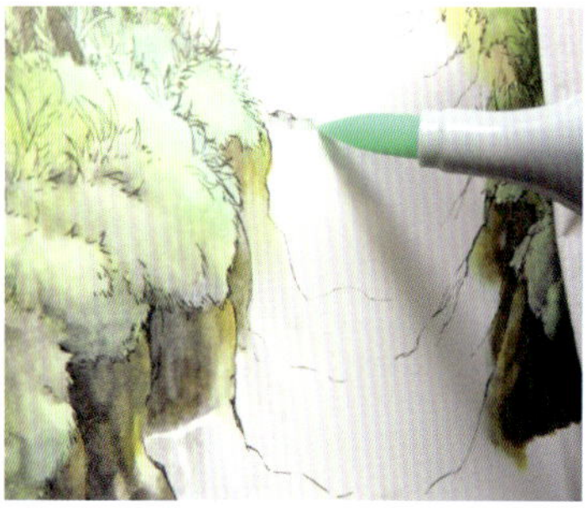

YG11 Mignonette Abstufungen an den Steinen im Flussbett setzen.

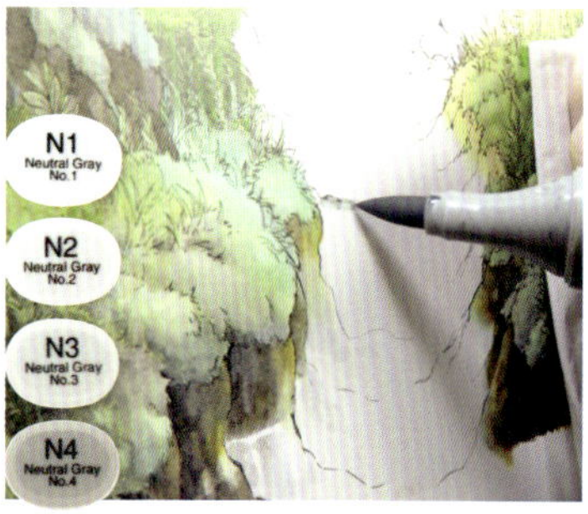

YG11 Mignonette Wiederholen, um das Flussbett darzustellen.

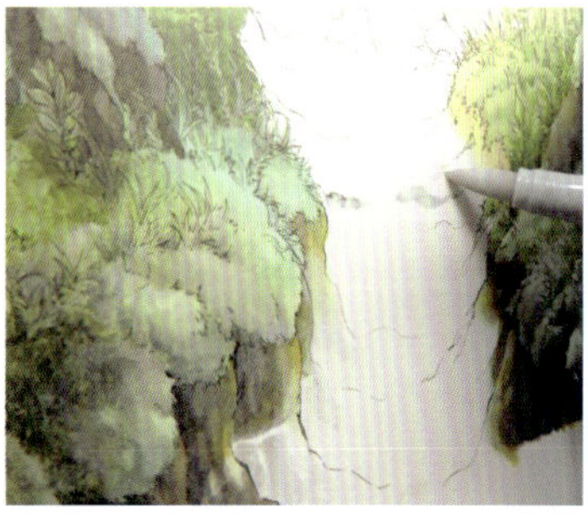

N0 Neutral Gray No.0 Grundfarbe setzen.

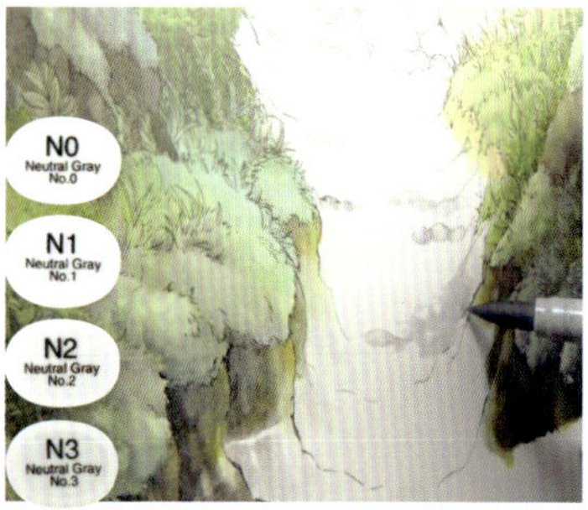

N4 Neutral Gray No.4 Beim Flussbett heißt es, je näher an der Kamera, desto stärker der Grauton.

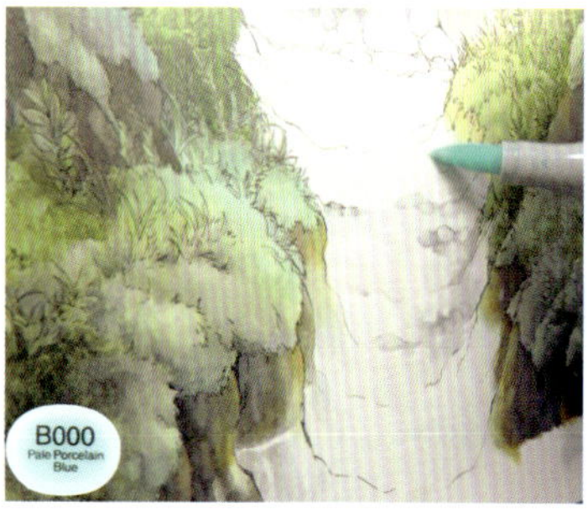

Wasseroberfläche zeichnen. Da das Licht hineinscheint, stellt ihr euch vor, dass ihr mit B000 Weiß erstellt.

Flussbett weiter definieren

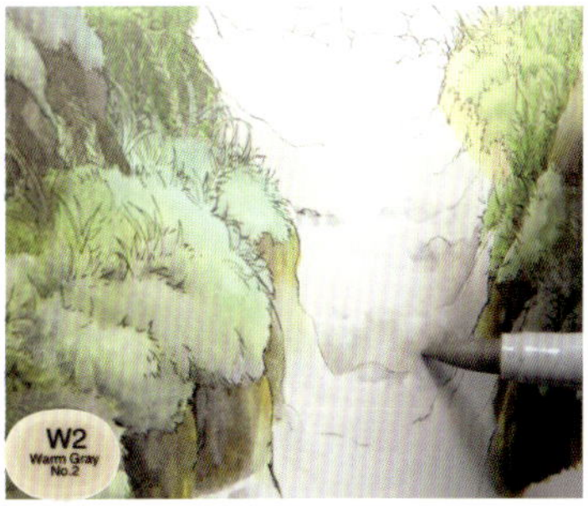

B000 Pale Porcelain Blue

Die Details der Steine am Flussbett verfeinern. Im Anschluss mit B000 verwaschen.

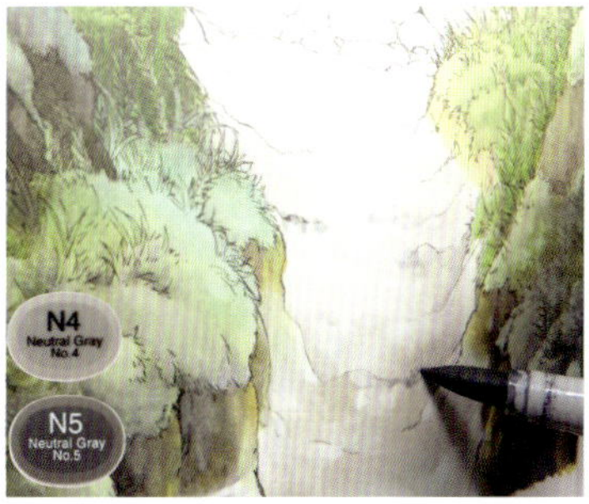

Hinten hell, vorne dunkel. Mehrfach wiederholen.

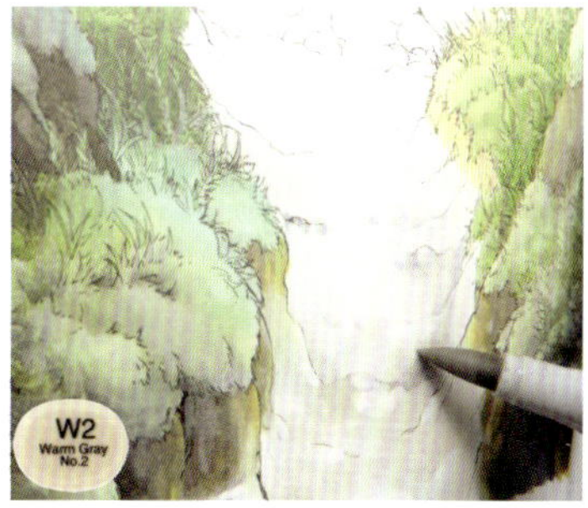

Es handelt sich um Steine im Flussbett, achtet also auf ihre Rundungen.

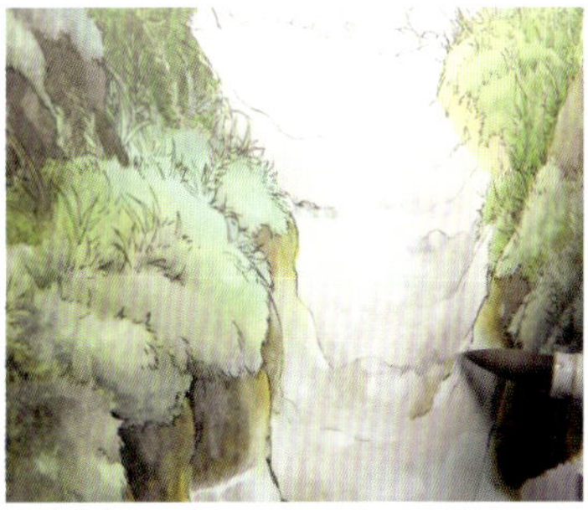

YG93 Grayish Yellow

Etwas Grün kommt rein, um Moose im Flussbett darzustellen.

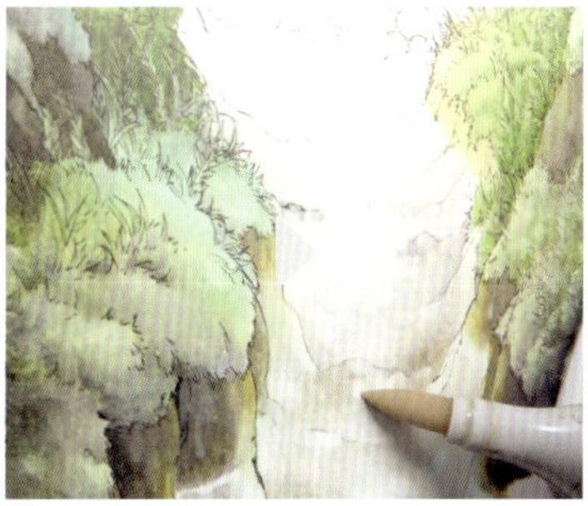

E42 Sand White

Den Sand- und Erdcharakter mit ungleichmäßiger Kolorierung vermitteln.

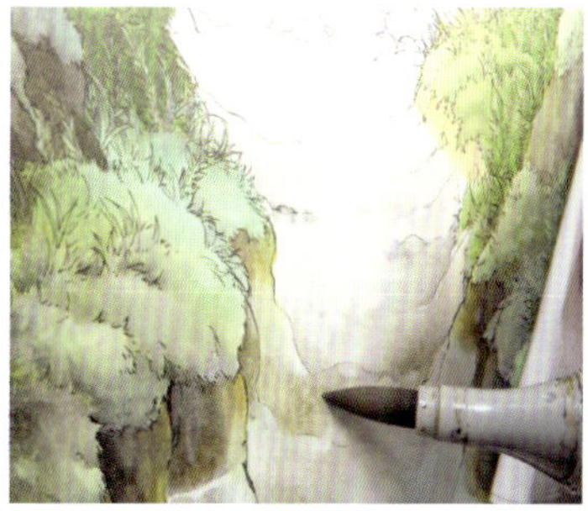

YG93 Grayish Yellow

Das Ganze verwaschen und verfeinern.

Seichte Stellen

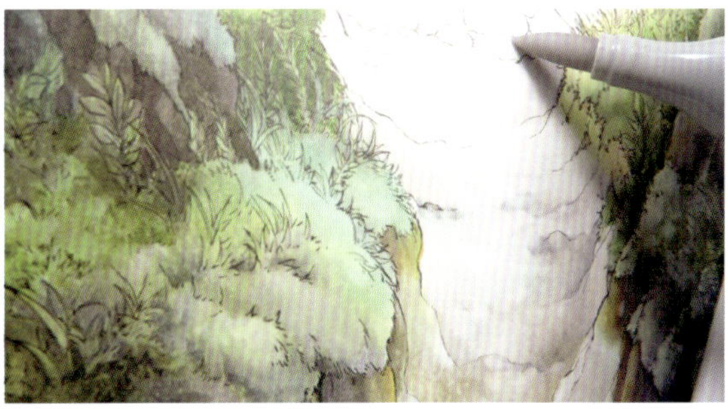

N1 Neutral Gray No.1

An seichten Stellen ist es hell, das wird mit N1 dargestellt.

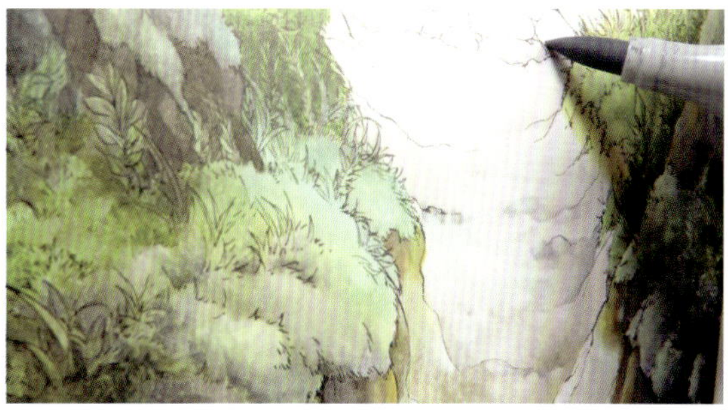

N3 Neutral Gray No.3

Die Schattierungen mit N3.

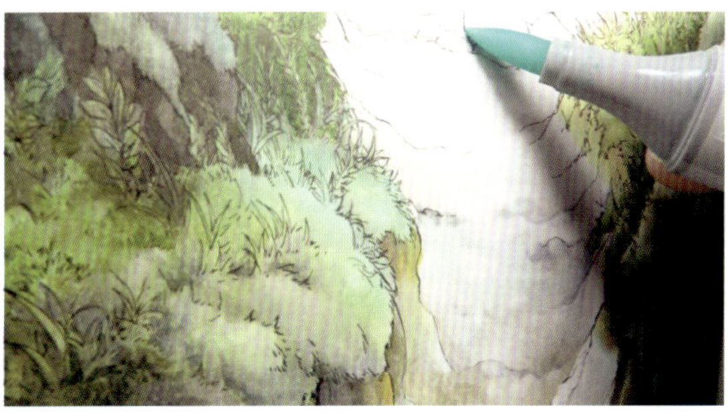

B000 Pale Porcelain Blue

N3 verwaschen.

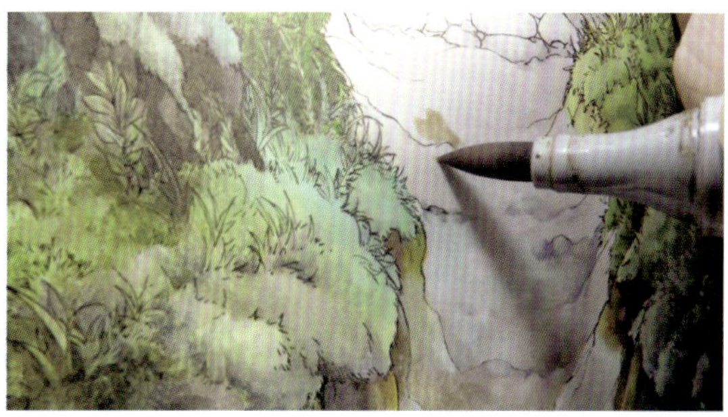

YG93 Grayish Yellow

Mit dieser Farbe übermalen, wieder etwas Blau und verwaschen. Wiederholen.

Tiefe vermitteln

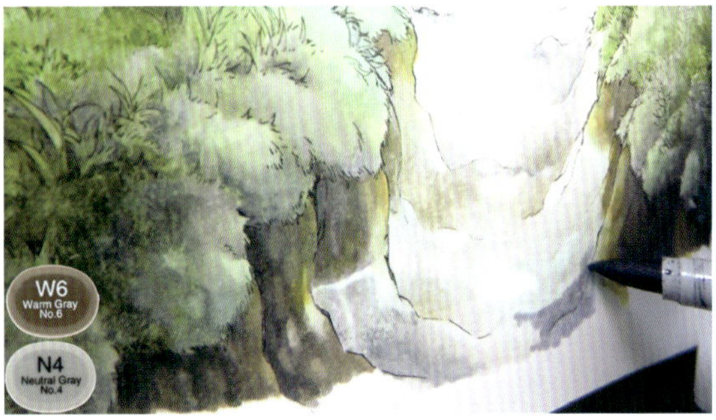

Am vorderen Flussbett erfasst ihr die Steinpositionen und koloriert die Schattierungen mit W6. Im Anschluss mit N4 verwaschen.

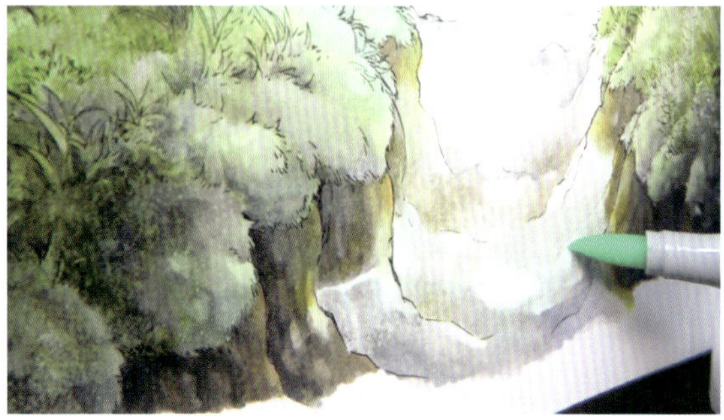

BG10 Cool Shadow Danach mit BG10 anpassen.

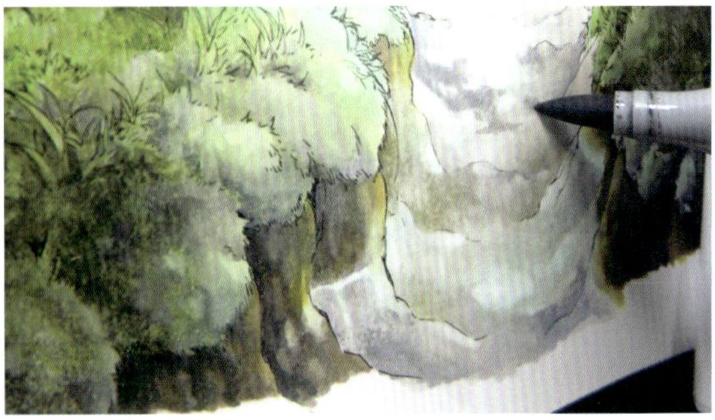

W6 Warm Gray No.6 Beim mittleren Flussbett auf dieselbe Weise mit W6 die Steinschattierungen einzeichnen.

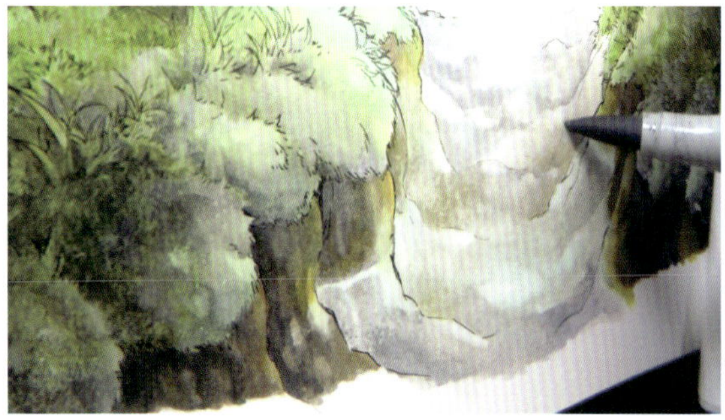

N4 Neutral Gray No.4 Mit mehrmaligem Anmalen die Flussbettform sorgfältig darstellen.

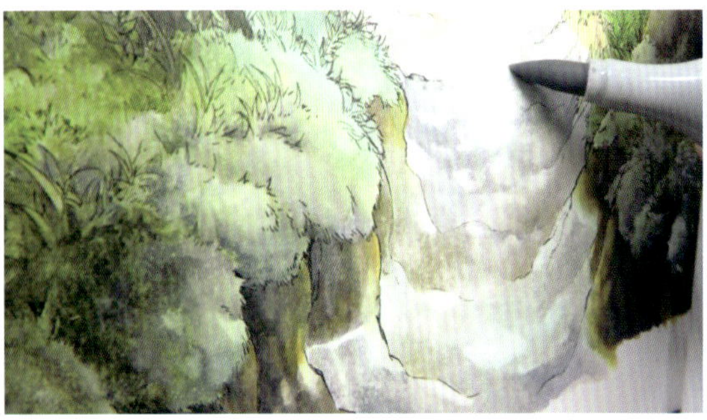

N2 Neutral Gray No.2 Danach mit der Sandfarbe mischen.

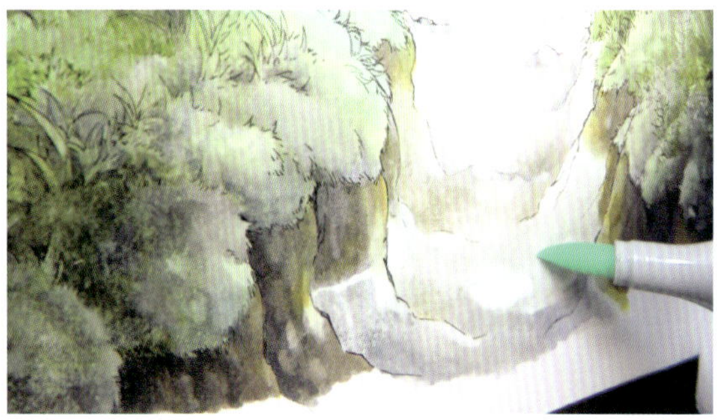

BG10 Cool Shadow Darüber kommt das Blau für die durchsichtige Wasseroberfläche.

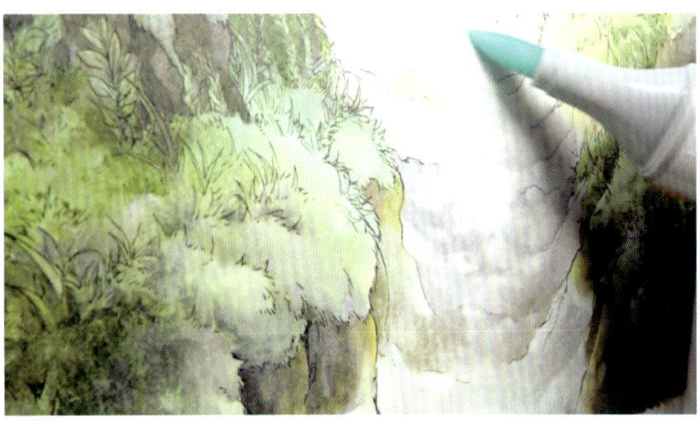

B000 Pale Porcelain Blue An hellen Stellen zeichnet ihr die Steinschattierungen mit B000.

Flussbett detailreicher werden lassen

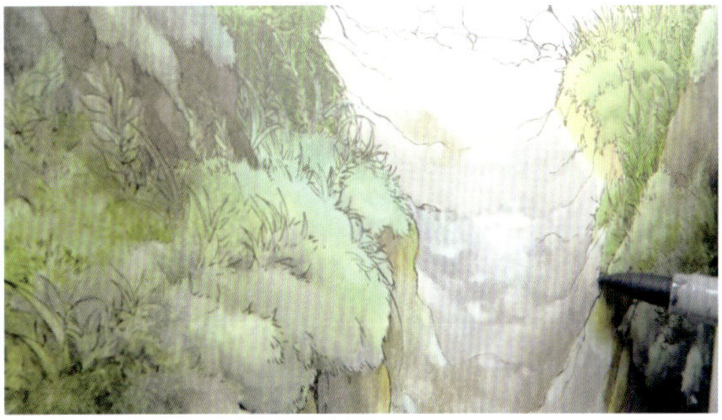

N4 Neutral Gray No.4 — Die Umrisse der Steine im Flussbett klarer definieren.

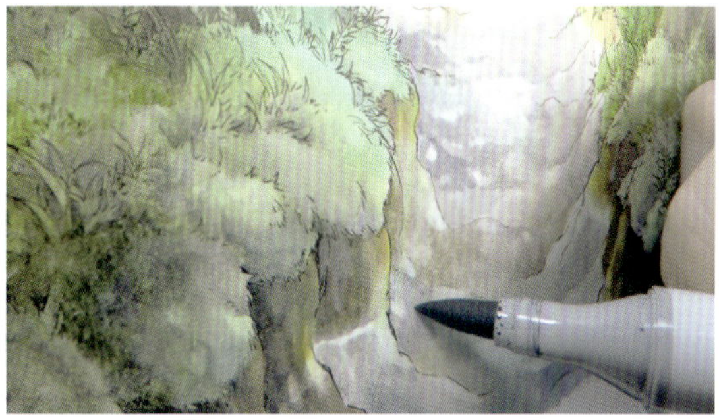

W4 Warm Gray No.4 — Zur Darstellung der Lichtreflexion bestimmt ihr die Lichtstellen und verstärkt die Umrandungen in der Umgebung.

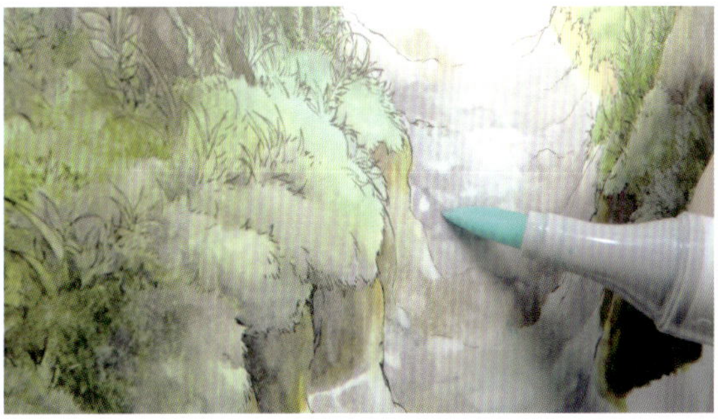

B000 Pale Porcelain Blue — Darüber kommt diese Farbe, um den Farbton zu regulieren.

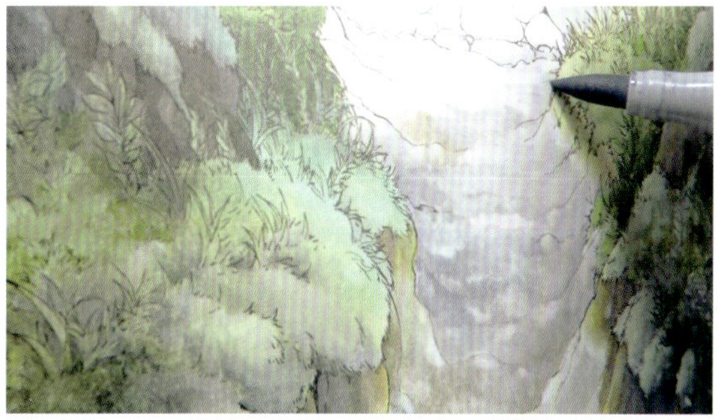

W4 Warm Gray No.4 — Auch an hellen Stellen zeichnet ihr die Schattierungen an den Steinumrandungen ein.

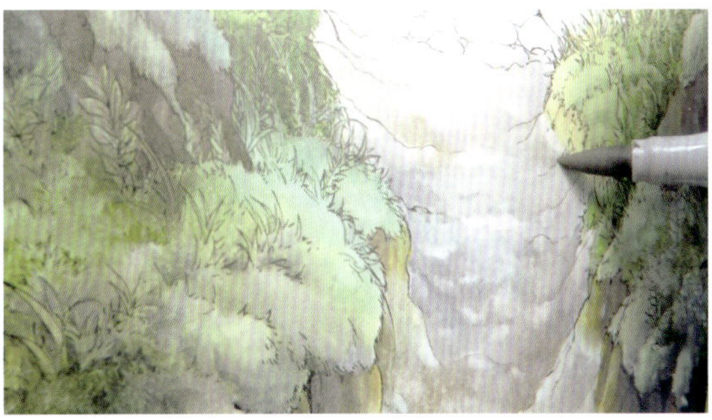

N2 Neutral Gray No.2 — Die Steine werden sorgfältig einzeln gezeichnet.

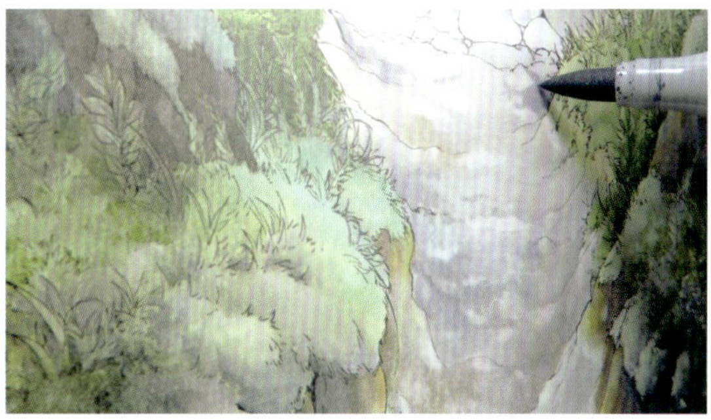

N3 Neutral Gray No.3 — Oben ist es seicht, also kommen hier kräftigere Schattierungen mit N3.

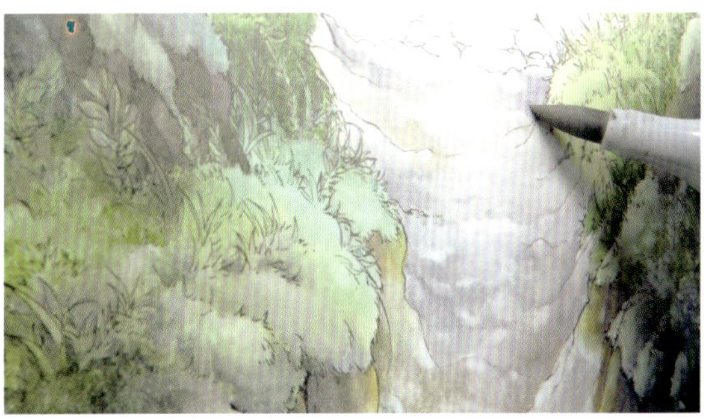

W2 Warm Gray No.2 — N3 im Anschluss verwaschen.

Wellen an der Oberfläche

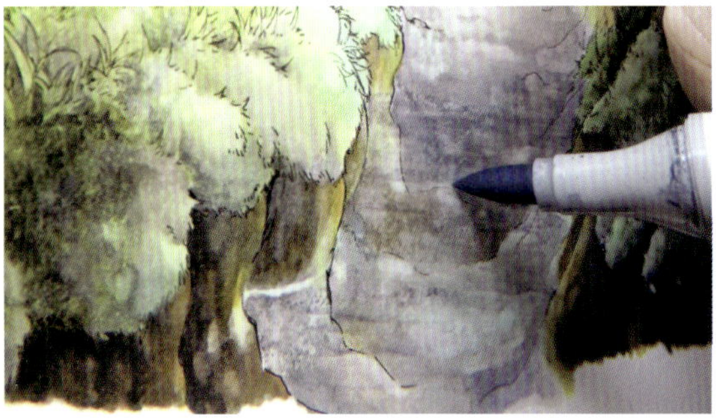

B23 Phthalo Blue B000 Pale Porcelain Blue Mit B23 horizontale Linien ziehen, um die Wellen zu kolorieren. Die Zwischenräume mit B000 verwaschen.

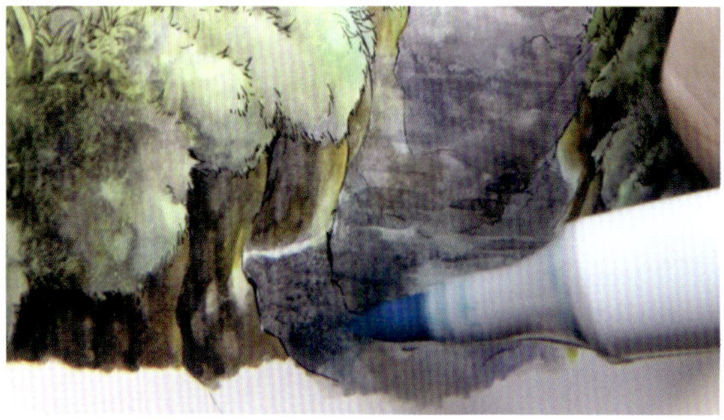

B04 Tahitian Blue Akzente auf das vordere Flussbett setzen.

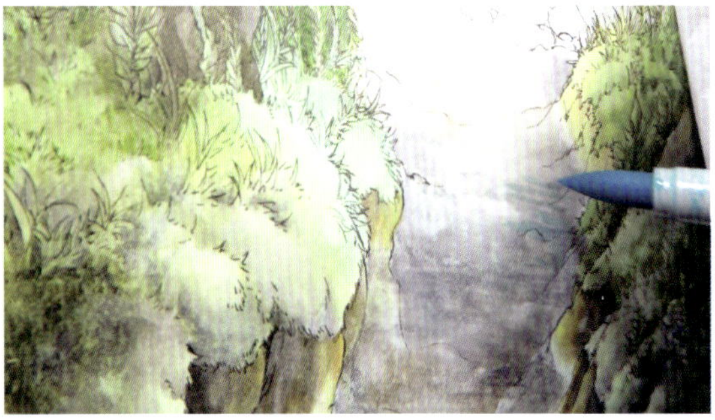

B04 Tahitian Blue Mit feinen horizontalen Linien die Wellen zeichnen.

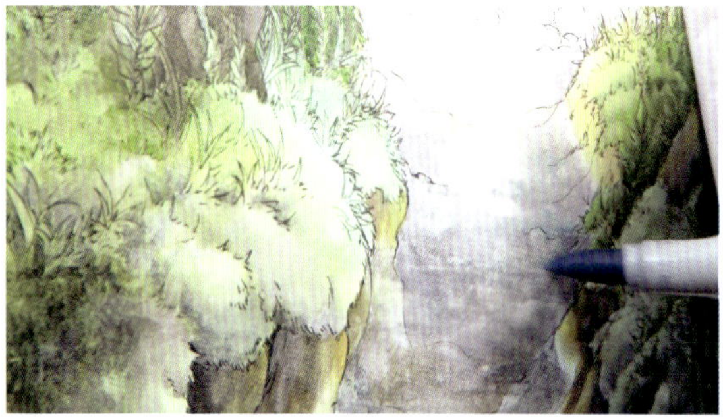

N2 Neutral Gray No.2 B23 unterhalb der Linie zügig verwaschen.

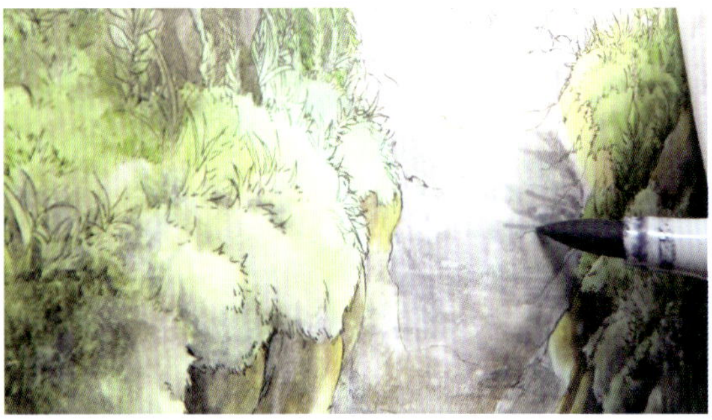

N4 Neutral Gray No.4 Kräftige horizontale Linien zeichnen…

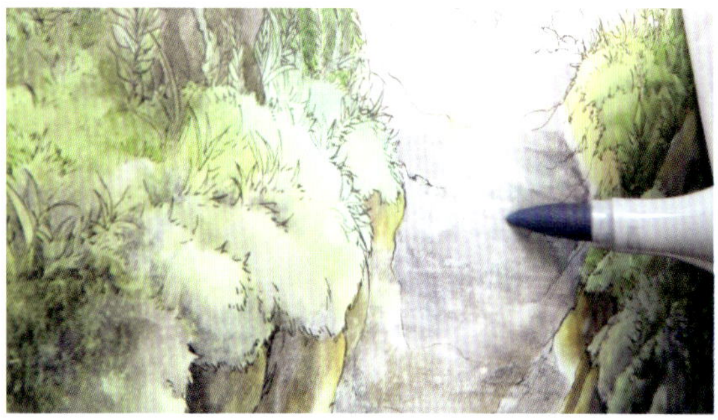

B04 Tahitian Blue … die Linien verwaschen und erneut zeichnen. Mehrmals wiederholen.

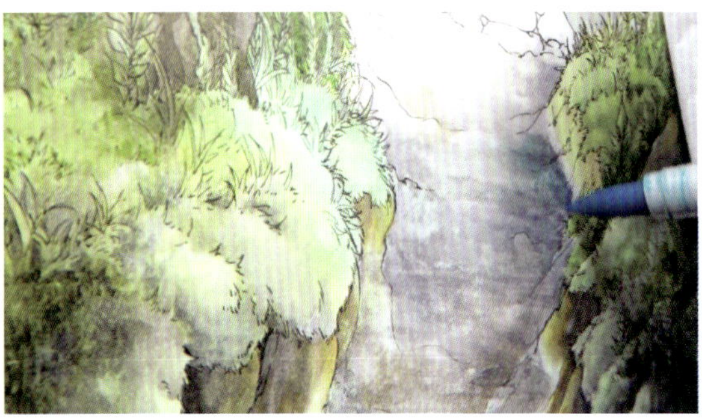

B04 Tahitian Blue Schattierungen nah an den Felswänden setzen. Auch diese mit horizontalen Linien.

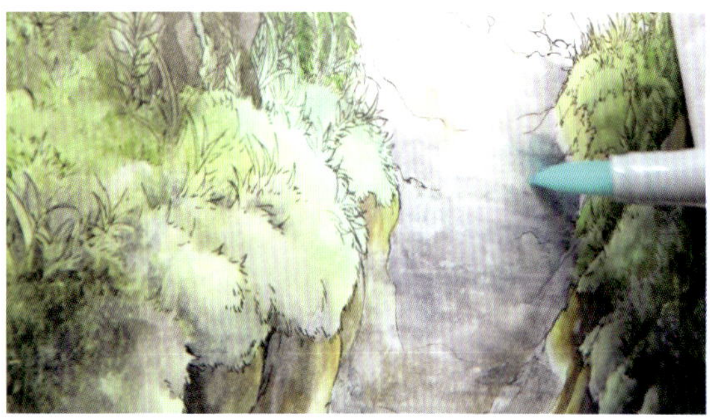

B000 Pale Porcelain Blue Immer weiter seitlich verwaschen.

Anpassen und Abschluss

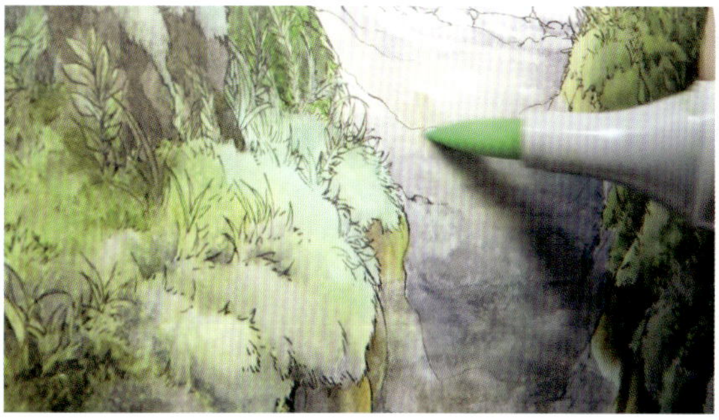

YG11 Mignonette — Passend zum Licht horizontal die gelbgrüne Grasfarbe einfügen.

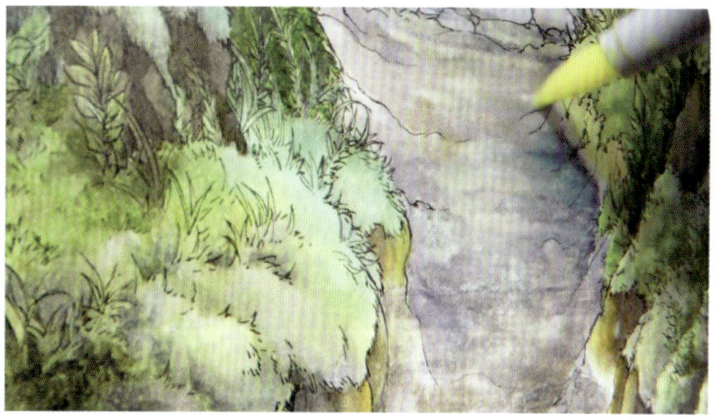

Y02 Canary Yellow — In der Mitte des Flusses Highlights mit kleinen Abständen wie Trittsteine setzen.

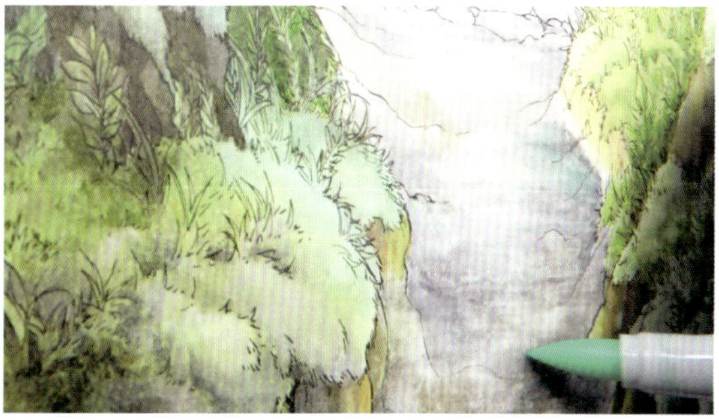

B23 Phthalo Blue, B04 Tahitian Blue, N4 Neutral Gray No.4, B000 Pale Porcelain Blue — Auf der linken Seite wiederholen.

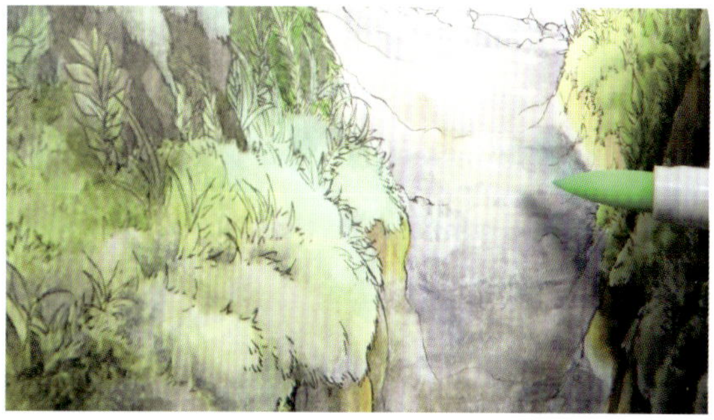

YG21 Anise, B000 Pale Porcelain Blue — An hellen Stellen setzt ihr weitere Farben ein, bis es nicht mehr blau wirkt.

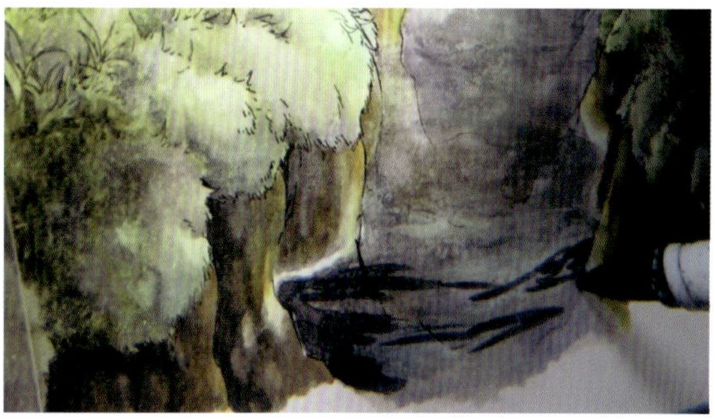

N9 Neutral Gray No.9 — Die vordere dunkelste Stelle bekommt Schattierungen.

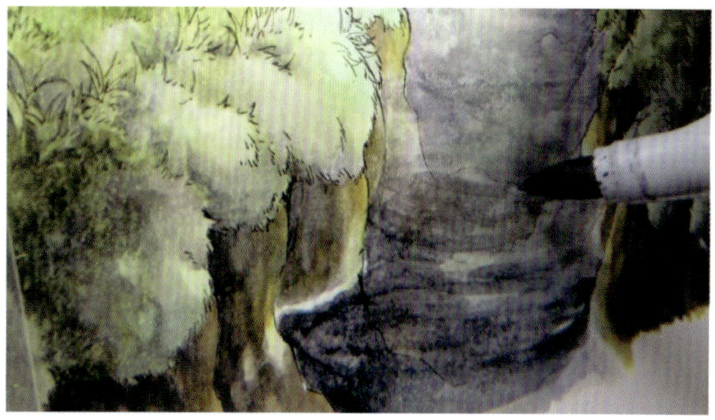

N9 Neutral Gray No.9 — Wenn ihr so weit gezeichnet habt, wird der Alkohol nicht mehr vom Blatt aufgesogen und die Farbe schwimmt auf der Oberfläche.

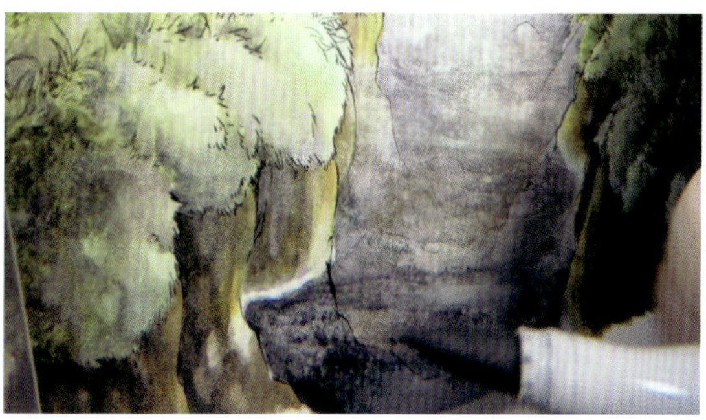

N9 Neutral Gray No.9 — Was auf der Oberfläche ist, entfernt ihr z. B. mit den Fingern und bringt die Farbe seitlich auf.

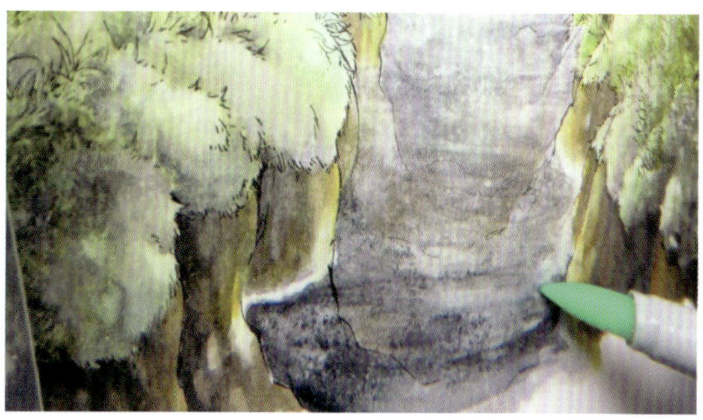

BG10 Cool Shadow — Mit BG10 bearbeitet ihr die Fläche, als würdet ihr sie abwischen. Am Ende kommt Weiß zum Finalisieren.

Drachenschuppen

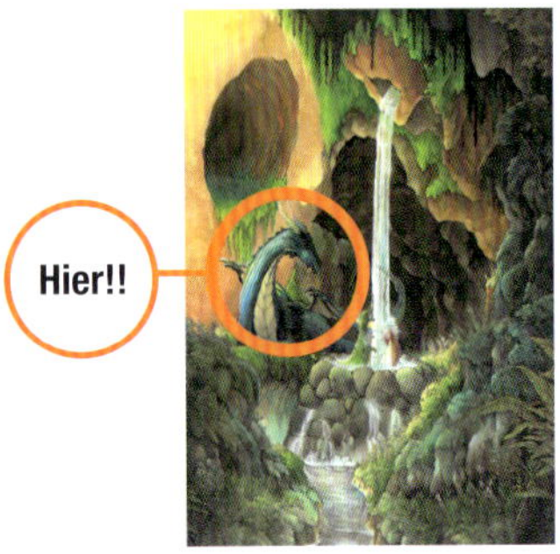

Eine Fleißarbeit; hier geht es darum, die Schuppen fein einzuzeichnen.

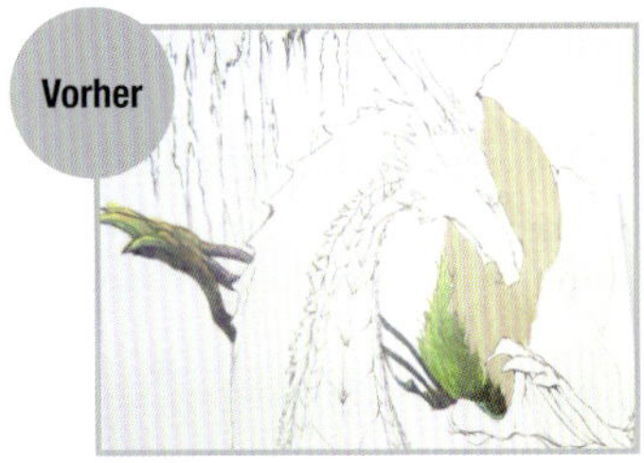

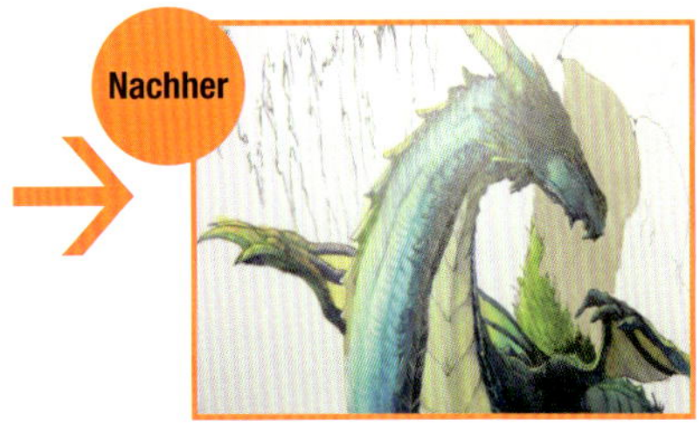

Basis

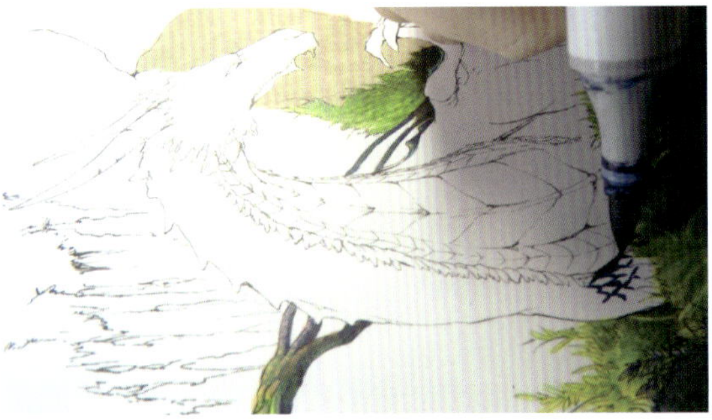

B37 Antwerp Blue Die Umrisse der einzelnen Schuppen zeichnen.

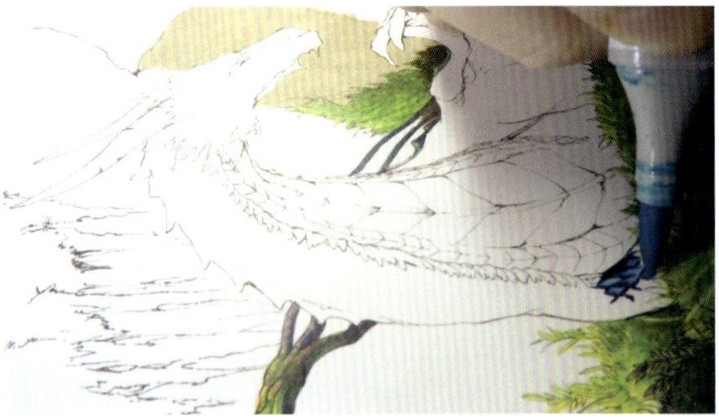

B05 Process Blue Darauf gleichmäßig die Farbe setzen.

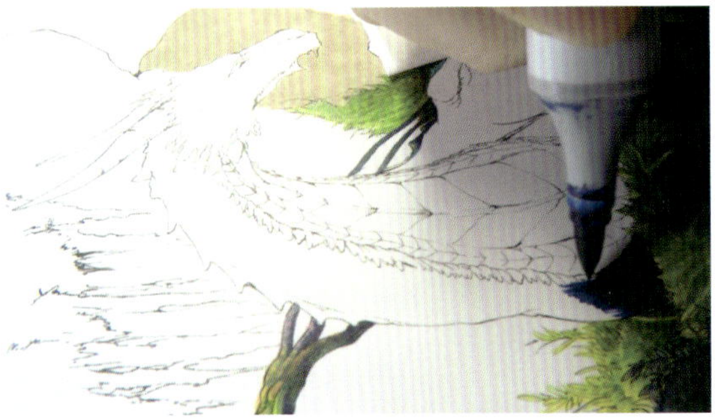

B06 Peacock Blue Und dann wieder darübermalen.

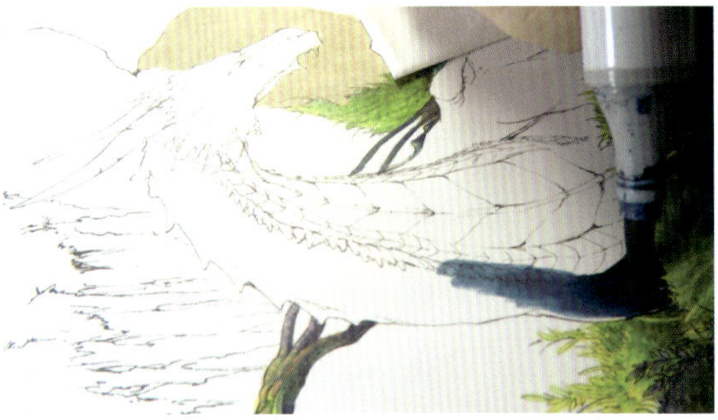

B95 Light Grayish Cobalt Mit B95 die Farbe verwaschen.

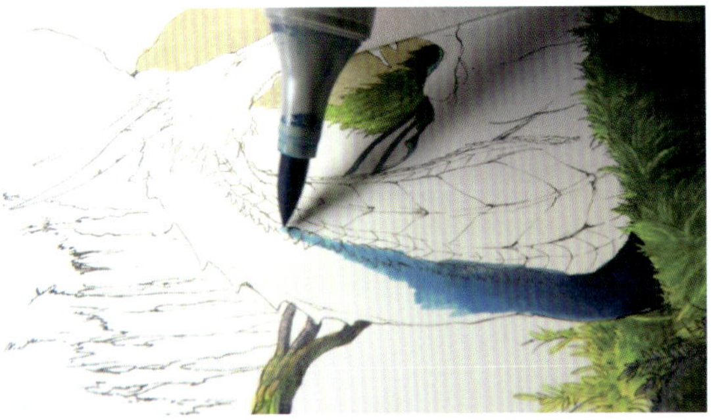

B05 Process Blue Danach erstellt ihr einen Übergang.

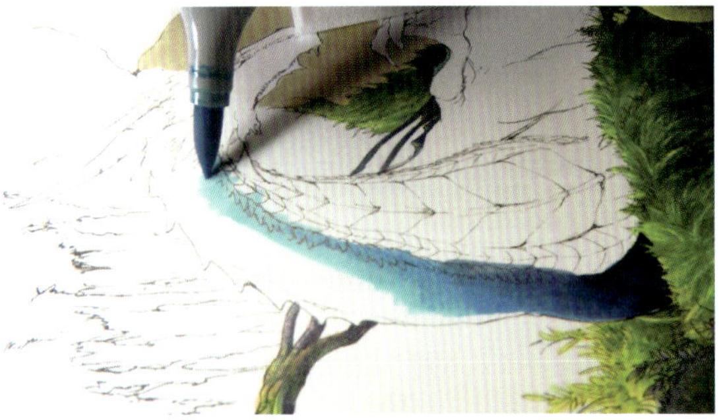

BG53 Ice Mint Die Abstufung wird mit einer helleren Farbe erweitert.

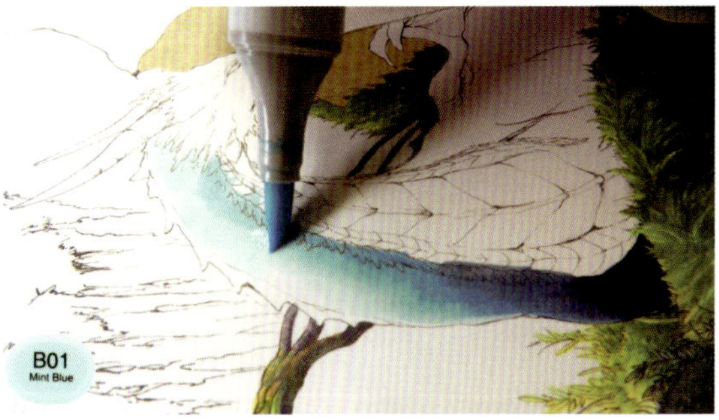

B01 Mint Blue
B02 Robin's Egg Blue
Weitere Abstufungen in Lichtrichtung. Das wird später zu Schuppen, daher sollten grobe Ungleichmäßigkeiten bleiben.

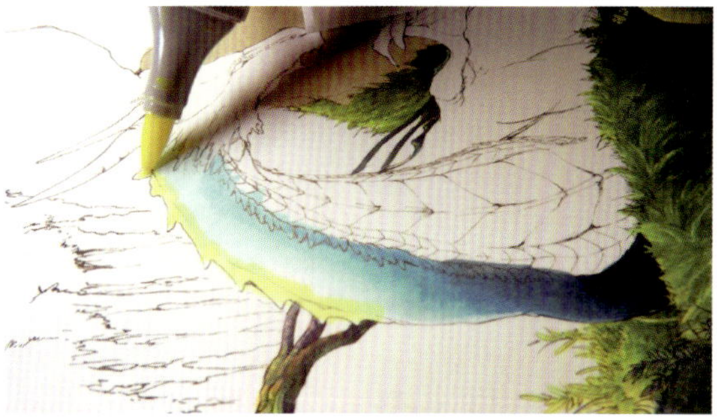

Y02 Canary Yellow
Denkt an das Licht und setzt Y02 ein.

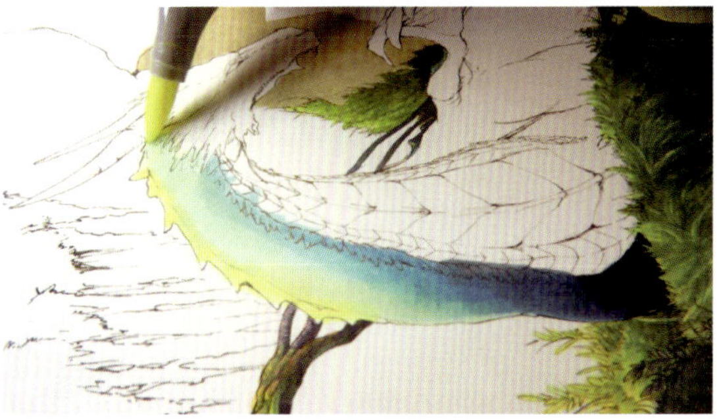

Y00 Barium Yellow
Die Lichtfarbe wird mit dem Blau des Drachen vermischt.

Details einfügen

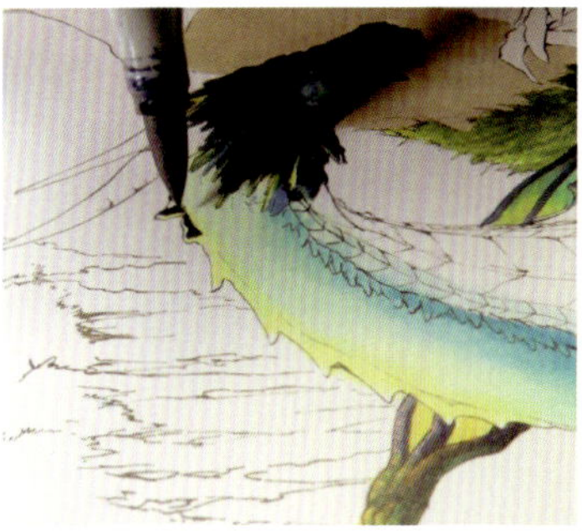

B37 Antwerp Blue
Schattierungen setzen.

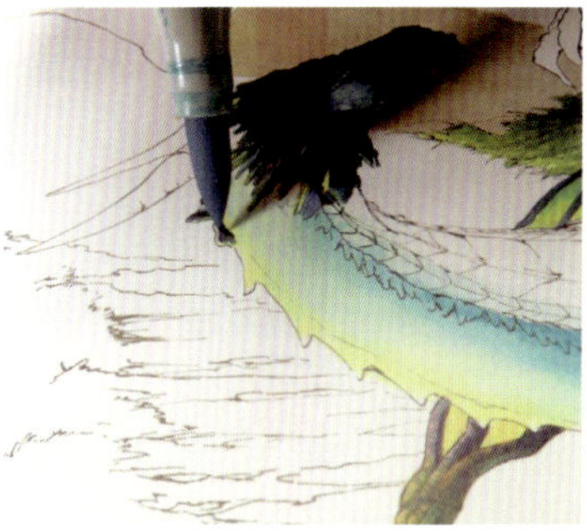

B05 Process Blue
Ganz schmal verwaschen. Absichtlich ungleichmäßig, damit die Grobheit dargestellt wird.

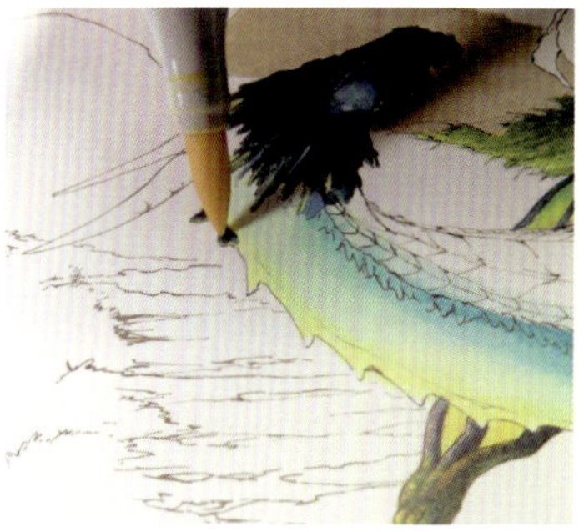

Y15 Cadmium Yellow
Tupfend wird eine weitere Farbe gesetzt, so werden Abstufungen eingefügt.

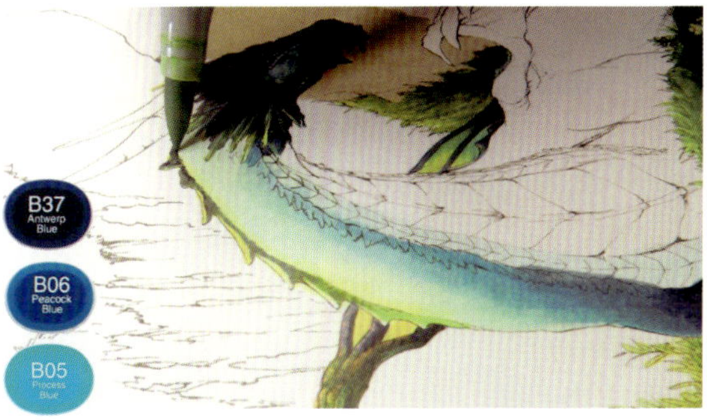

B37 Antwerp Blue
B06 Peacock Blue
B05 Process Blue
B02 Robin's Egg Blue
Diesen Vorgang wiederholen und Schattierungen setzen, die nach unten immer heller werden.

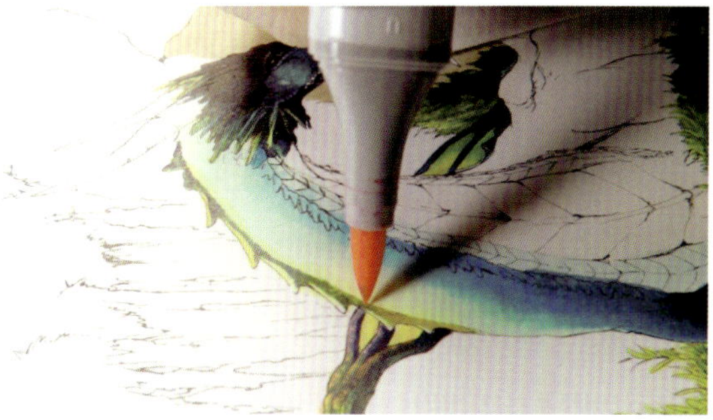

Y17 Golden Yellow
Mit Y17 von unten anmalen, damit die Farbe leuchtend wird.

An das Licht denken und weitere Details zeichnen

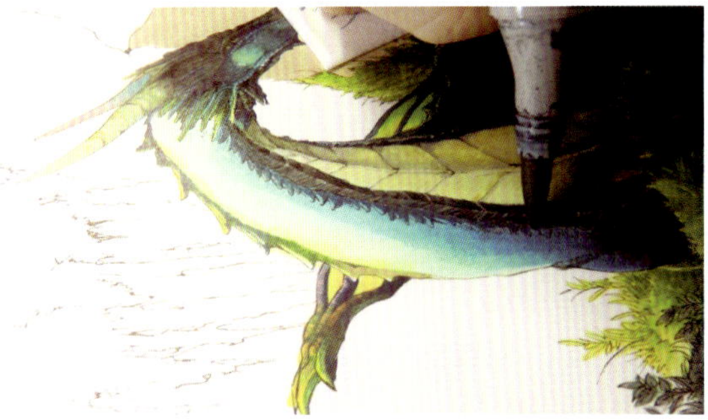

B37 Antwerp Blue · B06 Peacock Blue — Die Schattierungen der Schuppen fein einzeichnen.

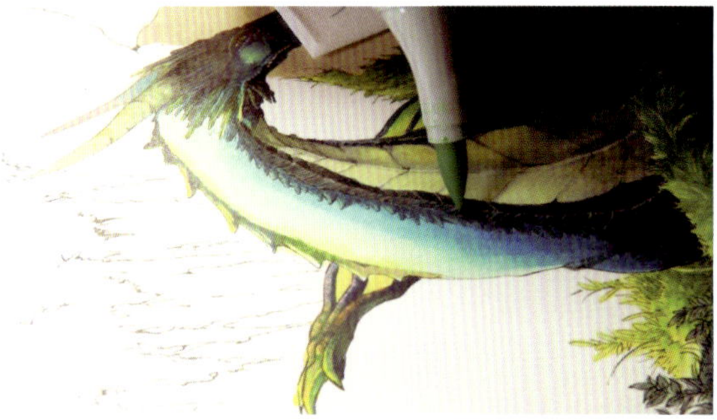

G21 Lime Green — Das Licht erreicht diese Stelle kaum, daher mit G21 darstellen.

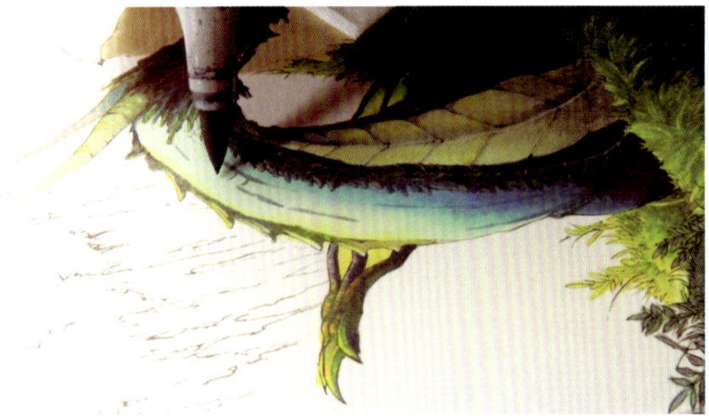

B06 Peacock Blue — Die seitlichen Schuppen mit schmalen Linien zeichnen.

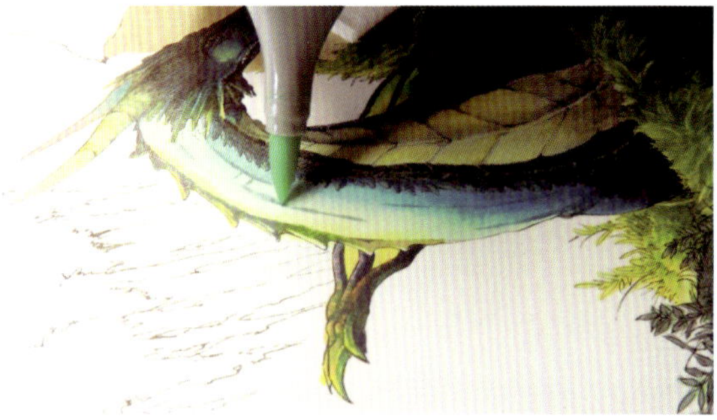

G00 Jade Green — Wegen des starken Lichts mit G00 verwaschen.

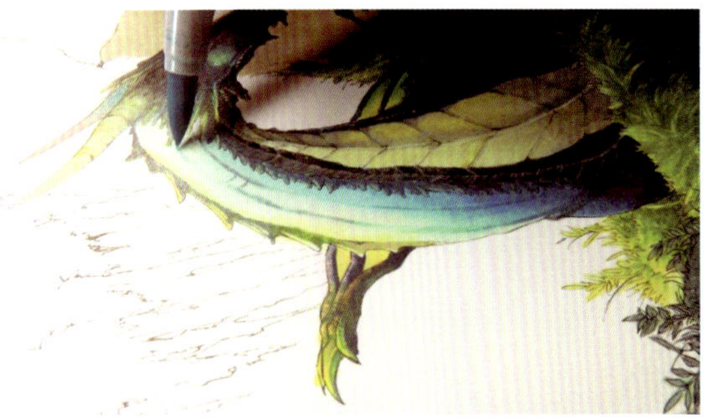

BG53 Ice Mint — Auf die Schuppenlinien fällt Licht. Die beleuchteten Stellen werden mit schwachen Linien dargestellt.

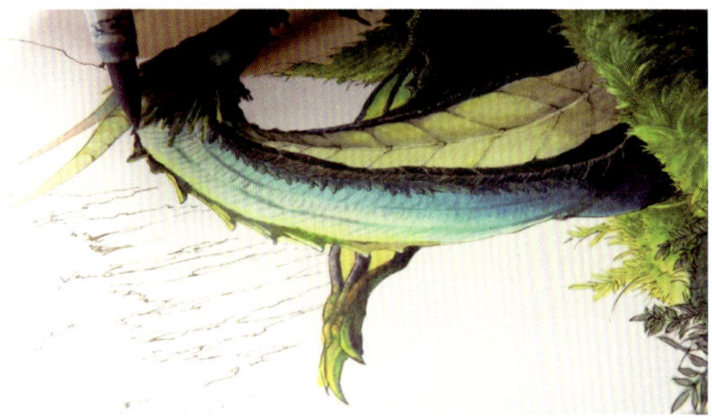

B06 Peacock Blue · B05 Process Blue — Die Schuppen werden mit dünnen Strichen gezeichnet.

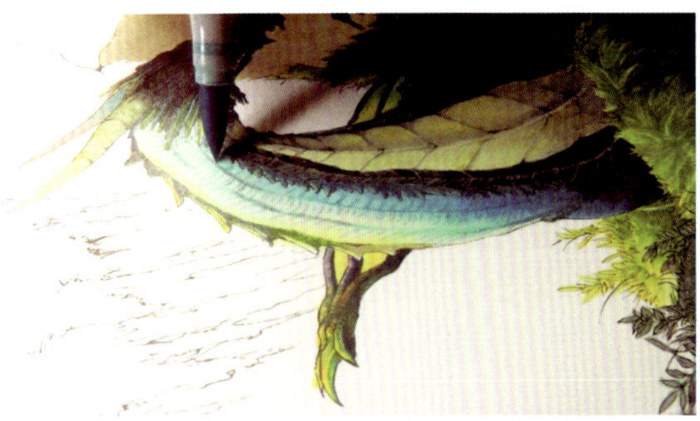

BG53 Ice Mint · B05 Process Blue — Diese Linien werden verwischt, damit sie sanfter ausfallen.

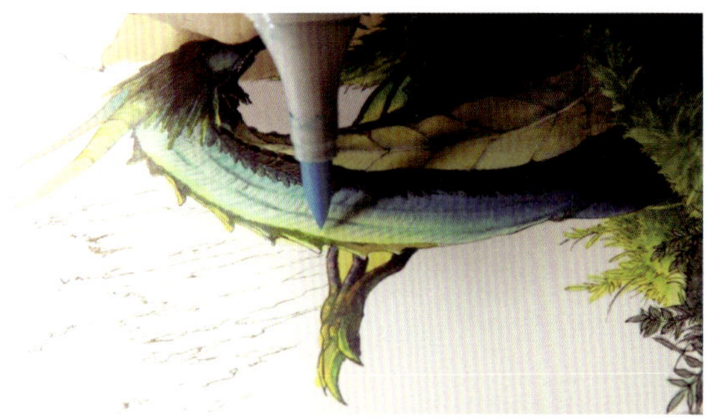

B05 Process Blue · BG53 Ice Mint · G00 Jade Green — Dunkle Stellen mit B05, mittlere Stellen mit BG53 und helle Stellen mit G00 verwaschen.

Verfeinern und Abschluss

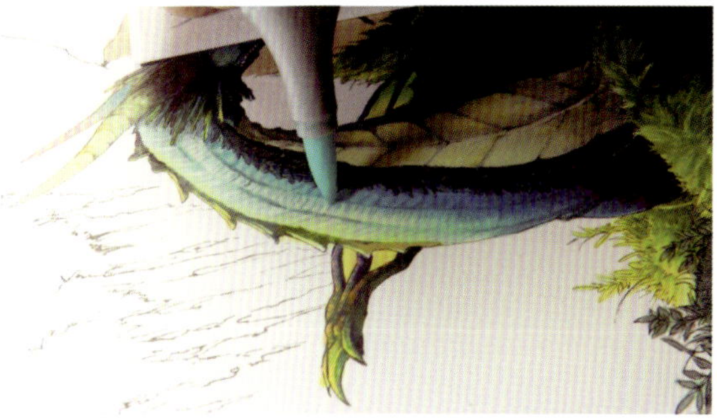

B000 Pale Porcelain Blue – Die Linien werden noch weiter verwaschen.

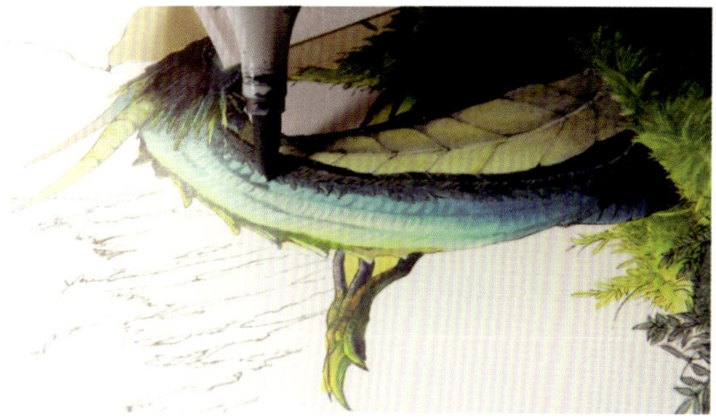

B37 Antwerp Blue – Weitere Schattierungen kommen zum Einsatz, um die Schuppen detailreicher zu gestalten.

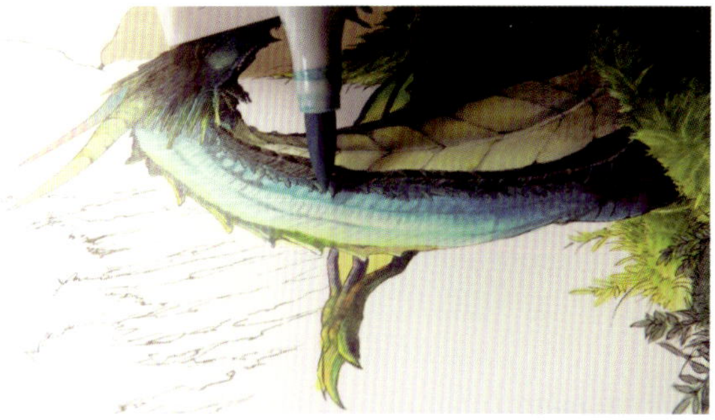

B05 Process Blue – Auch sie werden verwaschen.

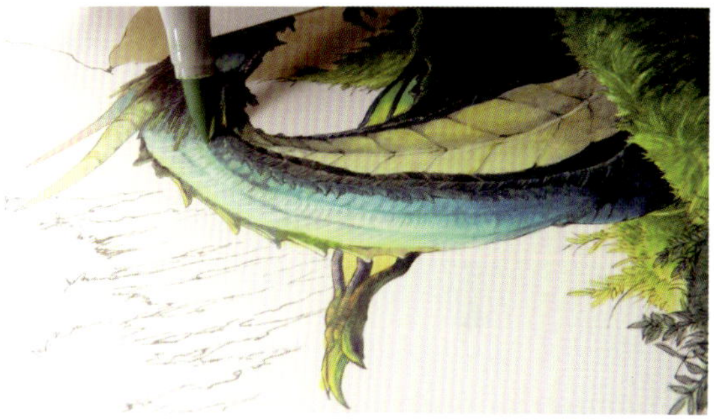

BG34 Horizon Green – Mit einer weiteren Farbe verwaschen.

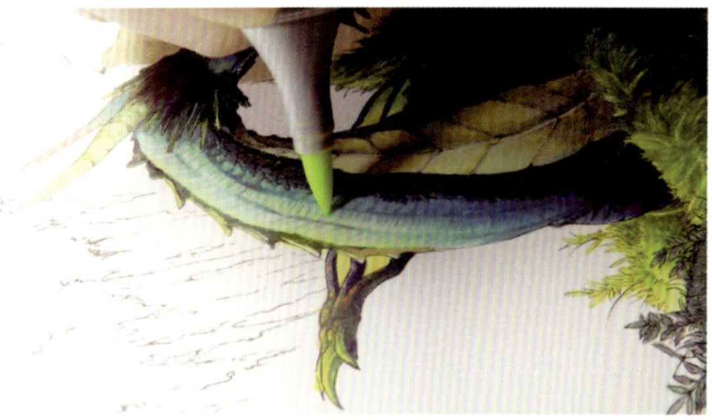

G00 Jade Green – Beleuchtete Stellen mit G00 verwaschen.

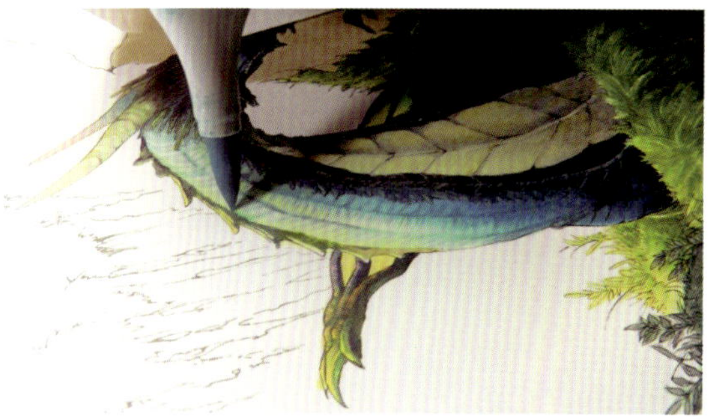

BG53 Ice Mint – Äußere Schuppen bekommen die Farbe BG53.

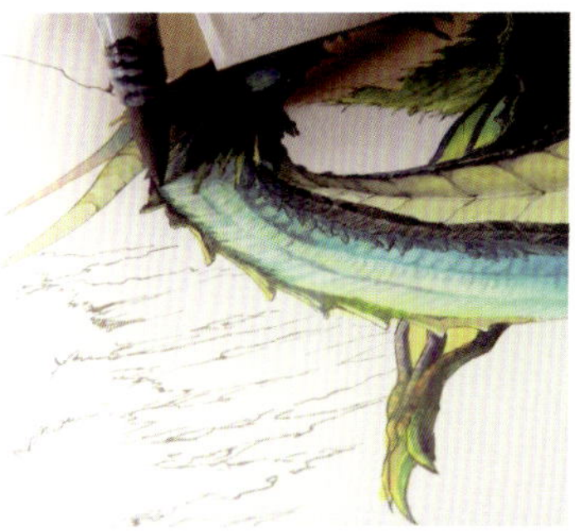

B37 Antwerp Blue – Die Schattierungen von außen nach innen.

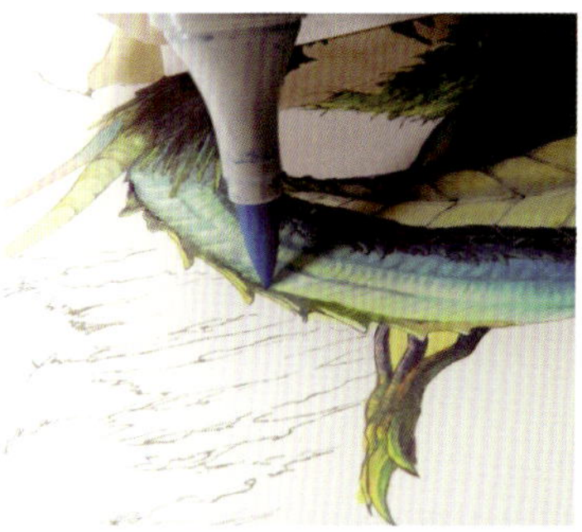

B05 Process Blue – Im Anschluss verwaschen.

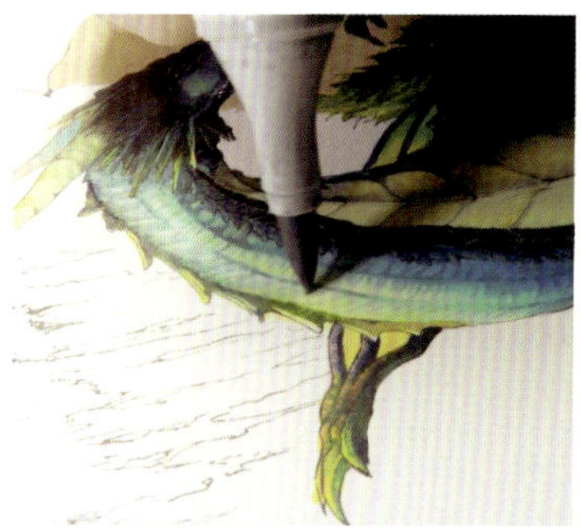

B37 Antwerp Blue – Wiederholen und fertig.

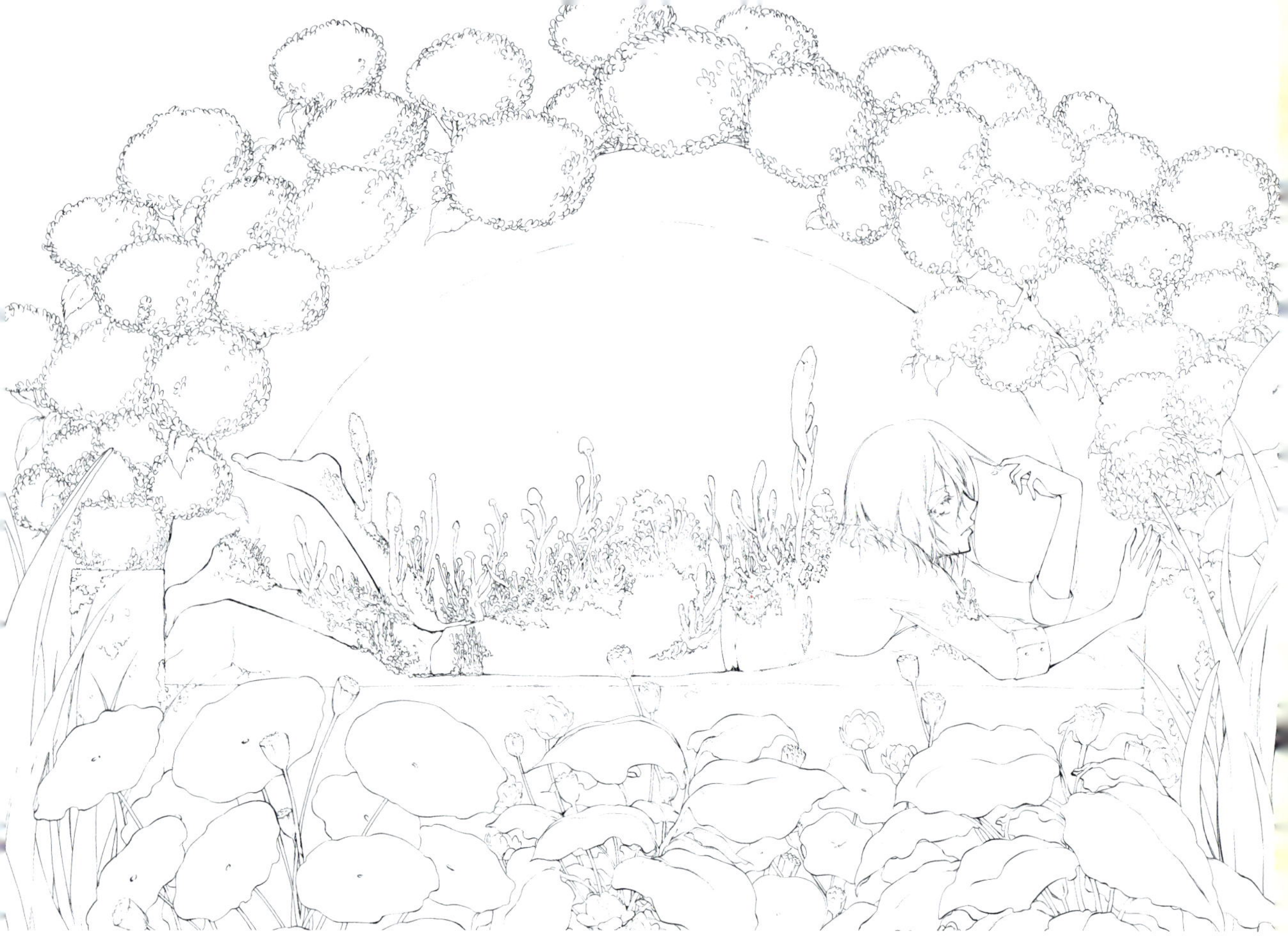

Scene 3

Der Pflanzenmensch

Der Tojin-Kasou

Es gibt eine Pflanze bzw. einen Pilz namens Tochu-Kasou, der im Winter an einem lebenden Insekt parasitiert und im Sommer das Insekt als Nahrungsquelle nutzt.*
Bei dem Motiv handelt es sich um eine Pflanze, die einen Menschen benutzt. Ich erkläre euch das feuchte Umfeld mit dem unaufhörlichen Regen und den Hortensien und Tropenpflanzen.

Idee

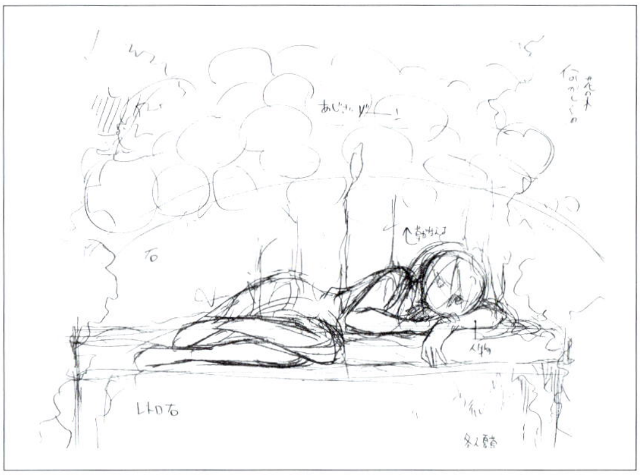

Die Rohskizze beinhaltete zunächst die Person, das Umfeld nah an der Kamera und die Pflanzen. Erst hatte ich für den Hintergrund Bäume mit Blumen geplant, sodass die Person mitten in den Pflanzen liegt.

Feinskizze

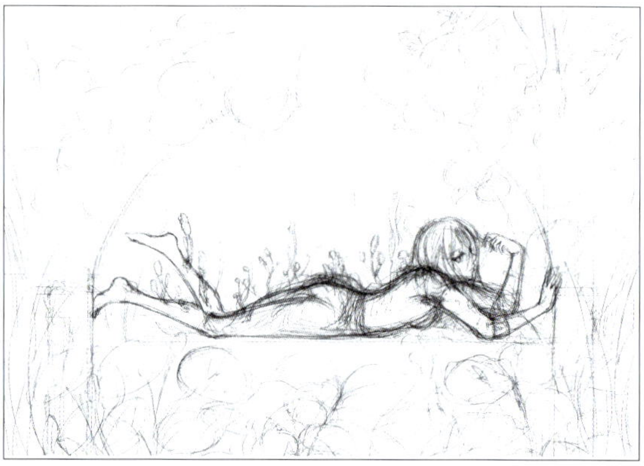

Das Konzept mit den Bäumen und Blumen blieb. Doch sie sind weit weg, daher wollte ich sie nur mit Copics zeichnen. So entstand das aktuelle Bild.

*Tojin-Kasou ist ein Wortspiel mit Tochu-Kasou, indem das Wort Jin für Mensch eingebaut wurde.

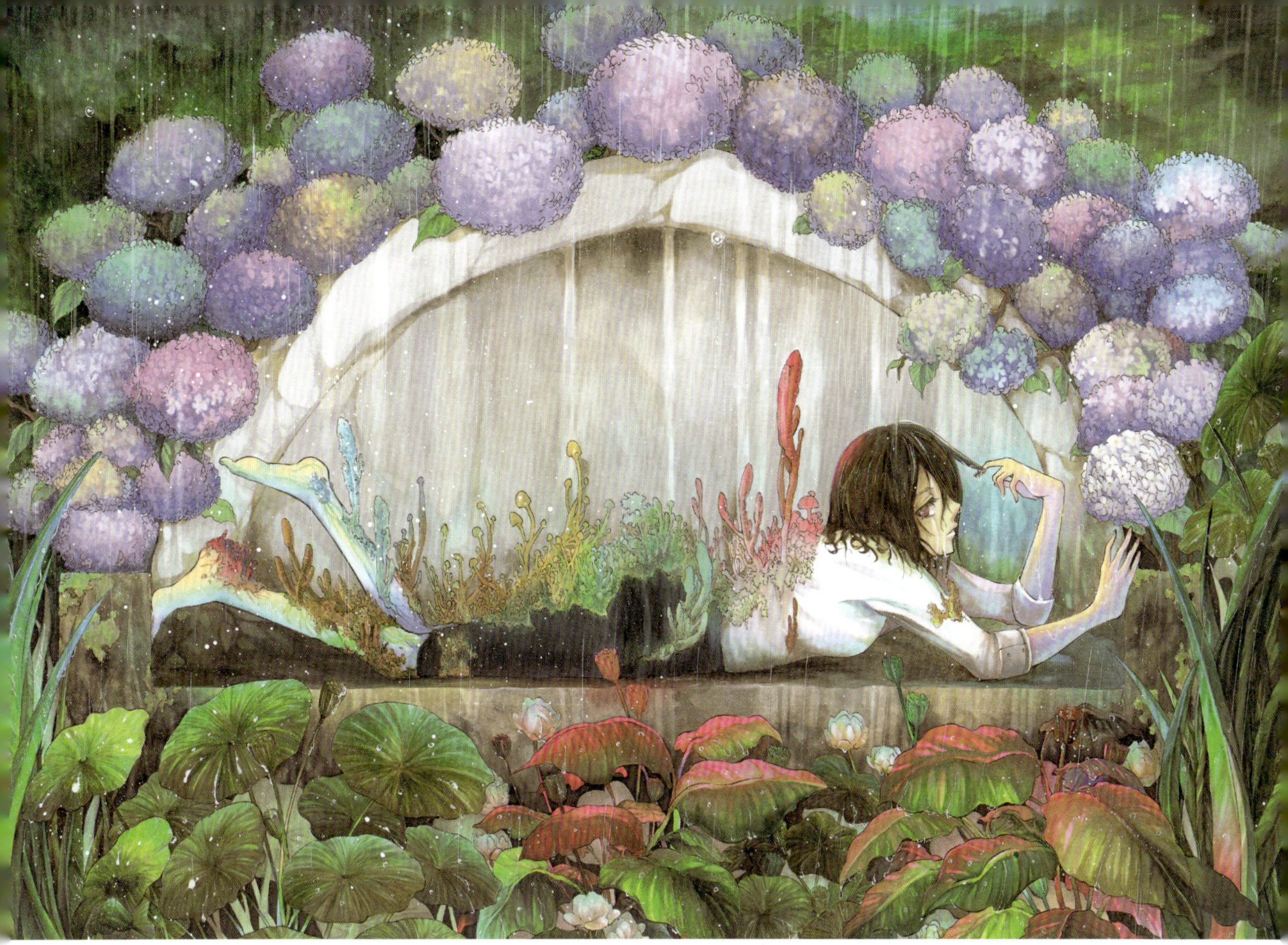

Bestandteile

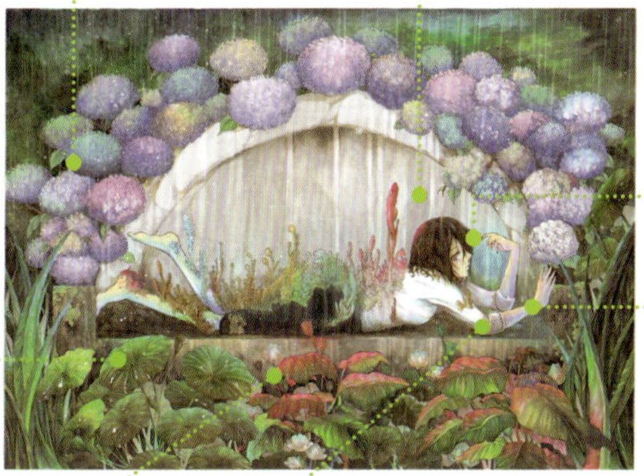

Blühende Hortensien

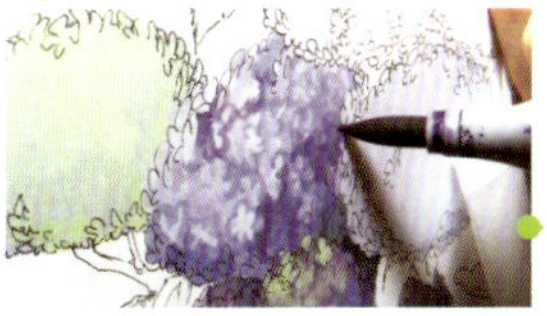

Seite 124

Nasse Haare

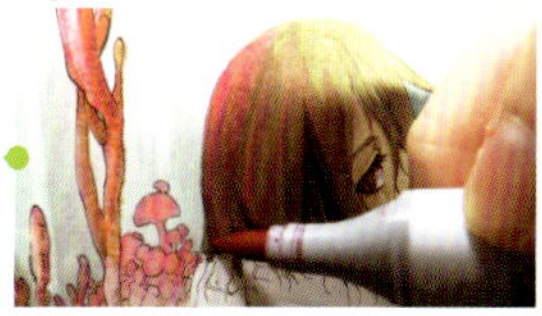

Seite 132

Lotusblätter im Regen

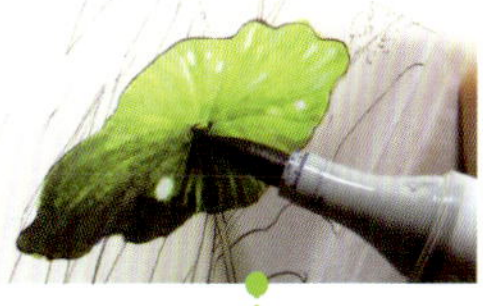

Seite 118

Haut mit Wassertropfen

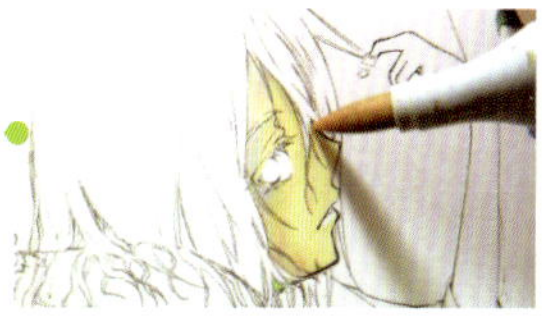

Seite 128

Haut in weichem Licht

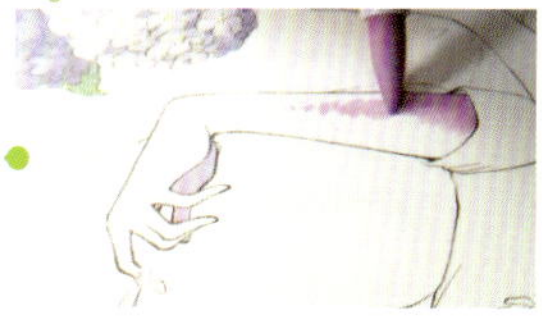

Seite 134

Feuchte Tropenpflanzen

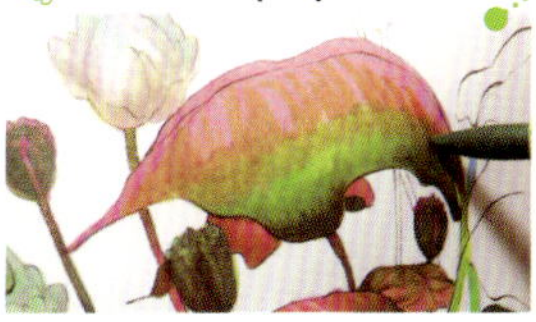

Seite 122

Nasses Hemd

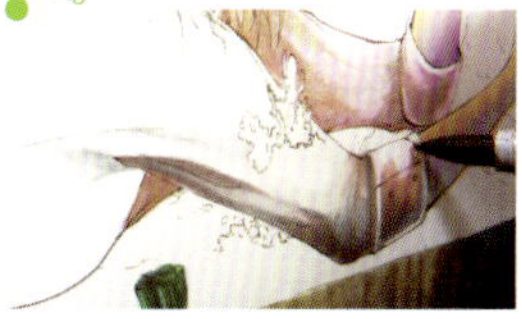

Seite 136

Lichteinfall

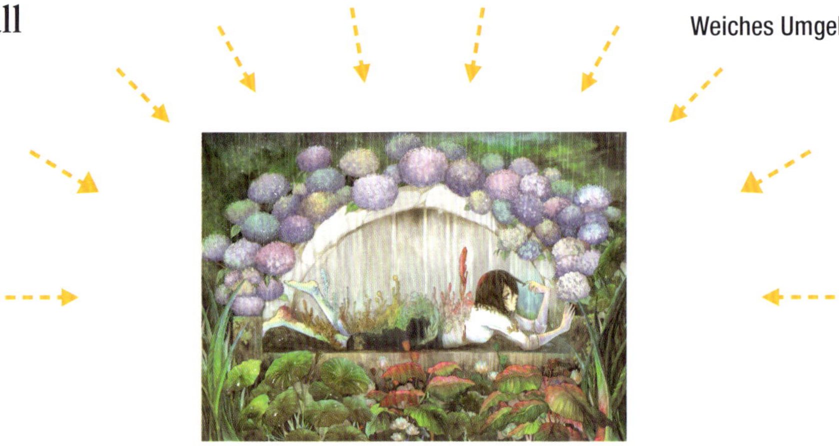

Weiches Umgebungslicht

Lotusblätter im Regen

Hier entstehen grüne Blätter mit feinen Blattadern.

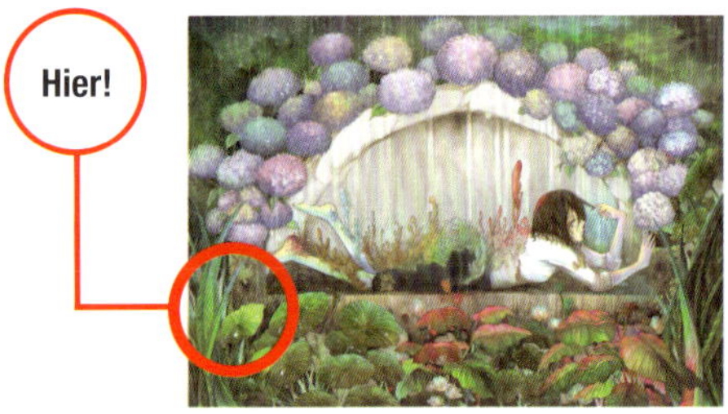

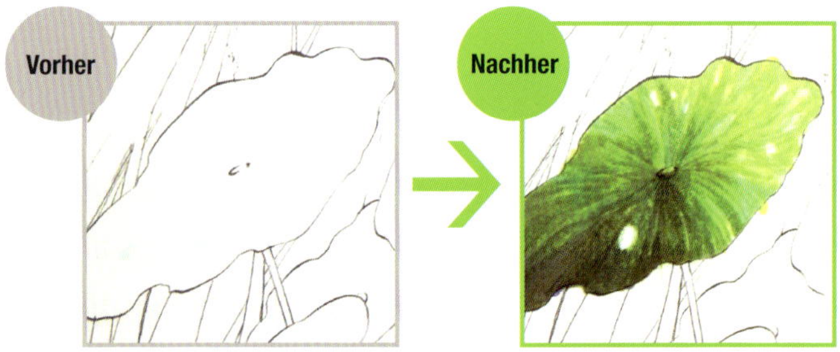

Grundlagen

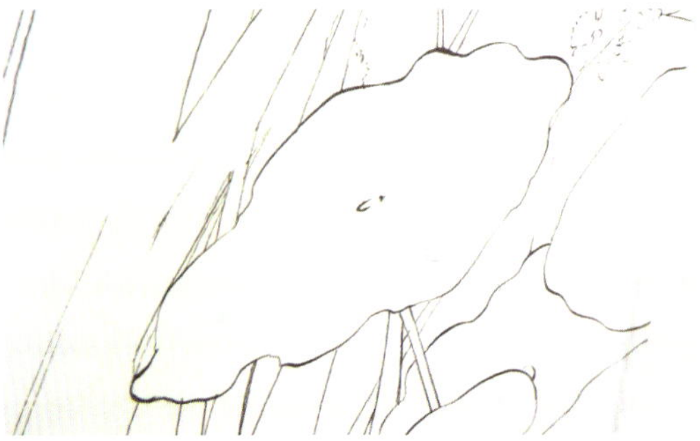

B00 Frost Blue

Erst das Wasser zeichnen, welches durch die Oberflächenspannung tropfenförmig ist.

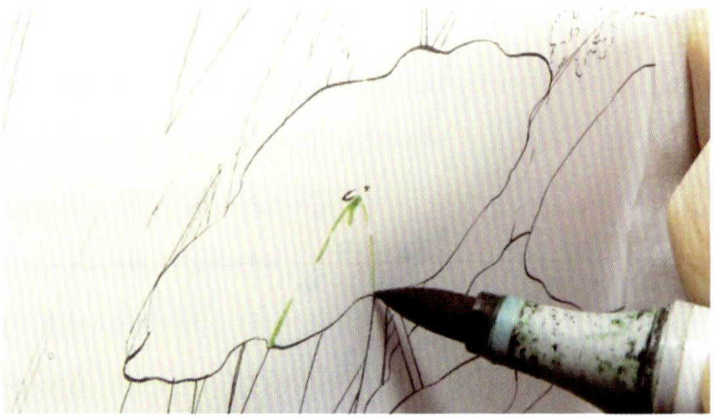

G28 Ocean Green

Dann beginnt ihr von der Mitte aus mit den Blattadern.

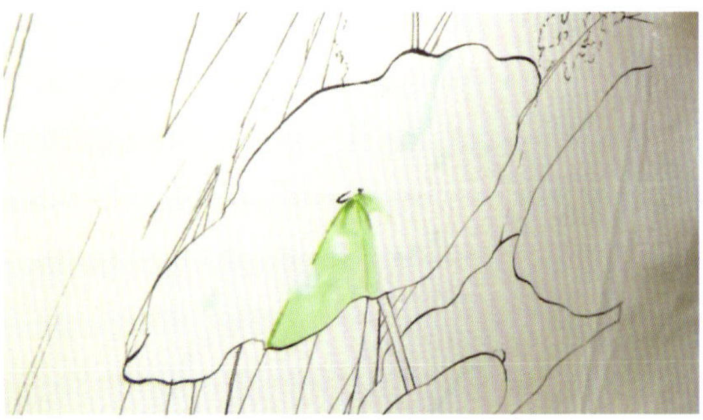

YG11 Mignonette

BG11 Moon White

Koloriert den Raum zwischen den Blattadern. Die Schattierungen mit BG11.

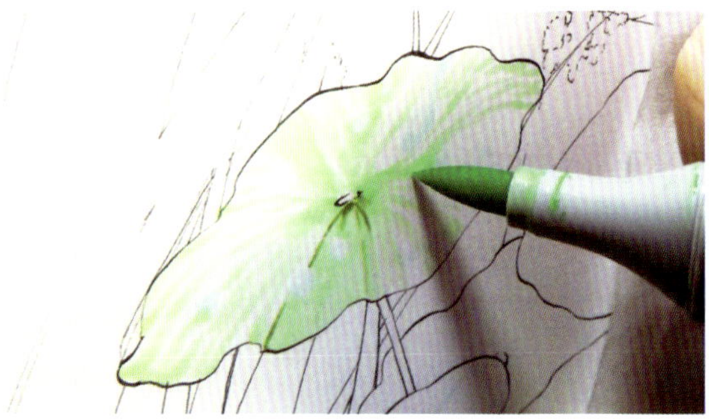

YG11 Mignonette

Danach kommen weitere Blattadern auf das ganze Blatt.

Blattadern

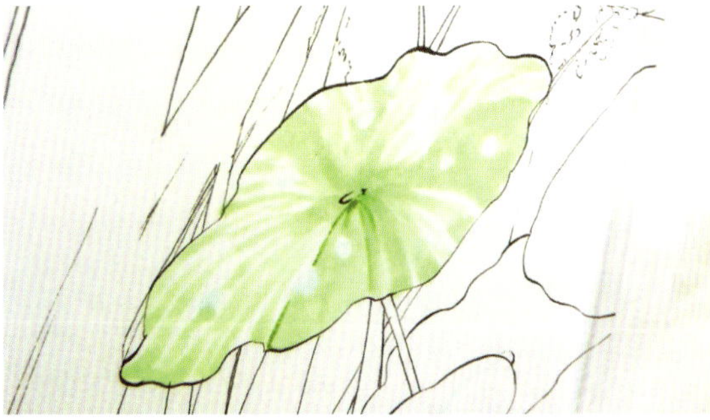

YG11 Mignonette – Mit dieser Farbe wird das ganze Blatt angemalt.

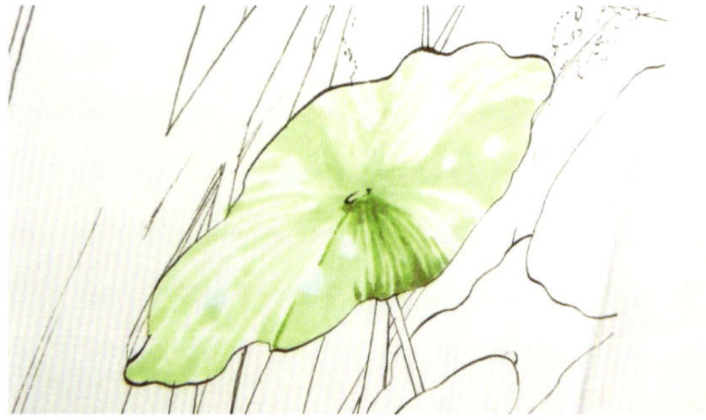

G28 Ocean Green – Feine Adern werden von der Mitte nach außen eingezeichnet.

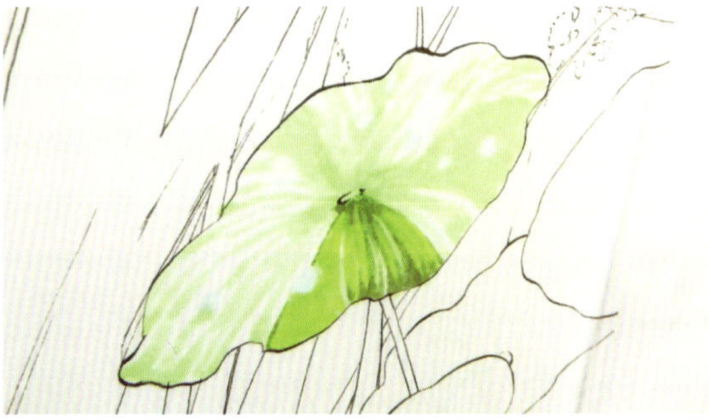

YG25 Celadon Green – Verwischt die Räume zwischen den Blattadern.

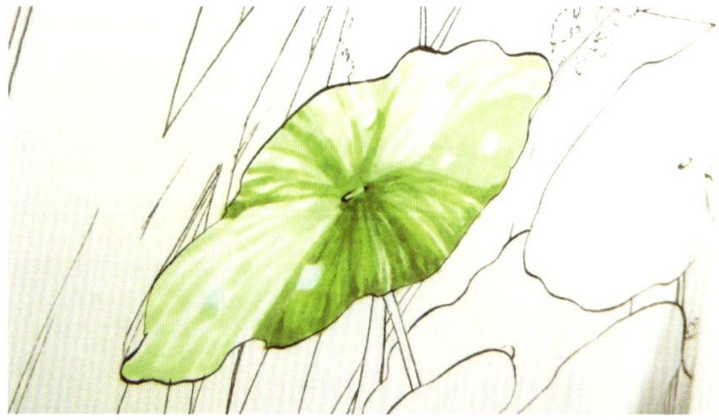

G28 Ocean Green, YG25 Celadon Green – Wiederholt diese Vorgänge und füllt die Fläche.

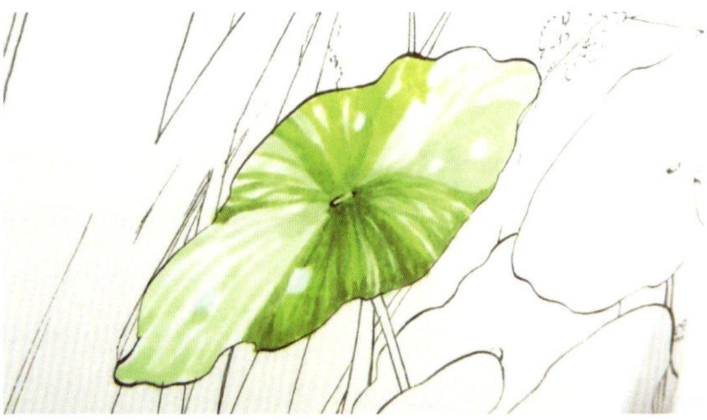

YG25 Celadon Green – Den oberen Teil des Blatts mit heller Farbe kolorieren.

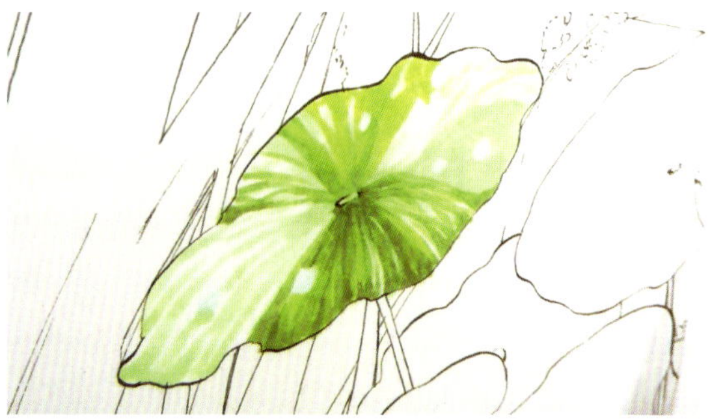

G94 Grayish Olive – Dann setzt ihr tiefe Schattierungen ein, als würdet ihr sie aus dem Mittelpunkt herausziehen.

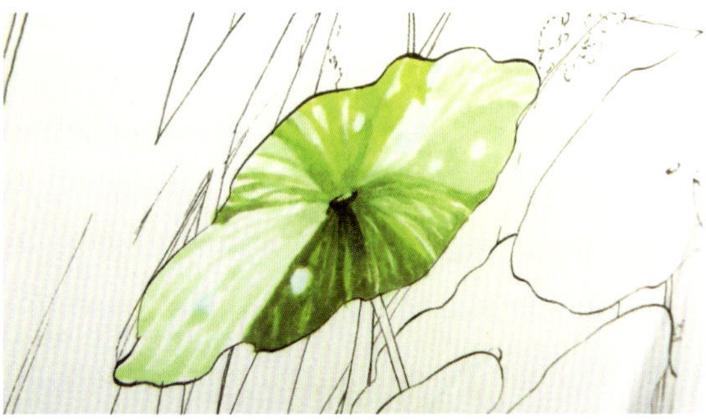

YG17 Grass Green, YG25 Celadon Green – Entsprechend der Helligkeit verwischt ihr die Farben mit einem der beiden Stifte. Achtet auf die Lichtrichtung.

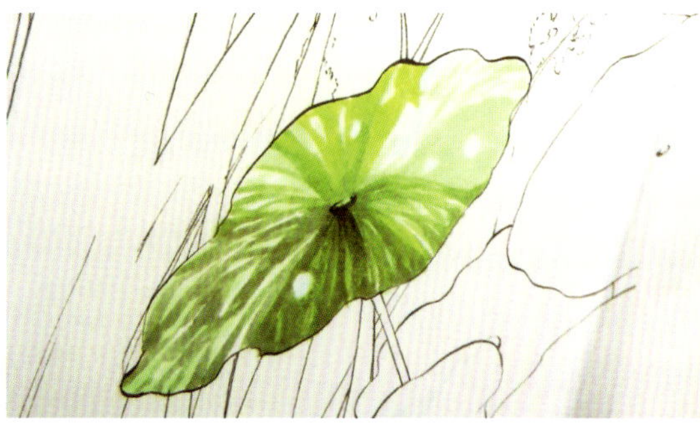

G94 Grayish Olive – Danach setzt ihr tiefe Schattierungen entlang der Blattadern.

Blätter

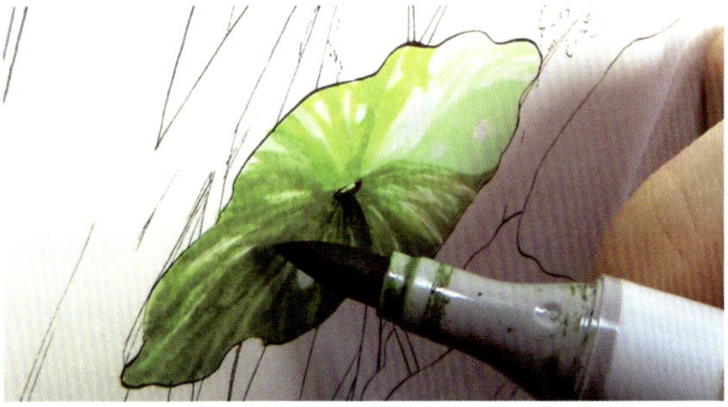

YG17 Grass Green, YG25 Celadon Green — Von der Mitte nach außen kolorieren.

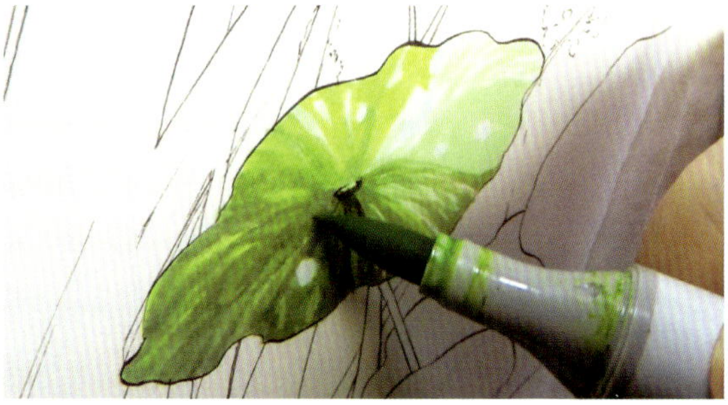

YG17 Grass Green, YG25 Celadon Green — Achtet dabei auf die Malbewegung. Immer von innen nach außen.

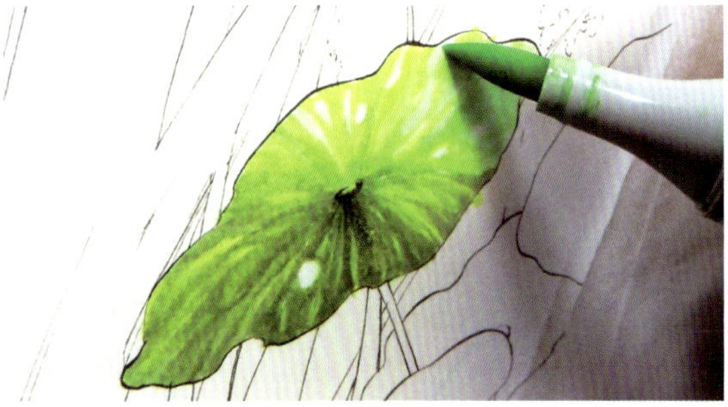

BG11 Moon White — Darüber BG11 setzen, um die Breite der Ränder zu zeigen.

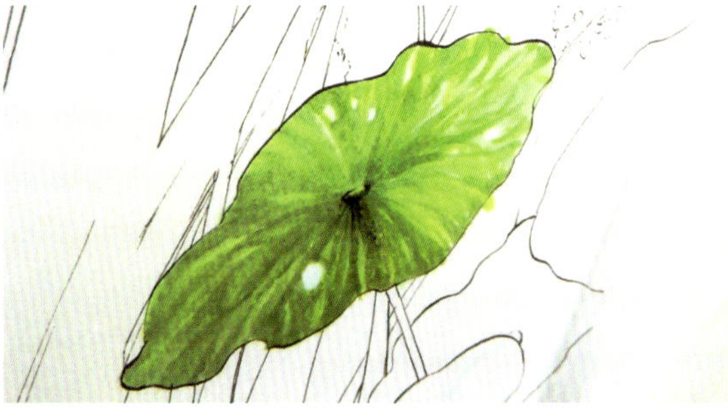

YG17 Grass Green — Weitere Schattierungen einfügen.

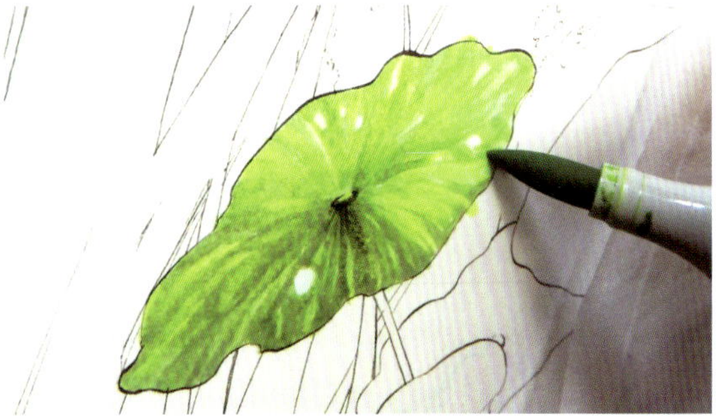

YG17 Grass Green — Malt das Blatt aus, aber so, dass die Linien sichtbar bleiben.

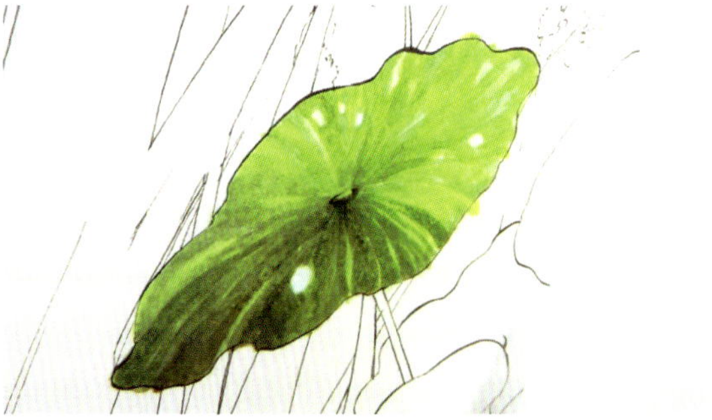

G94 Grayish Olive, G28 Ocean Green, YG17 Grass Green — Nun werden Abstufungen erstellt. Entlang der Blattadern, außen dunkel, zur Mitte hin immer heller.

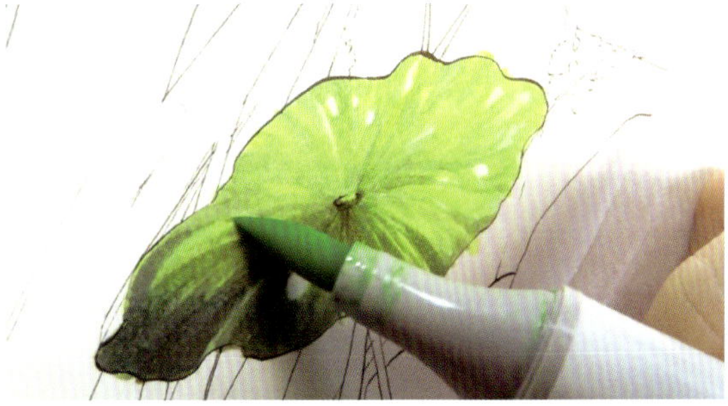

BG11 Moon White — Die gewölbten Stellen werden mit BG11 aufgehellt.

Detailgrad erhöhen

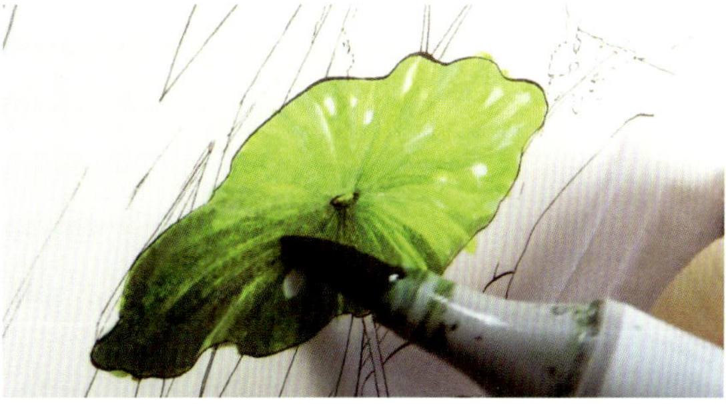

G94 Grayish Olive · G28 Ocean Green · YG17 Grass Green

Weitere Farben auftragen.

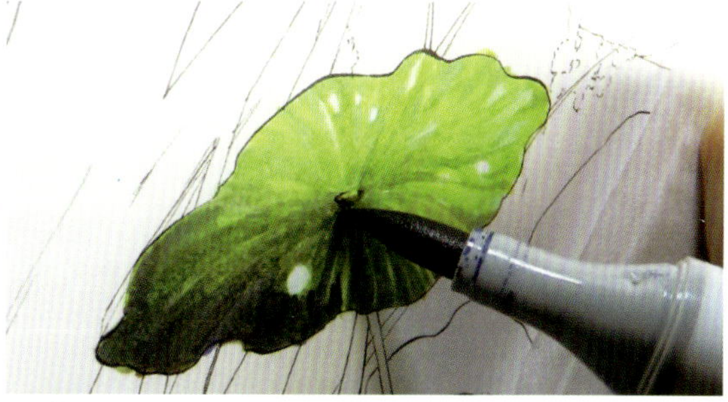

G94 Grayish Olive

Dunkle Schattierungen einzeichnen.

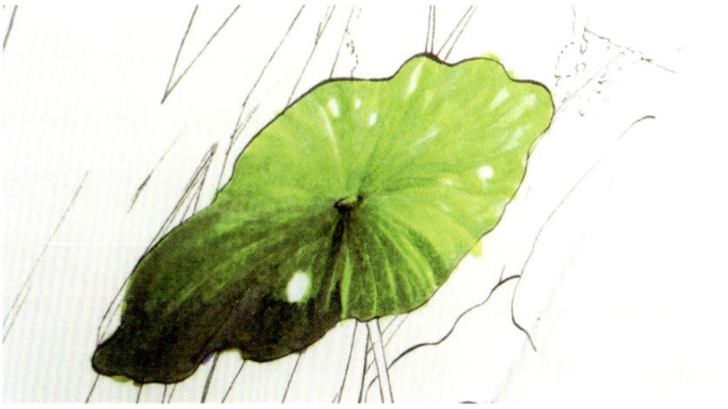

G28 Ocean Green · YG17 Grass Green

Mit G28 verwaschen, dann Abstufungen mit YG17.

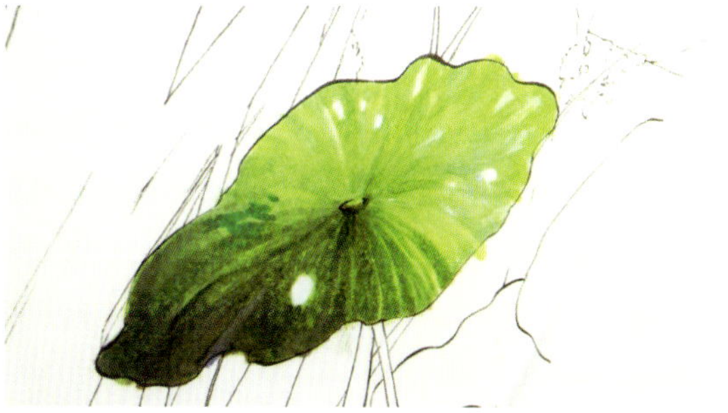

G16 Malachite

Bringt Flecken auf.

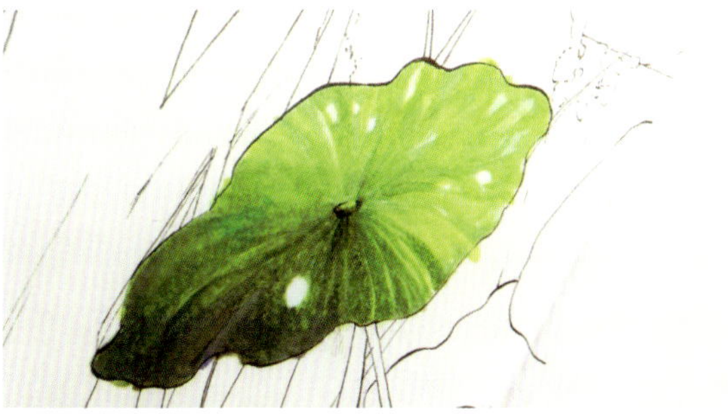

G94 Grayish Olive · G28 Ocean Green · YG25 Celadon Green · YG17 Grass Green

Mit diesen vier Farben werden die Oberflächenfarben angepasst.

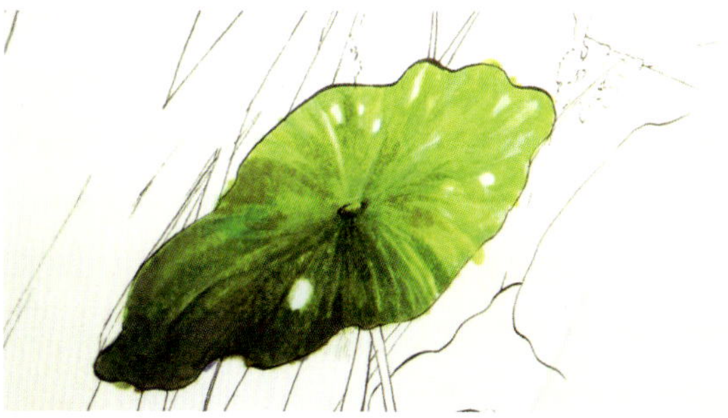

YG93 Grayish Yellow

Eine weitere Farbe auf die beleuchtete Selle setzen.

Fertigstellen

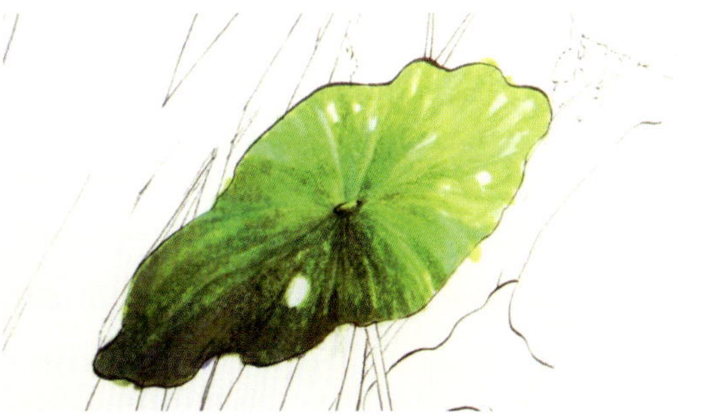

YG11 Mignonette

Das Ganze leicht verwaschen.

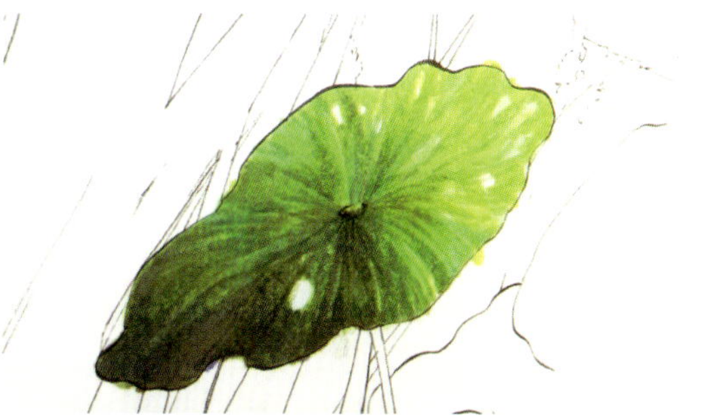

G94 Grayish Olive · G28 Ocean Green · YG25 Celadon Green · YG17 Grass Green

Wie gehabt, die Schattierungen abdunkeln, um die Details auszuarbeiten. Damit ist dieser Bereich fertig.

Feuchte Tropenpflanzen

Nun werden Blätter gezeichnet, die sehr glatt wirken.

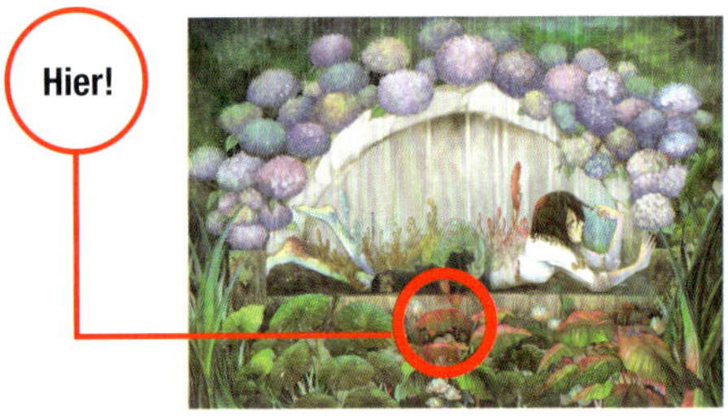

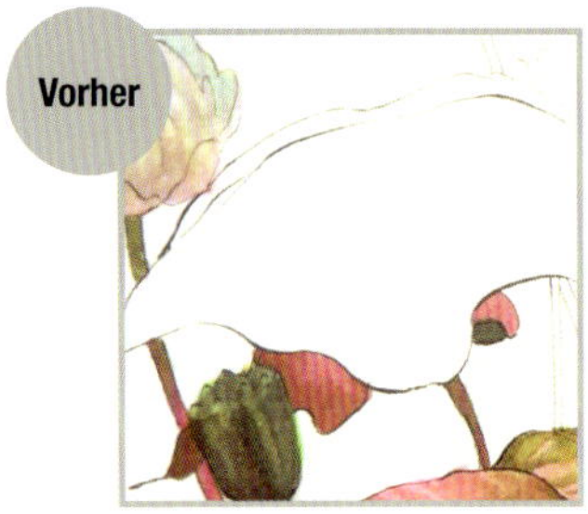

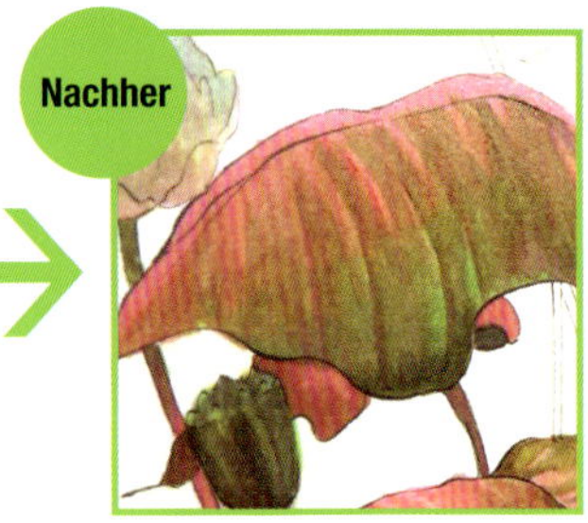

Basis

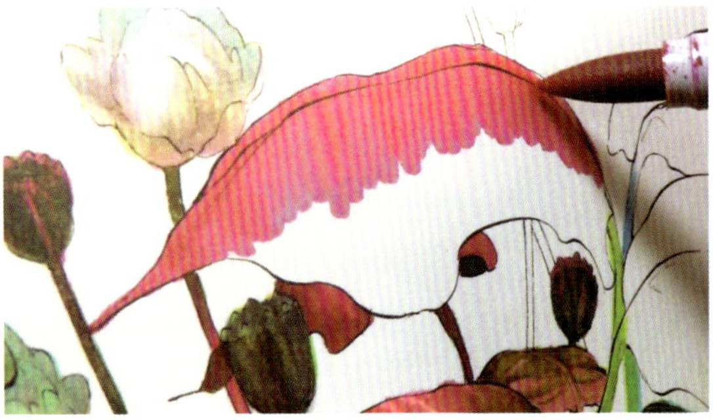

RV17 Deep Magenta — Erst die Fläche, die das Licht abbekommt.

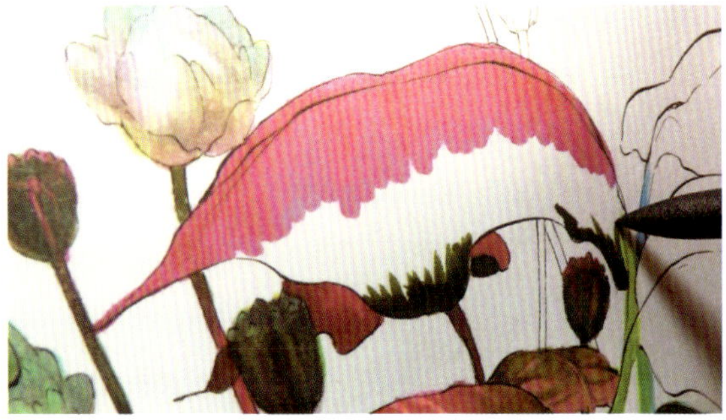

YG63 Pea Green — Hierbei koloriert ihr so, als wolltet ihr das Blatt nach oben hochziehen.

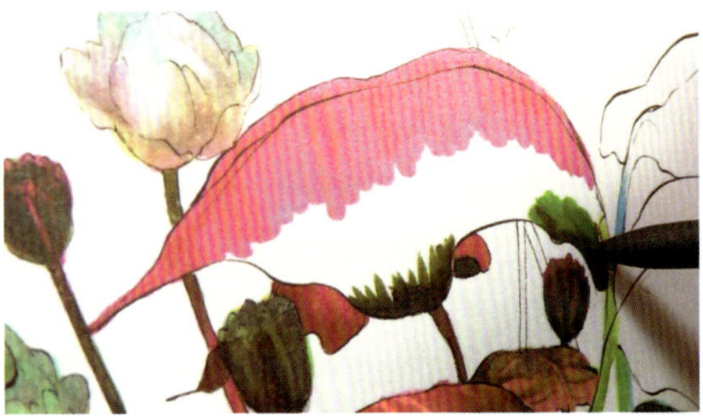

YG17 Grass Green — Von unten ausgehend verwaschen.

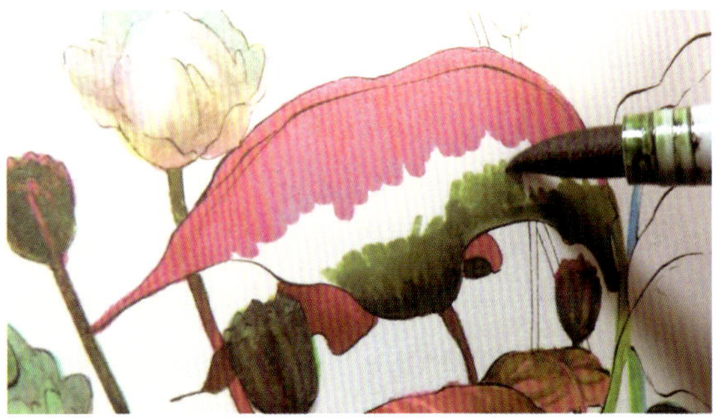

YG63 Pea Green — Die gesamte Fläche verwaschen. Auch hier gilt: unten beginnen.

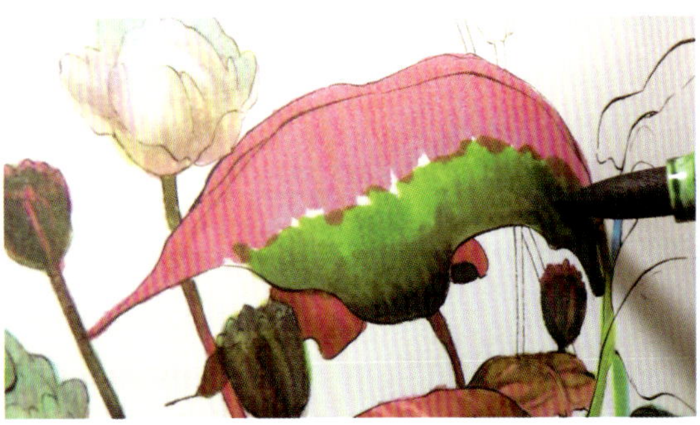

YG17 Grass Green — Den Farbton anpassen. Weiterhin von unten.

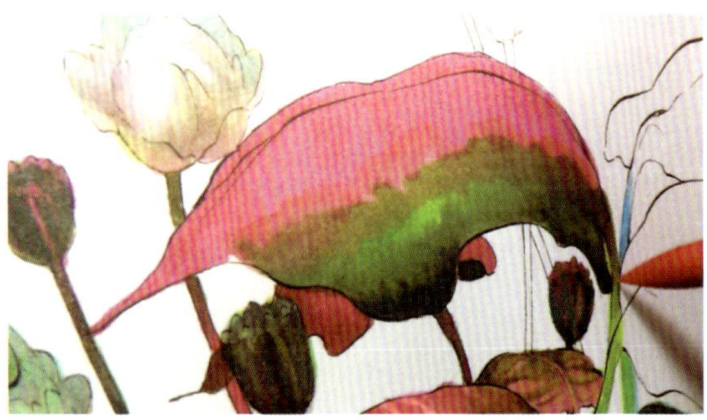

R21 Sardonyx — Den Zwischenraum verwaschen. Noch darf das recht ungleichmäßig sein.

Blattadern

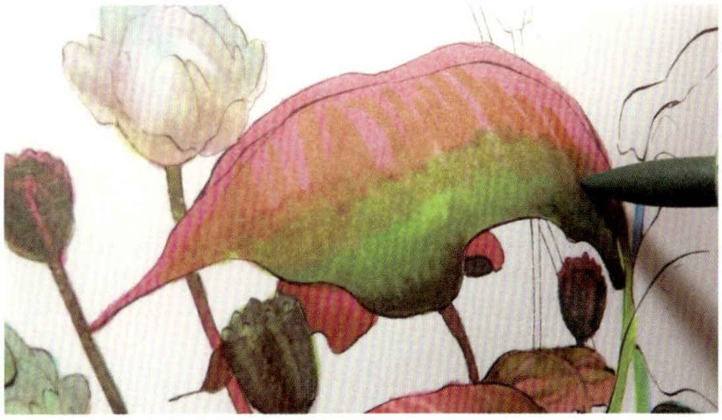

YG25 Celadon Green Jetzt sind die Blattadern dran.

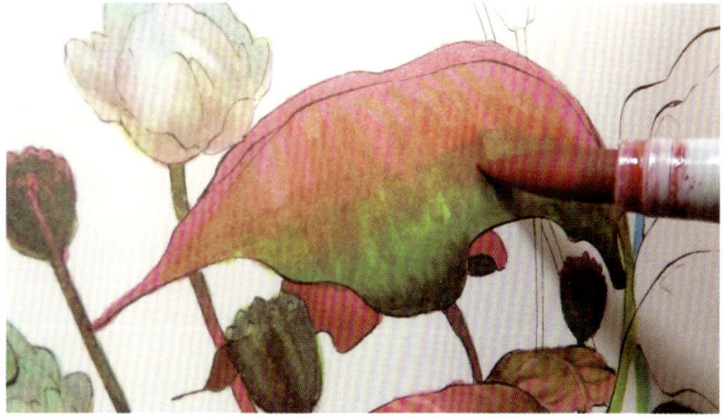

R85 Rose Red Die Schattierungen übereinanderlegen.

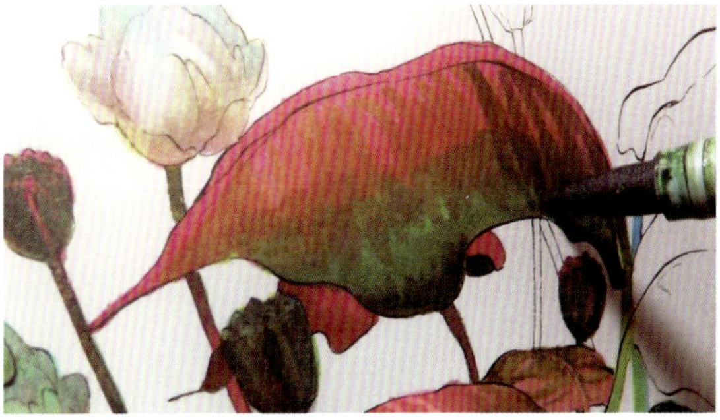

YG17 Grass Green Weitere Schattierungen setzen.

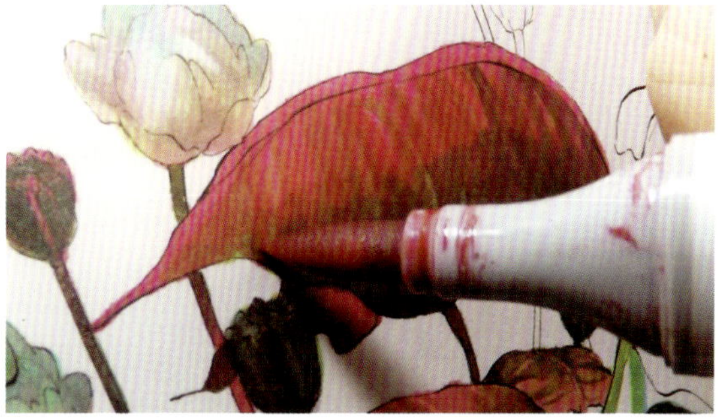

R85 Rose Red Weitere Blattadern einzeichnen.

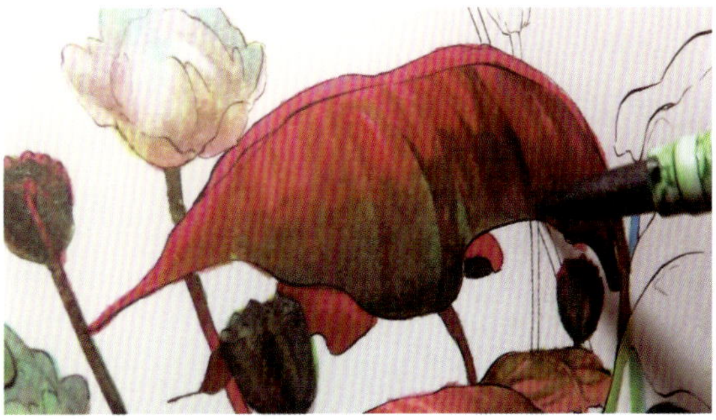

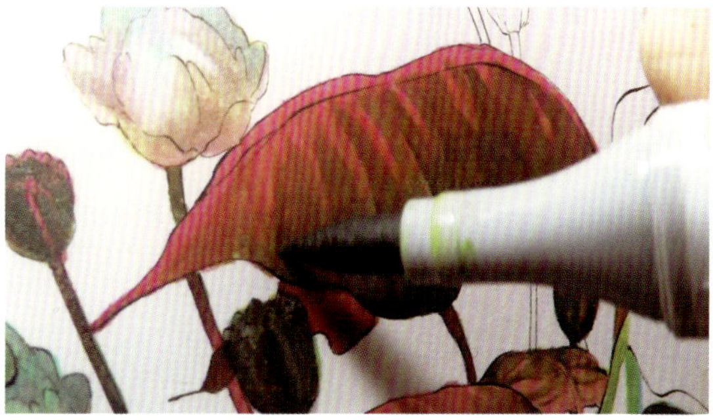

G94 Grayish Olive YG17 Grass Green Entlang der Adern führt ihr den Pinsel auf und ab und koloriert mit weiteren Farben.

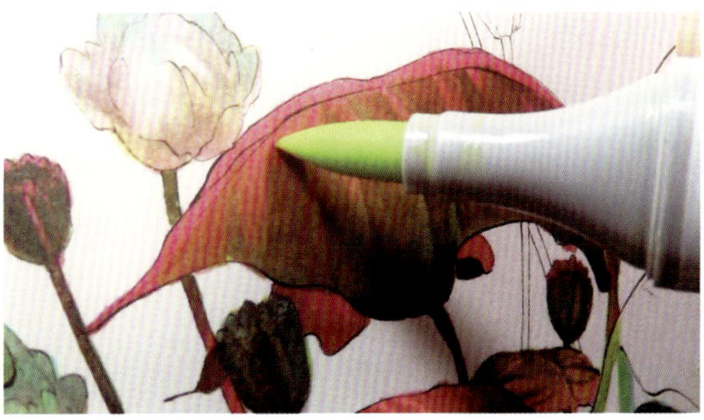

G20 Wax White Den unteren Teil der Blattadern aufhellen, um die Blattform klarer zu machen.

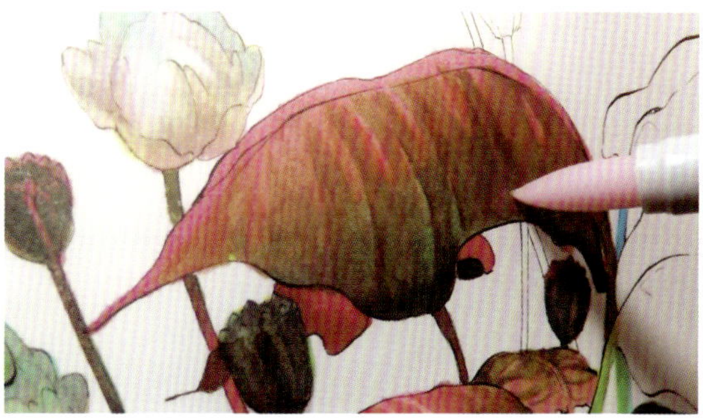

V0000 Rose Quartz Abschließend wird der obere Teil der Blattadern aufgehellt, um sie hervorzuheben.

Blühende Hortensien

Runde, große Hortensien kommen ins Bild. Hier zeige ich euch drei Farbvarianten.

Hier!

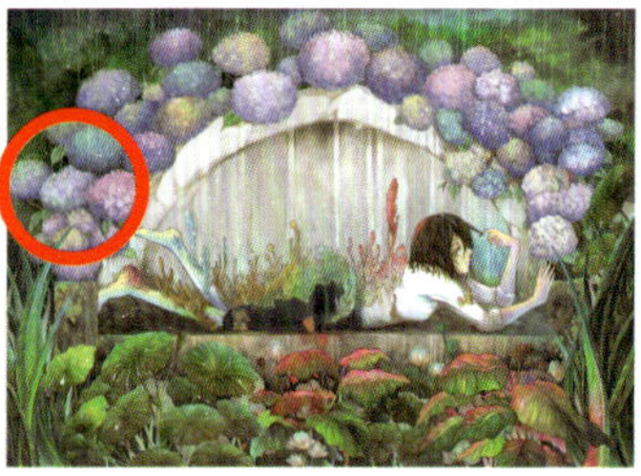

Vorher

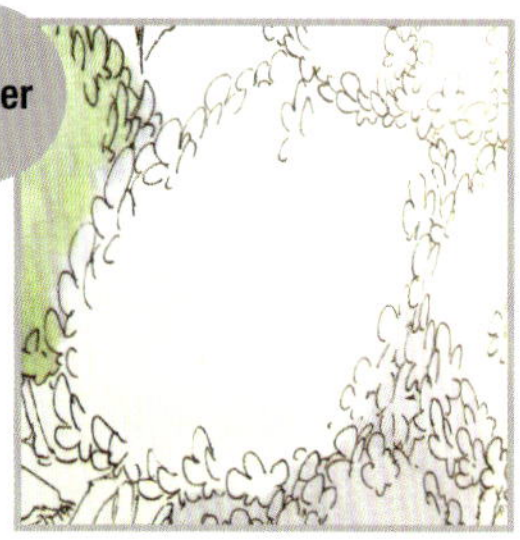

Nachher

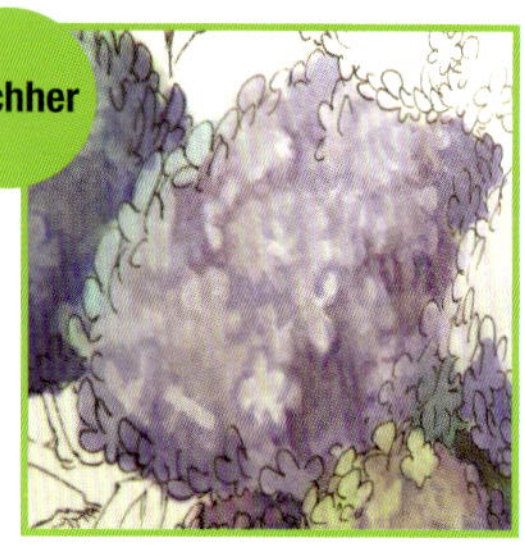

Grundkoloration

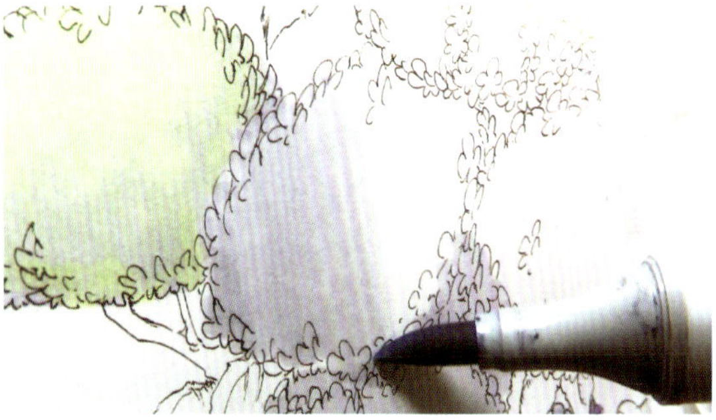

BV20 Dull Lavender — Die Flächen werden grob angemalt. Das darf noch ungleichmäßig sein.

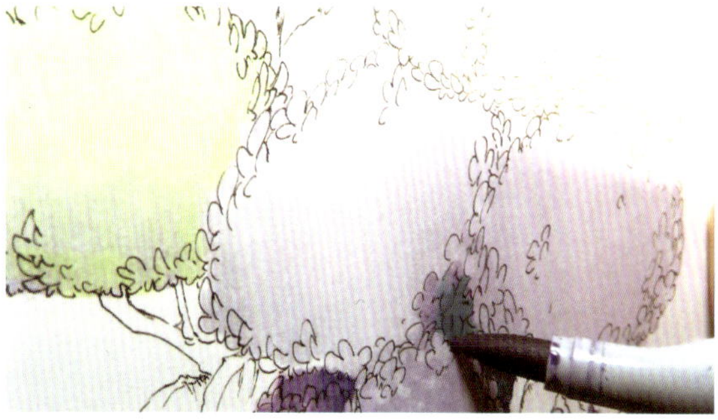

BG57 Jasper — Die Grundlage der Schattierungen zwischen den Hortensien wird angelegt.

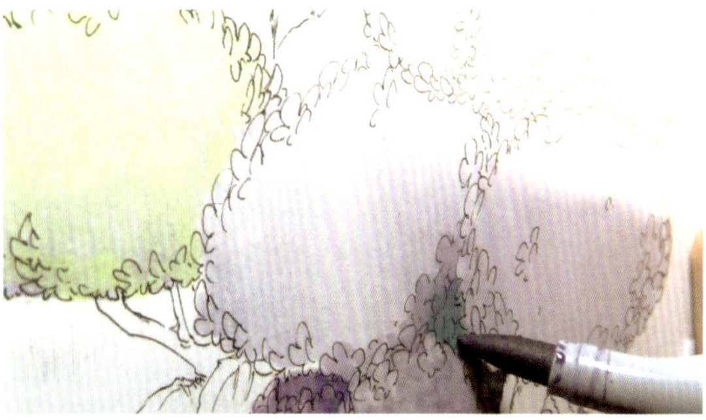

BG57 Jasper — Sind die Schattierungen trocken, geht ihr noch einmal drüber.

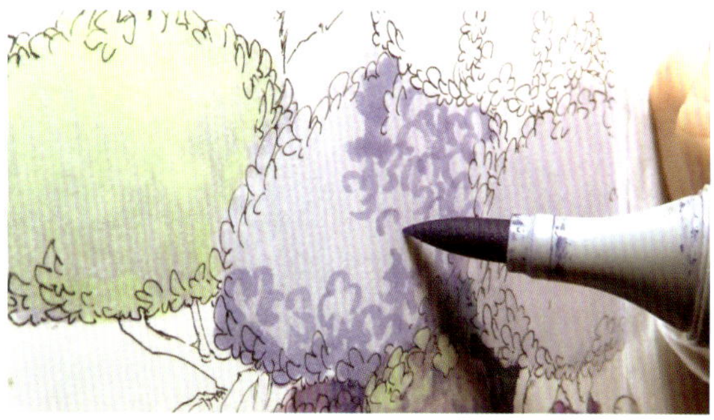

BV13 Hydrangea Blue, BV02 Prune — Denkt an die Blütenformen und zeichnet mit BV13 die Blütenschattierungen.

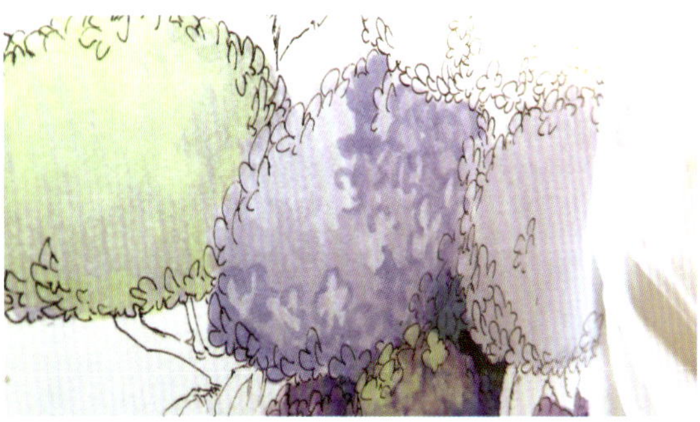

BV13 Hydrangea Blue, BV02 Prune — Mit Abstufungen werden die Blüten in Blütenform angemalt.

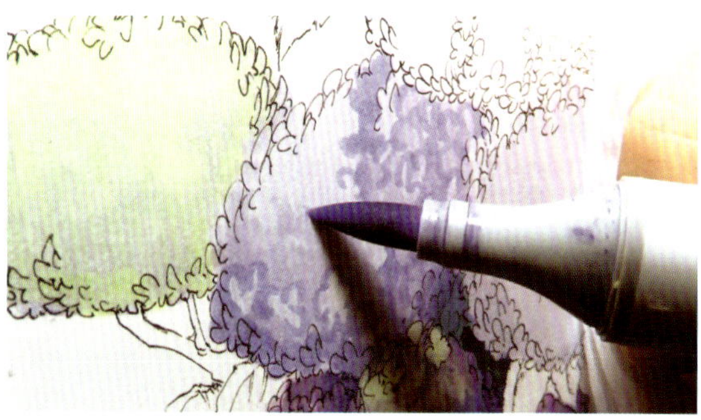

Die Farben trocknen lassen.

Detailreicher gestalten

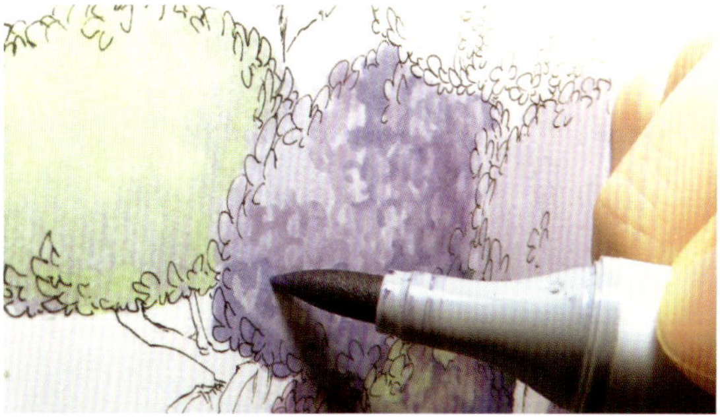

V22 Ash Lavender — Die Outlines der Blüten (Schattierungen) werden verwaschen.

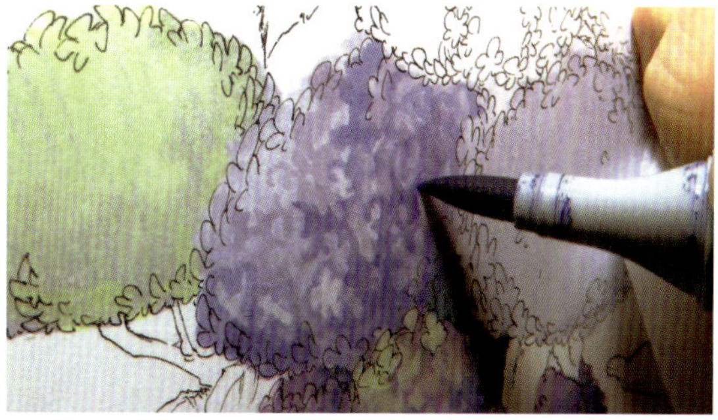

Drübermalen mit wiederholten Schattierungen.

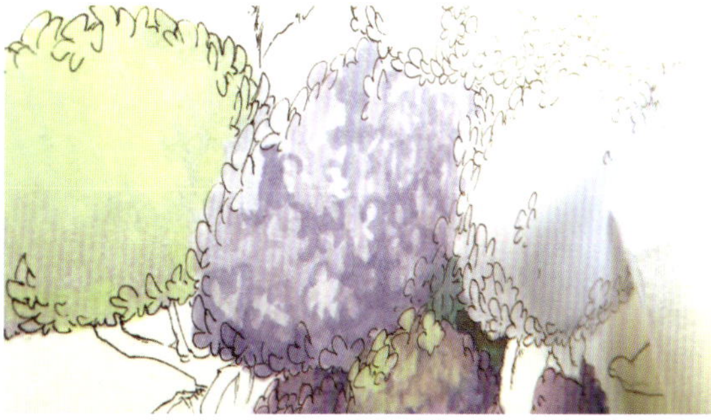

BV20 Dull Lavender — Mit BV20 leichte Schattierungen setzen.

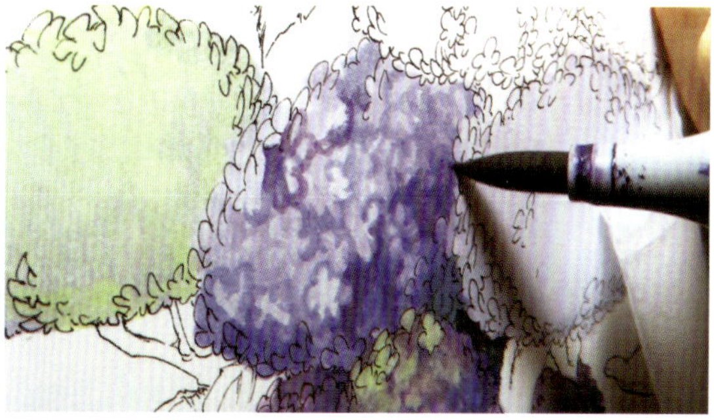

V22 Ash Lavender — Die Schattierungen werden verstärkt.

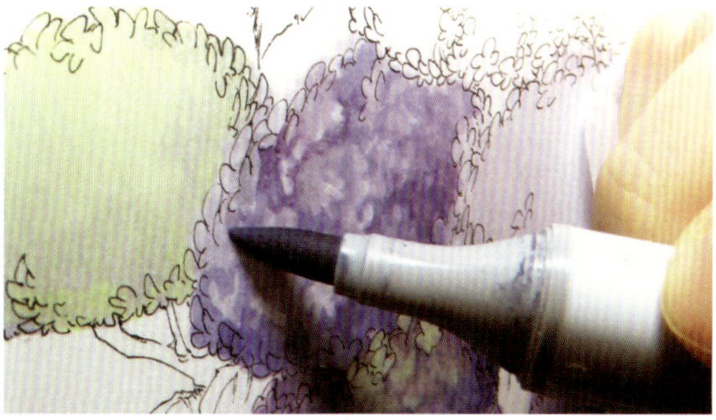

BV20 Dull Lavender — Der gesamte Farbton wird angepasst.

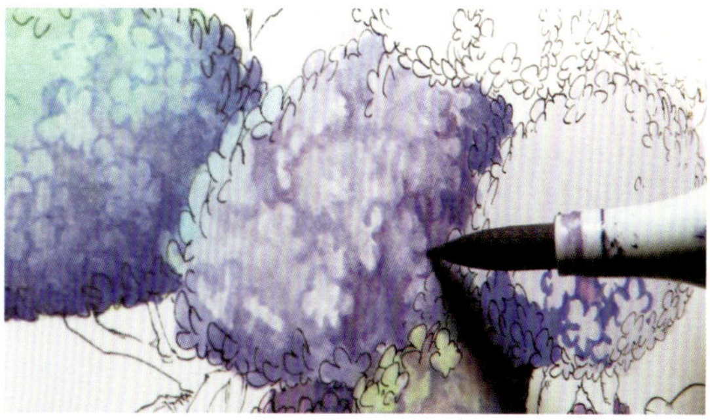

V22 Ash Lavender — Nur die Schattierungen werden angemalt, damit die Blütenformen hervorgehoben werden.

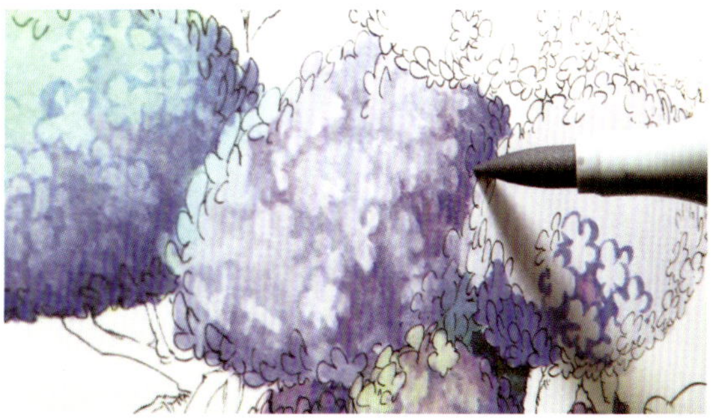

Feinheiten bearbeiten, und die Blüte ist fertig.

Hortensien mit Grünton

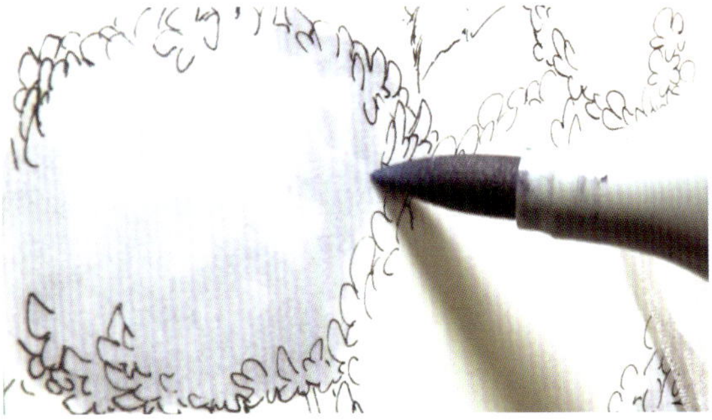

BV20 Dull Lavender — Die Fläche kolorieren. Ist die Farbe trocken, noch einmal für die Schattierungen.

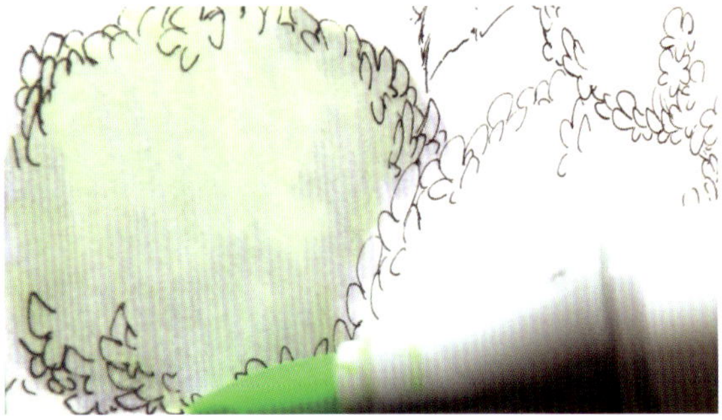

YG11 Mignonette — Die ganze Fläche wird mit Grün koloriert.

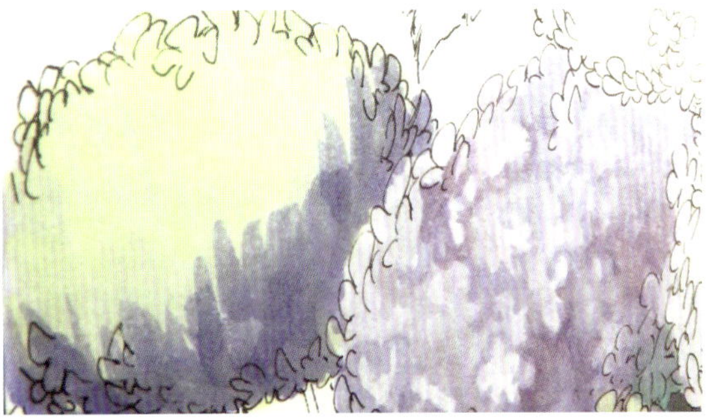

BV04 Blue Berry — Dann kommen Abstufungen von unten nach oben.

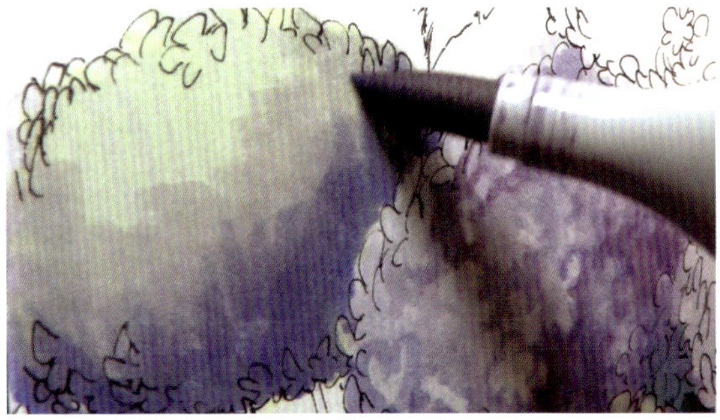

BV20 Dull Lavender — Verwaschen. Lasst es noch grob, damit es rau wirkt.

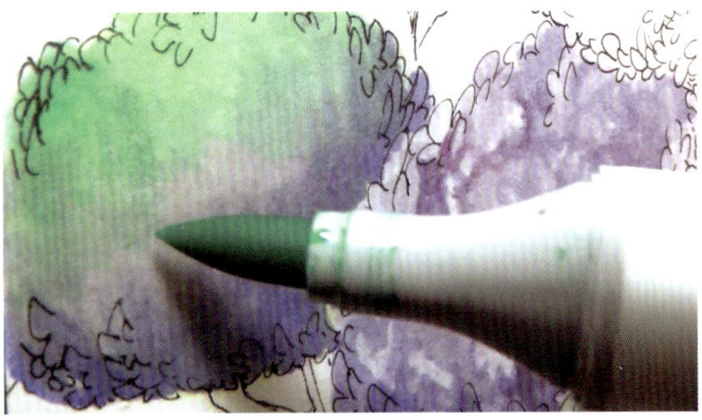

BG23 Coral Sea — Jetzt malt ihr die beleuchteten Stellen an. Denkt dabei an die runde Form der Hortensien.

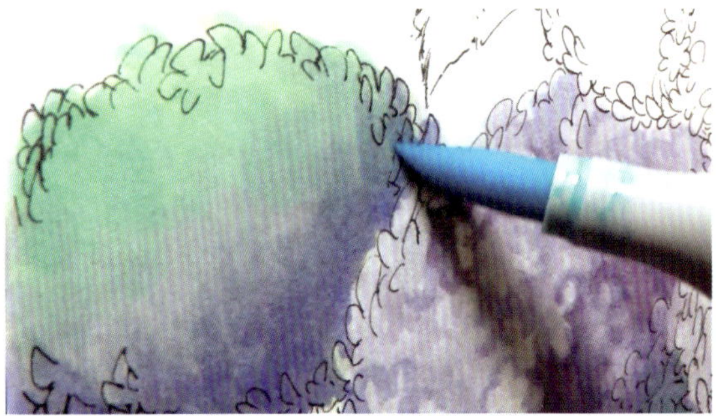

B01 Mint Blue — Das Ganze verwaschen. Auch hier ruhig ungleichmäßig.

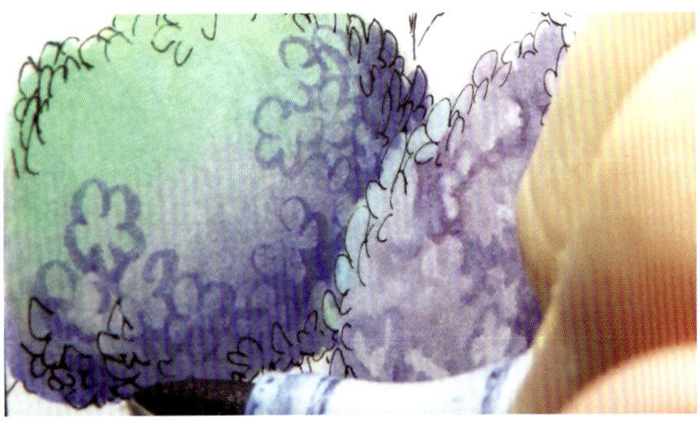

B95 Light Grayish Cobalt — Blüten einzeichnen. Danach der bekannte Vorgang bis zum Ende.

Hortensien in Rotviolett

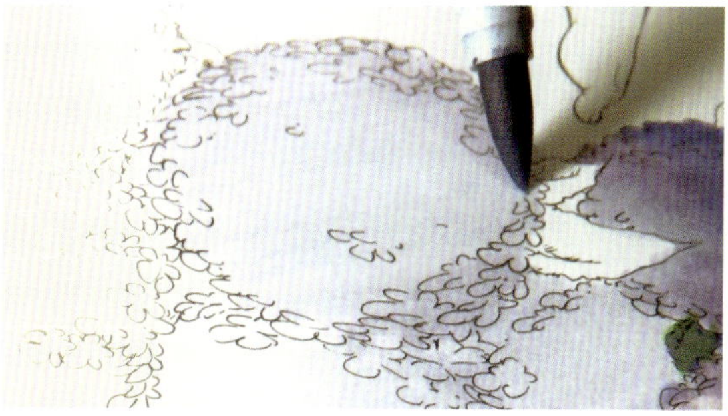

BV20 Dull Lavender Wie vorher die Fläche grob ausmalen.

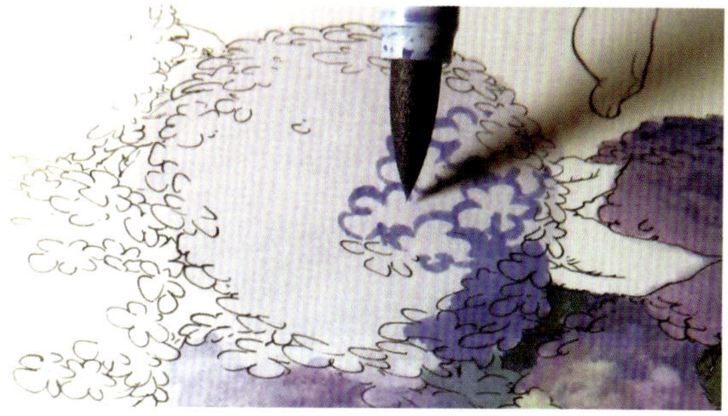

BV04 Blue Berry Beim Schattieren auch Blütenformen einzeichnen.

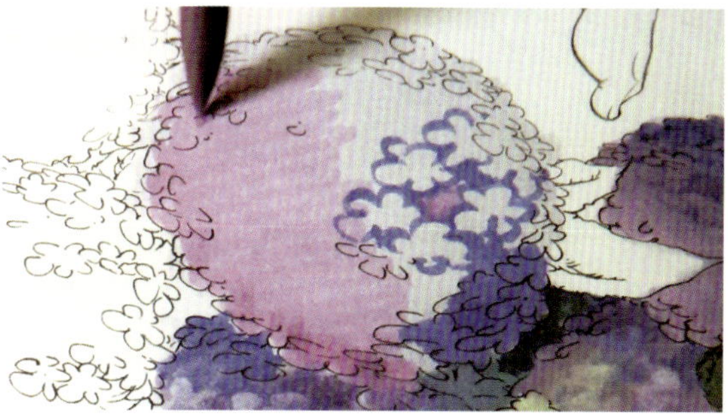

V01 Heath Die beleuchtete Stelle wird grob koloriert.

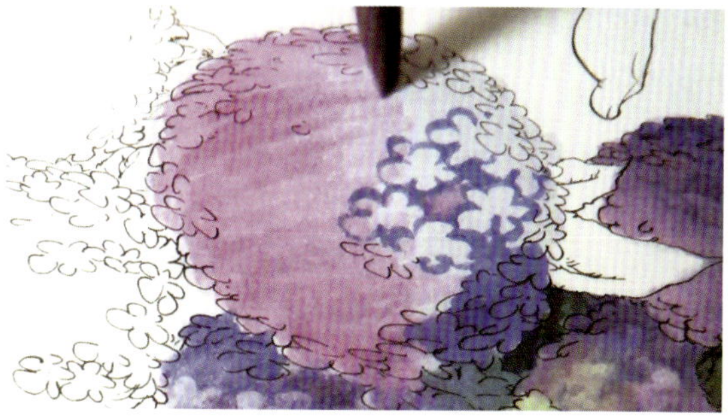

V01 Heath Und mit derselben Farbe darübermalen.

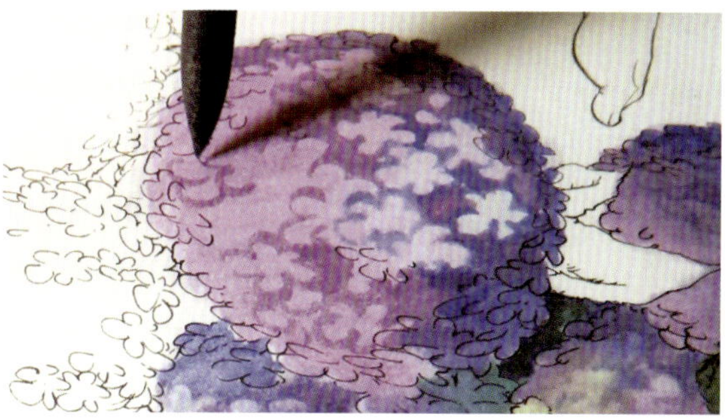

V05 Azalea Dann werden wieder Schattierungen in Blütenform eingezeichnet.

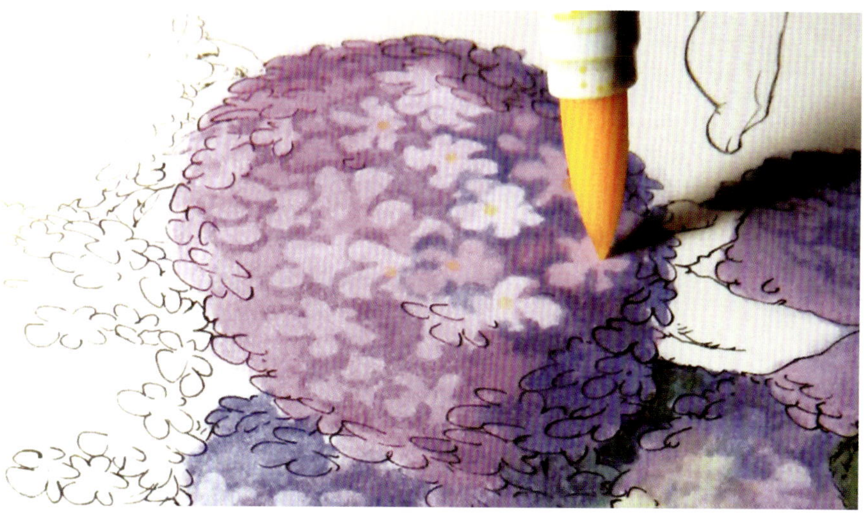

Y13 Lemon Yellow

Die Mitten der Blüten werden aufgehellt.

Haut mit Wassertropfen

Im Regen laufen Wassertropfen die Wange zum Kinn hinunter.

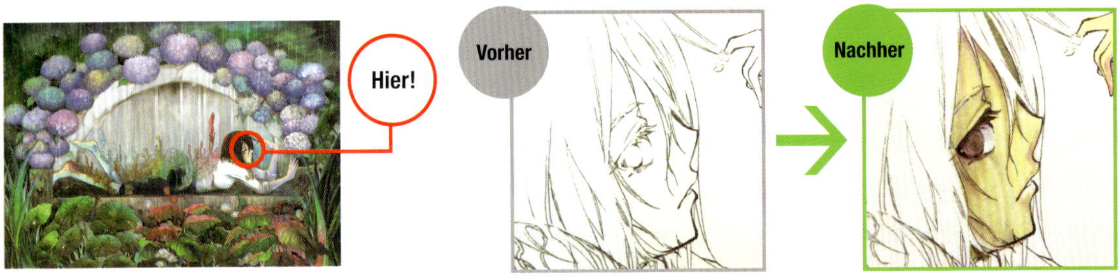

Die Basis der Haut

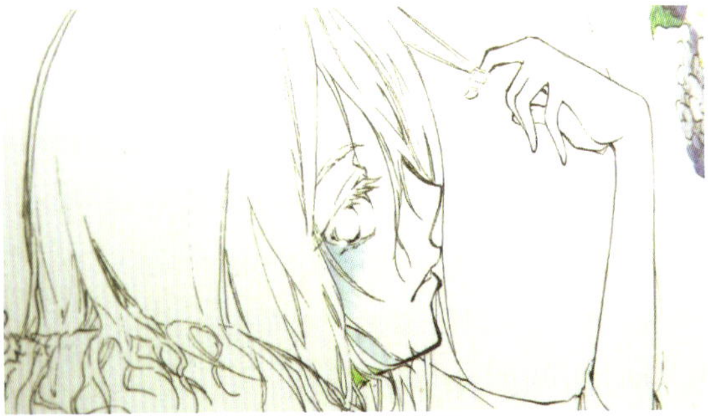

B21 Baby Blue – Zunächst die Schattierung.

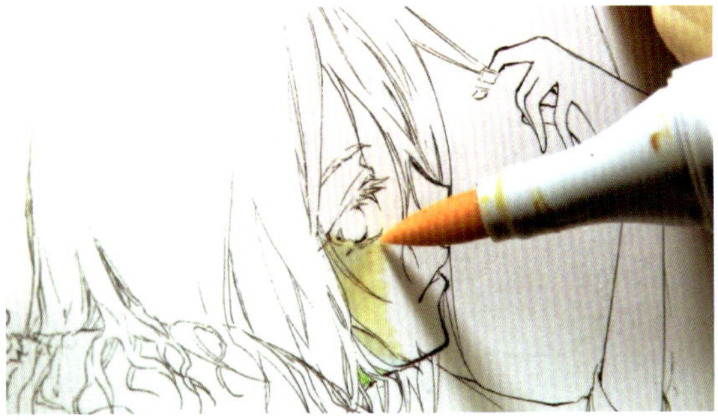

YR20 Yellowish Shade – Darüber die Hautfarbe, um die Stelle zu verwaschen.

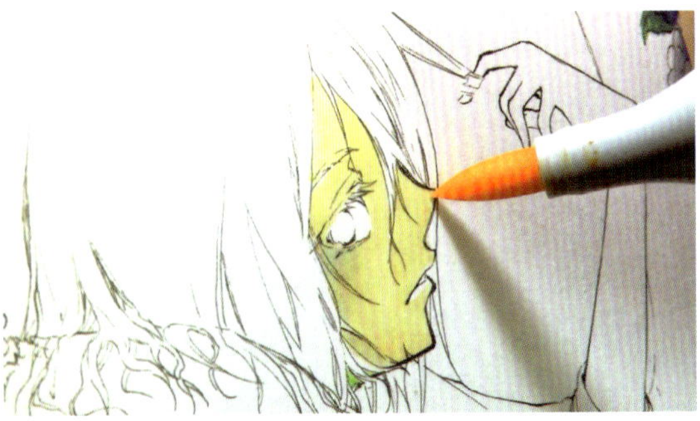

YR20 Yellowish Shade – Jetzt noch einmal über das ganze Gesicht.

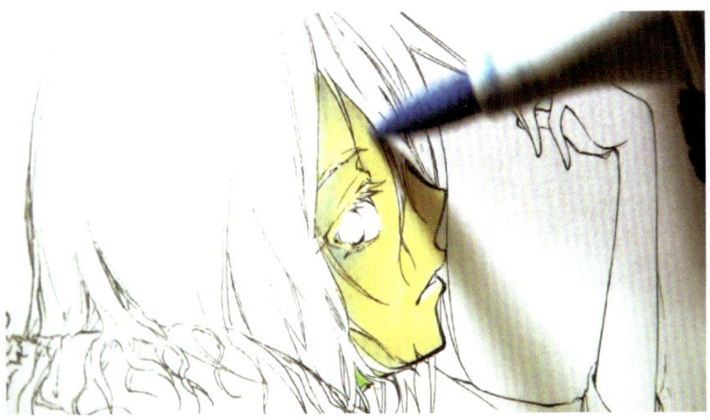

B21 Baby Blue – Ist die Basis koloriert, kommen die Schattierungen.

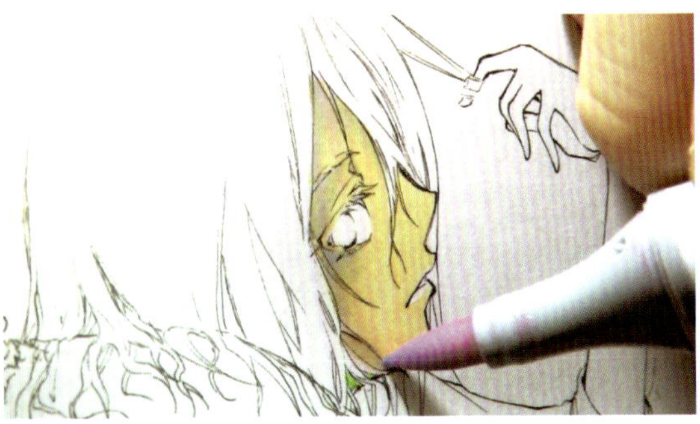

V01 Heath – Die Haut bekommt Röte.

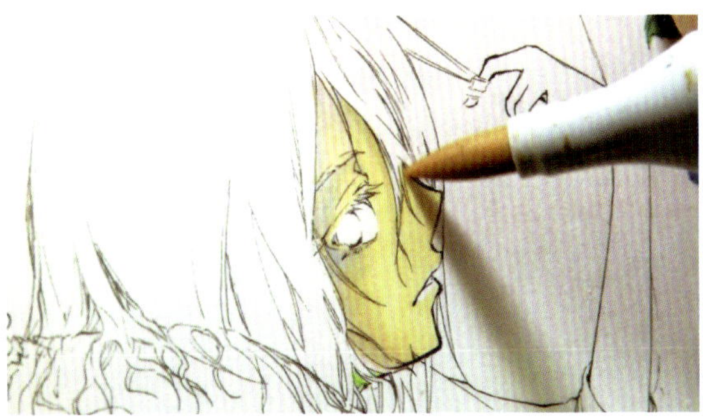

E34 Toast – Dabei an die Schattierungen denken.

Mit Schattierungen Details ausarbeiten

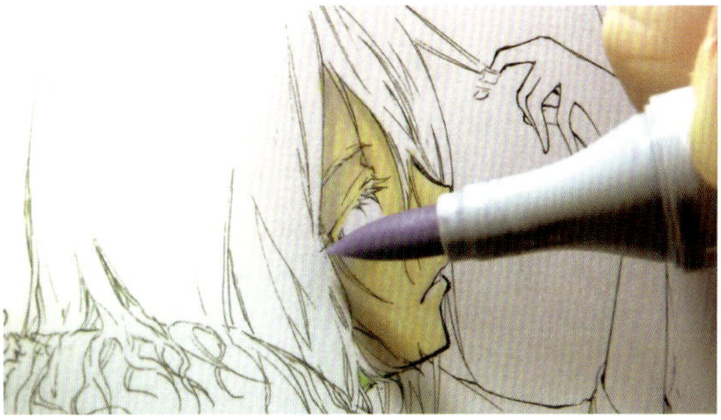

B60 Pale Blue Gray Die Schattierungen verwaschen.

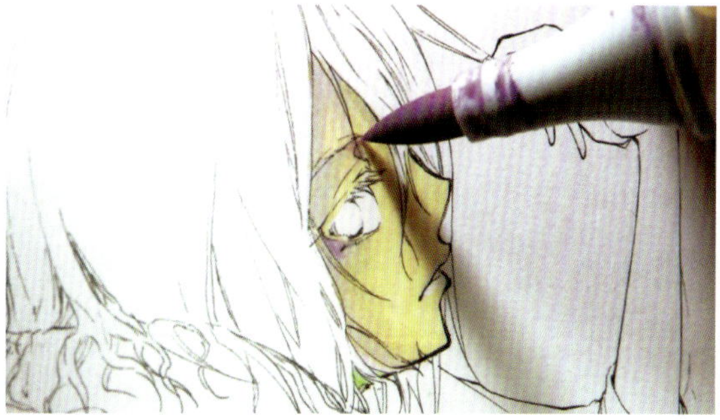

V04 Lilac Augen und andere dunklere Stellen werden schattiert.

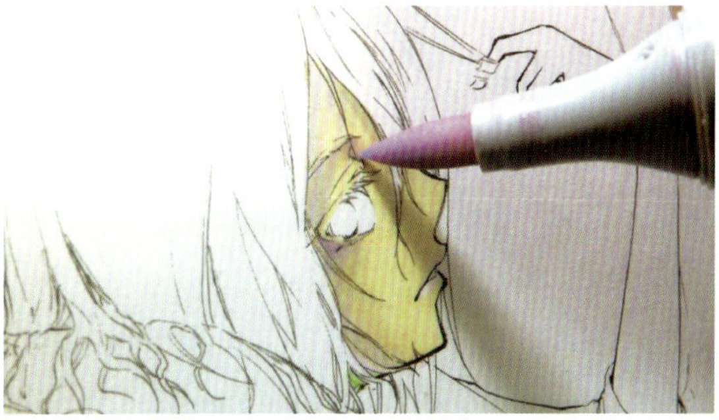

V01 Heath Weitere Farbe setzen, während die Schattierungen verwaschen und angepasst werden.

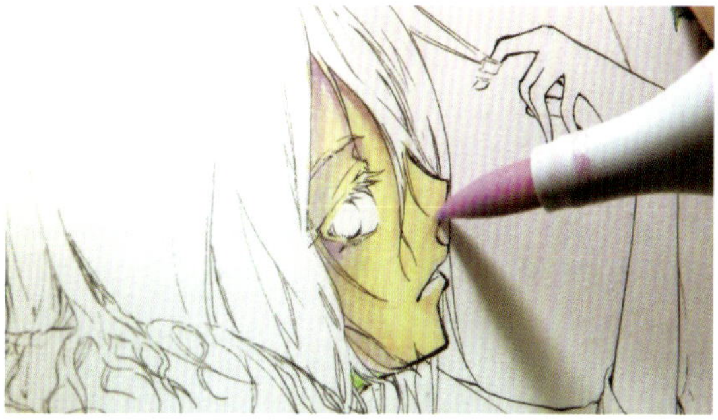

V01 Heath Jetzt der Schatten an der Nase.

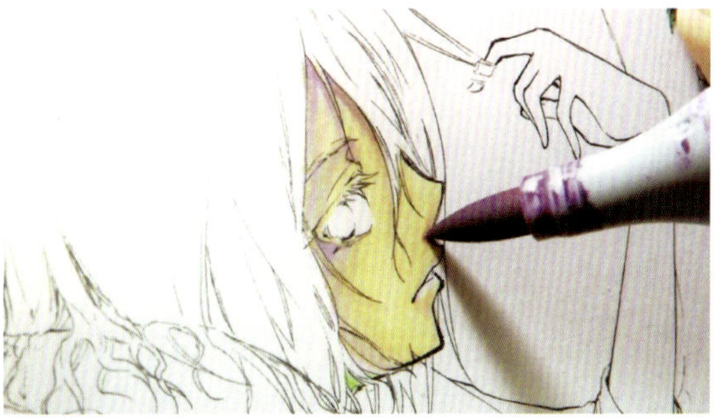

V04 Lilac Dabei gilt: dunkel am Gesicht und immer heller zur Nasenspitze hin.

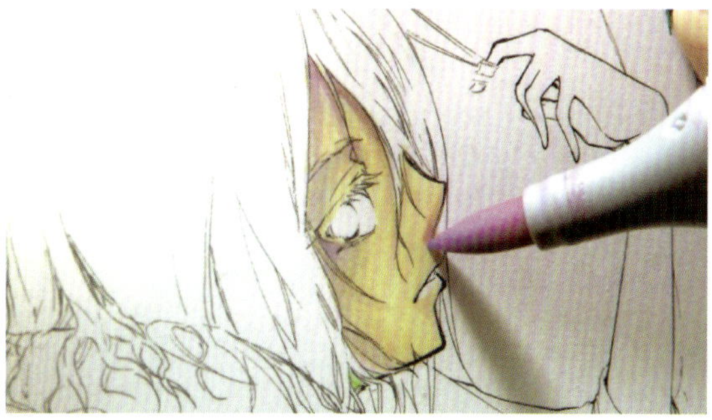

V01 Heath Den Schatten der Umgebung anpassen.

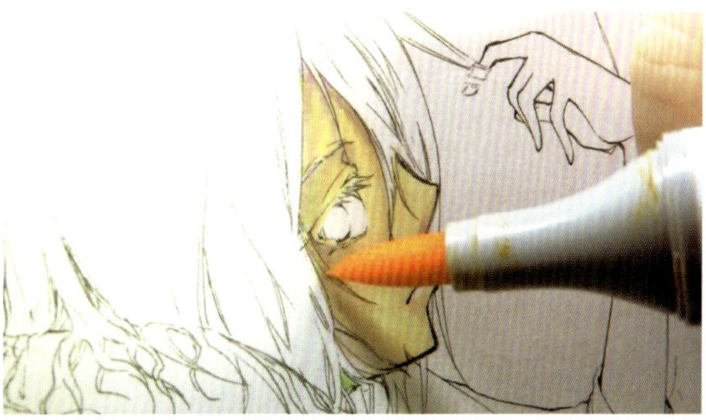

YR20 Yellowish Shade Die Haut und die Schattierungen verwaschen.

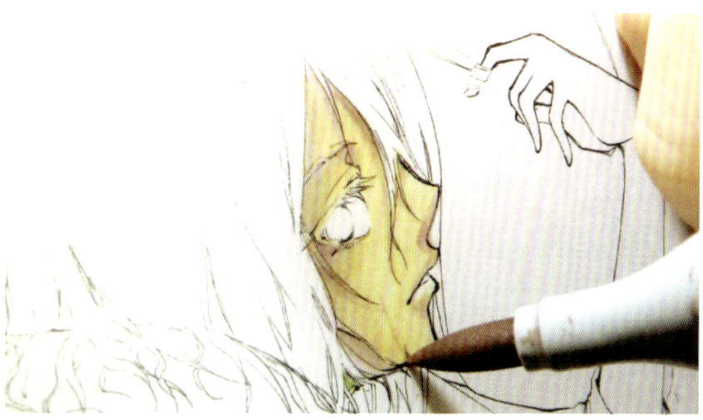

E35 Chamois Kräftige Schattenfarbe darüberlegen.

Herablaufende Tropfen

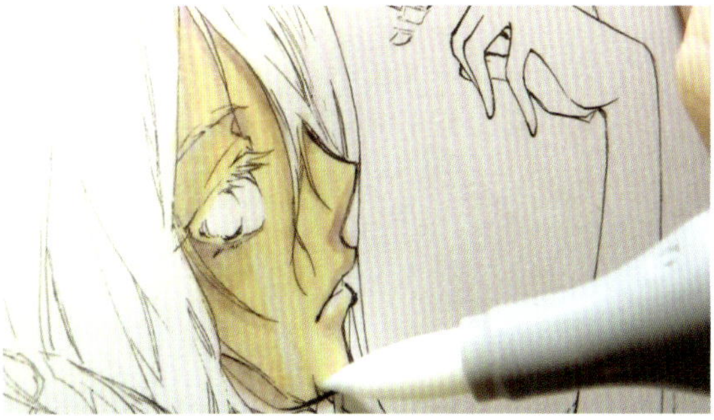

0 Colorless Blender — Da es regnet, werden mit 0 Tropfen hell eingezeichnet.

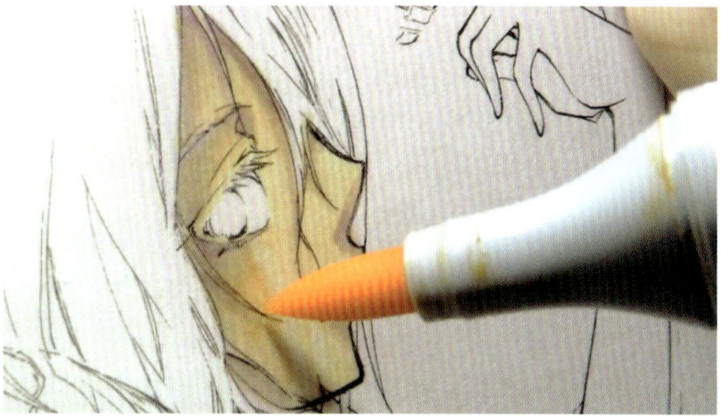

YR20 Yellowish Shade — An die Außenränder der aufgehellten Stelle kommen Abstufungen zum Verwaschen.

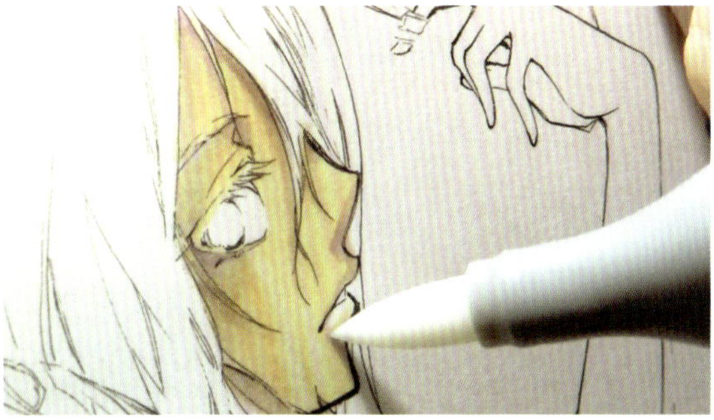

Auf dieselbe Art werden weitere Wasserspuren hinzugefügt.

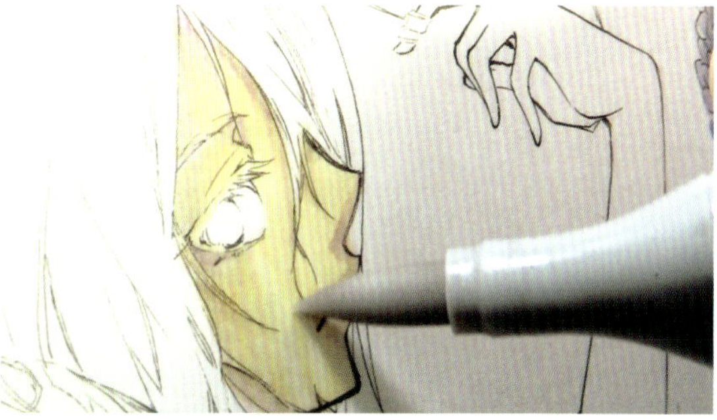

T2 Toner Gray No.2 — Diesmal bekommen die Ränder Abstufungen mit T2.

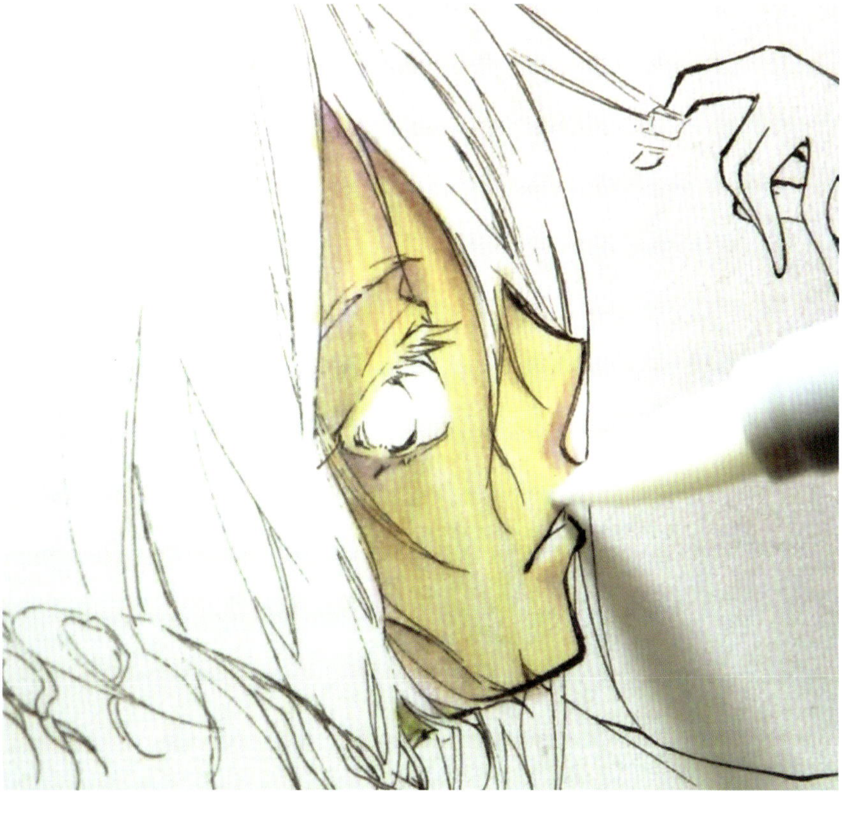

Hier aufhellen, damit es so aussieht, als würde das Wasser an den Lippen heruntertropfen.

Augen

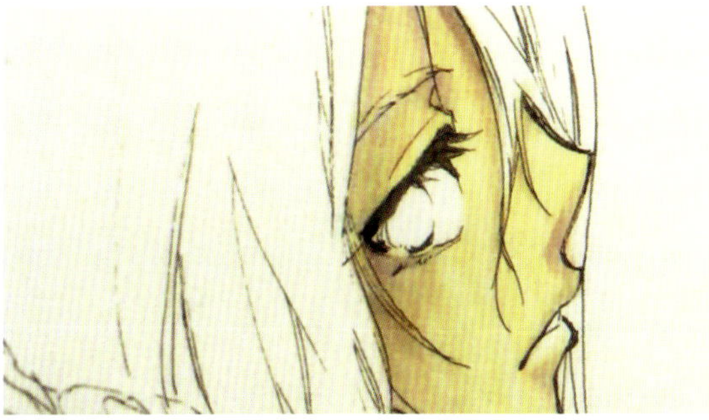

W9 Warm Gray No 9 — Augenlinien einzeichnen.

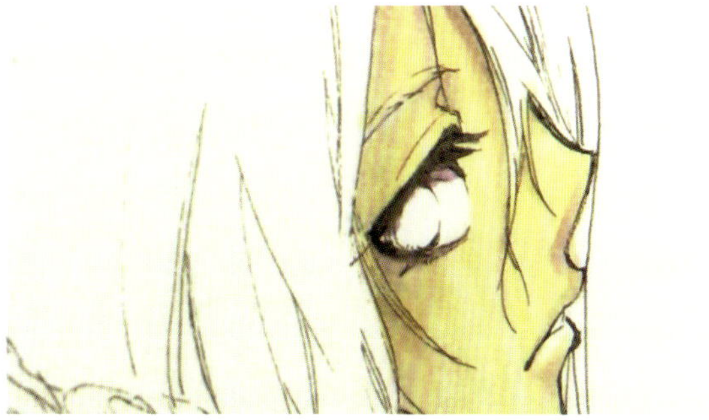

V12 Pale Lilac — Diese Linien aufhellen, gleichzeitig Schattierungen einfügen.

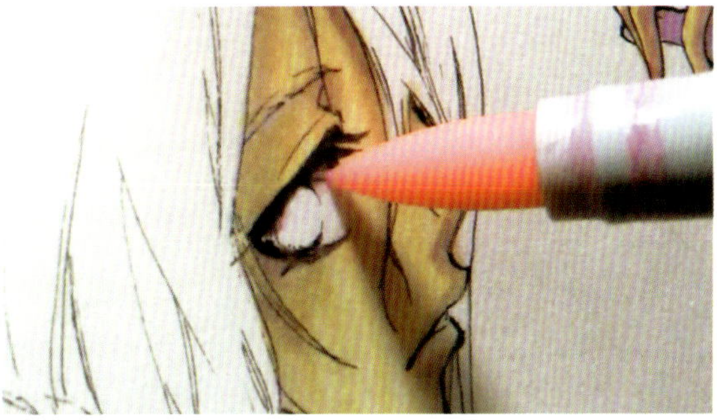

V000 Pale Heath — Schattierungen verwaschen, sodass das Auge rundlich wird.

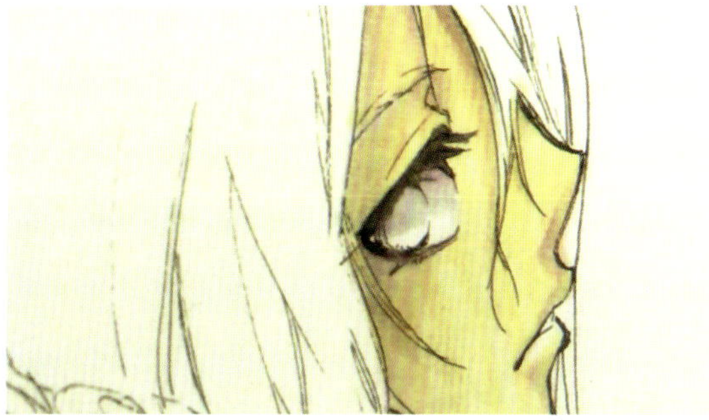

BV20 Dull Lavender — Weiter verwaschen.

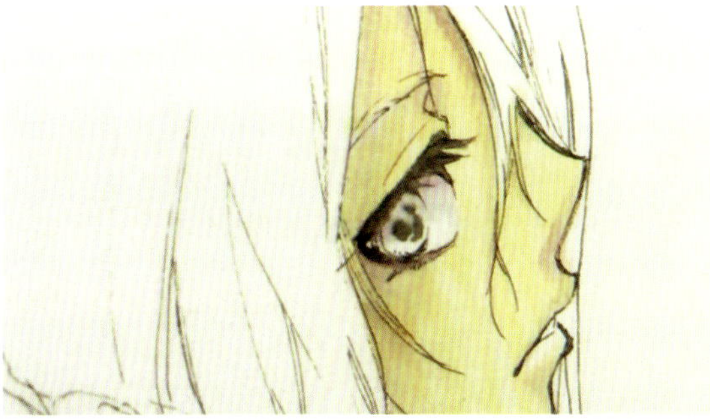

V09 Violet — Augenmitte und Iris zeichnen.

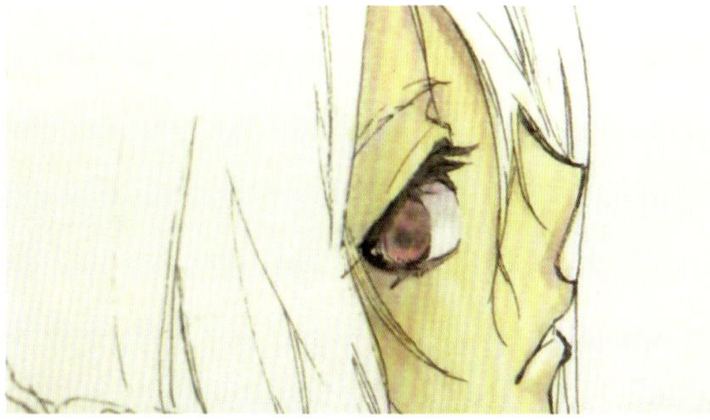

RV34 Dark Pink — Das ganze Auge bekommt Farbe.

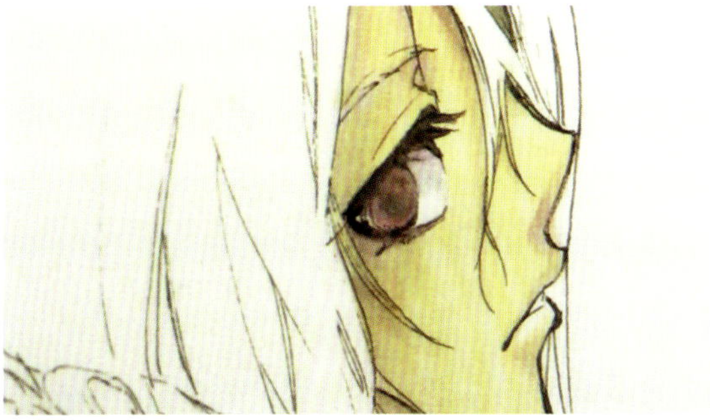

V17 Amethyst — Mit der Spitze erneut die Iris ausmalen.

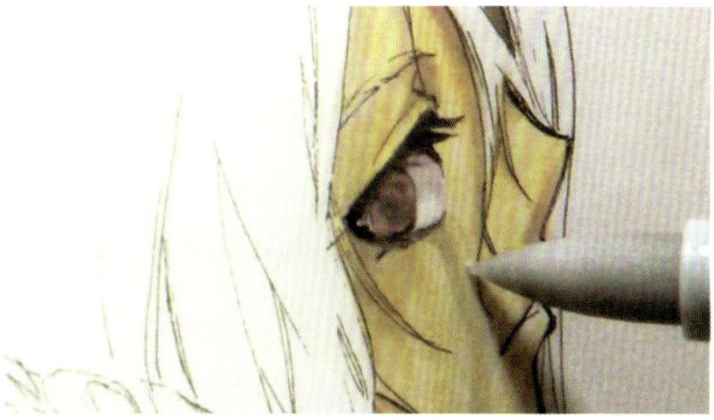

N1 Neutral Gray No 1 — Am Ende die Wasserspuren mit N1 aufhellen.

Nasse Haare

Vom Regen nasse Haare im Umgebungslicht.

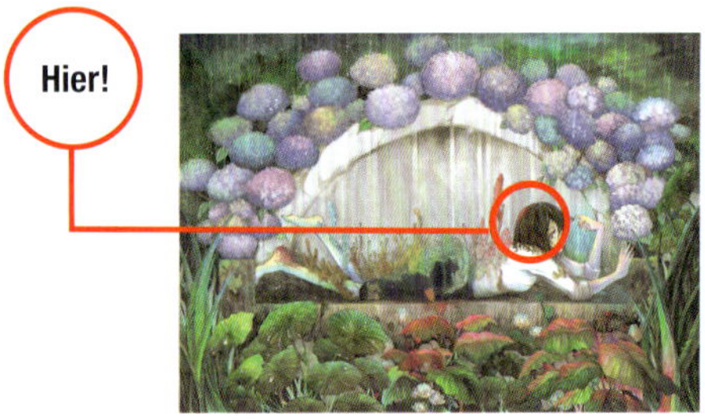

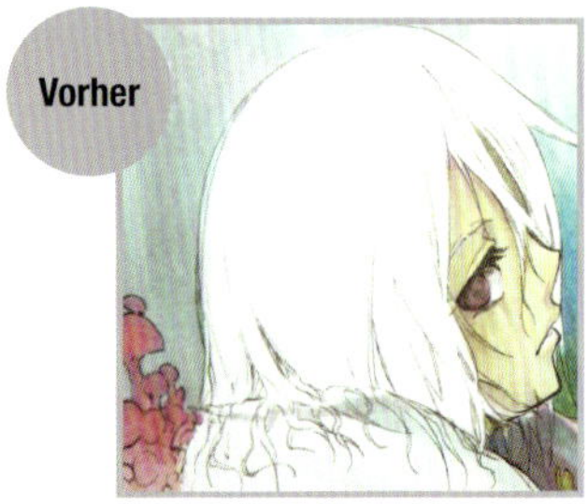

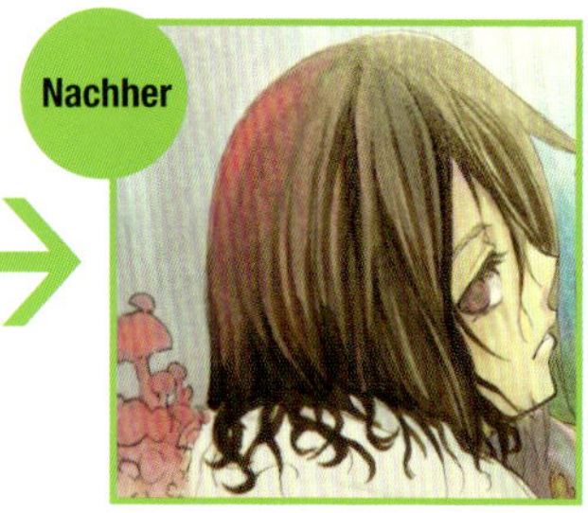

Vom Schatten aus in Wuchsrichtung

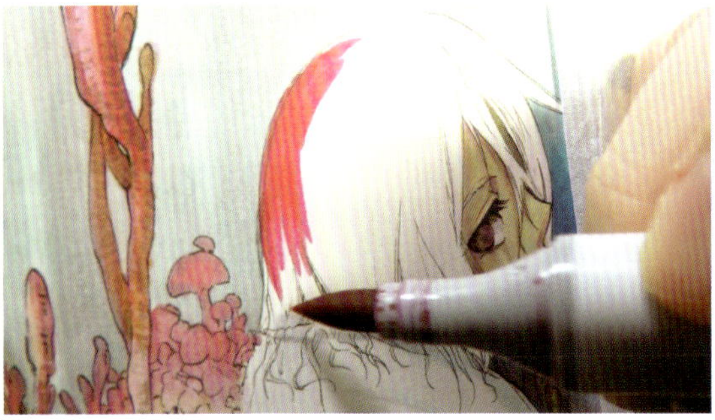

RV34 Dark Pink – Zunächst dort beginnen, wo das Umgebungslicht hinfällt. Zeichnet der Kopfform entsprechend.

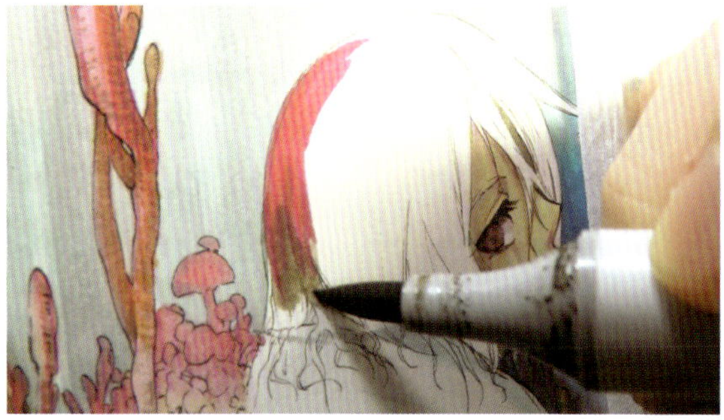

E84 Khaki – Der Schatten am Hals wird verwaschen. Entlang des Schädels von oben nach unten.

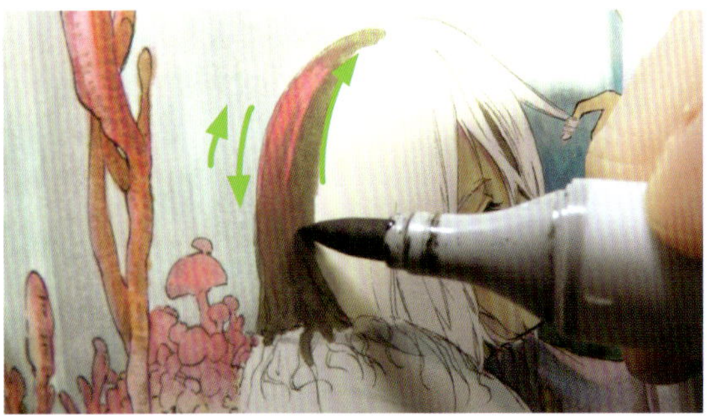

E84 Khaki – Mit E84 die Haare kolorieren, dabei eine kleine Fläche mit RV34 frei lassen.

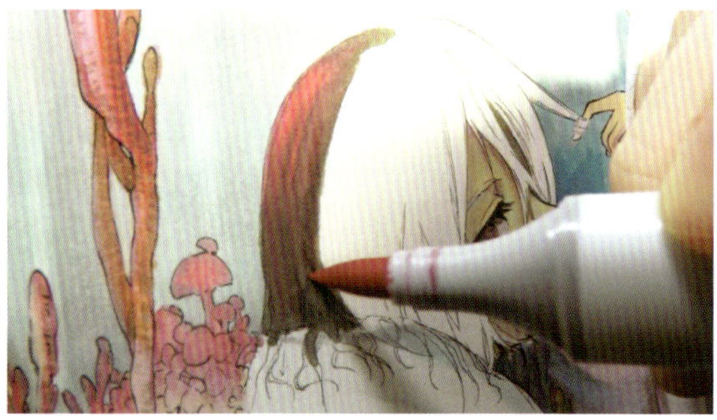

RV34 Dark Pink – Übereinandermalen und die Farben anpassen.

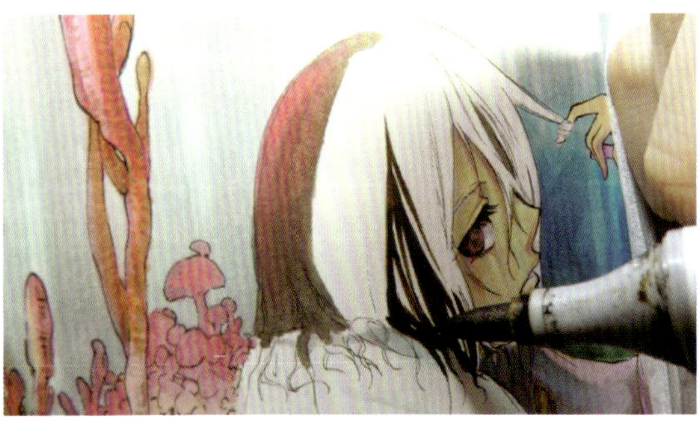

E29 Burnt Umber – Die dunkelste Haarschattierung zeichnen.

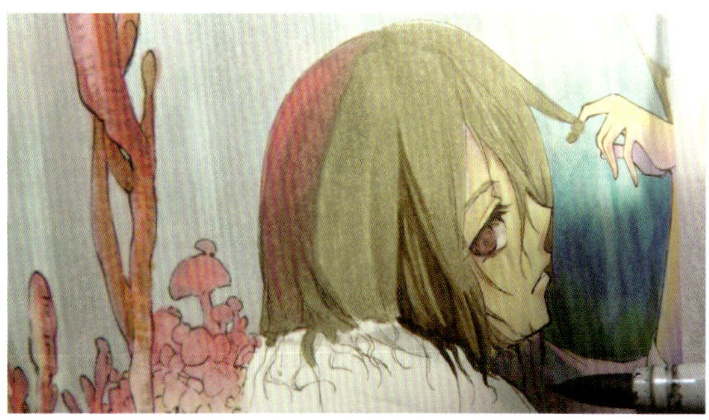

E84 Khaki – Vom Scheitel aus die gesamte Haarfläche ausmalen.

An das Licht denken

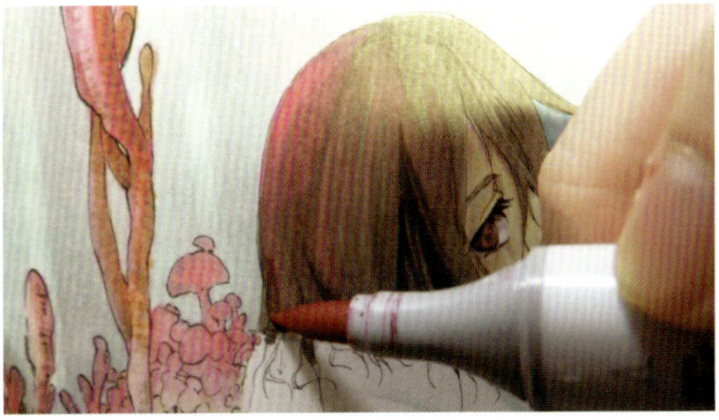

RV34 Dark Pink Mehrmals die Farbe auf die Schattierungen setzen, bis das Rot an die Oberfläche kommt.

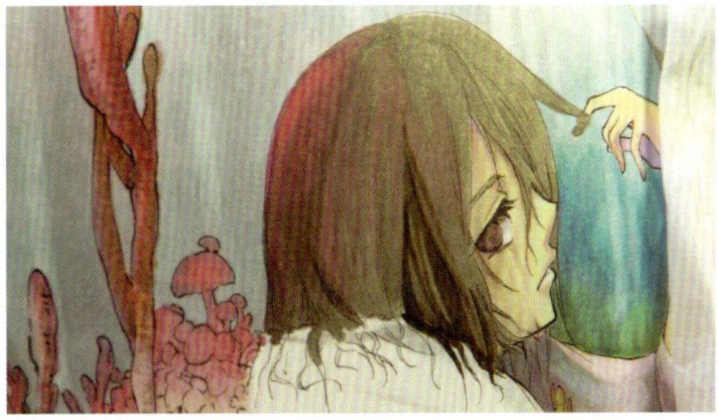

Auf den Haaren fließt das Licht kurvenförmig. Stellt euch das so vor wie auf diesem Bild gekennzeichnet.

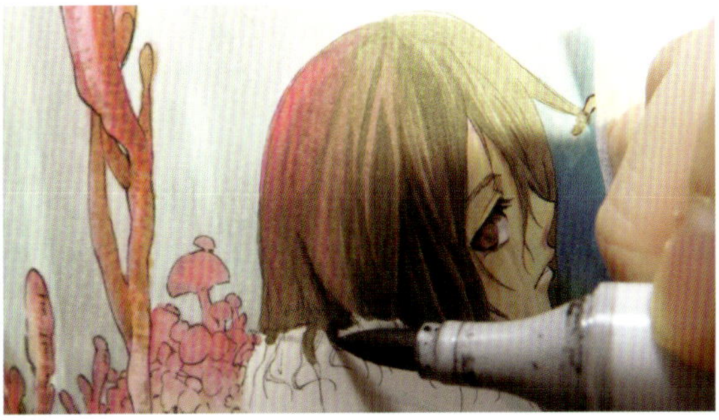

E29 Burnt Umber Dunkle Schattierungen werden eingezeichnet.

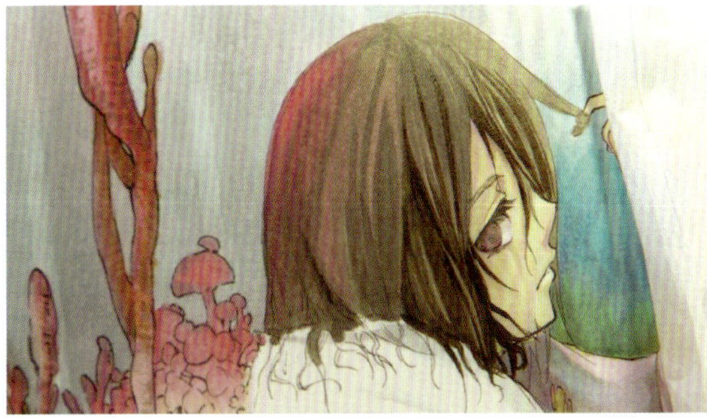

Die Farben antrocknen lassen.

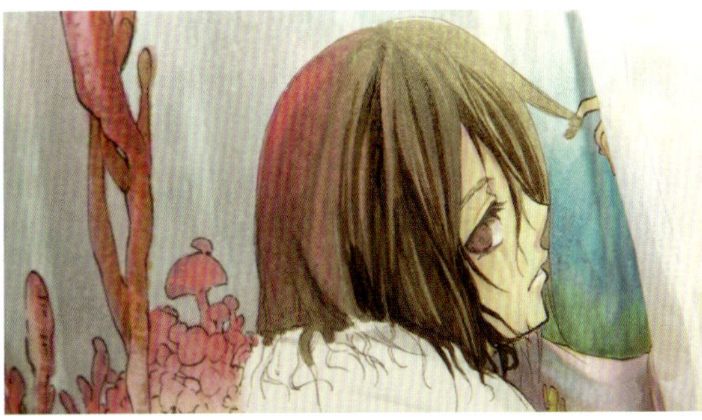

E29 Burnt Umber Erneut Schattierungen hinten einfügen.

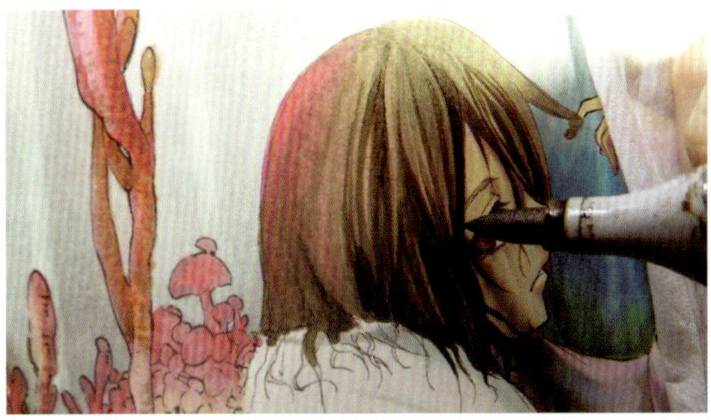

E29 Burnt Umber Jetzt auch um das Gesicht herum.

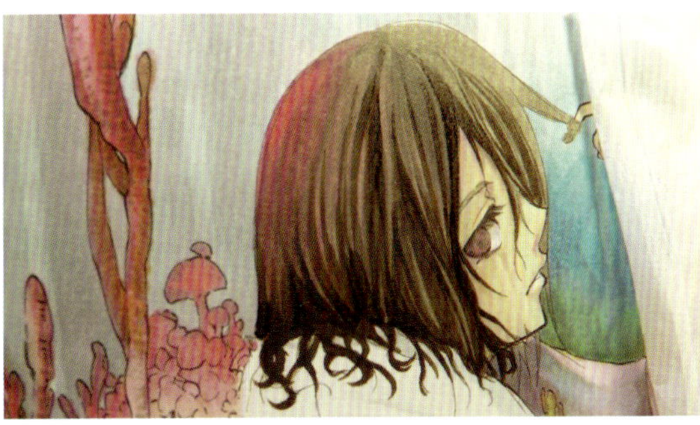

E29 Burnt Umber Dann bis zu den Spitzen zeichnen, und die Haare sind fertig.

Haut in weichem Licht

Jetzt zeichne ich die Haut mit blauen Schattierungen in weichem Licht.

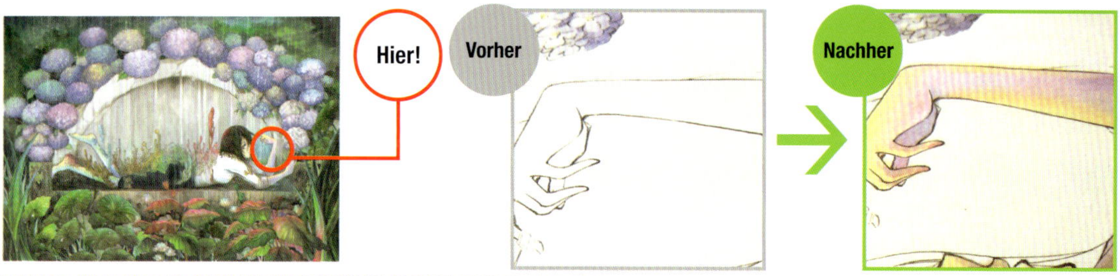

Grundfarbton erstellen

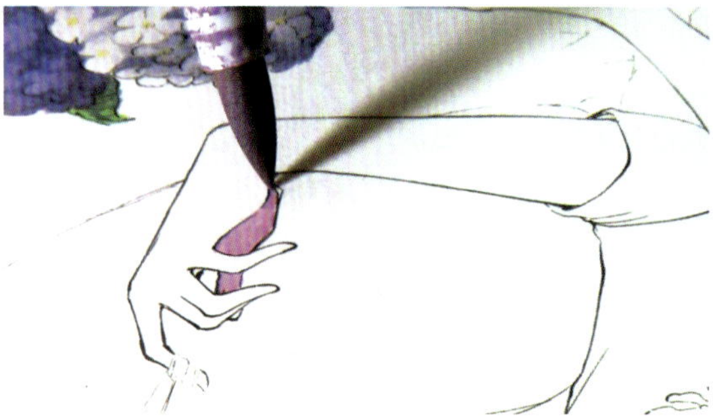

RV34 Dark Pink Die Basis der Schattierung ausmalen.

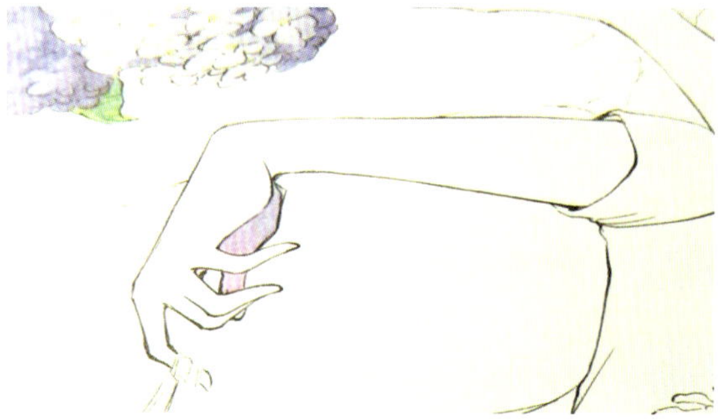

B01 Mint Blue Mit B01 wird die Farbe etwas heller und geht ins Violette.

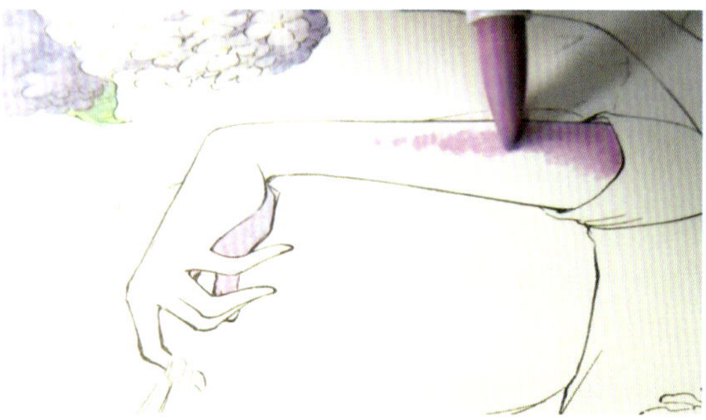

V12 Pale Lilac Der Schatten auf dem Arm bekommt Röte.

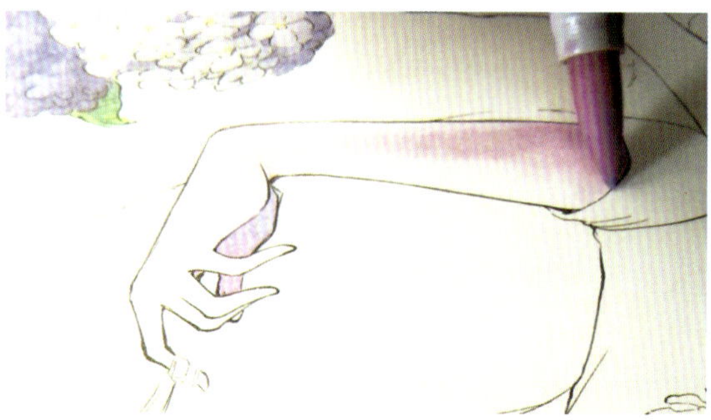

V01 Heath Mit V01 verwaschen.

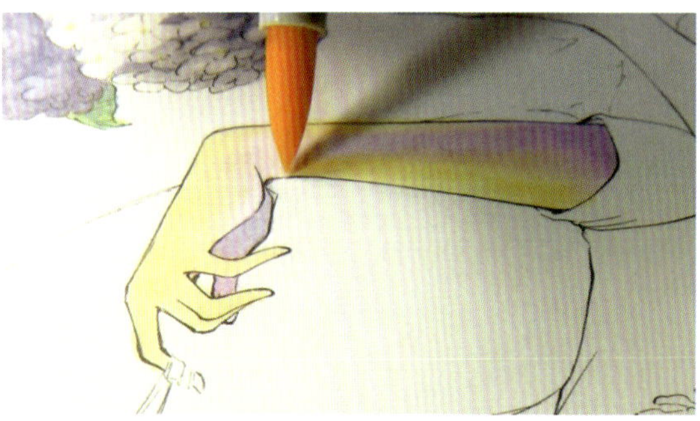

YR20 Yellowish Shade Die Hautfarbe auftragen und die Schattierungen verwaschen.

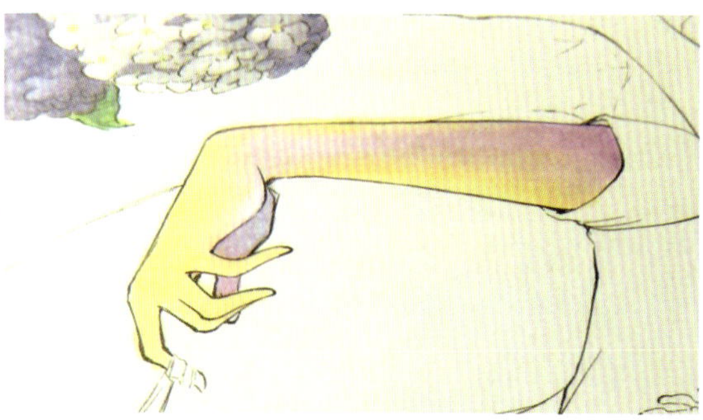

YR20 Yellowish Shade Diese Farbe kommt nicht auf den gesamten Schatten, sondern nur auf seine Umgebung.

Schattierungen anpassen, dabei an die Form denken

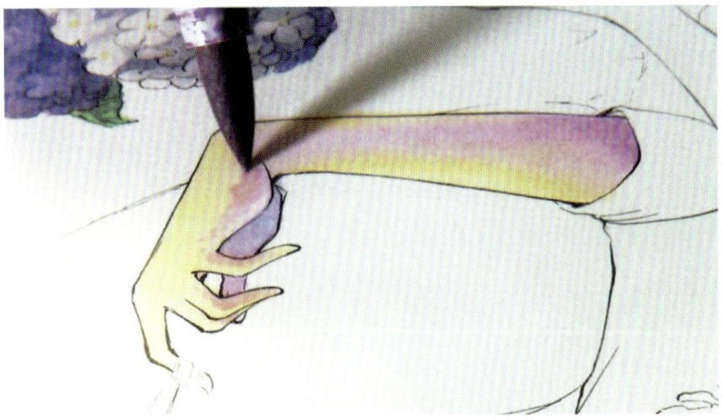

V12 Pale Lilac Die Schattierungen auf der Hand mit V12.

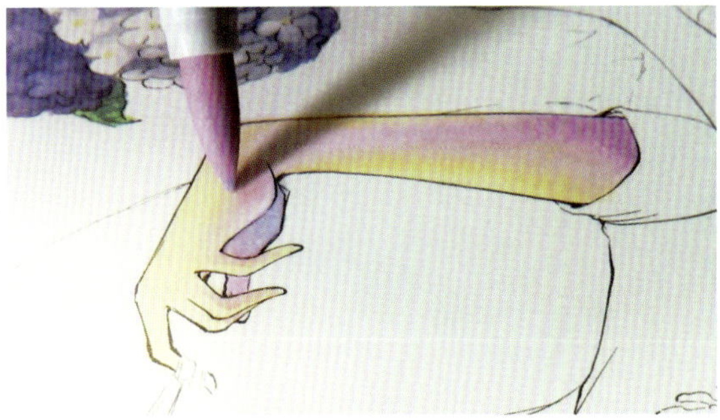

V01 Heath Von oben übermalen, zum Verwaschen.

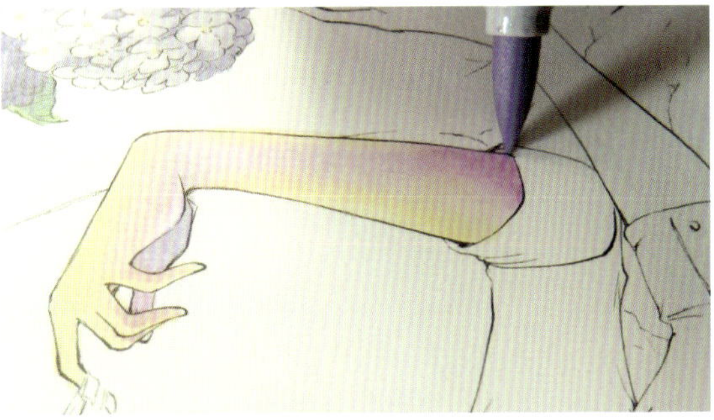

BV20 Dull Lavender Die Schattierungen anpassen, um so die runde Form des Armes darstellen.

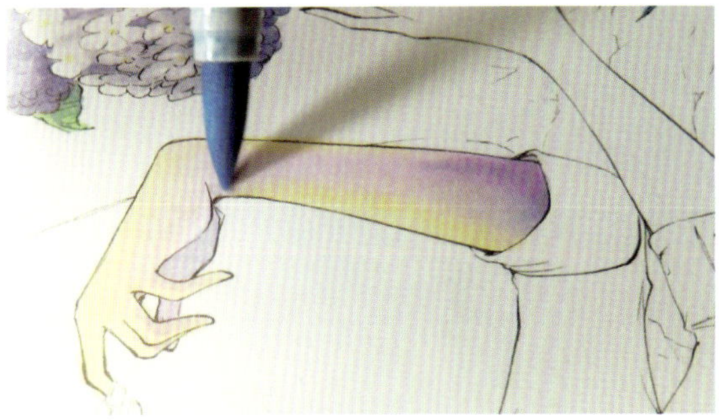

B01 Mint Blue Mit B01 die Farben anpassen.

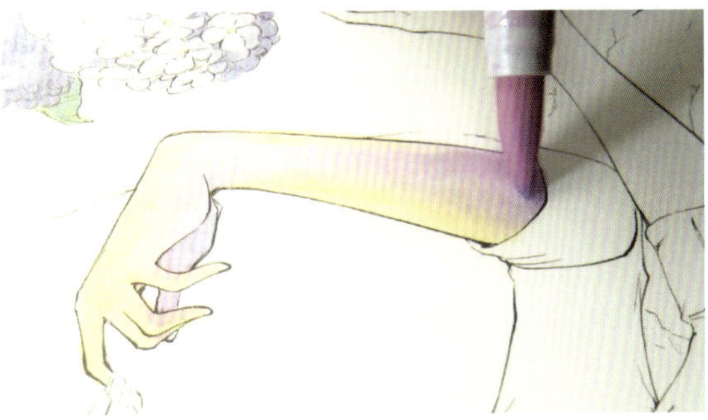

V01 Heath Noch einmal über den Schatten.

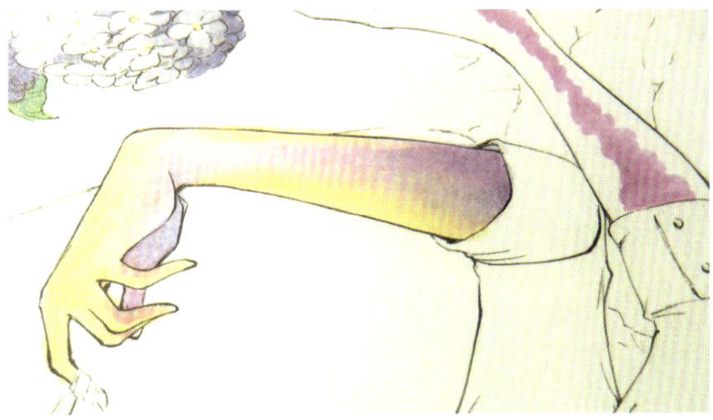

Der andere Arm wird auf dieselbe Art koloriert.

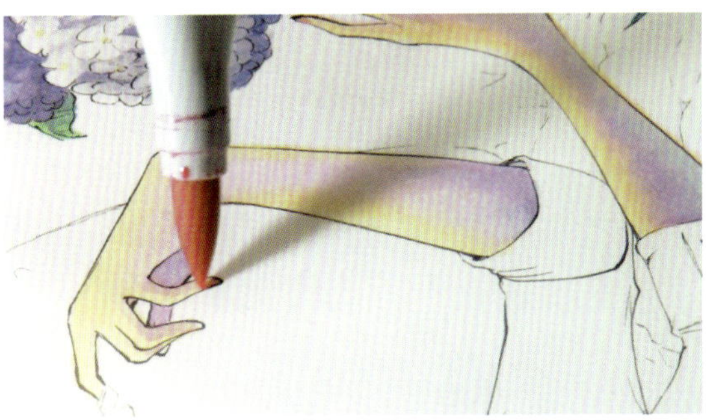

R85 Rose Red Die Fingerspitzen bekommen die Röte von Blut, der linke Arm ist abgeschlossen.

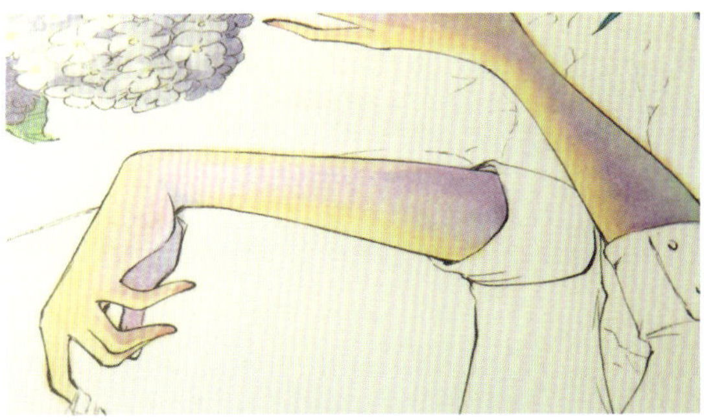

R85 Rose Red V01 Heath Mit R85 dem rechten Arm Röte zufügen, mit V01 anpassen. Damit ist auch er fertig.

Nasses Hemd

Mithilfe verschiedener Schatten wird das nasse Hemd dargestellt.

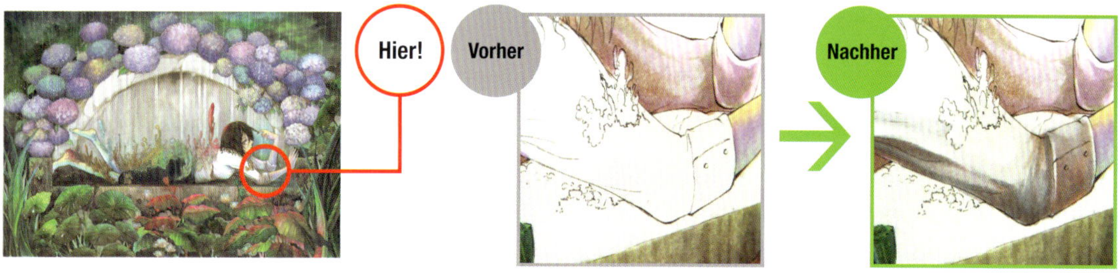

Nr. 0 einsetzen

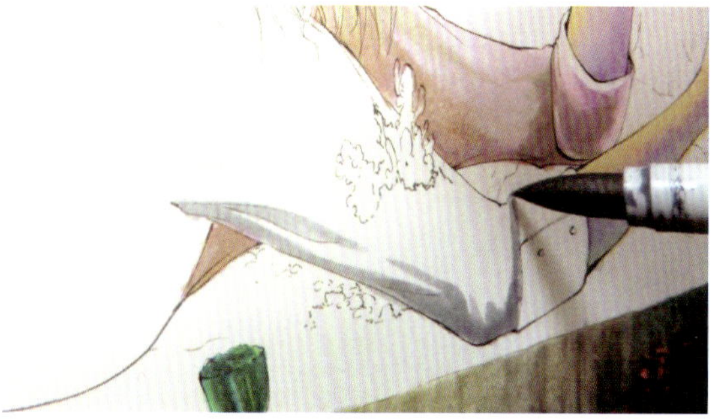

N4 Neutral Gray No.4 — Erst zeichnet ihr die Basis der Schatten auf dem Hemd. Es ist ein Winterhemd aus festem Stoff, daher solltet die Falten dick sein.

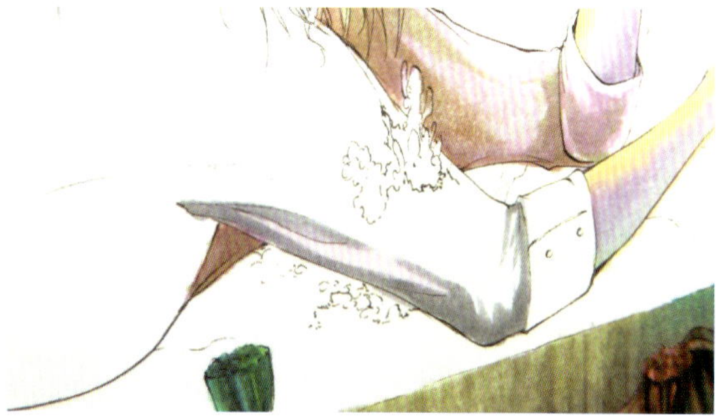

V01 Heath — Das Drübermalen lässt die Farbe leicht verwaschen.

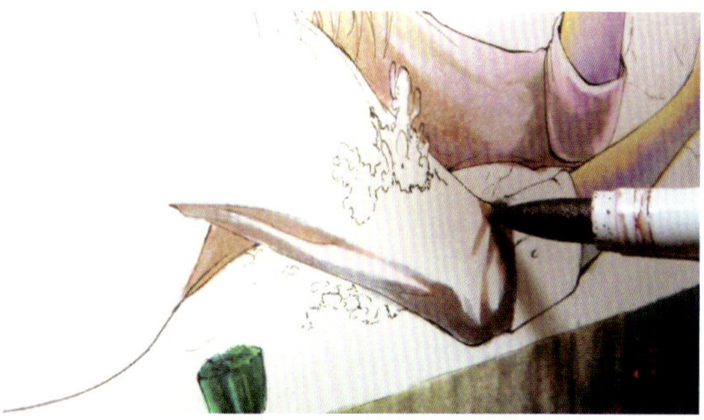

V95 Light Grape — Mit feinen Farben kommen weitere Schattierungen.

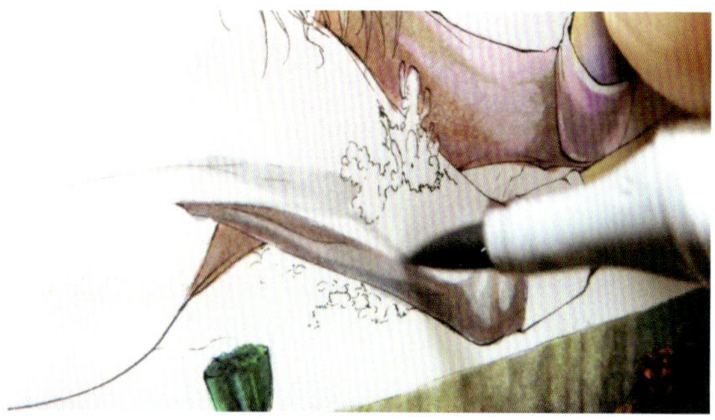

N4 Neutral Gray No.4 — Noch mehr Schattierungen.

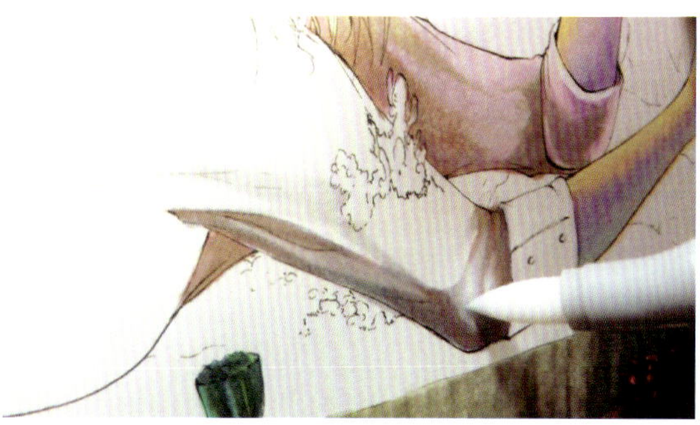

0 Colorless Blender — Aufhellen, um die Ränder zu verwaschen.

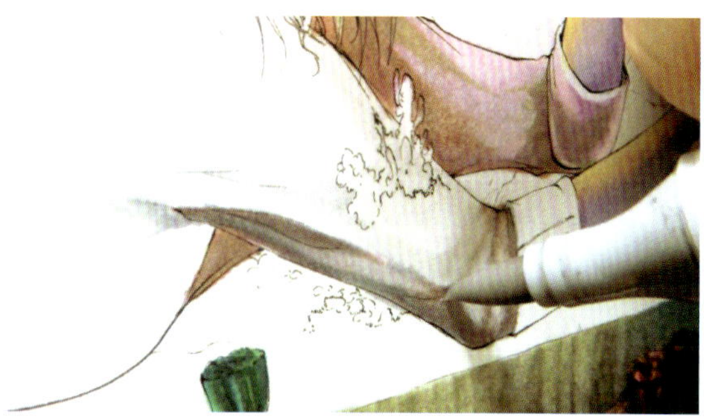

N1 Neutral Gray No.1 — Das Verwaschen sorgt für Details.

Ärmel

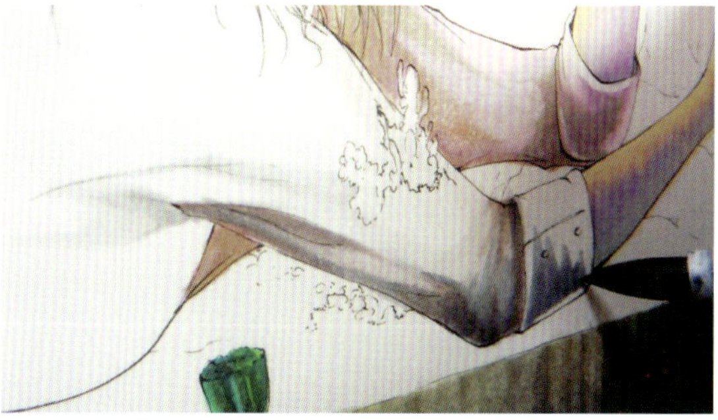

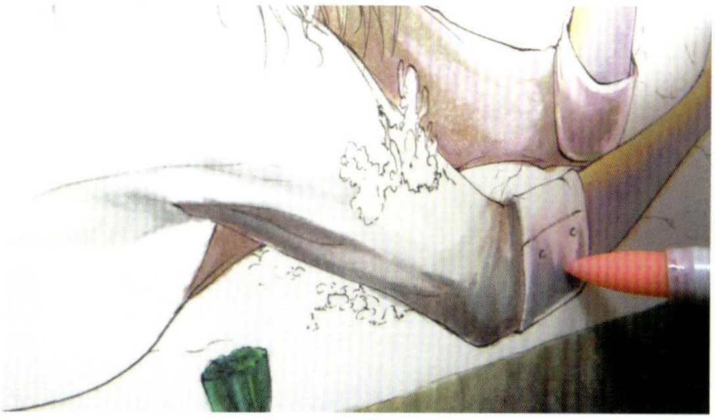

N4 Neutral Gray No.4 — Nun zu den Schattierungen am Ärmel. Führt den Pinsel von außen nach innen.

V0000 Rose Quartz — Mit weiterer Farbe verwaschen.

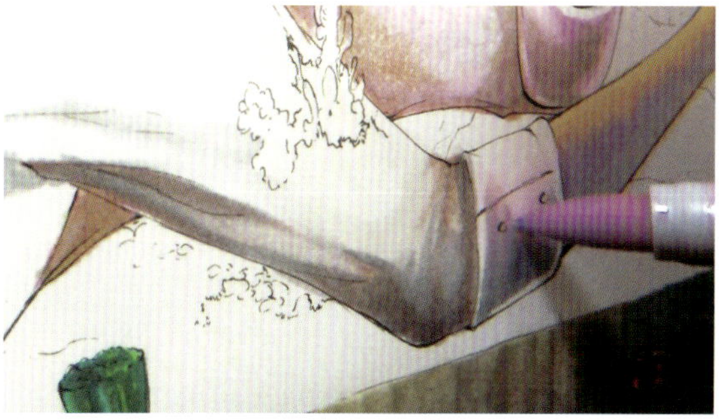

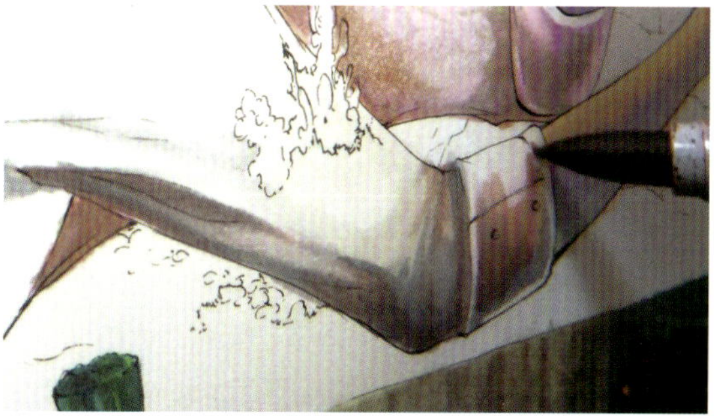

V01 Heath — Darüber kommt V01.

V12 Pale Lilac — Und auch V12.

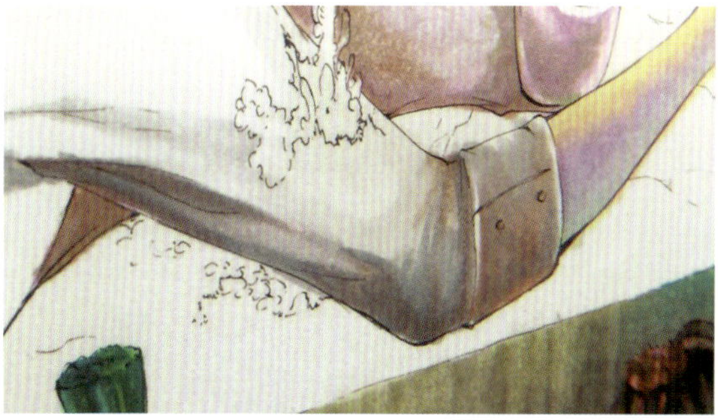

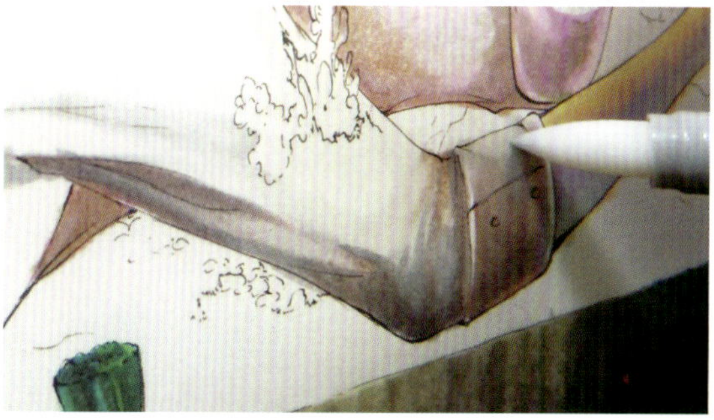

N3 Neutral Gray No.3 — Die ganze Fläche wird vereinheitlicht.

0 Colorless Blender — Die Falten werden aufgehellt. Dadurch wirkt die Stelle feucht und glänzend.

Tipp: **Mit dem Colorless Blender Regen darstellen**

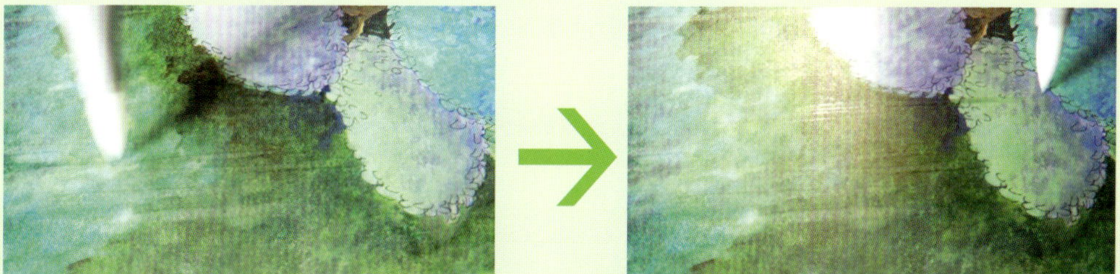

Durch Aufhellen wird der Regen sichtbar. Mit kräftigen, schnellen und schmalen Strichen werden die anderen Farben verwaschen. So wird Regen zum Ausdruck gebracht.

Scene 4

Die Prinzessin im Wind

Die Tänzerin

Ein Opernschauplatz auf japanische Art. In das Opernhaus voller Kirschblüten strahlt die Morgenröte hinein, die die Schauspielerin auf der Bühne anleuchtet. Hier erkläre ich euch die Beschaffenheit des wehenden Stoffes, der Kirschblüten im Hintergrund, der Schiebetüren und der Morgenröte.

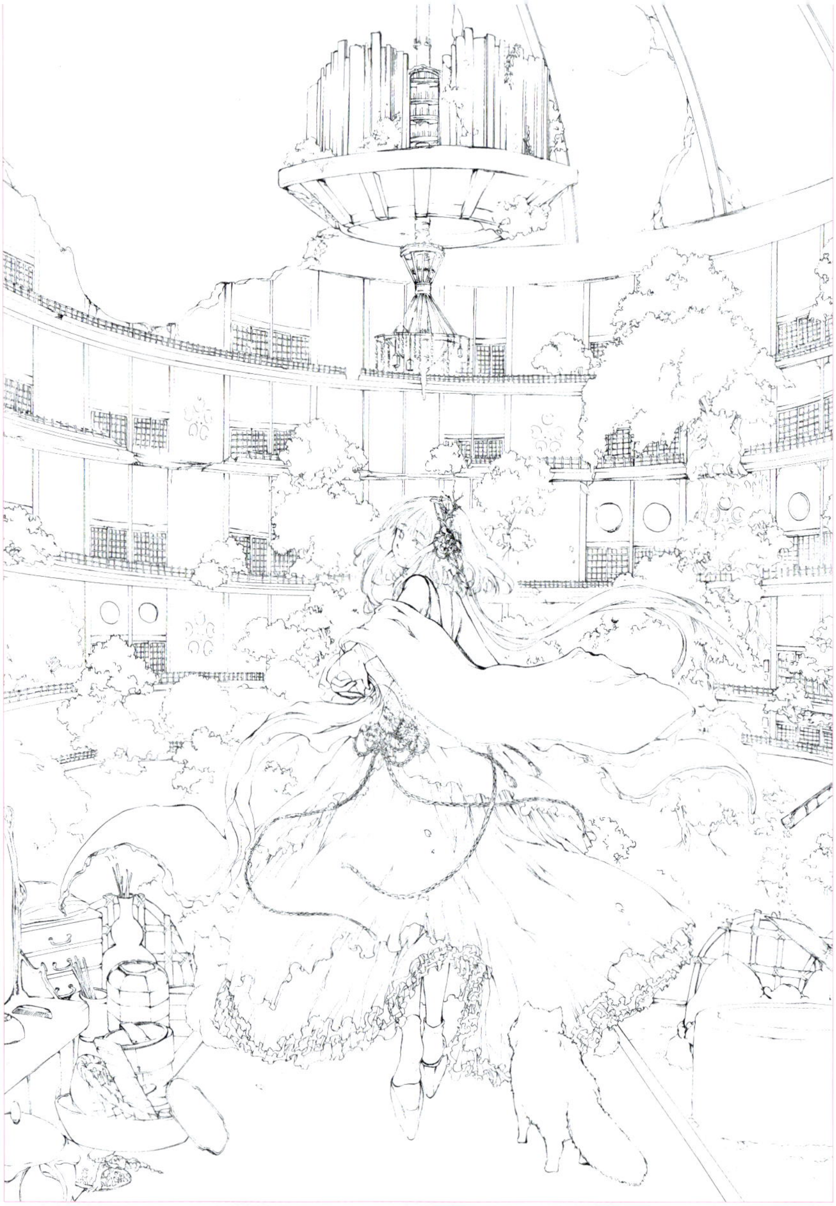

Idee

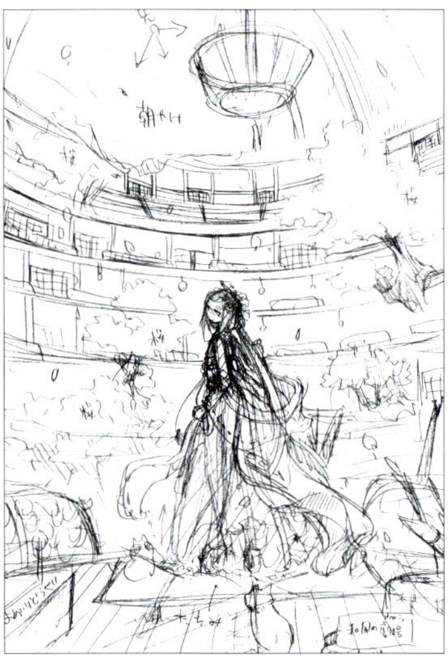

Eines meiner Themen heißt »Japan«, daher stellte ich mir ein Opernhaus auf japanische Art vor. Das Bild stand also schon in der Rohfassung fest.

Feinskizze

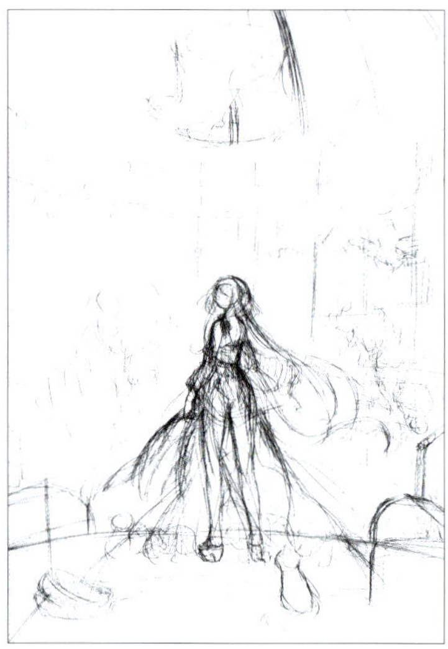

Hier seht ihr die groben Grundlinien. Weiter hatte ich nicht vorgezeichnet. Von hier aus habe ich geinkt und die Zeichnung ausgearbeitet.

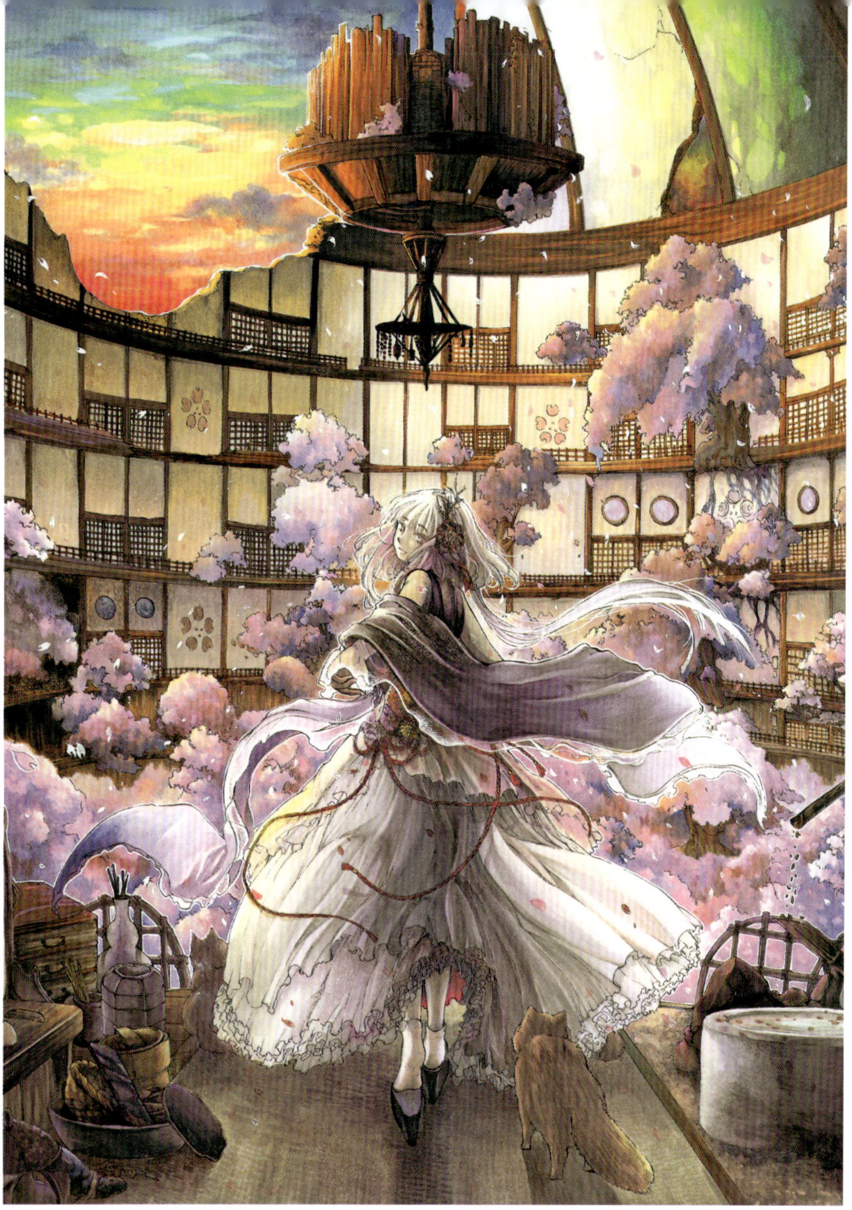

Bestandteile

Morgenröte

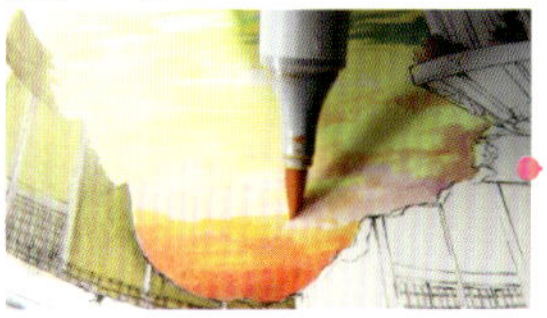

Seite 148

Kirschblüten im Hintergrund

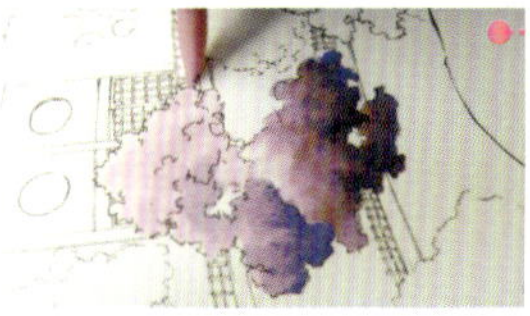

Seite 140

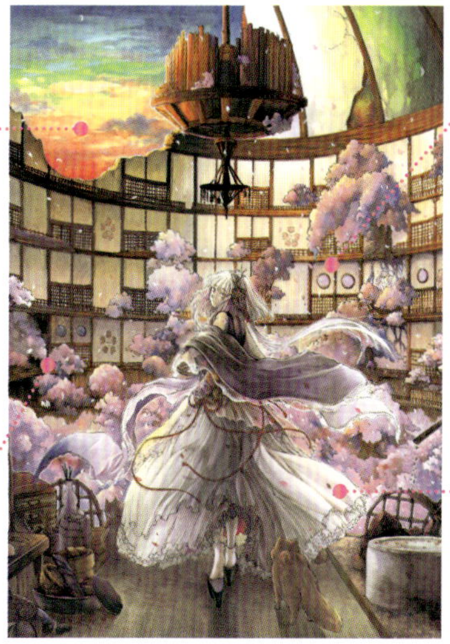

Schiebetüren

Seite 146

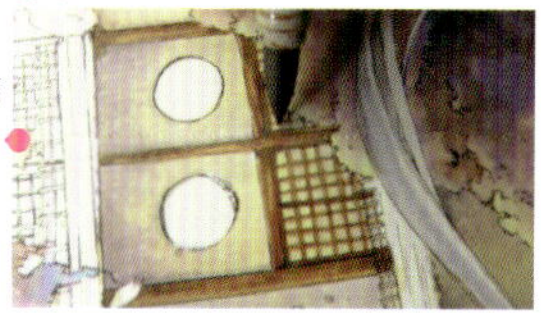

Wehendes Kleid

Seite 142

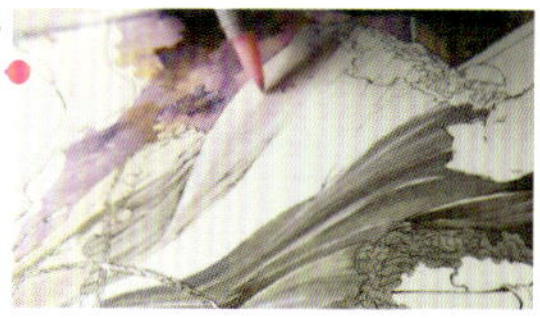

Lichteinfall

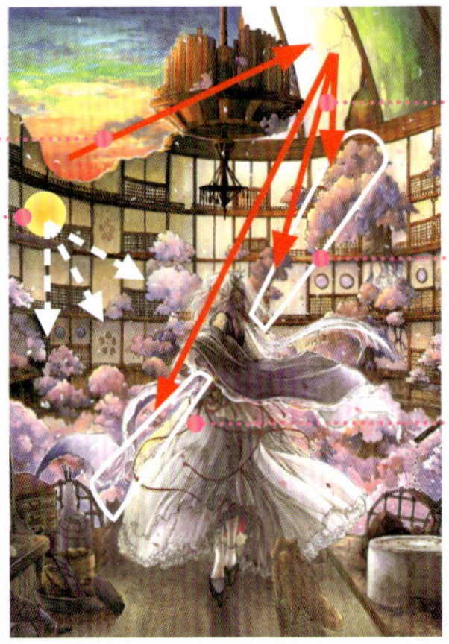

Kirschblüten im Hintergrund

Kirschblüten, die im Inneren des Schauplatzes blühen. Sie werden in weichem Licht dargestellt.

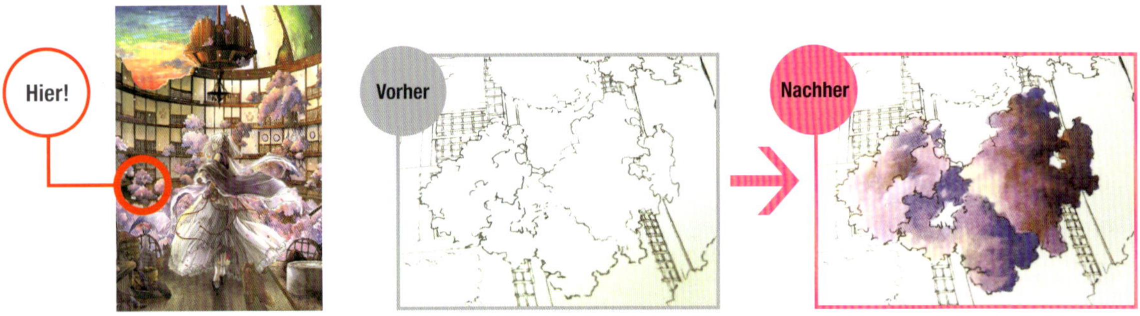

Basis der Koloration

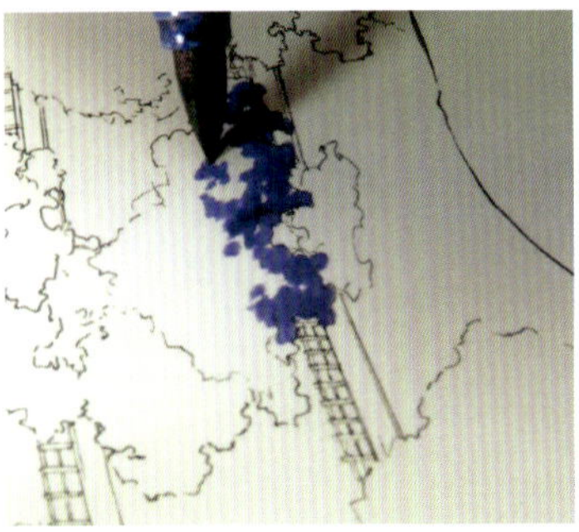

B28 Royal Blue Mit Punkten malt ihr die Schattenteile.

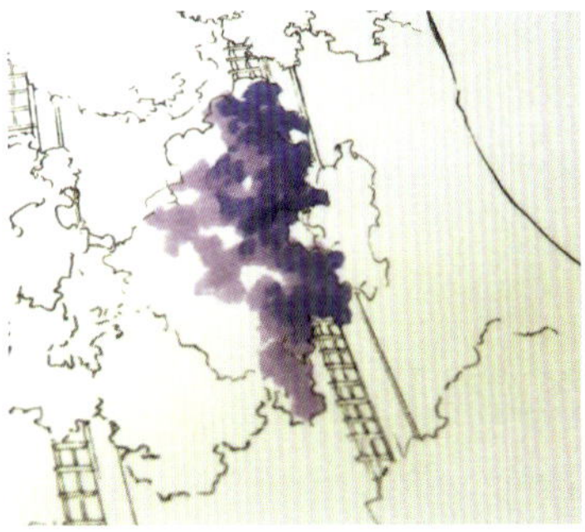

BV11 Soft Violet Dann wieder tupfen und verwaschen.

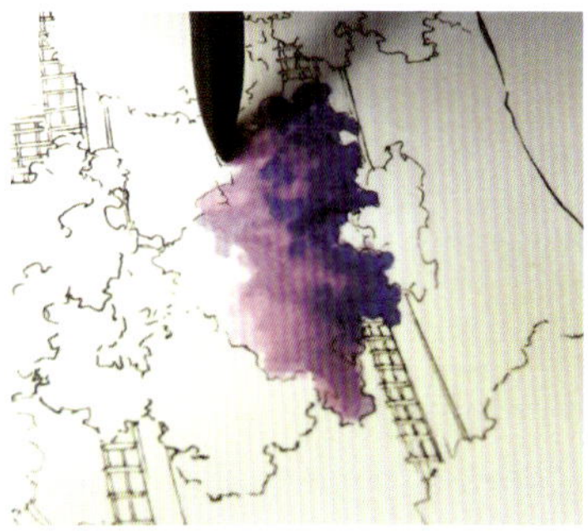

V01 Heath BV11 Soft Violet Erneut von oben mit Punkten verwaschen.

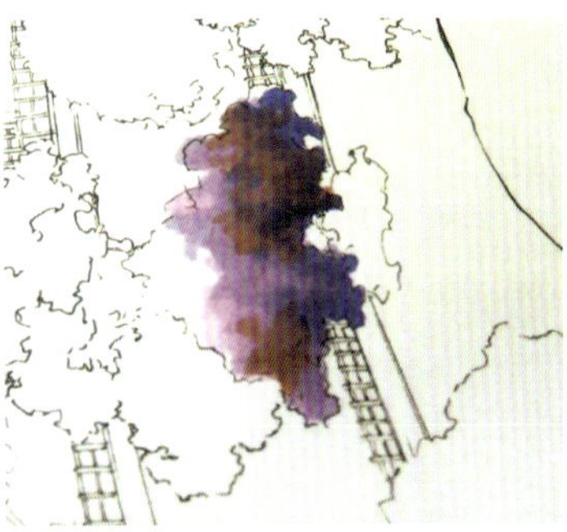

E04 Lipstick Natural Die Schattierung bekommt etwas Röte.

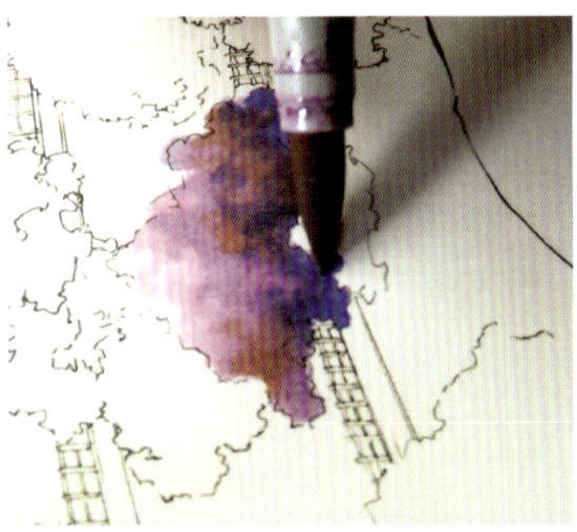

Den Vorgang wiederholen, um die Farben intensiver zu machen.

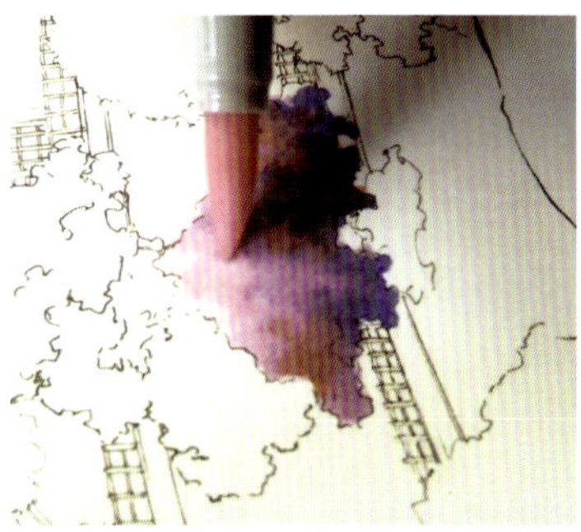

V01 Heath Mit V01 anpassen, und die Grundierung ist beendet.

Finalisierung

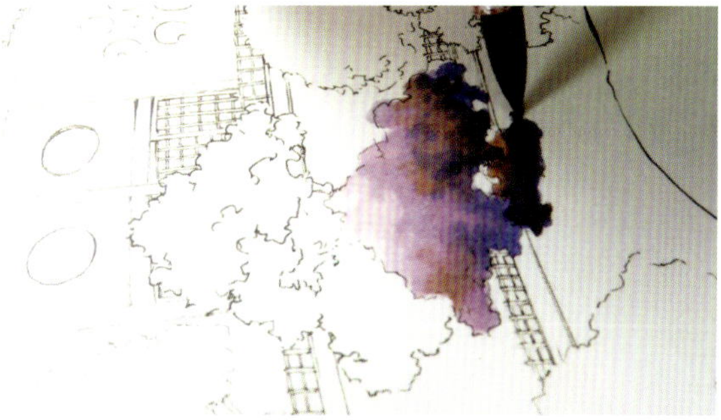

B28 Royal Blue E04 Lipstick Natural Mit B28 dunkle Schattierungen setzen und darüber mit E04 weiteren Schatten legen. Auch dabei an die Punkte denken.

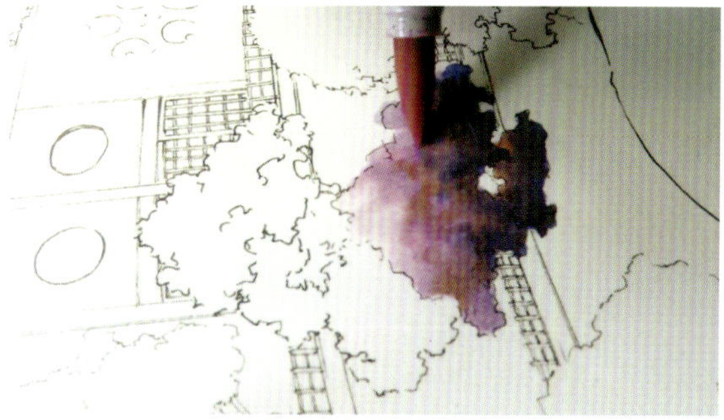

BV11 Soft Violet Von unten nach oben übermalen.

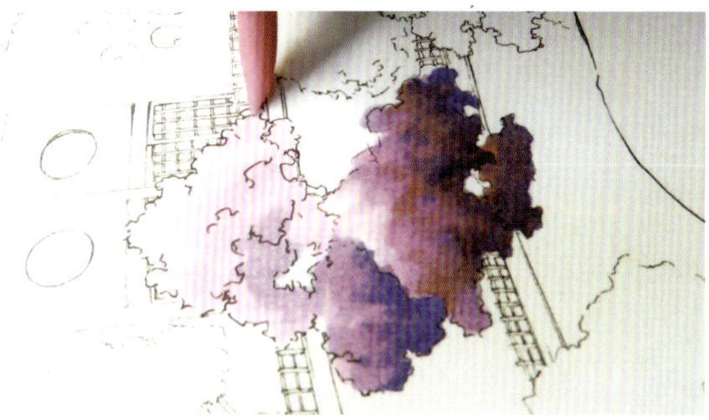

V01 Heath Bei einer helleren Fläche wird der V01-Bereich größer. Sonst ist das Prinzip gleich.

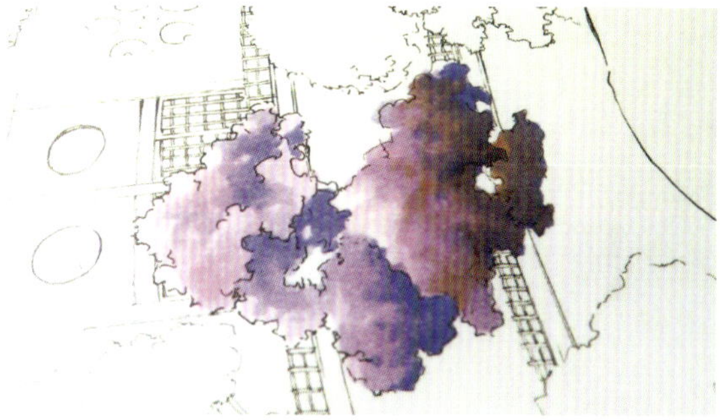

Durch diese Schritte wurde so weit koloriert.

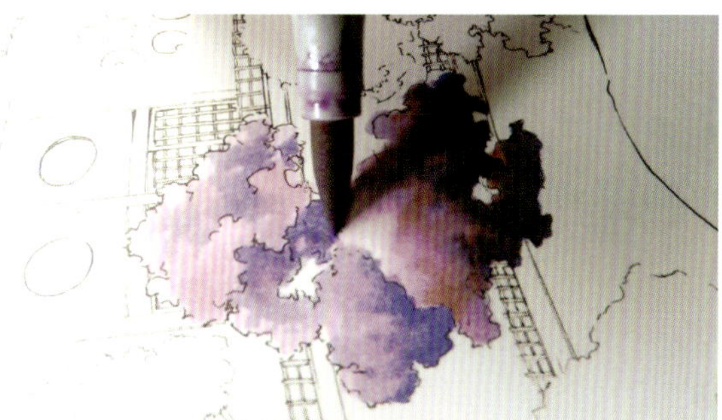

BV11 Soft Violet Die Schattierungen passen sich der Umgebung an.

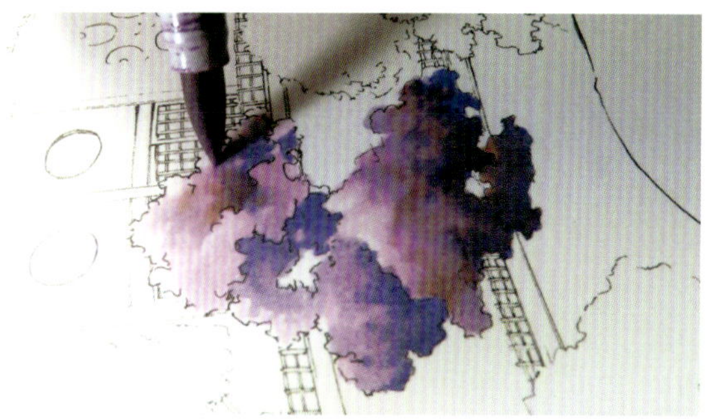

E04 Lipstick Natural BV11 Soft Violet Darüber kommt der Schatten auf hellere Teile, auch zum Anpassen.

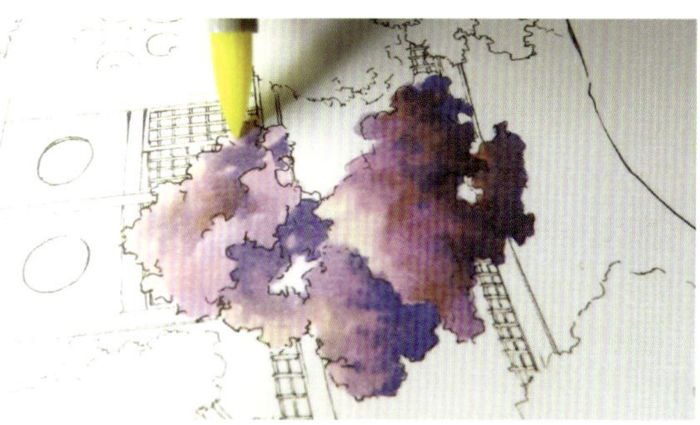

Y11 Pale Yellow Die Highlights werden am Ende hinzugefügt.

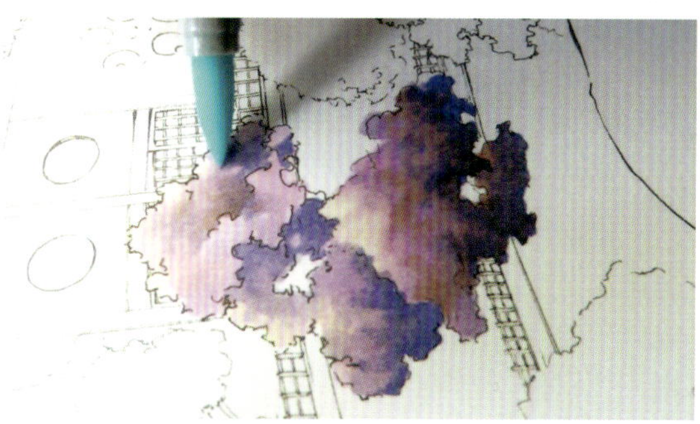

BG10 Cool Shadow Unter den Highlights sind noch kleine Schattierungen, diese bekommen etwas Blau.

Wehendes Kleid

In der Morgenröte schimmern die Kirschblüten durch das Kleid, somit bekommt das weiße Kleid einen Hauch zarten Pinks.

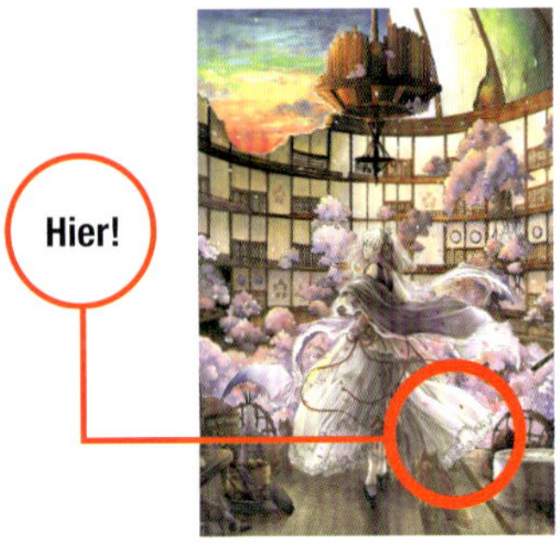

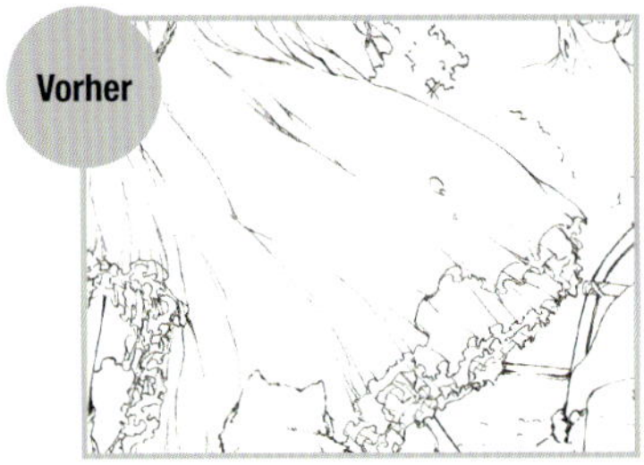

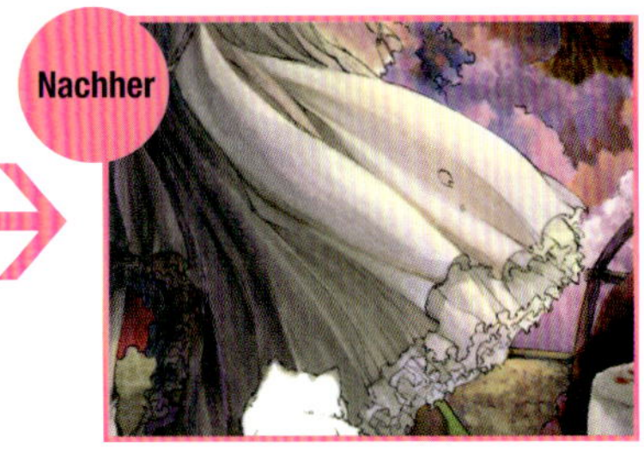

Mit der Schattenfläche beginnen

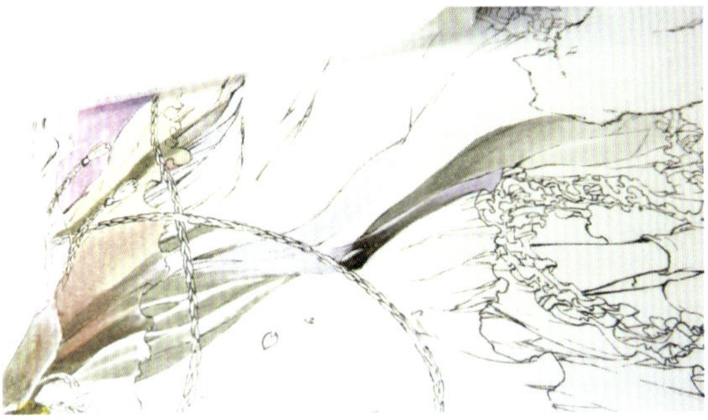

BV31 Pale Lavender · W5 Warm Gray No.5

Die beleuchteten Stellen bekommen BV31, die Schattierungen mit W5 zeichnen.

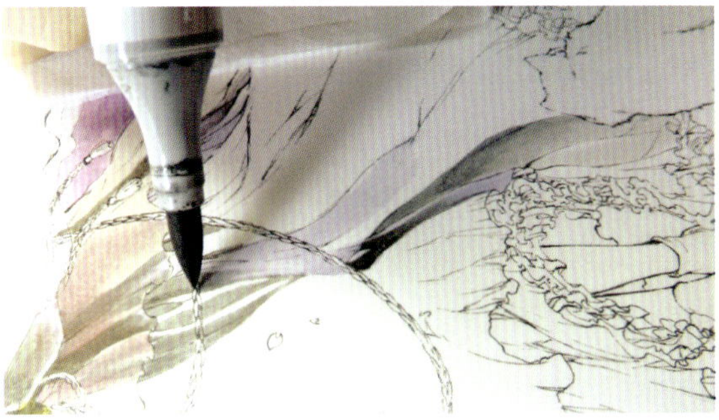

W5 Warm Gray No.5

Weitere Schattierungen hinzufügen.

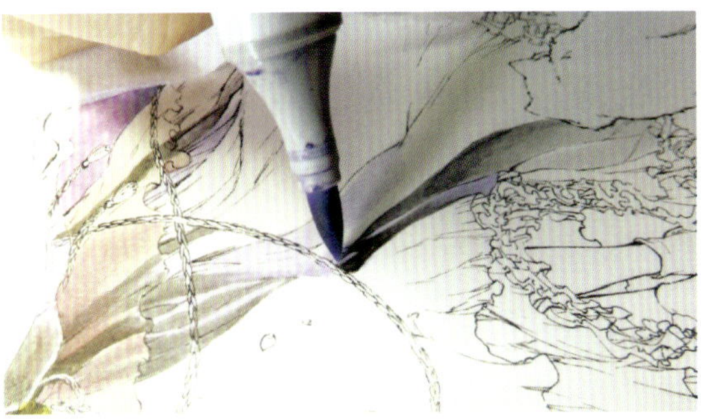

BV04 Blue Berry

Mit dieser Farbe drübermalen, damit sich die hellen Flächen der Schattenfläche anpassen.

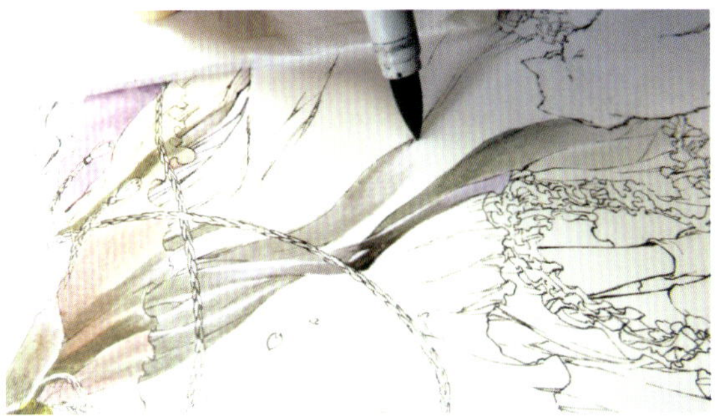

N5 Neutral Gray No.5

Auf die helle Fläche kommt N5, um die Schattenfarbe herauszuholen.

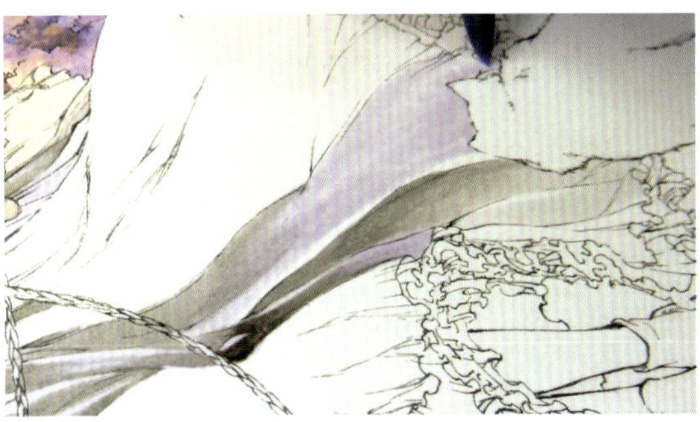

BV31 Pale Lavender

BV31 über die vorherigen Schattierungen setzen, so als würdet ihr diese strecken wollen.

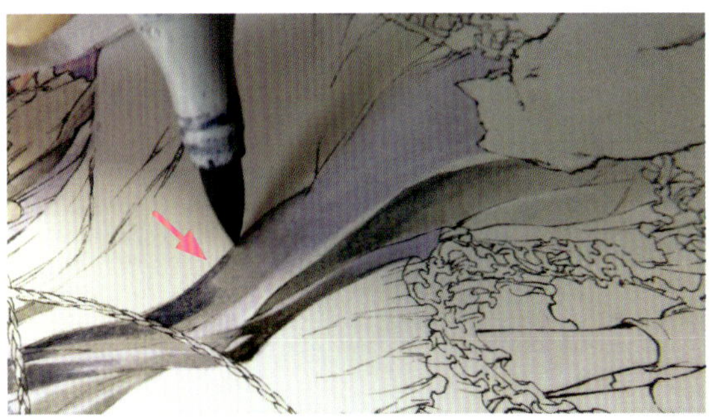

BV13 Hydrangea Blue · BV31 Pale Lavender

Eine weitere kräftigere Farbe wird aufgetragen. Im Anschluss wird die Farbe auf der Innenseite mit BV31 abgetönt.

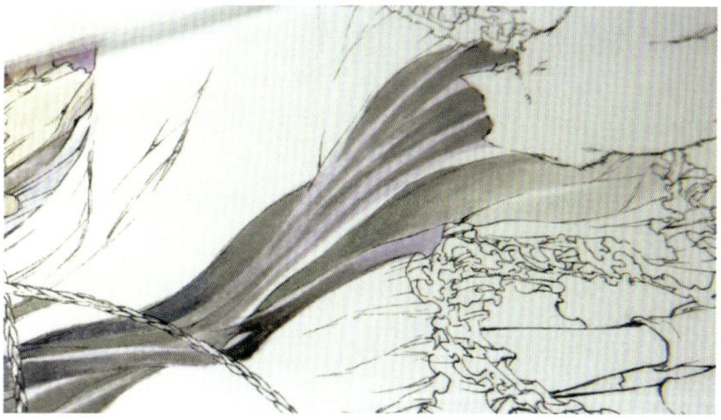

N5 Neutral Gray No.5 – Feine Schattierungen werden eingezeichnet.

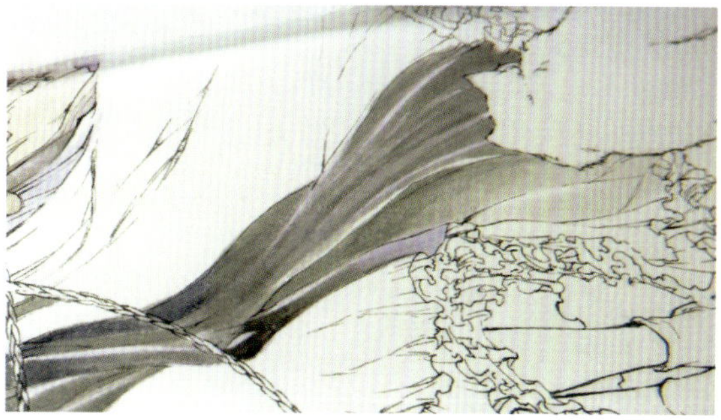

W1 Warm Gray No.1 – Mit W1 diese Stelle finalisieren.

Saum

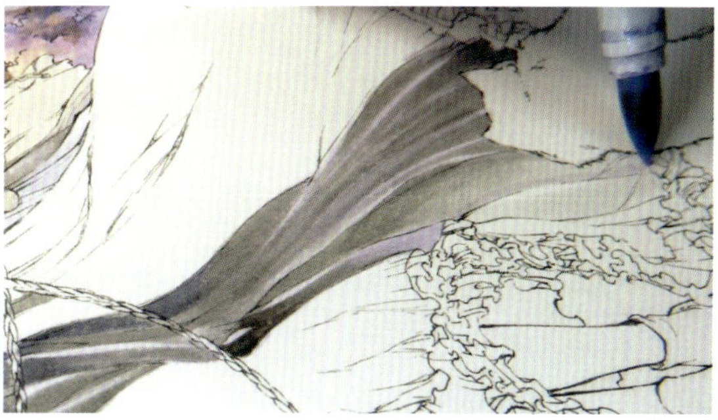

BV31 Pale Lavender – Zunächst die Farbe auf die dunkelste Stelle setzen.

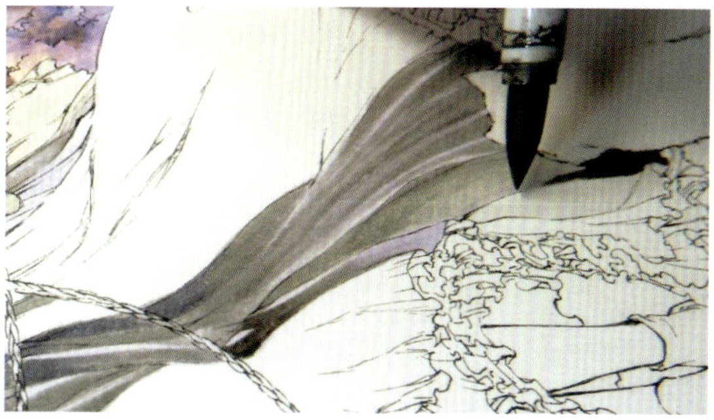

W8 Warm Gray No.8 – Dort die schwarze Schattenfarbe einfügen.

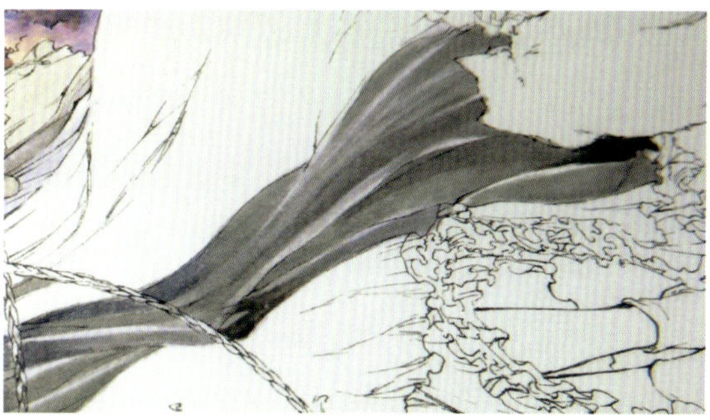

N5 Neutral Gray No.5 – Den Schattenteil kolorieren und ausweiten, dabei diesen Teil den anderen Stellen anpassen.

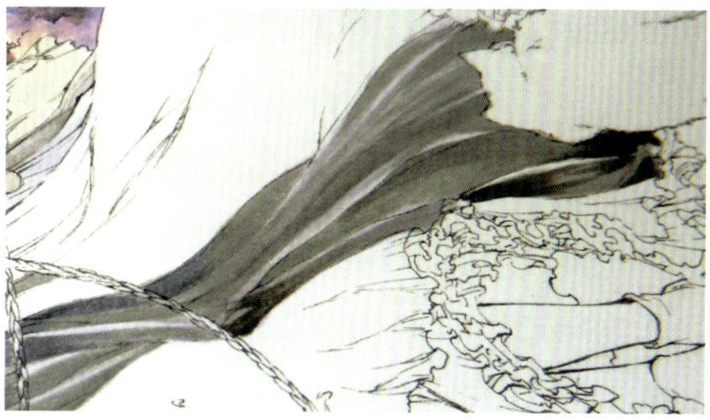

W8 Warm Gray No.8 – Mit einer dunkleren Schattenfarbe werden die hinteren Falten dargestellt.

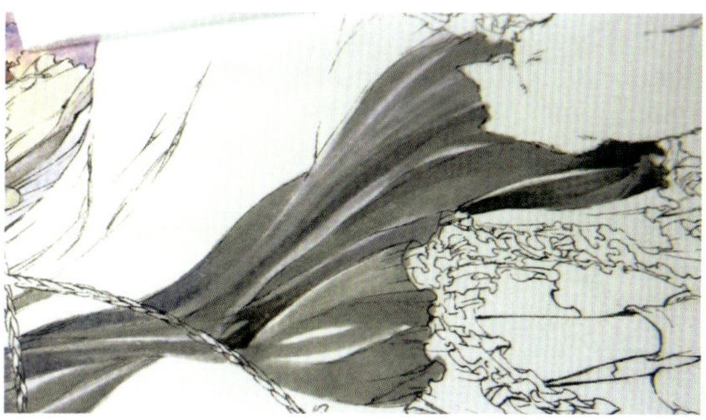

N5 Neutral Gray No.5 – Auf dieselbe Art werden weitere Stellen im Schatten gezeichnet.

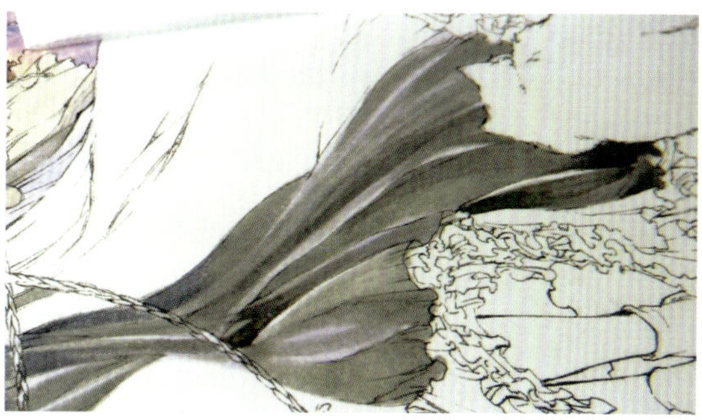

BV13 Hydrangea Blue – Die Farbe kommt auf die gesamte Fläche, um sie dann in Einklang zu bringen.

Helle Flächen

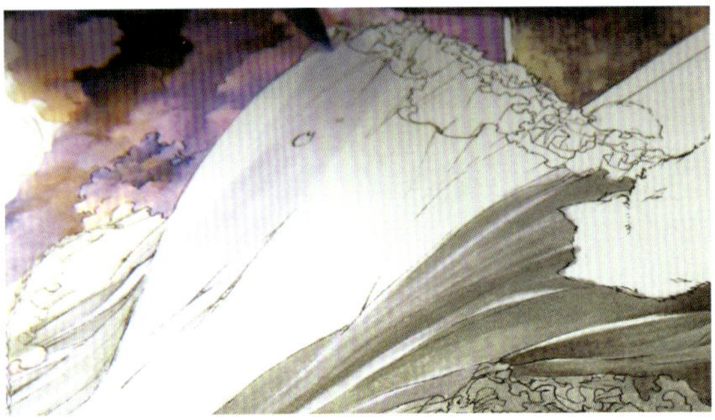

BV31 Pale Lavender Der äußere Bereich bekommt die Schattenfarbe.

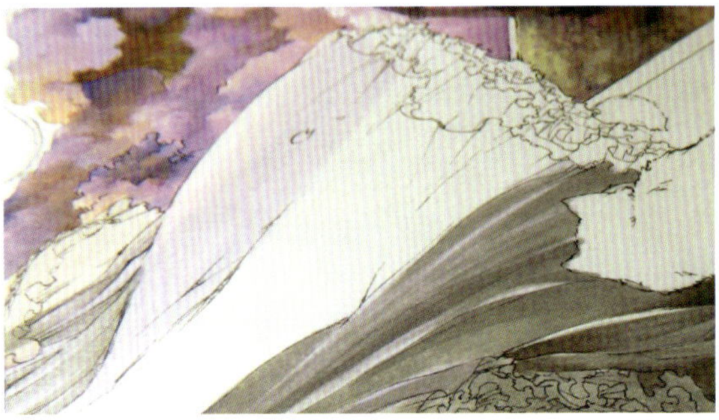

V01 Heath Darüber setzt ihr die reflektierte Kirschblütenfarbe ein.

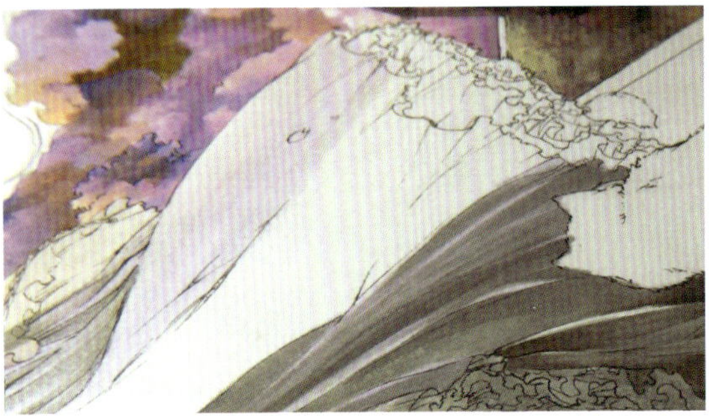

0 Colorless Blender Mit 0 wird die Farbe sauber eingebaut. Der Rand wird als Highlight so gelassen.

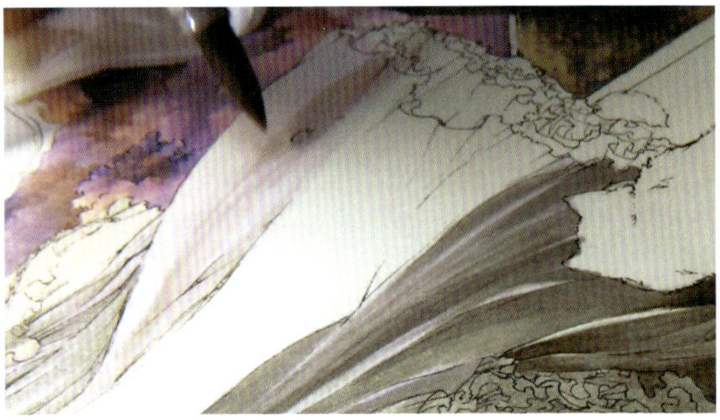

E40 Brick White Nun kommen die Schattierungen der Falten.

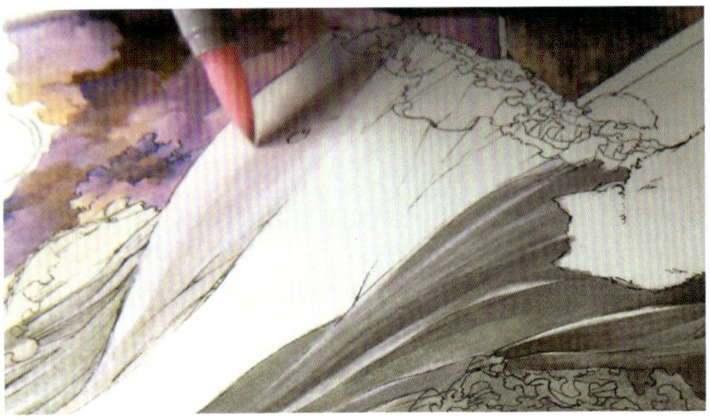

V01 Heath In die Schattierungen wird die Kirschblütenfarbe eingefügt.

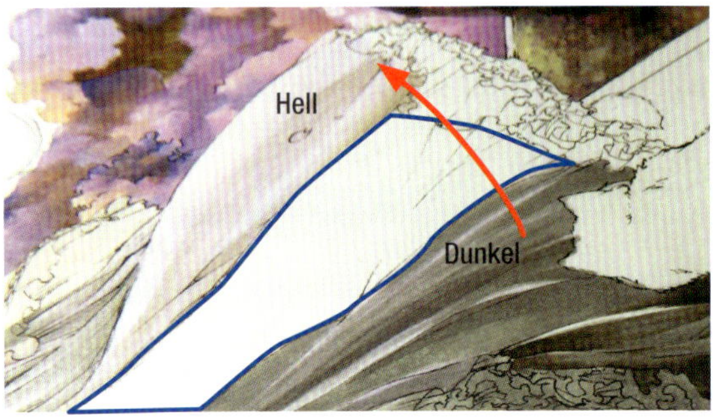

E40 Brick White Dann wird der Schatten zwischen der vorderen gebauschten Stelle und der hinteren Stelle angemalt.

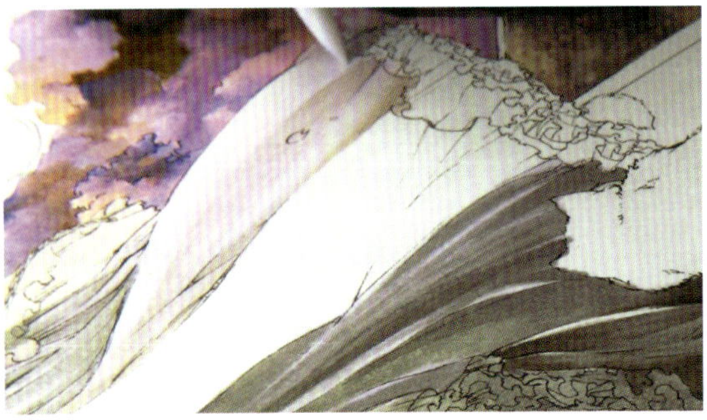

0 Colorless Blender Mit 0 die gesamte Fläche anpassen.

Mittlere Fläche

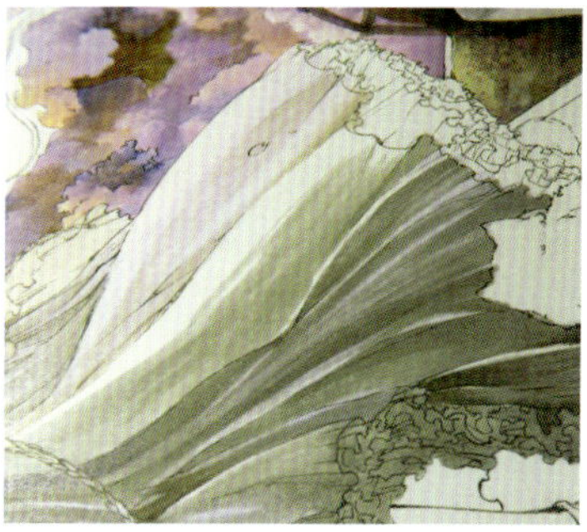

N5 Neutral Gray No.5 — Erst kommt der Schattenteil. Ungleichmäßige vertikale Linien stellen dichte Falten dar.

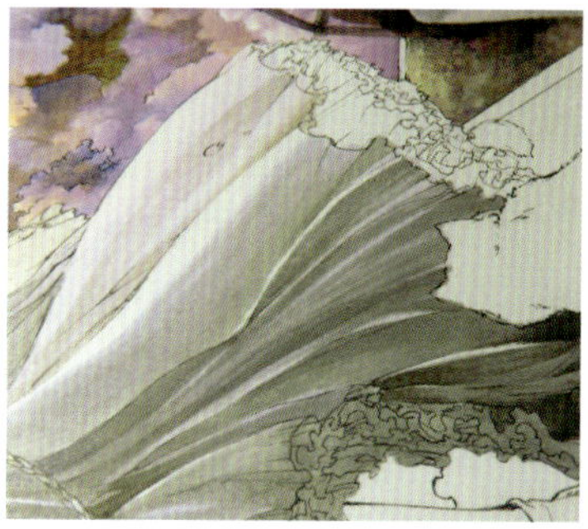

BV31 Pale Lavender — Mit BV31 verwaschen.

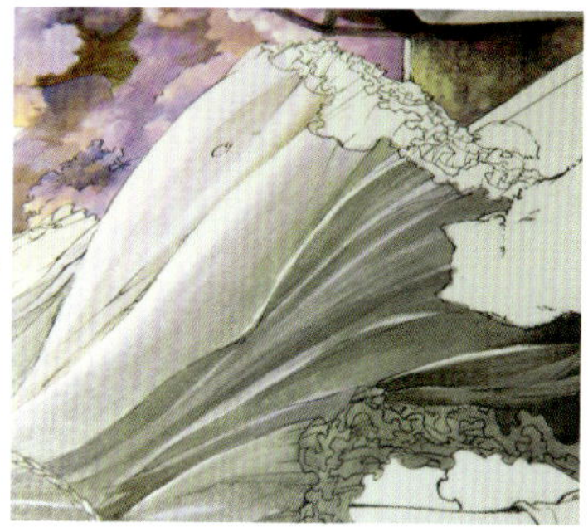

V01 Heath — Lasst Highlights frei, die restlichen Stellen werden in Einklang gebracht.

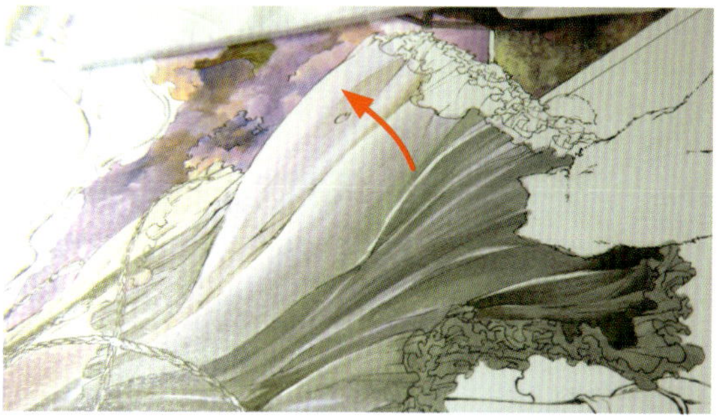

0 Colorless Blender — Mit 0 wird die gesamte Fläche angeglichen. Weitet die untere Farbe bis zum Rand des Rocks aus.

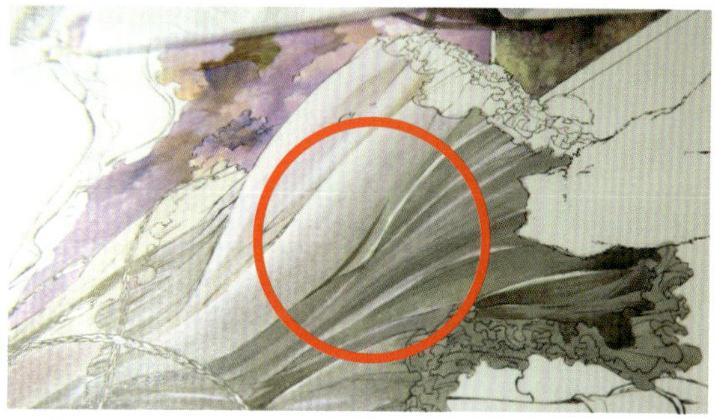

N5 Neutral Gray No.5 — Verstärkt den dunklen Teil, der durch die Falten entsteht.

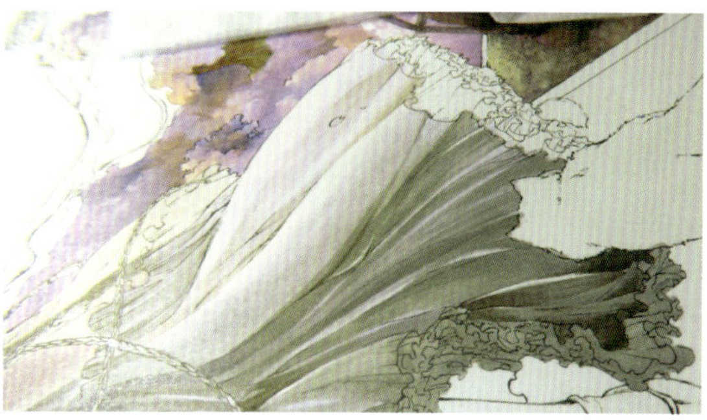

W1 Warm Gray No.1 — Auf diese Fläche wird W1 gesetzt.

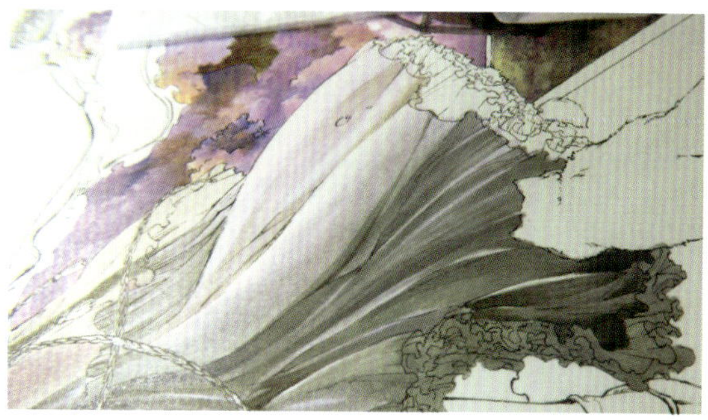

V01 Heath — Bisher kam kaum Kirschblütenfarbe durch, daher erhält die gesamte Fläche V01.

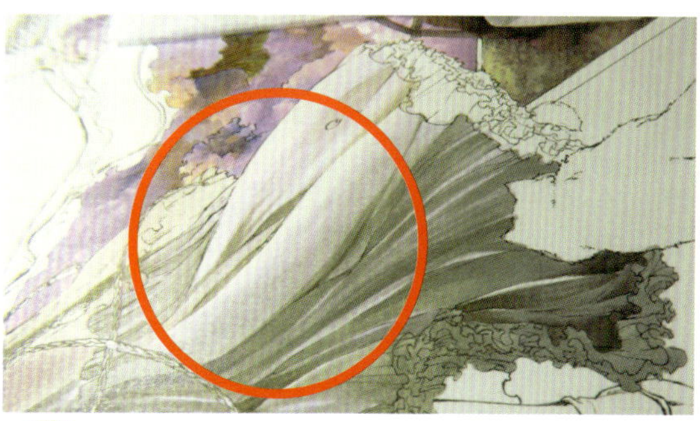

W1 Warm Gray No.1 — Zum Schluss erstellt ihr Abstufungen der Schattierungen auf den Vertiefungen der hellen Fläche.

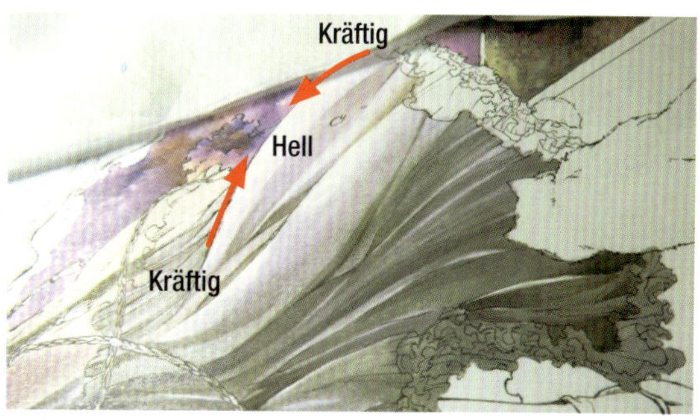

V01 Heath — Mit V01 erstellt ihr heller werdende Abstufungen in der Schattenmitte. Dann ist dieser Teil fertig.

Schiebetüren

Schiebetüren im Shoji*-Stil. Die Beschaffenheit ist eher rau, was mit Copics super dargestellt werden kann.

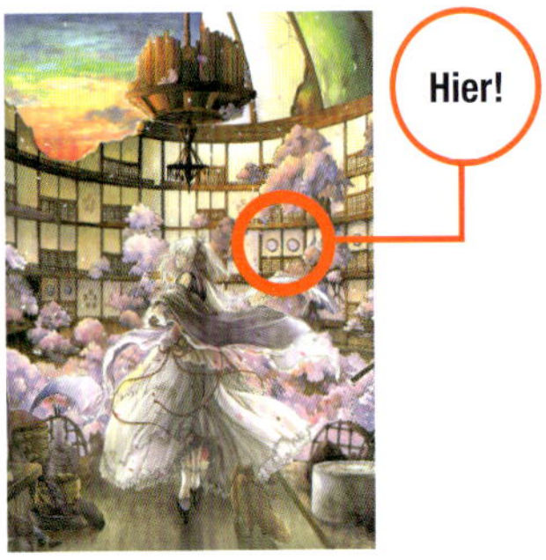

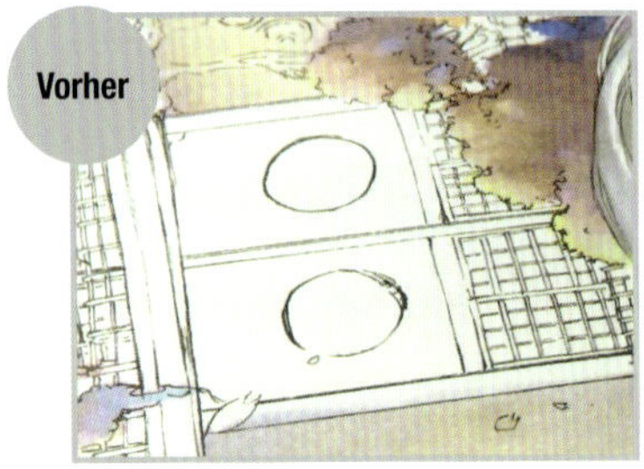

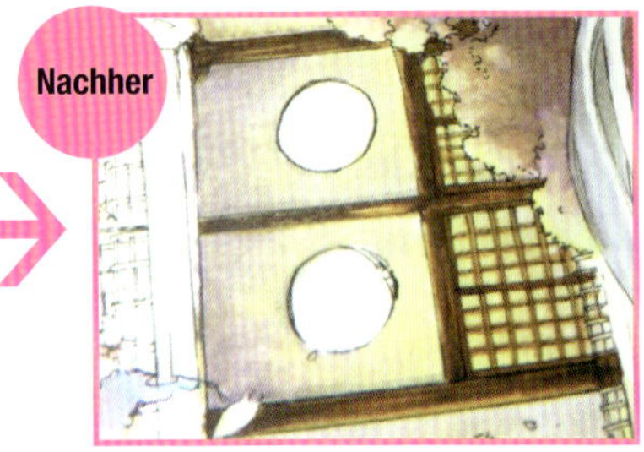

*Schiebetüren bespannt mit lichtdurchlässigem Papier, so wie der untere Teil im Bild

Oberer Teil

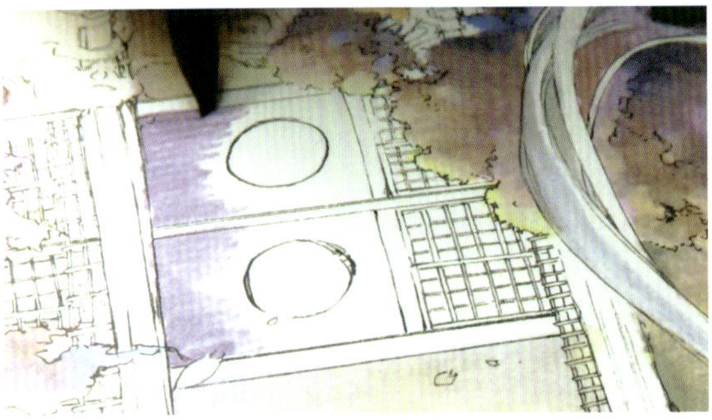

BV11 Soft Violet — Im ersten Schritt malt ihr diese Fläche grob an.

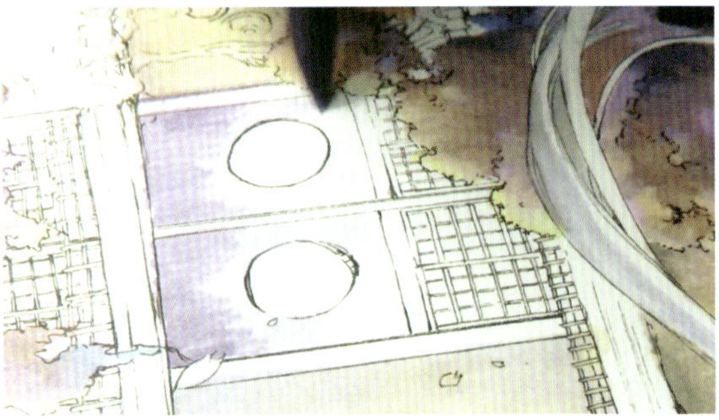

B60 Pale Blue Gray — Mit der zweiten Farbe streckt ihr.

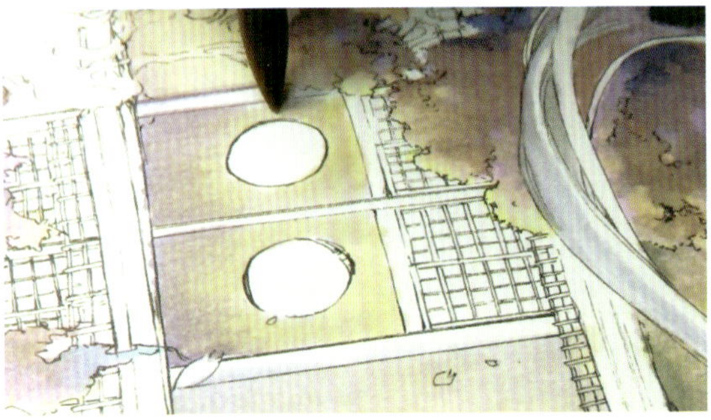

E43 Dull Ivory, E30 Bisque — Mit weiteren Farben übermalen und strecken.

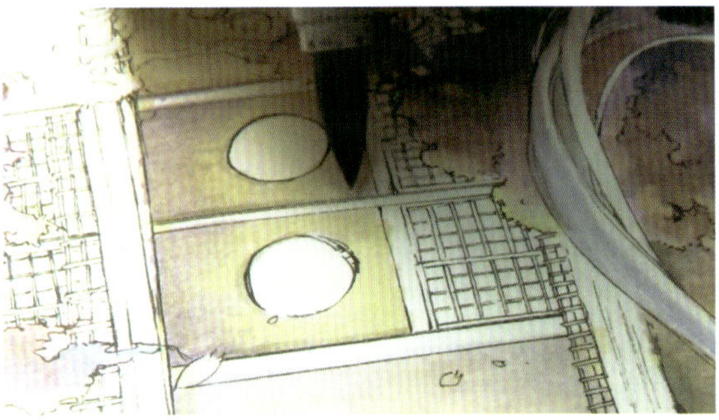

E30 Bisque — An den Rahmen entlang sorgfältig arbeiten.

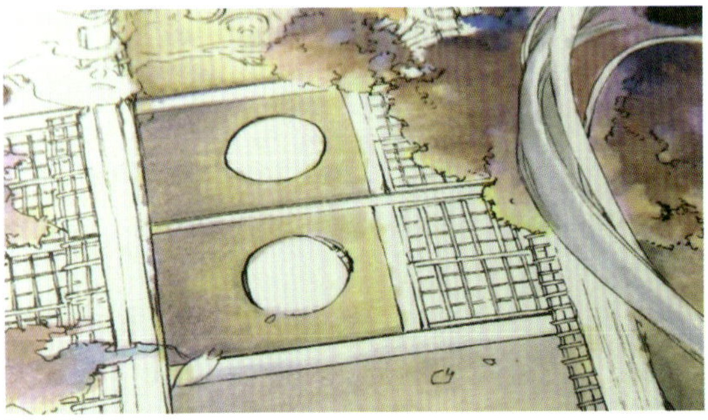

RV10 Pale Pink — Die gesamte Fläche anpassen, und der obere Teil der Schiebetüren ist fertig.

Der untere Shoji-Teil

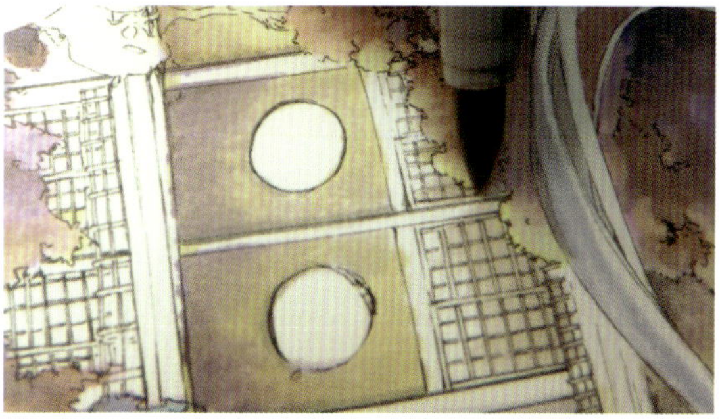

E55 Light Camel – Die gesamte Fläche samt Holzrahmen wird koloriert.

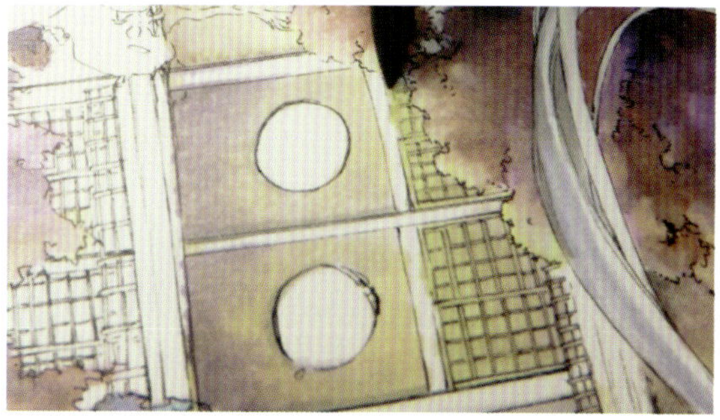

V28 Eggplant – Anschließend verwaschen.

Holzleisten

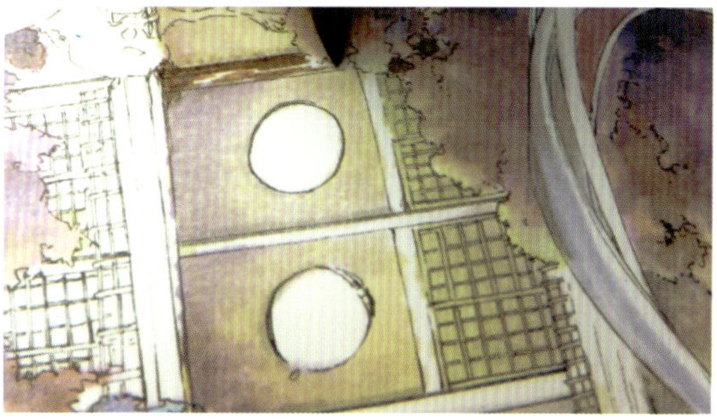

E25 Caribe Cocoa – Die Balken in mehreren Lagen vertikal kolorieren. Dabei Lücken lassen.

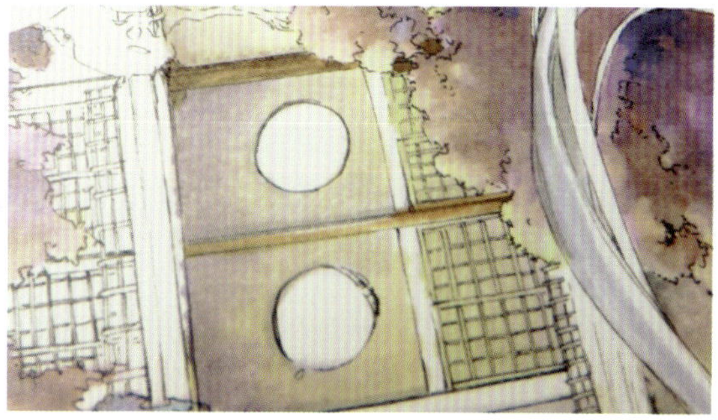

Y26 Mustard, YR24 Pale Sepia – Mit weiteren Farben übermalen, die Lücken füllen.

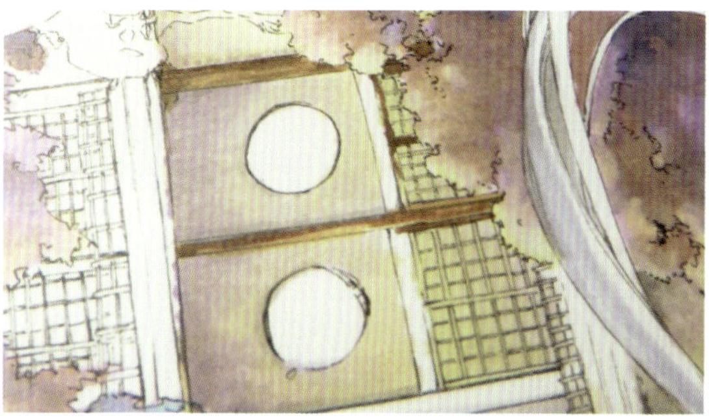

E27 Milk Chocolate – Vertikal Schattierungen aufbringen. Vergesst nicht, den Lichtteil zu verwaschen.

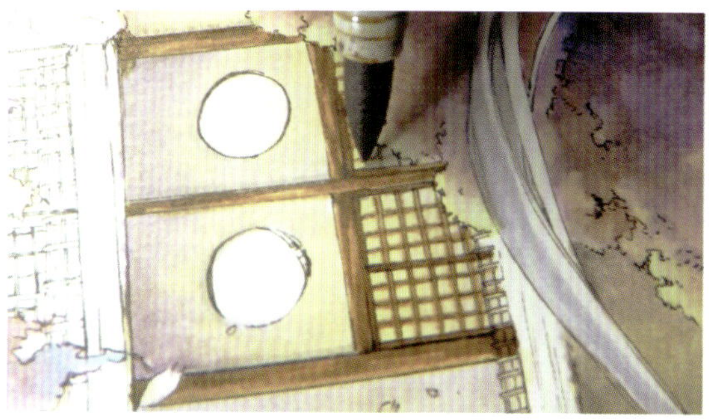

Wiederholen, bis alle Leisten fertig sind.

Tipp: **Kolorierung von Holzleisten/Brettern**

Die Farben werden mit derselben Strichrichtung übereinander aufgetragen. Das vermittelt auch das Alter des Holzes.

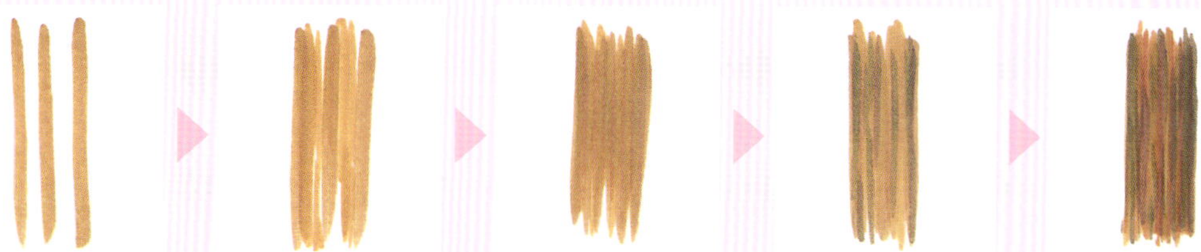

E25 Caribe Cocoa → E35 Chamois → E25 Caribe Cocoa, E35 Chamois → E77 Maroon → E25 Caribe Cocoa

Morgenröte

Die Morgenröte scheint durch die kaputte Kuppel in die Oper.
Das Licht zwischen Nacht und Tag.

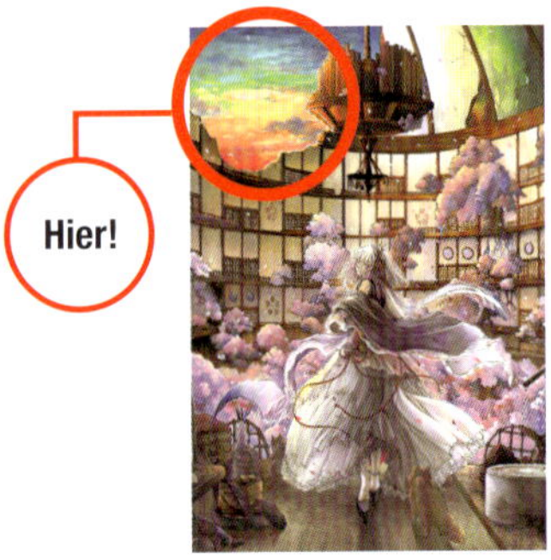

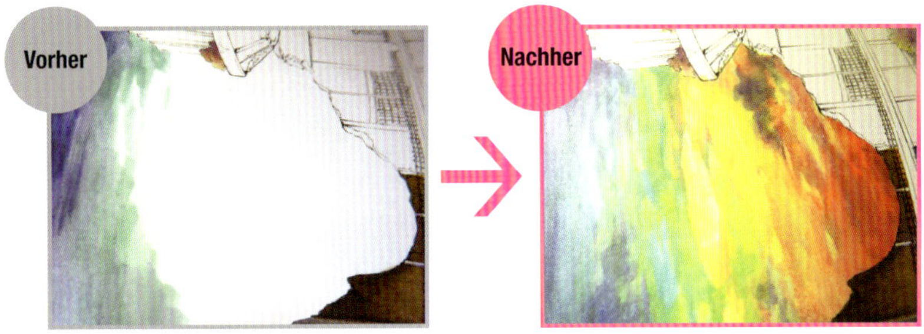

Grundierung des Himmels (oberer Teil)

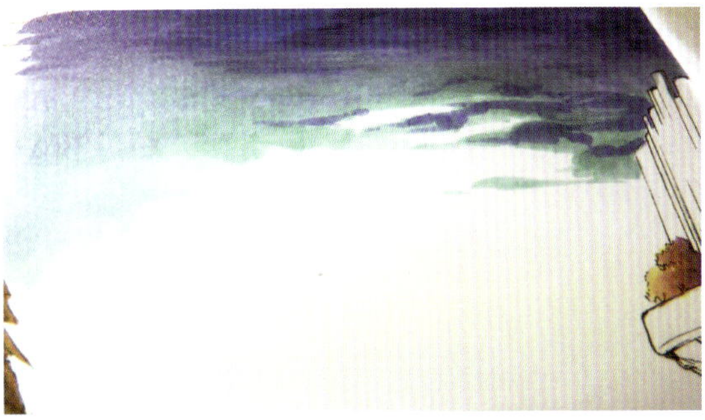

B23 Phthalo Blue – Mit B66, B18 und B95 den oberen Himmel grob kolorieren, dann die Wolkenschattierungen mit B23 ein bisschen wie ein Tigerfell gestalten.

BV11 Soft Violet – Nach links ausweiten, um die länglichen Wolken und ihre Schattierungen zu kreieren.

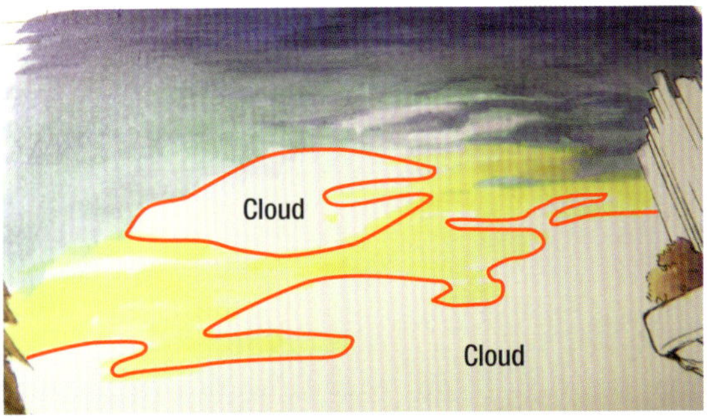

Y11 Pale Yellow – Das Morgenlicht einzeichnen, das von den Wolken reflektiert wird.

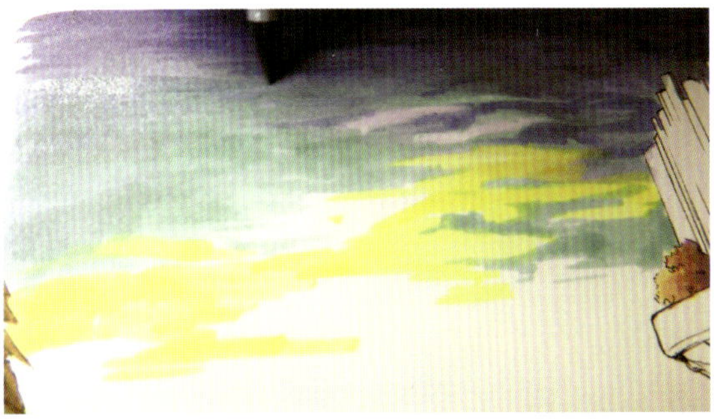

BG72 Ice Ocean – Die Farbe Y11 strecken und auch die Farben des oberen Himmels erweitern. Den Pinsel dabei horizontal bewegen.

Y11 Pale Yellow – Den Übergang zwischen dem Blau und dem Licht verwaschen.

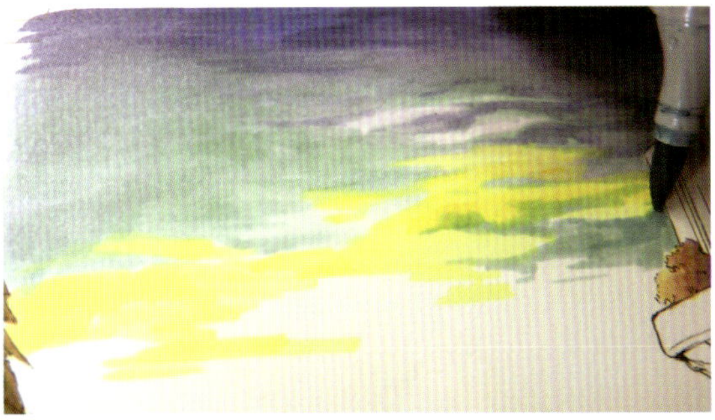

BG72 Ice Ocean – Diese Farbe über den Schattenteil der Wolken setzen.

B01 Mint Blue Feine Wolken auf dem Y11-Bereich zeichnen.

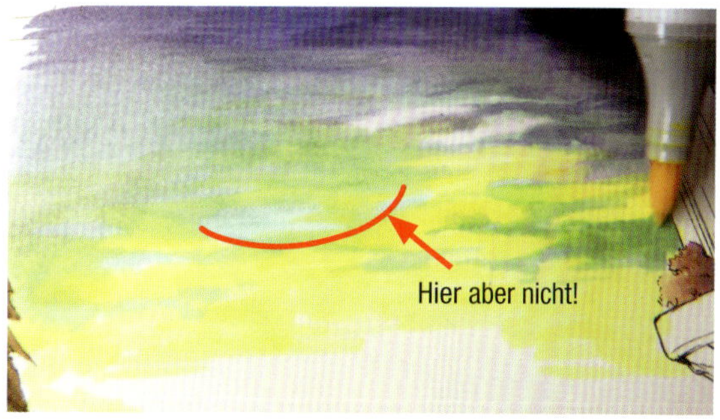

Y11 Pale Yellow Auch die dunklen Stellen werden beleuchtet. Fast überall im Mittelteil wird diese Farbe benutzt.

Grundierung des Himmels (unterer Teil)

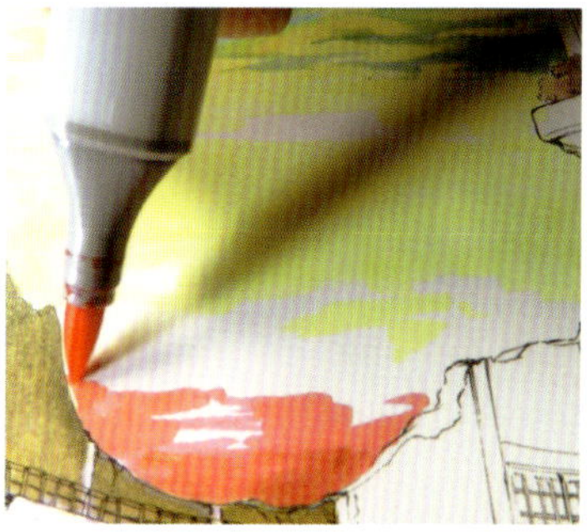

RV14 Begonia Pink Anmalen mit horizontalen Strichen.

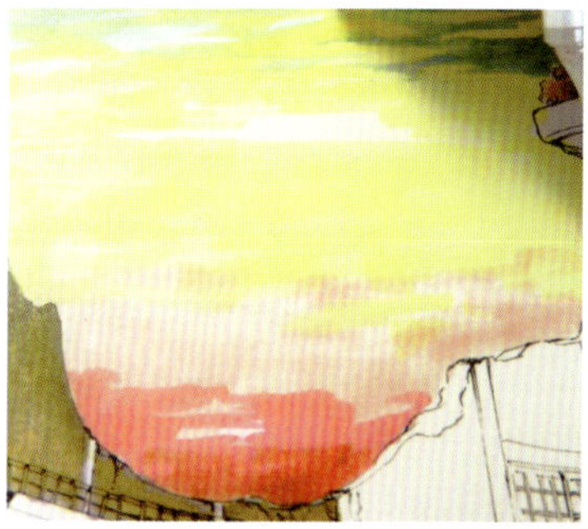

E93 Tea Rose Mit E93 überlappend kolorieren.

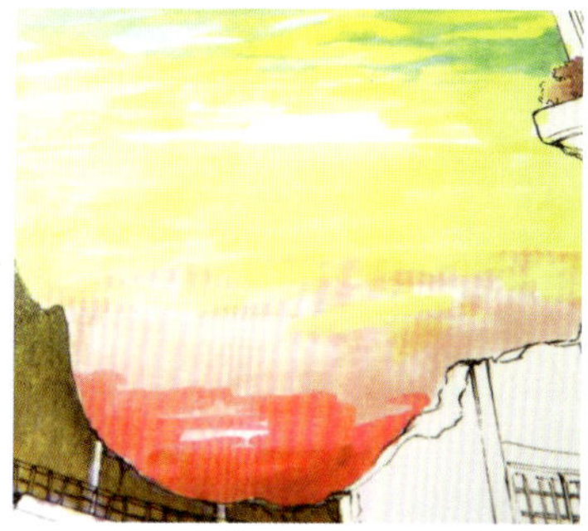

RV32 Shadow Pink Setzt die nächste Farbe so ein, dass ein Teil des Y11-Bereichs frei bleibt.

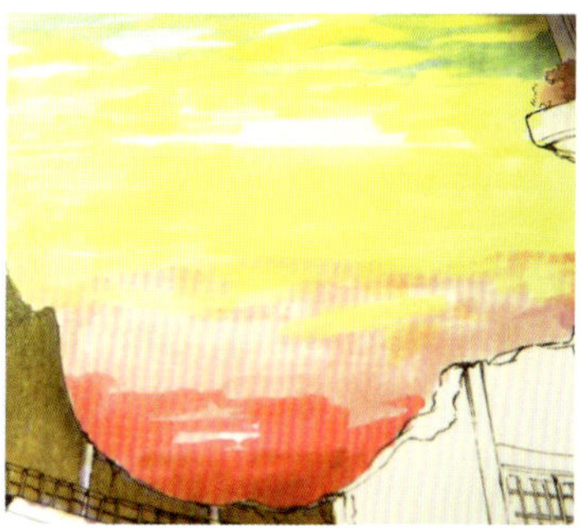

V12 Pale Lilac Mit einer weiteren Farbe übermalen.

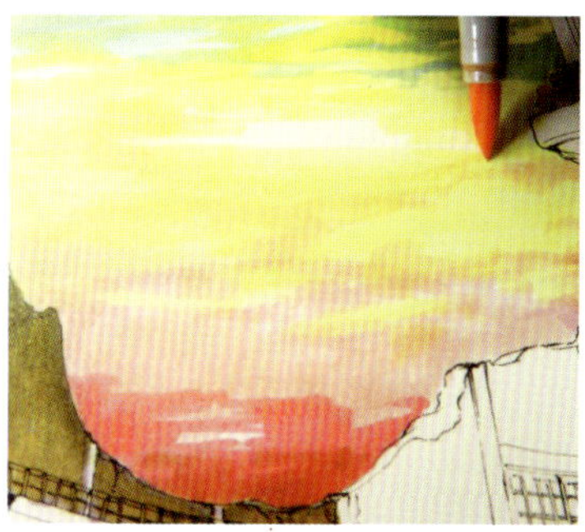

YR15 Pumpkin Yellow YR15 kommt zum Einsatz, so als würdet ihr im Lichtbereich Wolken zeichnen.

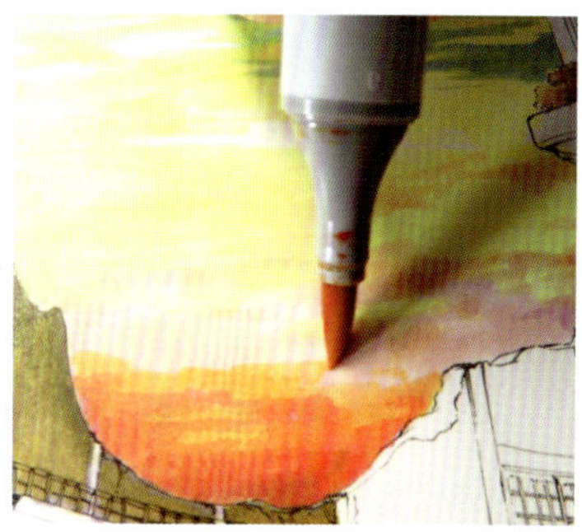

YR15 Pumpkin Yellow Die Farben in Einklang bringen und kräftiger machen.

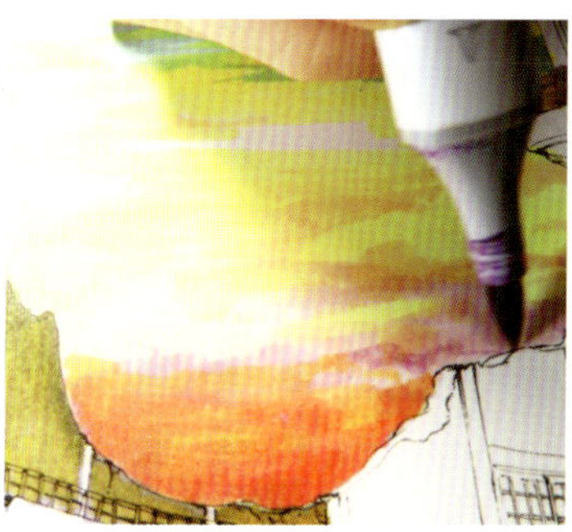

V12 Pale Lilac Mit horizontalen Bewegungen die Farbe in den Zwischenbereichen aufbringen.

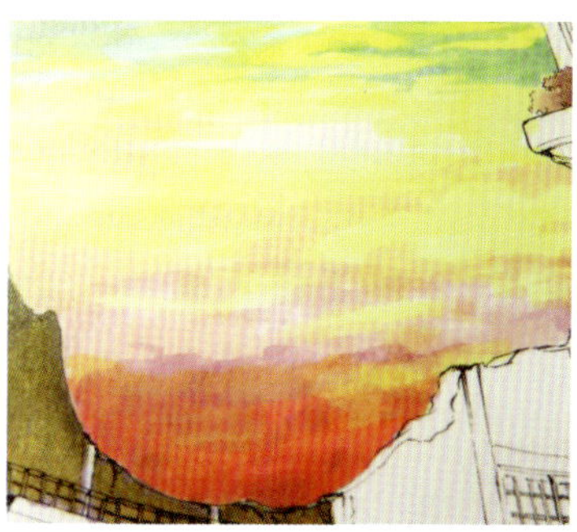

YR15 Pumpkin Yellow Die Übergänge anpassen.

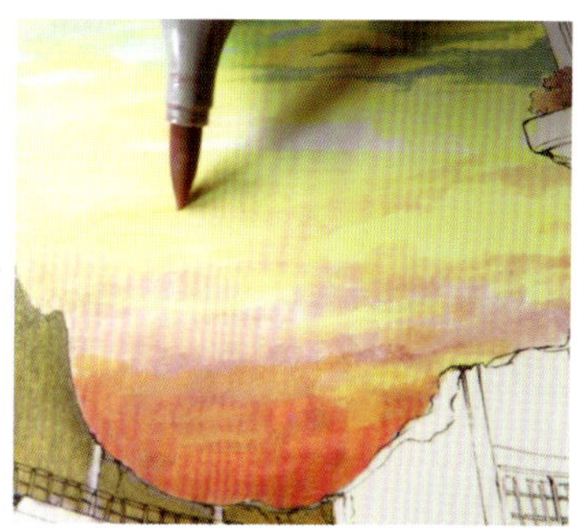

V12 Pale Lilac Stellen anpassen, die noch zu stark sind.

Weitere Details am Himmel

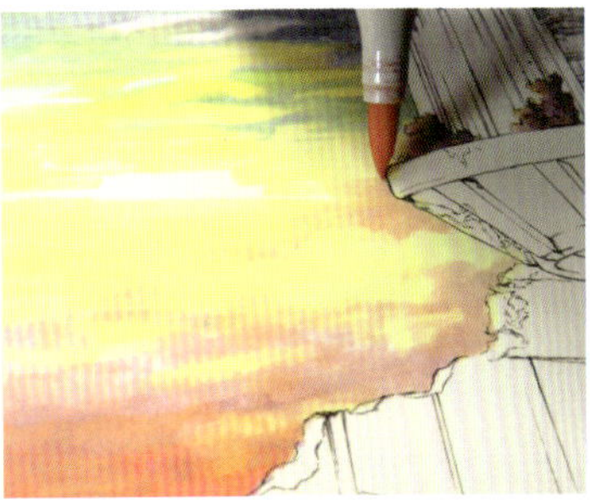

E93 Tea Rose — Die Wolkenformen akzentuieren.

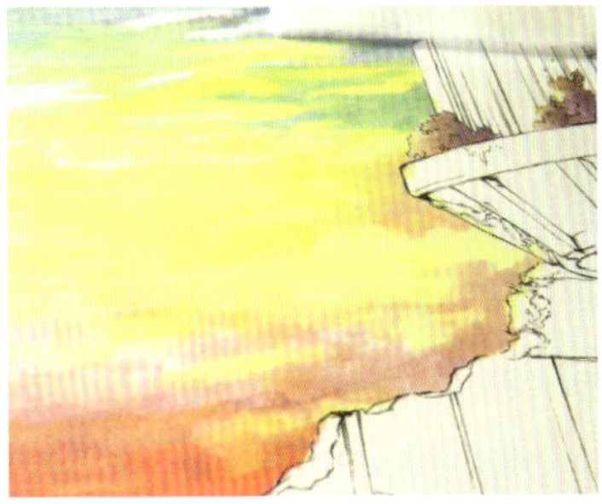

YR15 Pumpkin Yellow — Die Farben werden angepasst. Passt auf, dass die Wolkenränder nicht verwaschen.

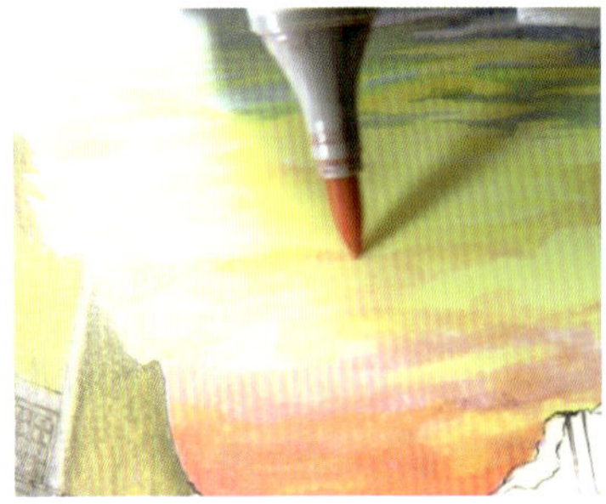

RV32 Shadow Pink — Auf der Y11-Fläche werden Wolkenschattierungen erstellt.

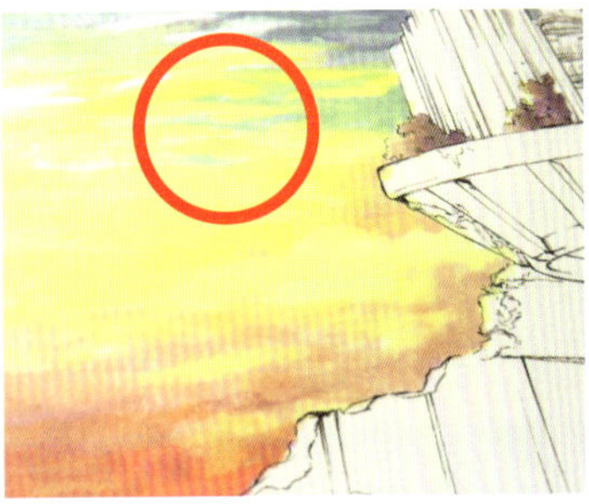

BG72 Ice Ocean — Blaue Wolken erhalten Schattierungen.

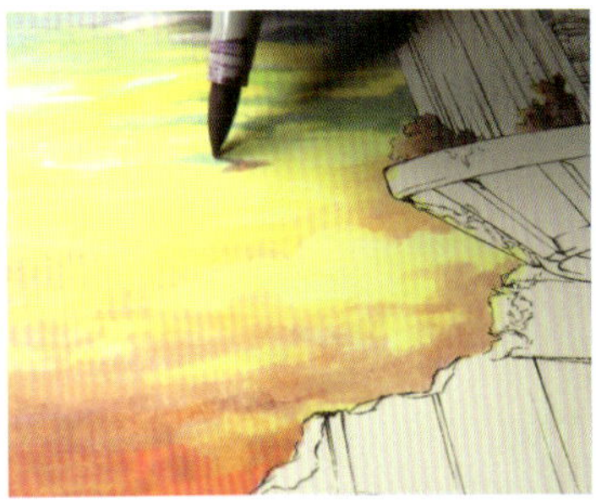

V12 Pale Lilac — Sie werden in Einklang miteinander gebracht.

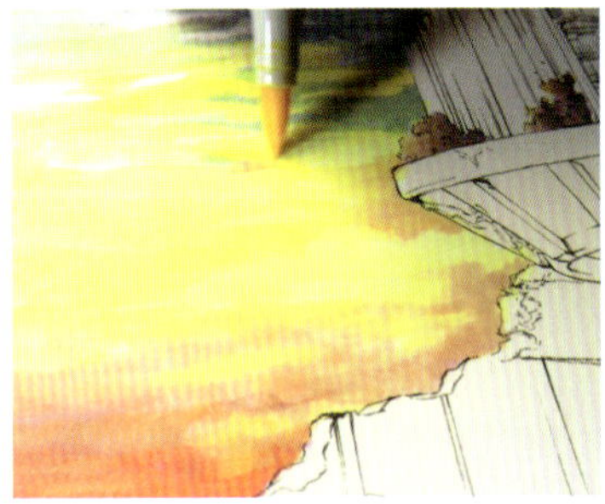

YR15 Pumpkin Yellow — Auch mit dem Hintergrund. Zeichnet weitere Wolken ein.

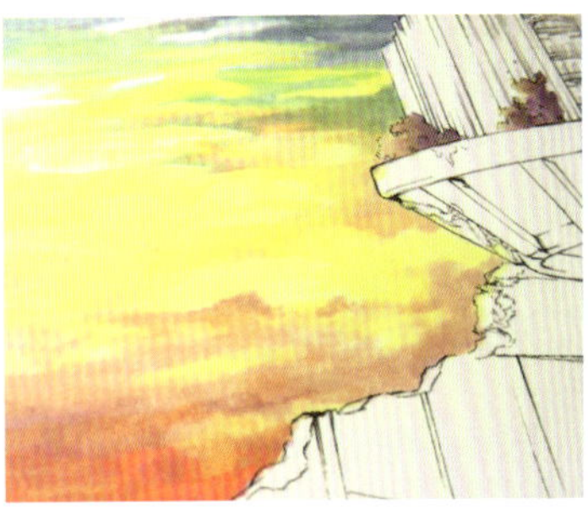

V12 Pale Lilac — Diese Farbe kommt an die Stellen, an denen der Schatten noch nicht stark genug ist.

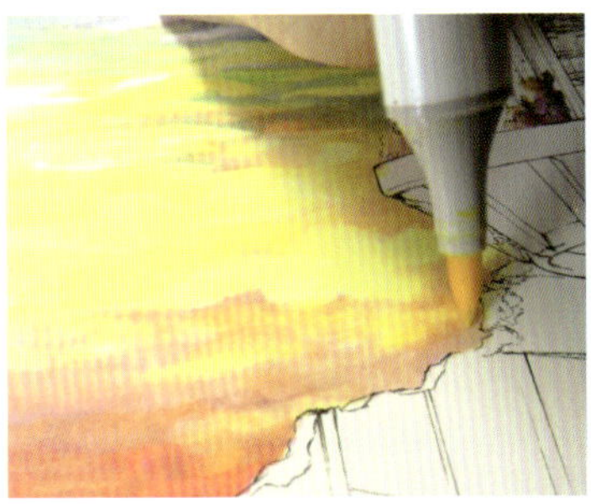

YR15 Pumpkin Yellow — Die Fläche harmonisch gestalten.

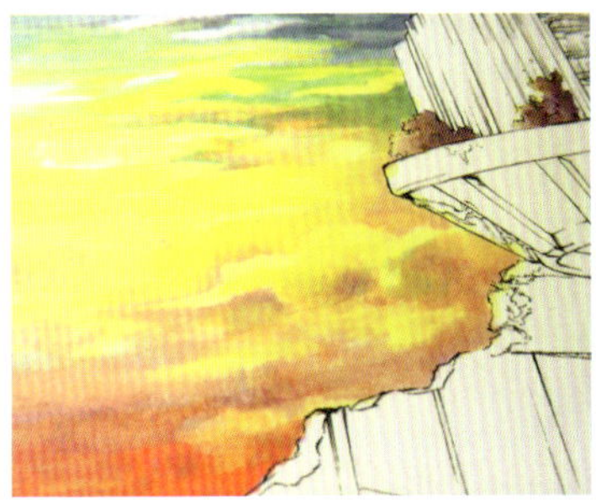

Y11 Pale Yellow — Auch mit dieser Farbe.

Wolken finalisieren

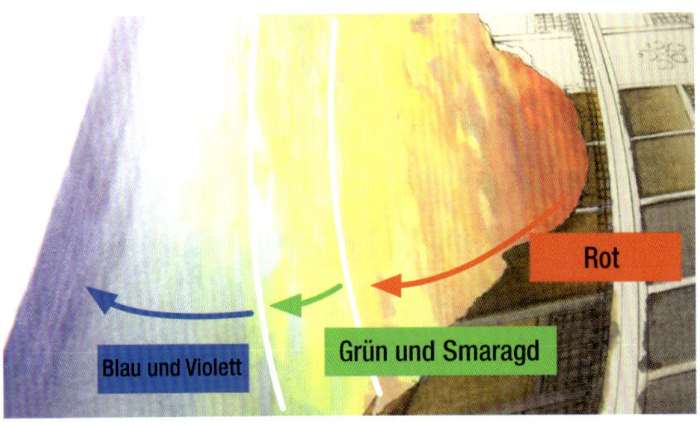

Wenn ihr Wolken zeichnet, achtet darauf, dass sich die Farben je nach ihrer Höhe verändern.

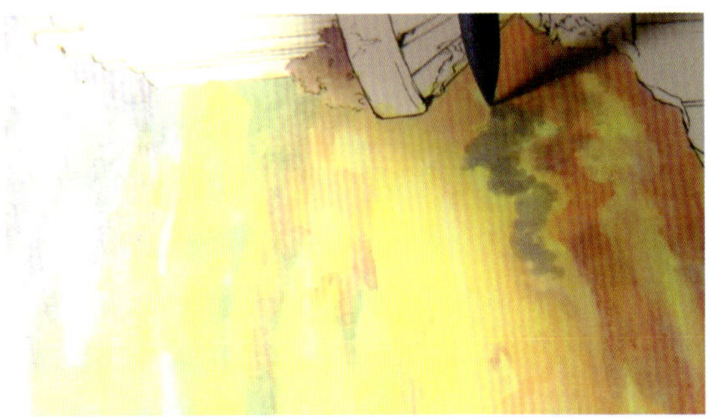

BV11 Soft Violet — Erst die tiefen Wolken. Beim Kolorieren zeichnet ihr die Wolkenformen ein.

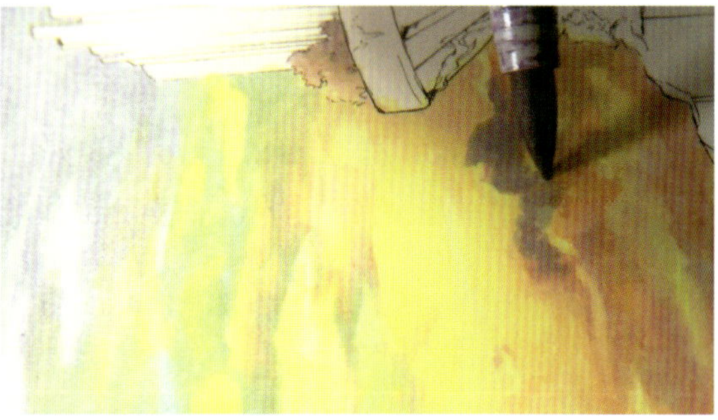

BV11 Soft Violet — Setzt die Farbe so ein, als würdet ihr das Umfeld verwischen.

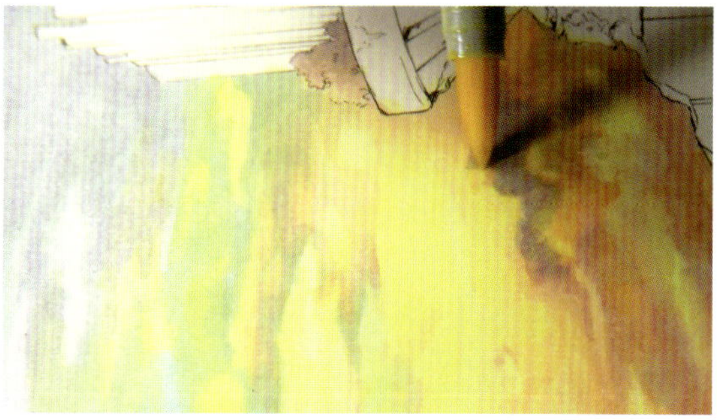

Y15 Cadmium Yellow — Die Farbe muss sich dem Hintergrund anpassen. Dieser Vorgang wird wiederholt, um die Wolken zu verfeinern.

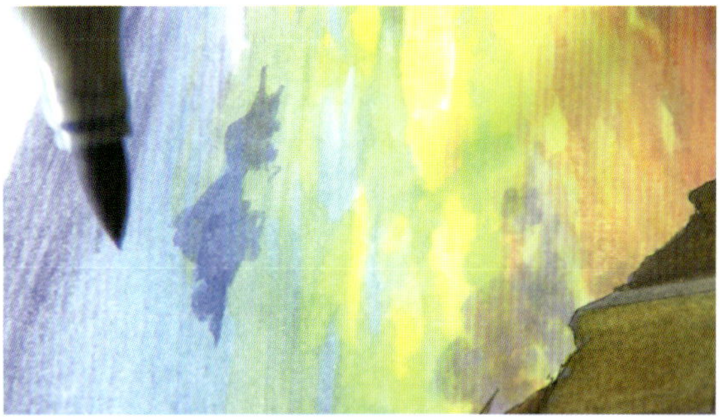

B23 Phthalo Blue, BV11 Soft Violet — Die Grundfarbe der höheren Stellen ist Blau. Setzt die Farben übereinander…

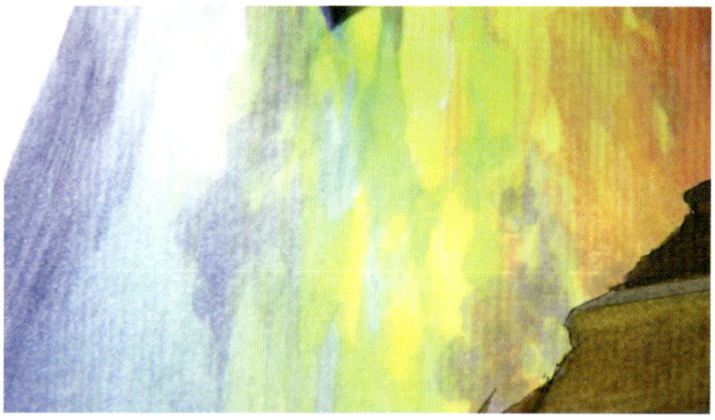

BV11 Soft Violet — … sodass sie sich dem Hintergrund anpassen.

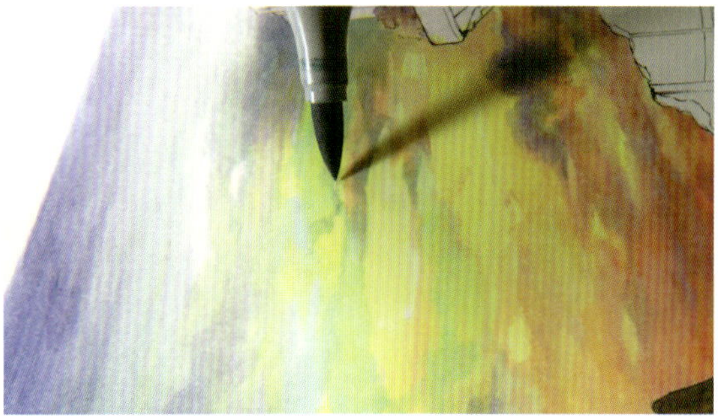

BG72 Ice Ocean — Auf der mittleren Höhe ist die Basisfarbe Grün.

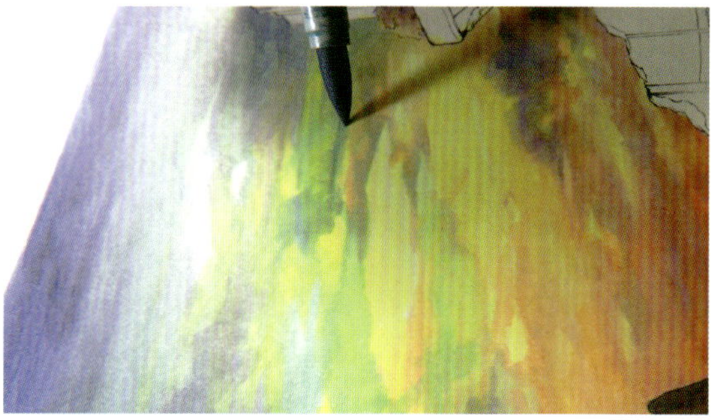

BV11 Soft Violet — Auch diese Stelle solltet ihr der Umgebung anpassen. Wiederholen.

Finalisieren des Himmels

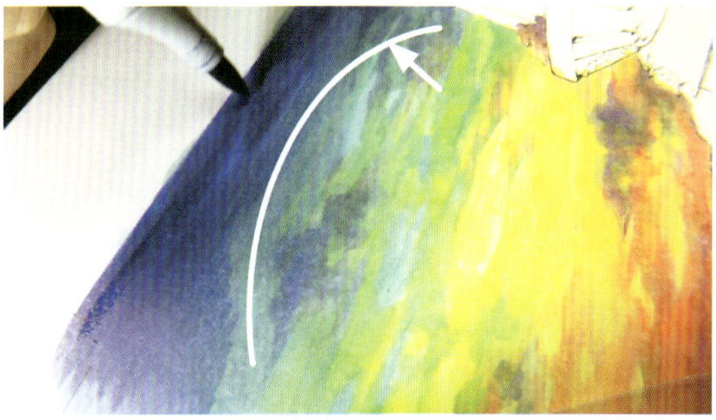

B23 Phthalo Blue, BV11 Soft Violet — Für mehr Intensität an den hohen Stellen müsst ihr die Farbe mehrmals übereinander auftragen. Achtet darauf, einen Bogen zu zeichnen, damit Tiefengefühl entsteht.

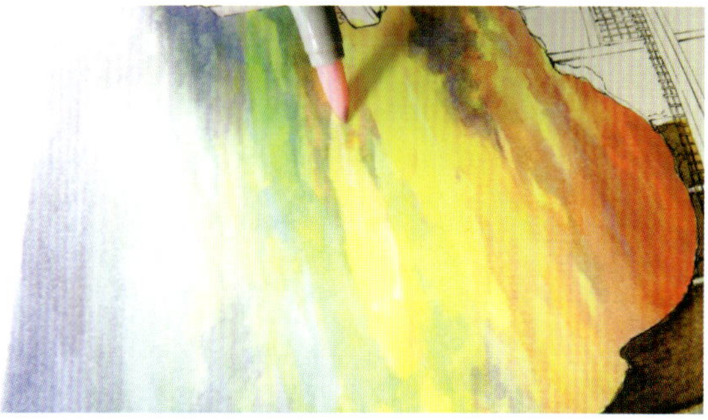

RV10 Pale Pink — Am Ende kommt Röte hinein, um das Licht eindrucksvoller zu gestalten. Damit ist der Himmel fertig.

Copic sketch
Farbbeispiele auf Kent-Papier

Hier findet ihr Farbbeispiele von allen 358 Farben der Serie Copic sketch auf Kent-Papier.

Man macht sich immer Gedanken um die Farbechtheit, wenn man einen Copic-Stift kauft. Denn es kommt vor, dass die Farbe nicht der gewünschten Farbe entspricht, wenn man einen Stift nach der Kappenfarbe ausgesucht hat. Das hängt damit zusammen, dass die für Copics verwendete Tinte eine hohe Transparenz besitzt und der Farbton nicht realistisch auf der Plastikkappe dargestellt werden kann. Außerdem kann die Farbe je nach Papier unterschiedlich wirken, weil sie in das Papier einzieht. Daher zeige ich euch als Anhaltspunkt alle Farben auf Papier. Dafür wurde Kent-Papier verwendet, das häufig für Illustrationen und Manga benutzt wird. Zu jeder Farbe gibt es zwei Varianten: einmal koloriert und zweimal koloriert.

*Achtung: Auch durch den Druck kann die tatsächliche Farbe von der abgebildeten abweichen.

*Der Copics-Hersteller benutzt PM-Papier als Grundlage.

Erklärung

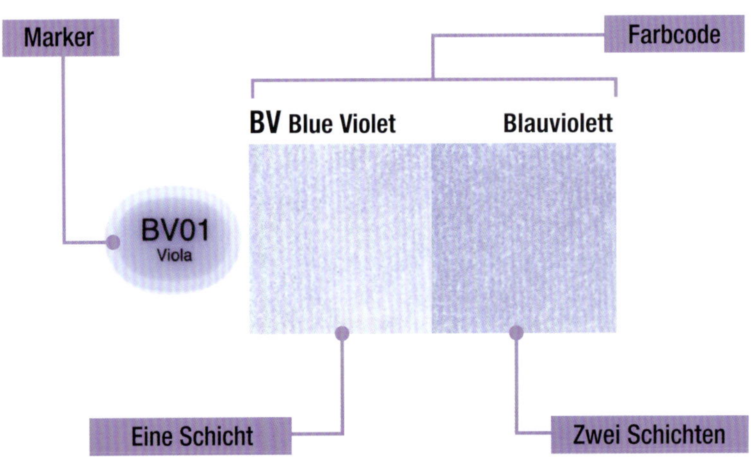

BV Blue Violet **Blauviolett**

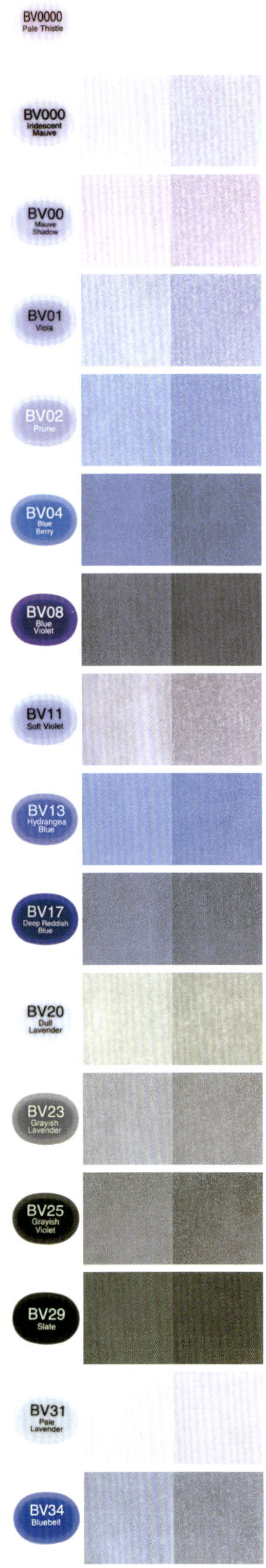

V Violet — Violett

V0000 Rose Quartz
V000 Pale Heath
V01 Heath
V04 Lilac
V05 Azalea
V06 Lavender
V09 Violet
V12 Pale Lilac
V15 Mallow
V17 Amethyst
V20 Wisteria
V22 Ash Lavender
V25 Pale Blackberry
V28 Eggplant
V91 Pale Grape
V93 Early Grape
V95 Light Grape
V99 Aubergine

RV Red Violet — Rotviolett

RV0000 Evening Primrose
RV000 Pale Purple
RV00 Water Lily
RV02 Sugared Almond Pink
RV04 Shock Pink
RV06 Cerise
RV09 Fuchsia
RV10 Pale Pink
RV11 Pink
RV13 Tender Pink
RV14 Begonia Pink
RV17 Deep Magenta
RV19 Red Violet
RV21 Light Pink
RV23 Pure Pink
RV25 Dog Rose Flower
RV29 Crimson
RV32 Shadow Pink
RV34 Dark Pink
RV42 Salmon Pink
RV52 Cotton Candy
RV55 Hollyhock
RV63 Begonia
RV66 Raspberry
RV69 Peony
RV91 Grayish Cherry
RV93 Smoky Purple
RV95 Baby Blossoms
RV99 Argyle Purple

R Red — Rot

- R0000 Pink Beryl
- R000 Cherry White
- R00 Pinkish White
- R01 Pinkish Vanilla
- R02 Rose Salmon
- R05 Salmon Red
- R08 Vermilion
- R11 Pale Cherry Pink
- R12 Light Tea Rose
- R14 Light Rouge
- R17 Lipstick Orange
- R20 Blush
- R21 Sardonyx
- R22 Light Prawn
- R24 Prawn
- R27 Cadmium Red
- R29 Lipstick Red
- R30 Pale Yellowish Pink
- R32 Peach
- R35 Coral
- R37 Carmine
- R39 Garnet
- R43 Bougainvillaea
- R46 Strong Red
- R56 Currant
- R59 Cardinal
- R81 Rose Pink
- R83 Rose Mist
- R85 Rose Red
- R89 Dark Red

YR Yellow Red — Gelbrot

- YR0000 Pale Chiffon
- YR000 Silk
- YR00 Powder Pink
- YR01 Peach Puff
- YR02 Light Orange
- YR04 Chrome Orange
- YR07 Cadmium Orange
- YR09 Chinese Orange
- YR12 Loquat
- YR14 Caramel
- YR15 Pumpkin Yellow
- YR16 Apricot
- YR18 Sanguine
- YR20 Yellowish Shade
- YR21 Cream
- YR23 Yellow Ochre
- YR24 Pale Sepia
- YR27 Tuscan Orange
- YR30 Macadamia nut
- YR31 Light Reddish Yellow
- YR61 Spring Orange
- YR65 Atoll
- YR68 Orange
- YR82 Mellow Peach

358 COLORS

Y Yellow — Gelb

- Y0000 Yellow Fluorite
- Y000 Pale Lemon
- Y00 Barium Yellow
- Y02 Canary Yellow
- Y04 Acacia
- Y06 Yellow
- Y08 Acid Yellow
- Y11 Pale Yellow
- Y13 Lemon Yellow
- Y15 Cadmium Yellow
- Y17 Golden Yellow
- Y18 Lightning Yellow
- Y19 Napoli Yellow
- Y21 Buttercup Yellow
- Y23 Yellowish Beige
- Y26 Mustard
- Y28 Lionet Gold
- Y32 Cashmere
- Y35 Maize
- Y38 Honey

YG Yellow Green — Gelbgrün

- YG0000 Lily White
- YG00 Mimosa Yellow
- YG01 Green Bice
- YG03 Yellow Green
- YG05 Salad
- YG06 Yellowish Green
- YG07 Acid Green
- YG09 Lettuce Green
- YG11 Mignonette
- YG13 Chartreuse
- YG17 Grass Green
- YG21 Anise
- YG23 New Leaf
- YG25 Celadon Green
- YG41 Pale Cobalt Green
- YG45 Cobalt Green
- YG61 Pale Moss
- YG63 Pea Green
- YG67 Moss
- YG91 Putty
- YG93 Grayish Yellow
- YG95 Pale Olive
- YG97 Spanish Olive
- YG99 Marine Green

G Green — Grün

- G0000 Crystal Opal
- G000 Pale Green
- G00 Jade Green
- G02 Spectrum Green
- G03 Meadow Green
- G05 Emerald Green
- G07 Nile Green
- G09 Veronese Green
- G12 Sea Green
- G14 Apple Green
- G16 Malachite
- G17 Forest Green
- G19 Bright Parrot Green
- G20 Wax White
- G21 Lime Green
- G24 Willow
- G28 Ocean Green
- G29 Pine Tree Green
- G40 Dim Green
- G43 Pistachio
- G46 Mistletoe
- G82 Spring Dim Green
- G85 Verdigris
- G94 Grayish Olive
- G99 Olive

BG Blue Green — Blaugrün

- BG0000 Snow Green
- BG000 Pale Aqua
- BG01 Aqua Blue
- BG02 New Blue
- BG05 Holiday Blue
- BG07 Petroleum Blue
- BG09 Blue Green
- BG10 Cool Shadow
- BG11 Moon White
- BG13 Mint Green
- BG15 Aqua
- BG18 Teal Blue
- BG23 Coral Sea
- BG32 Aqua Mint
- BG34 Horizon Green
- BG45 Nile Blue
- BG49 Duck Blue
- BG53 Ice Mint
- BG57 Jasper
- BG70 Ocean Mist
- BG72 Ice Ocean
- BG75 Abyss Green
- BG78 Bronze
- BG90 Gray Sky
- BG93 Green Gray
- BG96 Bush
- BG99 Flagstone Blue

B Blue — Blau

- B0000 Pale Celestine
- B000 Pale Porcelain Blue
- B00 Frost Blue
- B01 Mint Blue
- B02 Robin's Egg Blue
- B04 Tahitian Blue
- B05 Process Blue
- B06 Peacock Blue
- B12 Ice Blue
- B14 Light Blue
- B16 Cyanine Blue
- B18 Lapis Lazuli
- B21 Baby Blue
- B23 Phthalo Blue
- B24 Sky
- B26 Cobalt Blue
- B28 Royal Blue
- B29 Ultramarine
- B32 Pale Blue
- B34 Manganese Blue
- B37 Antwerp Blue
- B39 Prussian Blue
- B41 Powder Blue
- B45 Smoky Blue
- B52 Soft Greenish Blue
- B60 Pale Blue Gray
- B63 Light Hydrangea
- B66 Clematis
- B69 Stratospheric Blue
- B79 Iris
- B91 Pale Grayish Blue
- B93 Light Crockery Blue
- B95 Light Grayish Cobalt
- B97 Night Blue
- B99 Agate

F Fluorescent / Leuchtfarben

- FRV1 Fluorescent Pink
- FYR1 Fluorescent Orange
- FY1 Fluorescent Yellow Orange
- FYG1 Fluorescent Yellow
- FV2 Fluorescent Dull Violet
- FYG2 Fluorescent Dull Y.G.
- FBG2 Fluorescent Dull B.G.
- FB2 Fluorescent Dull Blue

A Achromatic — Unbunt

- 0 Colorless Blender
- 100 Black
- 110 Special Black

358 COLORS

E Earth Colors

Erdfarben

E0000 Floral White
E000 Pale Fruit Pink
E00 Cotton Pearl
E01 Pink Flamingo
E02 Fruit Pink
E04 Lipstick Natural
E07 Light Mahogany
E08 Brown
E09 Burnt Sienna
E11 Bareley Beige
E13 Light Suntan
E15 Dark Suntan
E17 Reddish Brass
E18 Copper
E19 Redwood
E21 Soft Sun

E23 Hazelnut
E25 Caribe Cocoa
E27 Milk Chocolate
E29 Burnt Umber
E30 Bisque
E31 Brick Beige
E33 Sand
E34 Toast
E35 Chamois
E37 Sepia
E39 Leather
E40 Brick White
E41 Pearl White
E42 Sand White
E43 Dull Ivory
E44 Clay

E47 Dark Brown
E49 Dark Bark
E50 Egg Shell
E51 Milky White
E53 Raw Silk
E55 Light Camel
E57 Light Walnut
E59 Walnut
E70 Ash Rose
E71 Champagne
E74 Cocoa Brown
E77 Maroon
E79 Cashew
E81 Ivory
E84 Khaki
E87 Fig

E89 Pecan
E93 Tea Rose
E95 Tea Orange
E97 Deep Orange
E99 Baked Clay

C Cool Grey / Kühles Grau

C00 Cool Gray No.00

C0 Cool Gray No.0

C1 Cool Gray No.1

C2 Cool Gray No.2

C3 Cool Gray No.3

C4 Cool Gray No.4

C5 Cool Gray No.5

C6 Cool Gray No.6

C7 Cool Gray No.7

C8 Cool Gray No.8

C9 Cool Gray No.9

C10 Cool Gray No.10

N Neutral Grey / Neutrales Grau

N0 Neutral Gray No.0

N1 Neutral Gray No.1

N2 Neutral Gray No.2

N3 Neutral Gray No.3

N4 Neutral Gray No.4

N5 Neutral Gray No.5

N6 Neutral Gray No.6

N7 Neutral Gray No.7

N8 Neutral Gray No.8

N9 Neutral Gray No.9

N10 Neutral Gray No.10

T Toner-Grey / Toner-Grau

T0 Toner Gray No.0

T1 Toner Gray No.1

T2 Toner Gray No.2

T3 Toner Gray No.3

T4 Toner Gray No.4

T5 Toner Gray No.5

T6 Toner Gray No.6

T7 Toner Gray No.7

T8 Toner Gray No.8

T9 Toner Gray No.9

T10 Toner Gray No.10

W Warm Grey / Warmes Grau

W00 Warm Gray No.00

W0 Warm Gray No.0

W1 Warm Gray No.1

W2 Warm Gray No.2

W3 Warm Gray No.3

W4 Warm Gray No.4

W5 Warm Gray No.5

W6 Warm Gray No.6

W7 Warm Gray No.7

W8 Warm Gray No.8

W9 Warm Gray No.9

W10 Warm Gray No.10

Jeden Monat neu –
die CARLSEN MANGA! NEWS
www.carlsenmanga.de
www.carlsen.de

CARLSEN MANGA
Deutsche Ausgabe/German Edition
Carlsen Verlag GmbH · Hamburg 2018
Aus dem Japanischen von Hiro Yamada

HOW TO DRAW MANGA – COPIC
by Midorihana Yasaiko

This book was first designed and published in Japan in 2016 by
Graphic-sha Publishing Co., Ltd.

This German Edition was published in Germany in 2018 by
Carlsen Verlag GmbH.

Original creative staff

Art direction:	Hiromi Adachi (Adachi Design Laboratory)
Book design:	Hiroki Higa (Higa Design Office)
Photos:	KazushigeTakashima (COLORS)
Screen image production:	Nakarai
Editorial collaboration:	Kouji Matsumura
Cooperation:	Too Marker Products Inc.
Equipment:	Tajima Motor Corporation Co., Ltd., Blue Current Japan Co., Ltd.
Planning and editing:	Akira Sakamoto (Graphics-sha Publishing Co., Ltd.)
Production and management:	Kumiko Sakamoto (Graphic-sha Publishing Co., Ltd.)

Deutsche Ausgabe:

Redaktion:	Anne Berling
Textbearbeitung:	Ulrike Gatzke
Umschlag-Layout:	Sonnenfisch Production, Laura Bartels
Satz:	Ronny Willisch
Herstellung:	Tobias Hametner

Hinweis: ® COPIC ist ein eingetragenes Warenzeichen der Firma Too Marker Products Inc.

ISBN: 978-3-551-73983-4
Printed in China

In dieser Reihe bereits lieferbar:
Manga-Skizzen zeichnen
ISBN 978-3-551-75242-0
Perfekte Proportionen im Manga
ISBN 978-3-551-75243-7
Manga-Figuren entwickeln
ISBN 978-3-551-75244-4
Manga aus der richtigen Perspektive
ISBN 978-3-551-75245-1
Von Accessoires bis Zubehör im Manga
ISBN 978-3-551-75246-8
Manga in der dritten Dimension
ISBN 978-3-551-75247-5
Oberflächen und Strukturen im Manga
ISBN 978-3-551-75248-2
Süße Jungs im Manga
ISBN 978-3-551-75253-6
Ausdrucksstarke Skizzen im Manga
ISBN 978-3-551-75249-9
Manga-Geschichten entwickeln
ISBN 978-3-551-75254-3
Grundlagen der Manga-Kunst
ISBN 978-3-551-75255-0
Hübsche Mädchen im Manga
ISBN 978-3-551-75256-7
Lebendige Manga-Charaktere
ISBN 978-3-551-75257-4
Manga-Figuren in ihrer Umwelt
ISBN 978-3-551-75258-1
Ninja und Samurai
ISBN 978-3-551-75295-6
Monster & Dämonen
ISBN 978-3-551-75296-3
Manga-Charaktere in Bewegung
ISBN 978-3-551-75297-0
Roboter und Mechanical Girls
ISBN 978-3-551-73982-7

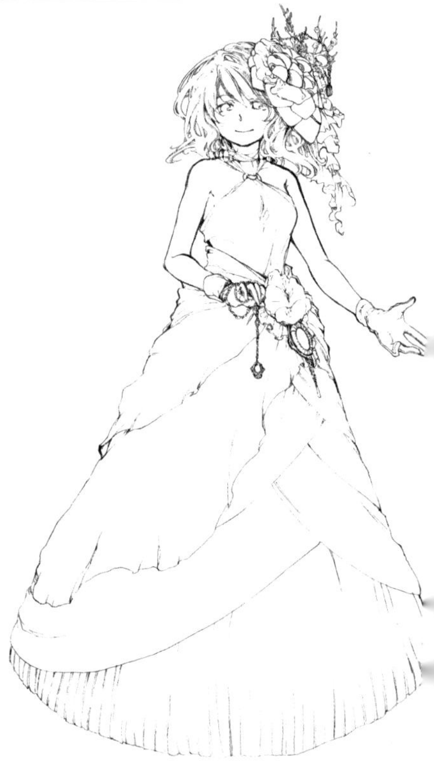